新型智库建设与哲学社会科学研究

"第九届中国社会科学前沿论坛"论文集

主编/高翔
副主编/王利民 余新华
执行主编/魏长宝 安蕾

Xinxing Zhiku Jianshe Yu
Zhexue Shehui Kexue Yanjiu

中国社会科学出版社

图书在版编目(CIP)数据

新型智库建设与哲学社会科学研究:"第九届中国社会科学前沿论坛"论文集/高翔主编.—北京:中国社会科学出版社,2016.9

ISBN 978-7-5161-8705-0

Ⅰ.①新… Ⅱ.①高… Ⅲ.①咨询机构—中国—文集②哲学社会科学—中国—文集 Ⅳ.①C932.82-53②C12-53

中国版本图书馆 CIP 数据核字(2016)第 227470 号

出 版 人	赵剑英
责任编辑	王 茵
责任校对	冯英爽
责任印制	王 超

出 版	中国社会科学出版社
社 址	北京鼓楼西大街甲 158 号
邮 编	100720
网 址	http://www.csspw.cn
发 行 部	010-84083685
门 市 部	010-84029450
经 销	新华书店及其他书店
印 刷	北京君升印刷有限公司
装 订	廊坊市广阳区广增装订厂
版 次	2016 年 9 月第 1 版
印 次	2016 年 9 月第 1 次印刷
开 本	710×1000 1/16
印 张	31
字 数	508 千字
定 价	109.00 元

凡购买中国社会科学出版社图书,如有质量问题请与本社营销中心联系调换
电话:010-84083683
版权所有 侵权必究

中国社会科学院院长、党组书记王伟光在开幕式上做主题讲话

四川大学党委书记杨泉明致开幕辞

时任中国社会科学院秘书长、党组成员,中国社会科学杂志社总编辑高翔主持开幕式

第九届中国社会科学前沿论坛开幕式

第九届中国社会科学前沿论坛会场(一)

第九届中国社会科学前沿论坛会场(二)

第九届中国社会科学前沿论坛闭幕式

高翔和四川大学副校长晏世经在闭幕式上交接会旗

第九届中国社会科学前沿论坛全体代表合影

目 录

加强中国特色新型智库建设 哲学社会科学研究大有可为
——在第九届中国社会科学前沿论坛上的讲话 …………王伟光(1)
第九届中国社会科学前沿论坛开幕式致辞 ……………… 杨泉明(9)

更好地发挥社会科学对智库建设的支撑作用 ……………朱光磊(12)
发展中国特色新型智库体系
　努力建设世界一流智库强国 ……………………………… 任 平(20)
新时期中国特色新型智库建设的思考 ……………………李善民(33)
新型智库体系建构的机制创新与路径探索 ………………刘德海(42)
中国特色新型智库的特点及功能培育探析 ………杨路平 崔冕巍(53)
新型智库建设热的"冷"思考 ……………………李建华 牛 磊(61)
论智库建设"智"的三重属性 ……………………刘湘溶 孙雄辉(80)
中国特色新型智库研究的
　几对关系论析 ………………………廖小平 蒋兰香 邓集文(87)
智库建设要辩证处理五大关系 …………………忻 平 邱仁富(95)
政府决策与新型智库知识生产的良性互动
——基于社会建构主义视角的研究 ………………王卓君 余敏江(105)
智库成果进决策进实践推送机制研究 ……………………刘建武(122)
中国特色社会主义理论智库建设路径思考 ………………黄蓉生(131)
明者因时而变：新型智库视域中的马克思主义话语权
　创新研究 …………………………………………………王 广(143)
加强民族文化软实力研究 推动中国特色新型
　智库建设 …………………………………………………曾 明(154)

反腐廉政智库建设的抓手
　　——实现标本兼治的计量反腐原理 ………… 李后强　李贤彬(164)
从反恐怖主义问题研究谈新型智库建设 …………………… 贾　宇(173)

高校智库：优势、困境及未来发展 ………… 曹旭东　李　萍(186)
新型高校智库建设的若干问题 ……………… 丁立群　冯　光(200)
坚持问题导向　推进新型高校智库建设 …… 杜向民　黎开谊(209)
中国特色新型高校智库建设的新路径 ……………… 朱庆葆(222)
中国新型高校智库建设的可能性路径 ………… 何勤华　袁　也(232)
高校哲学社会科学在中国新型智库建设中的作用和
　　地位 ……………………………………………… 张艳国(243)
中国意识形态安全建设与高校智库的功能
　　及其实现 ……………………………… 郑永扣　寇东亮(257)
新型智库建设与高校哲学社会科学研究模式的
　　流变 ……………………………………………… 岑　红(269)
内容+连接：提升高校智库传播力和影响力 … 李凤亮　车　达(278)
基于耗散结构理论的新型高校智库建设研究 …… 王文波　林　波(289)
基于西部边疆安全的国家教育智库建设 ……………… 甘　晖(301)
服务国家语言与文化战略，打造区域国别研究特色智库 … 曹卫东(313)
中国高等学校智库建设的突破方向
　　——以美英高校智库建设为借鉴 …………… 郭　杰　李　力(328)
高校教育智库建设的国际经验及启示 ………… 楼世洲　王　珩(342)
美国智库发展情况及运作经验初探 ………………… 王　晓(353)

新型智库建设视域下地方社科院智库的
　　新使命新挑战新突破 ………………………… 宋亚平(366)
河北省智库建设的现状及问题思考 …………… 戴建兵　王春城(378)
城市社科院特色新型智库建设的思考 ………… 郭　凡　李雪琪(388)
做建设现代化国际性人文绿都的"最强大脑"
　　——南京打造新型智库体系的实践与启示 ………… 李程骅(402)
对欠发达地区社会科学院建设新型智库的思考 ……… 陈　玮(413)
论民族地区新型智库建设与哲学社会科学研究 … 李　伟　丁延庆(422)

中国向西开放战略与丝绸之路文明复兴 ……………… 刘　基(435)
从"为行动而思想"到"为思想而行动"
　　——从智库管理者到农村实践家的经验 ……… 朱有志　肖　卫(442)

当前中国伦理道德的"问题轨迹" ……………………… 樊　浩(453)

中国特色新型智库呼唤思想创新
　　——第九届中国社会科学前沿论坛
　　　在成都召开 ………………………………… 毛　莉　曾　江(484)

编后记 ………………………………………………………………(489)

加强中国特色新型智库建设
哲学社会科学研究大有可为

——在第九届中国社会科学前沿论坛上的讲话

王伟光

（2015 年 9 月 12 日）

党的十八大以来，习近平总书记从推动科学民主依法决策、推进国家治理体系和治理能力现代化与增强国家软实力的战略高度，就加强中国特色新型智库建设多次做出重要论述。今年 1 月，中央又颁布了《关于加强中国特色新型智库建设的意见》，对新型智库建设的重大意义、指导思想、基本原则、总体目标等提出了具体要求。习近平总书记的重要论述和《意见》精神，为加强中国特色新型智库建设指明了根本方向，提供了根本遵循，赋予了哲学社会科学工作者新的历史使命。今天围绕着会议主题，我主要讲三个问题。

第一，加强中国特色新型智库建设，凝聚着党和人民的殷切期望，赋予了全国哲学社会科学界新的时代任务，哲学社会科学工作者必须以高度的使命感、责任感、紧迫感积极投身新型智库建设。

加强中国特色新型智库建设，是当前形势发展的迫切需要。新中国成立 60 多年来，我们党在治国理政的过程中，始终高度重视集中各方面智慧、凝聚最广泛力量，先后设立了一大批学术研究和决策咨询机构，赋予了其现代意义上的智库功能。改革开放 30 多年来，各类学术研究和决策咨询机构发展很快，一些专业研究机构也蓬勃兴起。但总体而言，我国智库建设还不能完全适应形势发展的需要，不能完全满足党和政府的决策需要，不能完全适应国家治理体系和治理能力现代化的需要。当前，全面建成小康社会进入决定性阶段，全面深化改革进入攻坚期，迫切需要加强中国特色新型智库建设，造就一支坚持正确政治方向、德才兼备、富于创新精神、善于提供决策咨询的专家队伍。

从哲学社会科学界的发展现状来看，我们推出了一系列精品力作，涌现出一批学术领军人物和中青年科研骨干，为中国特色社会主义思想理论和文化事业做出了应有的贡献。但是，与党和人民的期望相比，与加强中国特色新型智库建设的总体要求相比，还存在一些亟待解决的问题。一是坚持正确的政治方向和学术导向，运用马克思主义立场观点方法指导智库研究和智库建设尚需进一步加强；二是以党和人民关注的重大理论和现实问题作为智库研究的主攻任务不够自觉主动；三是有的研究带有明显的碎片化、随意化、重复化、文本化和教条化倾向，需要树立世界眼光、战略思维和全局意识，强化宏观的整体设计和明确的问题意识；四是单兵作战现象突出，亟须统筹形成不同学科、不同领域、不同学者互相配合、共同研究、协力攻关的学术合力；五是用"中国理论"、"中国学术"、"中国思想"讲好"中国故事"的"走出去"的科研成果仍然有限，难以形成集束效应和规模优势。

当前，加强中国特色新型智库建设，离不开哲学社会科学界的积极投入，进一步繁荣发展哲学社会科学，同样离不开落实好智库建设的各项任务。这就要求哲学社会科学工作者坚守为人民做学问的立场，把个人学术活动与党和国家的需要高度统一起来，坚持求真务实，理论联系实际，强化问题意识，积极建言献策，以服务党和政府决策为宗旨，以政策研究咨询为主攻方向，以改革创新为动力，努力建设面向现代化、面向世界、面向未来的中国特色新型智库体系，为实现中华民族伟大复兴的中国梦提供智力支撑。

第二，建设中国特色新型智库，必须始终坚持中央关于智库建设的指导思想、总体目标、基本原则和总体要求，把握正确导向，加快建设步伐，深化哲学社会科学研究，更好地服务党和国家工作大局。

一要坚持党的领导，把握正确的政治方向和学术导向。马克思主义是当代中国学术的灵魂，是智库研究和智库建设的指南，马克思主义指导下的哲学社会科学研究应当成为打造中国特色新型智库的中坚力量。要将马克思主义的立场观点方法贯穿智库研究始终,在涉及党的基本理论、基本纲领、基本路线和重大原则、重要方针政策等问题上,必须做到立场坚定、观点鲜明、态度坚决。坚持以中国特色社会主义为根本方向,以实现中华民族伟大复兴中国梦为目标,围绕马克思主义中国化的最新成果积极开展深入研究、阐释和创新,建设好研究、宣传和发展马克思主义的重要阵地,积极推进马克思主义的中国化、时代化、大众化。

二要坚持服务大局,以重大理论和现实问题为着力点。密切结合世情和中国国情民情社情,紧紧围绕全面建成小康社会、全面深化改革、全面推进依法治国、全面从严治党的重大任务,深入研究党和国家面临的一系列亟待回答与解决的重大理论和现实问题,有针对性地就国家经济社会发展中的全局性、前瞻性、战略性、综合性问题,以及国内外普遍关注的热点焦点难点问题开展政策研究,推出一批系统性、有影响力的研究成果和具有现实性、建设性、可操作性的对策建议,为提高党和政府的科学民主依法决策能力提供强有力的智力支持。

三要坚持以人为本,坚定不移地站在人民立场上做学问。要把为人民服务、为人民谋利益作为中国特色新型智库的重要使命。真正践行为人民做学问,自觉把哲学社会科学研究事业与党和人民的事业紧密联系在一起,把哲学社会科学工作者个人的前途命运与党和国家的前途命运紧密联系在一起,始终站在党和人民的立场上,为党和国家的长治久安出谋划策,为解决人民疾苦和提高群众福祉集思广益。做到与时代共奋进、与国家共荣辱、与人民共呼吸,努力成为忠诚服务于党和人民事业、值得党和人民信赖、对党和人民有贡献的学问家。

四要坚持创新精神,建构当代中国学术话语体系。创新哲学社会科学话语体系,是增强中国学术国际影响力的迫切要求,也是建设中国特色新型智库的强大学术支撑。这就要求我们在学习借鉴人类文明成果的基础上,坚持用中国的理论学术研究和话语体系解读中国实践、中国道路,不断提出有客观依据、经得起实践和历史检验的原创性思想理论和学术观点,推出具有时代思想高度、代表国家学术水准的精品成果,打造具有中国特色、中国风格、中国气派的哲学社会科学学术话语体系。积极践行学术"走出去"战略,探索哲学社会科学的国际化路径,推动中国学术与国际学术展开平等对话,进一步扩大中国学派在世界学术体系中的影响力。

　　五要坚持人才为重，壮大中国特色新型智库型人才队伍。人才是创新思想的载体，是推动学术前进的动力，更是实现智库可持续发展的基石。建设中国特色新型智库，必须造就一批马克思主义基本理论功底扎实、熟悉世情国情党情社情民情、具有理论创新能力的理论家和高端学术人才，推出一批博古通今、学贯中西、善于开展跨学科研究的复合型人才，培养一批能够运用马克思主义立场观点方法分析解答党和国家关注的重大理论和现实问题的对策性研究人才，培育一批具有国际视野和世界眼光、能够在国际交流中直接对话、有实力争取话语权的学术英才。要重视学者型人才向智库型人才的转变，促进学术研究成果向对策建议的转换，增强智库专家的社会责任感和诚信意识，牢固树立国家安全意识、信息安全意识、保密纪律意识，积极主动为党和政府决策贡献聪明才智。

　　六要坚持弘扬正能量，围绕智库功能加快传播平台建设。中国特色新型智库建设需要坚守好宣传思想舆论阵地，巩固壮大主流意识形态，打好主动仗，弘扬主旋律，传播正能量。这就要求重点加快报社、杂志社、出版社、图书馆、网站、数据库、评价中心等学术媒介建设，使其成为拓展智库权威性和影响力的重要平台。办好各类学术会议、论坛等活动，打造国际学术传播品牌、增强国际学术话语权。不断提高学术传播的质量和水平，探索创新学术传播手段，充分挖掘微博、微信、新闻客户端等新媒体传播效力，把握好时、度、效，着力打造融通中外的新概念、新范畴、新表述，讲好中国故事，传播好中国声音。

　　七要坚持正确学风，凸显求真务实严谨厚德的治学品格。深化智库研究，培育智库人才，同样要解决好决策咨询成果的"文风"和"学风"问题。必须强化问题意识，敢于探索求新，从源头上治理各类学术不端行为，提升各项制度约束力，注重教育引导和典型引领，加快形成坚守学术诚信、完善学术人格、维护学术尊严的优良学风。增强哲学社会科学工作者在学术道德和学风修养上的自律意识，把科学道德和学术诚信观念内化为自身坚定信念，外化为主动学习和科学探究的自觉行动。积极参与并努力推动不同学术观点、不同政策建议的切磋争鸣、平等讨论，共同营造有利于发挥智库作用、积极健康向上的良好学术氛围。

　　八要坚持改革创新、统筹协调，逐步完善新型智库体系。要按照公益服务导向和非营利机构属性的要求，积极推进不同类型、不同性质的智库分类改革，科学界定各类智库的功能定位。加强顶层设计、统筹协调和分类指导，充分调动党政机关、事业单位、科研院所、各大高校以及相关企业的参与积极性，形成各具分工又相互协调、良性竞争又优势互补的中国特色新型智库体系，在咨政建言、理论创新、舆论引导、社会服务、公共外交等领域发挥重要作用。始终坚持深化改革，健全制度保障体系，建立适应现代智库发展规律、有利于产出高质量思想产品和政策建议的科研体制机制和科研组织形式。

第三，加强中国特色新型智库建设，要始终坚持马克思主义的辩证思维方式，正确认识处理好智库建设和哲学社会科学研究中的一系列辩证关系。

中国特色新型智库研究是以党和国家关注的重大理论和现实问题为主，以应用对策研究为主，同时需要雄厚的基础研究和基本理论研究作基础；而哲学社会科学理论学术研究是以基本理论、基础研究为主，以学科学理学术研究为主，同时需要现实的应用对策研究作支撑。智库研究离不开学科学理支持、基础研究的支持，哲学社会科学研究也离不开应用对策研究的支持。二者都需要马克思主义立场、观点和方法的正确指导，都要围绕中心，服务大局，都要坚持理论联系实际的马克思主义学风。中国特色新型智库研究与哲学社会科学理论学术研究是内在一致的，同时又有一定的区别。中国特色新型智库研究一定要以哲学社会科学理论学术研究为牢固基础，哲学社会科学理论学术研究又要以中国特色新型智库研究为重要任务。

调动和凝聚全国哲学社会科学界的有生力量，加强中国特色新型智库建设，必然会遇到一系列新的矛盾和问题，这就需要哲学社会科学工作者以唯物辩证法为指导，做到"全面论"、"两点论"和"重点论"的统一，统筹协调，协同作战，不能顾此失彼，畸轻畸重。

一是处理好基础理论研究与应用对策研究的关系。中国特色新型智库建设，必须坚持基础理论研究与应用对策研究并重，一方面要深化基础理论研究，为应用对策研究提供科学的理论指导和方法论支持；另一方面要以应用对策研究为突破口，带动基础理论研究不断走向深入。

智库作为决策咨询和政策研究机构，要更多地关注应用学科和应用研究，在研究方法、传播手段、转化渠道等方面有自身突出的特点和规律，不同于一般的哲学社会科学基础研究。但智库的应用对策研究不能不要基础研究，学科建设和基础研究是智库对策建议的理论基础和科学依据。基础研究和应用研究是源和流、本和木的关系，基础研究不扎实不深入不科学，应用研究就是无源之水、无本之木。魏徵在《谏太宗十思疏》中说道："求木之长者，必固其根本；欲流之远者，必浚其泉源。"必须坚持基础学科与应用学科并重、基础理论研究与应用对策研究并举的方针，努力瞄准世界学术发展前沿，大力加强学科建设，形成具有支撑作用的基础学科，具有较强优势的重点学科，具有重要现实意义和良好发展前景的应用学科、新兴学科、交叉学科，具有重要文化价值的"绝学"和濒危学科，努力构建既符合学术发展规律，又适应国家经济社会发展需要的学科体系。

二是处理好战略性问题研究与战术性问题研究的关系。中国特色新型智库以战略问题和公共政策为主要研究对象，要以总体思维和全局眼光开展前瞻性、宏观性、战略性、长期性研究；同时也要针对一些突发的、具体的或微观的战术性问题，做出快速反应，提供科学有效的处理意见和方案咨询。

战略性问题往往具有改变全局、决定未来的深刻影响，我们党历来高度重视战略性问题研究。清代桐城派学人陈澹然在《迁都建藩议》中指出："不谋万世者，不足谋一时；不谋全局者，不足谋一域。"智库建设必须站在时代的制高点，从全面和整体出发，善于抓住世界历史进程中的根本矛盾、主要矛盾，为党和政府决策做好顶层设计参考。从现在开始的相当长一段时间，中国智库要围绕"四个全面"战略布局，开展前瞻性、针对性、储备性政策研究，提出专业化、建设性、长远性、切实管用的政策建议，着力提高综合研判和战略谋划能力。老子曰，"天下大事，必作于细"，细节在一定意义上也影响全局，一些短期、紧急、局部、具体而微观的问题同样需要着力处理，如果处置不当甚至会发生转化，造成全局性的影响，这就要求智库同样不能忽视战术性问题研究，针对这些具体问题提供及时的决策参考。新型智库建设必须做到把战略性问题研究与战术性问题研究有机结合起来，以战略性问题研究统领、指导战术性问题研究，以战术性问题研究丰富、强化战略性问题研究。

三是处理好深化理论研究与深入实际调研的关系。中国特色新型智库的决策咨询，一方面需要进行高度系统化的理论研究；另一方面又必须深入实际开展广泛而深入的调查研究，将应用对策建议建立在正确的理论基石上，将理论创新建立在雄厚的实践基础上。

理论联系实际，是最可宝贵的学风。智库咨询的出发点和落脚点是形成科学决策，解决重大问题，推动社会发展。如果智库的理论研究和实施方案脱离实践、脱离群众，就提不出有效的解决方案，形不成深刻的理论成果，甚至会造成无法估量、难以挽回的重大损失。人民群众是历史的创造者，是社会实践的直接从事者。汉代著名唯物主义哲学家王充在《论衡》中讲道："知屋漏者在宇下，知政失者在草野。"党和政府实行的政策效果如何，最直接的感受者是人民群众。好与坏、是与非，他们有最切身的感受、最直观的评价。所以，智库的建言献策，必须如毛泽东同志所说，"从群众中集中起来又到群众中坚持下去"，[①]既来源于实践，又在实践中进行检验，不断丰富深化提高。这就要求智库建设必须始终坚持求真务实，在理论与实践的双重探索中，在历史与逻辑的辩证统一中，深入研究和解决好经济社会发展过程中国内外普遍关注的各种热点、焦点、难点问题。

四是处理好坚持中国特色与扩大国际视野的关系。一个国家的政策分析和决策咨询体系，必定在根本上取决于该国的具体国情和制度体系，一个国家的智库发展模式，也必定要在根本上适应本国的政治、经济、文化、社会发展需要。中国特色新型智库建设必须要符合中国国情，保持鲜明的中国特色；同时，中国特色新型智库建设也要以广阔的世界眼光，了解国际风云变幻，把握国际发展大局，知晓世界文明走向，同时又要深入了解其他国家智库的发展情况，借鉴国外优秀智库的有益经验，积极开展智库外交，努力扩大国际影响。

一方面，中国特色新型智库建设，必须始终坚持党的领导，把握正确的政治方向和学术导向，充分体现中国性质、中国特色、中国风格、中国气派；另一方面又要坚持以我为主、为我所用的方针，与国外智库建立平等、高效的交流合作机制，致力于推动中华优秀传统文化和当代中国价值观念走向世界，不断提升中国的对外传播能力和话语体系建设，为开拓中国特色社会主义事业新局面营造良好的国际环境。

中国社会科学院作为中央直接领导的国家哲学社会科学最高研究机构，正在按照中央马克思主义坚强阵地、党和国家的思想库、哲学社会科

[①]《毛泽东选集》第3卷，人民出版社1991年版，第900页。

学的最高殿堂的"三个定位"要求,努力发挥作为国家级综合性高端智库的优势,切实把中国社会科学院建设成为具有国际影响力的世界知名智库。中国社会科学院愿与全国哲学社会科学界一道,紧密团结在以习近平为总书记的党中央周围,为推进哲学社会科学研究,加强中国特色新型智库建设做出更大的贡献。

(原载《中国社会科学报》2015年9月16日第4版。作者王伟光,中国社会科学院院长、党组书记,学部主席团主席、教授)

第九届中国社会科学前沿论坛开幕式致辞

杨泉明

（2015 年 9 月 12 日）

尊敬的伟光院长、高翔秘书长①

各位领导、各位专家学者：

  值此金秋时节，来自全国社科院系统、部分省市社科联及高校的各位领导和专家学者齐聚成都，出席中国社会科学杂志社和四川大学共同举办的"第九届中国社会科学前沿论坛"。在此，我谨代表四川大学，向本次论坛的开幕表示热烈祝贺！向莅临本次论坛的各位领导和专家学者表示热烈欢迎！

  哲学社会科学担负着认识世界、传承文明、创新理论、咨政育人、服务社会的重要职责，还肩负着引领发展的重要使命，是我们正确认识世界、改造世界，推动理论创新和先进文化建设，促进决策的科学化、民主化，推进经济社会发展的重要力量。为进一步推动哲学社会科学的繁荣发展，中国社会科学杂志社发起和创办了"中国社会科学前沿论坛"。作为全国性哲学社会科学高层次学术交流的平台，"中国社会科学前沿论坛"从 2007 年创办以来，分别围绕"改革开放三十年中国社会科学发展成就

---

  ① 高翔时任中国社会科学院秘书长、党组成员，中国社会科学杂志社总编辑、研究员。现为中共福建省委常委、宣传部部长。

与前瞻"、"中国学术话语体系的当代建构"、"超越与建构：未来十年中国道路与学术发展"、"'十二五'规划与中国哲学社会科学创新体系"、"走向世界的中国学术"、"生态文明与美丽中国"、"社会转型与国家治理"等主题成功举办了八届论坛。本届论坛将当前国家重大战略需求和哲学社会科学研究顶天立地、服务社会的使命紧密结合，以"新型智库建设与哲学社会科学研究"为主题，将围绕哲学社会科学与中国特色新型智库建设的互动关系、高校如何加强中国特色新型智库建设等问题进行深入探讨。高校智库具有战略研究、政策建言、人才培养、舆论引导、公共外交等重要功能，智库建设是深化综合改革、加强战略谋划、推进制度建设的总揽性抓手。我相信，通过此次论坛，一定会促进提升哲学社会科学研究对国家经济社会发展的参与度和咨政服务水平，进一步推动中国哲学社会科学的繁荣发展和新型智库建设的水平提升。

四川大学是国家布局在中国西部的一所全国重点大学，是"985工程"和"211工程"重点建设的研究型综合大学，是目前中国学科最全、规模最大的大学之一，学科覆盖了除军事学之外的全部12个学科门类，现有全日制普通本科生和硕博士研究生6万余人。哲学社会科学是四川大学的传统优势学科，有着悠久的历史和深厚的学术积淀，拥有较为雄厚的师资力量和科研实力。四川大学现有哲学社会科学教学科研人员近1300人，其中文科"杰出教授"4人，文科"长江学者"11人，教授300余人。近年来，学校先后编撰出版了《汉语大字典》、《全宋文》、《中国道教史》、《儒藏》等一批大型文化建设成果。近年来，四川大学积极响应党和国家号召，高度重视高校新型智库建设，结合四川大学地域、学科、人才和研究优势，先后组建了"中国西部边疆安全与发展战略协同创新中心"、"中国多民族文化凝聚与国家认同协同创新中心"等跨学科的协同创新中心；依托中国藏学研究所、南亚研究所、宗教研究所3个教育部人文社科重点研究基地，以及欧盟研究中心、美国研究中心、南亚研究中心3个教育部区域与国别研究培育基地，承建了区域发展与重大生产力布局研究等9个新型智库；在西部边疆稳定与发展、涉藏问题研究、南亚区域与国别研究、地震应急救援与恢复重建等方面为党和政府建言献策，仅2014年四川大学就提交给各级部门、各级领导的有关政策建议共计110余份，其中获得中央领导批示的有7份（5份为中央政治局常委批示），发挥了高校新型智库应有的积极作用。此次论坛在成都举办，给我们提供了一个极好的学习机会，将有力地推动我校新型智库建设水平的提升。

　　四川大学能够承办本次论坛，充分体现了中国社会科学杂志社以及各兄弟学校对四川大学的厚爱与信任。作为东道主，我们将精心做好各项会务工作，竭尽全力做好后勤服务。衷心感谢中国社会科学院、全国社科系统和兄弟高校长期以来对四川大学哲学社会科学发展的关心支持！预祝本次论坛取得丰硕成果！祝愿各位领导、各位专家与会期间身体健康，顺心如意！

　　谢谢大家！

（作者杨泉明，四川大学党委书记、教授）

更好地发挥社会科学对智库建设的支撑作用

朱光磊

摘　要：中国特色新型智库的建设离不开中国30多年来社会科学"低起点、高起步"的蓬勃发展。但是，在社会科学逐步发展的过程中也存在一些问题，诸如社会科学的"社科化"并未完全实现，学术研究的基本概念数量少、交叉多、界限模糊，理论上过度依赖、相信西方学说和研究方法等问题。对此，应注意平衡"中国意识"与"国际意识"，平衡"人文做精"与"社科做强"。社会科学工作者注重以中国的现实需求为研究导向，强化积极建言献策意识，高校和科研单位要适当提高应用和对策研究成果在学术评价中的地位，政府要注重与智库间架起协同创新的桥梁。

关键词：智库建设　社会科学　人文思维

一

"中国特色新型智库"建设，要与国家发展的实际状况相适应。没有改革开放30多年的积累，谈不到中国智库的初步发展；为智库的快速和高质量发展创造条件，仍然是今天面临的重要任务。在中国，强化智库建设，需要的主要条件有：宽松的政治生活、干部人事制度中"旋转门"机制的形成、政治观念中"避讳"意识的消释、轻视知识和专业技术人员旧习惯势力的破除等。这里重点要谈的，是智库建设的另一个重要条件——社会科学事业的发展。智库工作实际上主要是依托社会科学的知识体系和研究方法,来为政府和重要社会组织提供政策、知识和资料等支持。离开社会科学的发展,高水平的智库建设是不可想象的。为了更好地发挥社会科学对智库建设的支撑作用,有必要对中国社会科学的发展规律及其如何实现与智库建设工作的有机结合做些研究。

中国社会科学的发展进步很大,但还存在着一些不能适应或不能完全适应智库建设的环节或特点。

第一,社会科学"社科化"的任务还没有完全实现,从而使社会科学对智库工作的服务、支撑能力不足。长期以来,"人文"与"社科"的分野并不明显,不仅社会科学的专业少,而且存在着社会科学"人文化"的倾向。20世纪80年代之前,中国的所谓"文科",主要是文史哲唱大戏,而且"人文"和"社科"不分。对中小学生的社会科学训练也严重不足,孩子们花在记叙文、抒情文、诗歌、散文、随笔上的时间偏多,而用在说明文上的时间很少,议论文也偏杂文。持久、强大的文史哲底子构成了今天人文社会科学整体进步的底子,功不可没,但也造成了严格意义上的社会科学起步很晚的现状。当时,"文笔好"对于做一个好学生、好教师,甚至好教授,都是一个非常重要的评价标准,这是中国重视文史哲学习的文化传统和科举考试制度所形成的惯性。"拍脑袋"做决策,"凭感觉"做决策,不仅是官僚主义的问题,也是社会科学不发达的产物。随着整个"大文科"水平的提升,到90年代中期,"人文"与"社科"的分化就已渐趋明朗化。现在,在水平较高的科研机构和高等院校已基本完成这一转变,但仍有不少研究机构和高等院校还没有完成。现在,在许多时候,仍然没有能够清晰地区分智库成果,与"上折子",与杂文、随笔的差别,还是发牢骚、发感慨、谈情况、谈"想法"偏多。新型智库工作的对策性及其工作对象以往无法比拟的复杂性,决定了它需要用一手资料和数据说话,决定了它需要有强大的社科理论支持,尽管它本身不是做理论,而目前的实际情况是调研基础严重不足,方法论建设严重不足和理性分析不够,甚至课题组舍不得在调研上花钱花精力。

第二,基本概念的数量少、交叉多、界限模糊。现代社会迅猛发展,对某种思想、某些社会现象及其规律的探究,是需要摆脱日常话语而用严格的学术概念来实现的。改革开放以来,我们一方面大量地译介西方思想,另一面也有不少学者尝试着创设概念来构造自身学术理论。但在质量和数量上,不论是译介西方学术思想中的重要概念,还是自身概念的原创和建构，其实都非常有限。时下很多人将生活用语、网络用语，运用于对一些理论问题的探讨，而不是相反，这恰恰反映出学术概念在某些理论领域概念或概念运用上的匮乏。此外，概念形成和运用的匮乏，也与概念使用的不规范相关，与不求甚解和社会科学长期人文化相关。到今天，"国家"与"政府"两个概念也还没有严格地区分开来。到今天，中国的"经济"、"政治"、"社会"等几个最基本的社会科学概念都存在着涵盖范围偏大等问题，存在着把公共财政研究放在经济学、把贪腐问题叫作"经济问题"、把"政府免检产品"叫作"国家免检产品"等不规范之处。存在着国内国外对不上茬，相关领域对不上茬，这种情况，既不利于理论研究的深入，也不利于对策研究的精确化。

第三，在理论上过于依赖和"轻信"西方的学说和方法。从 20 世纪 80 年代以来，西方各种思想潮流对中国学术的理论建构和方法论启发产生了不少影响。更为可喜的是，近年来，国际和地区间学术交流日益活跃，多渠道、多形式、多层次的对外交流不断展开，中国与国际上许多高水平学术机构的合作也在不断加强。随着"走出去"战略的实施，国际学术交流必将越来越密切，而且会以一种对称性的方式进行。这些为我们今天丰富智库建设和对策研究的思路创造了条件。但是，一直存在着的是对西方学术理论学术话语的依附性，这使在服务和支撑现实需要方面有些时候存在一定偏差，存在引进多、模仿多，但移植少、改造少的现象；存在学皮毛多、学实质性内容少的问题。对处在思想学说"两端"的，比较时髦的著述关注多，而对中间性的、技术性、功能性的学术成果则不够注意，比如城市管理、交通管理、社会企业、公共卫生等——而这些其实恰恰是我们发展和工作中的短板。对主要英语国家的社科成果关注较多，而对大量非英语国家的很好的成果知之不多，对中等规模国家研究很不够——而这些国家的许多好的做法和学说对拓宽我们智库研究视野是很有参考借鉴意义的。很多很不错的、有用的学术内容没有被运用到中国内生的理论研究上，没有在中国原创的（原生态的）思想理论上来加以深入理解，更没有以更高的理论自觉来面对自生的现实问题。现代化国家，比如美国、德国、日本等，走向文化强国的道路，无一不历经了对自身现实问题的理论阐释过程。而且，西方学术研究的一个突出特点是重视一手材料，是工作的"细致"，是语言表述严密规范，而我们却往往不是，而这恰恰是智库建设、对策研究水平上一个台阶所必经的。

第四,"赶时髦"和绝对化现象比较严重。30年来,整个社会科学形成了对所谓"主流学科"的依附。比如,计量经济学对数学的依附使前者几乎可以化约为后者;比如,社会科学整体规模不大,但广义经济学科的比例明显偏高。这显然并不利于智库建设所需要的综合知识体系的形成。在中国的人文社科研究中,还有一种怪现象,一方面理论建构的方法总体上滞后于西方,但另一方面,却有一种关于方法论的神话,似乎有一种通用于多个甚至所有学科的方法在"规范"着所有文科,进而形成了学术研究的"新八股"。只要不是按照这个套路写——也即有公式、有较多的计算和数据等——就被认为是"不入流",等于"被淘汰"。这种情况,在20年前,作为一种多少带有强制性的吸收,一种积极补充,对于克服只有定性分析,没有定量分析的陈旧现实,是利大于弊;而到了今天,由于在一些朋友那里走向了绝对化,从而已经走向了弊大于利。这也正是我们要一方面大力推动和鼓励运用计量的方法、田野调查方法来研究社会问题,却也不得不提醒自己不要把计量方法、田野方法和某些西式的文字表述方法的作用绝对化。这种学科选择和研究方法方面的"赶时髦"所造成的不平衡,显然都不利于智库建设综合能力和整体水平的提升。

二

中国特色新型智库的发展与中国社会科学发展互为条件、互为机遇。中国社会科学事业的已有发展已经能够基本支撑中国智库下一阶段在质和量两个方面的发展,但又不能完全满足这种发展的需要,特别是在"质"上的需要。就中国社会科学事业而言,在支撑和服务智库建设的过程中,有以下几个方面需要加以特别的注意。

第一,"中国意识"与"国际意识"的平衡。"理论在一个国家实现的程度,总是决定于理论满足这个国家需要的程度。"[1] 理论研究包括两个方面,一个是理论本身的发展,另一个是对现实的理论抽象。社会科学对智库的支撑作用离不开前一个,但重点无疑是后一个。[2] 尽管在经济全

---

[1] 《马克思恩格斯选集》第1卷,人民出版社1995年版,第11页。
[2] 林尚立:《中国政治学需要新发展》,《政治学研究》2000年第3期,第7页。

球化的今天，各种理论日益成为世界知识体系的一部分，但不仅在理论研究的双重性上，而且在对社会问题研究的内在要求上，社会科学研究都负担着为国家发展的合理性、科学性做论证的使命。"一切新的国家形式今后都不得不借助各种学术论说来论证社会制度的正确合理，并使其成员能够理解。"① 显然，不论是说明国家形式的合理性，还是提出应对各种国内外重大事项的对策方案，都需要在经济全球化和各国对话交流的语境中进行，不能埋头只看自己，也不能自说自话。所以，中国意识与国际意识的平衡，可能会在包括智库建设在内的社会问题研究工作中首先和明显地涉及。在这方面，我们一是要做到"一进一出"。对国外社会科学中好的和适用中国国情的内容与方法，要坚决引"进"；现在，几乎所有像样子的对策研究报告，都要有一部分专门介绍分析国外处理相关相近事项的思路与做法，这是必要的，但是，要了解、要移植，而不要照抄——要在移植的基础上"出"自己的东西。二是要在智库的成果中率先摆脱社会问题解释中和政务工作中的"两套话"现象。由于改革的渐进性和不同领域改革的差别性，我们事实上存在着对内对外"两套话"的现象，在思想政治工作等领域，这种情况可能还会继续存在一定的时间。但决策工作不同于社会工作、思想工作，在智库工作中，如果以"两套话"的方式推出研究成果，语言表述的反差较大，成果的作用难免就会下降，甚至会失去公信力。今后实现智库成果在思想性和语言表述等方面的内外深度平衡，既是一个政治问题，更是一个科学问题，要求社会科学在"引进来"、"走出去"的问题上做进一步探讨。

第二，"问题意识"与"学科意识"的平衡。智库工作主要需要的是强烈的"问题意识"。问题意识要求我们淡化学科差异而关注产生某一问题的现实因素。其实，正确的问题意识，根源于我们的理论态度。因为，从根本上说，问题意识和学科意识的平衡，就在于要从深度上将问题和学科"双向打通"，进而通过这种打通在相关学科之间实现协作创新。这也就要求，既能够在广度上，更能够在深度上，来培育和推动综合性高水平智库的出现。现代高等教育中的研究生培养模式和社科研究中学派形成、团体工作模式，究其实质就是几种"找平衡"的典型形态——它延伸了

---

① 比约恩·维特罗克：《社会科学与国家的发展：现代性问题论说的变化情况》，载中国社会科学杂志社编《社会科学与公共政策》，社会科学文献出版社2000年版，第2页。

个人能力的极限和研究者自然代际传递的局限，以协作的方式来扩大对问题的研究。在这个问题上，要注意不要简单强调"跨学科"的倾向。跨学科是必须的，但应当是有重点的，应当做到"一科为主，多科并用"。因为，不同的大学科之间，在思维方式、基本问题、概念体系、逻辑思路等方面是很不相同的。研究一个课题，还是要根据某个问题的基本性质锁定一个主要背景学科作为基本的概念坐标，然后根据需要，大胆而有序地与相关学科领域实现融合、交叉，完成吸收和借鉴，也即首先要解决一个"谁跨谁"的问题，否则就会出现主线不清、概念冲突、逻辑混乱的问题。

第三，"人文做精"与"社科做强"的平衡。人文各学科属于基础学科，是传统文化积淀和现实理论建构的表达，如果这方面做得不够精，就无法为具体的社会科学提供充分合适的概念和更有解释力的现实理论基础。人文学科往往具有鲜明的民族特色、文化特色，是智库建设和开展对策活动的"根"。研究本国的重大课题，一定要有，也肯定会有自己的民族特色；我们针对外部世界提出的对策建议，也要尽可能深入地了解对方国家的民族文化，否则，就会产生因情况不清、数据不准而导致的决策建议失误，甚至是根本性的失误。但是，这一部分在智库工作中是属于较为体现个体化特点的部分，甚至是有某种"模糊性"色彩的部分。所以，人文学科的发展宜求"精"，重在把握长期趋势，甚至需要一些学者的个人体悟，而不一定要求有很大的人员规模。智库工作对社会科学诸学科的要求是直接的，要求回答的问题往往又是紧迫的，社科方面的"强"，表现在能更充分地利用各种研究手段，最大限度地利用好各种材料，尽可能直接面对社会的实际需求，包括为此适当扩大研究队伍和鼓励采取团队工作方式，以期更好地服务国家急需，更好地推动国际合作。在有关中国问题对策研究方面，如果说西方国家某些智库成果其连续失误的主要原因之一是对中国文化的理解不深不透不重视的话，那么，我们有些对策成果效果不理想的相对应原因则是社会科学不发达。实现"人文做精"和"社科做强"的动态平衡，实质上就是实现智库成果的"软""硬"结合、"快""慢"结合。这就需要两大方面充分发挥各自优势，克服或避免各自在历史上形成的某些局限性，优化配置研究资源。

三

社会科学支撑智库建设需要注意以下几个具体问题。

第一，社会科学工作者要建立积极建言献策的意识，要坚定为中国特色社会主义现代化事业服务的方向。为人民服务、为社会主义现代化建设服务，是社会科学研究的出发点和落脚点。我们可以从多个学科、多个层次、多个角度去进行研究，成果也可以多种多样，但要将成果转化为推动民族复兴、国家强盛和人民幸福的现实力量。为人民事业积极建言献策，是实现上述目标的一个最基本的途径，直接和间接都需要。这也是社会科学工作者实现个人价值的重要渠道。

第二，社会科学事业发展要坚持"需求导向"，选择重大理论和重要现实问题作为主攻方向。在中国，全面建成小康社会和社会主义现代化是前无古人的事业，新问题、新事物层出不穷，新困难、新挑战不断出现。当前和今后一个时期，发展中不协调、不持续问题，制约发展的体制机制问题，加快转变发展方式和政府职能、城乡区域发展差距和居民收入分配差距问题、城市化和城市风险问题、金融领域潜在风险问题、环境污染和食品药品安全问题都是亟须研究和解决的重大课题。在诸如此类的重要问题上，西方学术界也有一些理论和方法，比如基尼系数，是他们的专家学者在几千万、一两亿人口所构成的社会基本面上，进行概括和提炼的，运用到中国不一定会有确切的效果。我们要积极因应国家重大需求，围绕重大理论和实践课题进行协同攻关，急国家和人民之所急，大力开展应用对策研究，并在这个过程中概括、提炼出自己的理论和方法。

第三，要提高应用和对策研究成果在学术评价中的地位。近年来，对策研究还是取得了一些不错的成果，许多成果被采用，产生了重大的经济效益和社会效益。例如，一批教育部人文社科重点研究基地等科研机构在逐步发展为国内外有影响的智库。但也要承认，目前还有部分教师在一定程度上存在轻视应用对策研究的倾向；在成果评价中也存在着轻视咨询报告等应用性成果的倾向。在这些问题上，可以鼓励社会科学工作者错位发展，各取所长，相互提高，以不同的方式共同发挥好服务社会的作用，高校和科研院所要把应用对策研究和建言献策摆到应有的地位和高度，并形成适当的管理制度。

第四，要深化体制机制改革，提供良好的制度保证。理论与实践结合不够、学术单位与实际部门联系不紧，是长期制约社会科学服务功能发挥的根本问题，我们要进一步克服原有体制机制的弊端，通过智库这个平台，推动高校、企业和政府的深度合作。教育部开展的"2011协同创新计划"，实际上是把高校教师以更大的力度推向社会、推向生活的又一重要举措，是为深化科研体制机制改革、加强应用性研究所提供的很好机遇。多数开始培育和建设的社科类协同创新中心实际上就是决策咨询智库。为达此目的，要更加明确协同创新的重要地位和作用，不再简单强调"强强联合"，而是重在鼓励"相互不可替代"条件下的相互补充，同时，也要推动政府完善决策机制，教育公务员以更加谦虚的态度对待智库成果，在政府与智库架起协同创新的桥梁。

第五，在智库建设中要发挥好高校文科的作用。高校既是创新人才培养的重要基地，又是基础研究、应用研究和创新成果的重要源泉。高校会聚了全国哲学社会科学80%以上的队伍，承担着80%以上的研究任务。特别是一大批研究生在那里与指导教师薪火相传，这是高校开展智库工作的最大优势。因此，高校有义务、有责任、有条件，在加强重大理论研究的同时，加强应用对策研究，努力为党和政府科学民主决策做出积极贡献，并承担起做好国家智库人才蓄水池的重要工作。建立一批以高校为基地的智库，调动多学科资源，打造高校智库的特色；推进高校间在智库建设方面的交流与协作；加强高校文科与高校外智库的合作。

习近平总书记的批示，是中国智库建设和社会科学发展的难得机遇，也是对我们提出的更高要求。我们要珍惜这一机遇，增强责任感，把握住"中国特色新型智库"这个主题，深入实际，向人民学习，向实践学习。从改革开放和现代化建设的丰富实践中不断汲取营养，创新理论，交出更多更好的应用性成果和政策建议，为国家为人民做出有益的贡献。

（原文《让社会科学更好支撑智库建设》，载《人民日报》2015年10月27日第7版。作者朱光磊，南开大学副校长、教授。天津市津南区海河教育园区同砚路38号周恩来政府管理学院 300091）

发展中国特色新型智库体系
努力建设世界一流智库强国[*]

任 平

摘 要： 中国特色新型智库建设必须瞄准世界一流智库强国目标，突出为党和政府科学、民主、依法决策服务的中心要旨。要高度重视体系构建，建立分布分类分型结构合理、协同有序、入出全程管理的体系。必须要以立法方式明确和规范智库准入门槛、咨询行为、政府采纳咨询意见程序，建立第三方科学评价制度、终身追责制度、奖惩制度，建立公平竞争制度和退市制度。政府和全社会都要营造良好环境，促进智库多样、多元功能的有效发挥，促进中国特色新型智库体系向世界一流智库目标迈进。

关键词： 中国特色新型智库 体系 智库强国

一 深化认识发展中国特色新型智库体系的重大意义

党的十八大以来，如何实现科学、民主、依法决策，将决策咨询纳入法治化轨道，重点建设一批具有国际一流水准的高端智库，成为新一届中央领导集体关注的重大课题。习近平总书记强调："我们进行治国理政，

---

[*] 本文为第九届中国社会科学前沿论坛"新型智库建设与哲学社会科学研究"会议上的发言提纲。发表时做了修改。

必须善于集中各方面智慧、凝聚最广泛力量。"为此，中共中央和国务院颁布《关于加强中国特色新型智库建设的意见》（以下简称《意见》），站在党和国家事业全局高度，深刻阐释了中国特色新型智库建设的重大意义、指导思想、基本原则和目标任务，全面规划了建设中国特色新型智库的新格局，部署了深化管理体制改革、健全制度保障体系和加强组织领导等新战略举措，《意见》成为中国发展新型智库的战略动员令和建设纲领，无疑具有里程碑的意义。

正如《意见》所指出：发展和完善中国特色新型智库体系，是党和政府科学民主依法决策的重要支撑，是国家治理体系和治理能力现代化的重要内容，是国家软实力的重要组成部分。具体来说，这是推进"四个全面"战略纲领、治国理政的重大国策，是政治决策方式走向民主化、科学化、现代化和理性化的重大标志，是为了积极应对纷繁复杂的国内国际形势、科学把握大局、更加自觉地引领中华民族伟大复兴的战略需要。然而，对《意见》中所表达的重大意义，无论是学界还是社会，都还存在着许多表面的和模糊的认识，因此还需要做进一步的深度阐释。

第一，建立中国新型智库体系，建设世界一流智库强国，是中国的大国地位决定的。新全球化时代的世界格局正在发生深刻调整。美国金融危机和欧洲债务危机的持续加深，不仅是资本全球化经济秩序的致命危机，更是西方智力文化霸权的深刻危机。全球软实力比拼格局正在发生深刻改变，一个新的全球文明秩序不可避免地被重构。"上兵伐谋"，作为国家软实力的坚核，发端于第二次世界大战期间的美国军方研制战略工程保密室的"Think Tanks"，逐步扩展为风靡全球的"智库（思想库）"，专指由各领域专家组成，为决策者在应对和处理各类公共事务如政治、经济、军事、外交、科技、社会、文化等问题时出谋划策，产出新思想、新理论、新方法、新策略的公共政策研究机构。据美国宾州大学《全球智库报告2014》所称：在全球现有6681家智库中，美国有包括著名的美国哈佛大学贝尔弗科学与国际事务研究中心、布鲁金斯学会、兰德公司等在内的1830家智库，高居榜首，中国则以429家居于第二位，其数量排序与中国在世界经济总量排位惊人一致。然而，经济质量和水平地位一样，但中国智库与美国仍有不小的差距。虽然中国在100强中占7席，但是位置最靠前的中国社会科学院为第27位，而前10中美国占4席。更为重要的是，中国智库的差距还体现为体系不完善、功能单一，许多现行政策严重限制体系的建构和功能的实现。世界一流智库的功能是多元的，从提供决策咨询、培养政界精英（旋转门）到沟通政社各界、影响社会和引导社会舆论、平衡社会冲突等，成为现代法治和民主社会不可或缺的重要机构。

第二，建设中国特色新型智库体系是科学决策的重大前提。科学、民主、依法执政，前提是科学、民主、依法制政。凡事预则立，不预则废，对预见力的准确度、长远性和应用价值的需要程度与社会变化速度、复杂性和实践性呈正相关。马克思说，人的劳动与动物本能最大区别在于：人在劳动之前已将劳动的结果作为一个观念预先构想出来，并作为劳动的目的支配着人的劳动全过程。历史越走进现代，发展越日新月异，就越需要对影响未来人类社会发展的各种复杂因素、各种风险进行超前科学分析，越需要对未来发展道路和模式、发展结果图景进行超前科学谋划，超前性预测的时间和空间尺度越大，预见力和计划性程度就越高。人步行，至少需要看前3—5米；而高铁、飞机，则需要对几千公里、上万公里行（航）程全程监控。发展速度与预见力和预见空间尺度要求成正比。对未来的预见当然需要有境界高远、思想深邃的理论作为指导，但仅仅有宏观抽象理论指导还不行，还需要将这些理论转化为具体的政策、方针、方案、规划等，借以具体地指导发展实践。因此，把对未来发展状况和道路的研究、对各种因素的分析和对策放在世界现代化发展经验和历史的角度看，越是社会生活发展走入超复杂大系统，越需要一个高效有序的咨询决策体系来应对，越需要运用科学手段和工具来预测研判。而科学决策，就是一个把科学思想、科学组织、科学制度、科学工具和科学程序组合起来产出正确决策的管理行为。

第三，建设中国特色新型智库体系是民主决策的重大抉择。自古以来，圣贤决断，都需要广开言路，博采众见，以去蔽求真，实事求是。所谓"兼听则明，偏听则暗"，今天，在建设中国特色社会主义现代化进程中，民主决策是实现中国特色民主政治的重要内容和必要环节。将第三方智库的咨询意见制度性地纳入民主决策过程更是其题中应有之义，是民主政治制度不可或缺的重大工具，民主程序不可忽略的重要环节，是各方利益不能缺失的重要表达方式和协商方式。民主决策不仅是科学决策中多元方案替代选优的需要，更是利益相关者的权利实现的需要。所谓"立法者与阐释者"的关系是民主政治的核心关系，也就是说，人民群众作为当家做主的主人，不仅是国家所有制度的立法者和享受者，也应当是阐释者。话语权是各个利益群体实现政治主体性和法律平等的重要体现，不可剥夺。中国特色新型智库体系建设也是民主决策的必要环节，这是由党和政府为人民服务的根本宗旨和先锋队的性质决定的。改革开放以来，中国进入了一个差异性社会，人民群众中存在的各个不同利益群体，在改革、发展、稳定中的每一个阶段、每一个环节上都既有根本利益、全局利益、长远利益趋向一致性，也有眼前利益、局部利益和阶级、阶层、利益集团之间的差异性。他们的差异性利益表达应当有同等的话语权，话语权不仅包括非专业化零散的表达权，也包括智库专业化的表达权。还应当有政治平等和法律平等的话语权。如何保障他们的话语权的平等性，如何保证智库真正成为人民和党在意见磋商中求得利益和意见一致，凝聚全国力量实现中华民族伟大复兴的中国梦，是建设中国特色新型智库体系必须要考虑的大问题。推动不同利益群体通过多元的咨询来表达自己不同的合理的利益诉求，进而通过协商民主来达成一致，是今天政治设计的一个重大课题。民主决策过程必然要求有广纳群言、差异化咨询的通达机制，否则就不可能有"兼听则明"的功效。

第四，依法决策必须建设中国特色新型智库体系。依法治国首先是依宪治国。一方面，宪法保障人民群众作为国家的主人，有自由、充分的话语权，有向党和政府建言献策的权利。这一权利实现，不仅包括在人大、政协、社会等各种方式中社情民意方式的建议权，也包括组织专门机构就他们关心的专门问题进行专题研究然后向党和政府提出建议的权利。另一方面，智库咨询进入依法决策程序，意味着各级党和政府的决策如果没有充分听取不同的意见，就不仅是决策失误，而且是程序违法。既然要有不同咨询意见，那就必须要有一个体系性的智库，代表各种利益相关方来生产咨询知识。采纳意见也不仅凭借领导个人感情好恶，犹如政府采购，要有一整套能够被公开监督、科学合法的采纳咨询意见的程序法规。作为咨询供给方的智库要有市场准入资质，不同资质的智库只能承担与其资质相匹配的咨询项目并提供可能的建议，而且要与咨询采纳方一起受到终身追责的监督，承担相应的民事甚至刑事责任。建立法治国家，我们各级党和政府就要真正学会在一个人民拥有质询建议环境中用权，在不断听取人民各种意见和建议环境下做事，只有这样，才能保证我们的权力被法治制约，受人民监督，才能保证利为民谋、权为民用，减少决策失误和杜绝腐败。

第五，全面建成小康社会必然提出重大而全面复杂的问题，从而需要完善的新型智库体系来对应支撑。全面建成小康社会建设重在全面，因而对承担咨询重责的新型智库建设也需要有完备的体系。全面建成小康社会的中国正面临十大转型任务。在资源配置上，从计划经济向市场经济转轨，从市场起基础性资源配置作用到起决定性资源配置作用，大量复杂矛盾和问题需要预先研究，找出化解方案。在现代性发展模式上，从温饱向复杂现代性转变的全面小康转变，中国正在重写现代性、走前无古人的新现代性道路，需要从现代性根本理论的创新到具体道路的创制进行全面谋划。在空间格局上，从城乡二元结构向城乡一体化和新型城镇化转变，数亿人口空间生存方式的大变动，带来的问题和冲突需要创新解答。在社会类型上，从同质性社会向差异性社会转变，各个阶级、阶层、利益集团相互关系的重组和社会再结构化，成为党和政府以及全球关注的超大事件。在政治体制上，从同质性政治向中国特色社会主义民主政治转变，党的领导、依法治国和人民当家做主相互关系需要创新地阐释和谋划。文化从大一统向多元价值观念转变；党的建设从革命、封闭和计划环境向执政、开放和市场环境转变等，新环境、新时代、新挑战和新任务层出不穷，需要体系性理性设计，全面谋划，牵一发而动全身。

第六，全面深化改革也必将需要建设新型智库体系。改革进入深水区，需要改革方式的历史性转换。早期改革方式是诉诸感性经验型的。因为冲破僵化教条的思想牢笼、僵化保守的体制机制，没有现成的经验，更多的是靠实践探索，摸着石头过河，靠大胆试、大胆闯，杀出一条血路来。今天，经过30多年的改革实践经验的积累，中国特色社会主义理论自觉、制度自觉和道路自觉前所未有，但是改革进入攻坚阶段，30年改革、高速发展积累了大量的矛盾，需要全面深入化解，而且深化改革任务的全面展开，更需要理性思考、科学对待、顶层设计，因此更需要系统、科学、完整的理性研究为科学谋划和决策出思路、想对策、拟方案、做决断，因此，需要智库。所谓智库，就是有组织的知识创新群体，其任务就是为国家和社会发展出谋划策。因为建成小康社会是全面的，深化改革是全面的，依法治国是全面的，从严治党也是全面的，所以谋划也需要全面周详，因此，智库有分工，也是一个覆盖全面整体事业的体系。

第七，全面依法治国更需要建设世界一流智库强国的支撑。大国治理现代化，需要完备的切合中国实际、富有本土经验支持和创造力的法律体系，因而需要耗费大量的智力支持，这只能出自有专业背景、有学识和专门实践经验的团队，只能依靠智库体系。建立法治政府、科学司法执法更需要智库体系的智力支持。建设具有中国特色的社会主义法治国家，是世界上前所未有的重大创新课题，不建设世界一流智库强国，则不可能达此目的。

第八，建设世界一流智库强国更是全面从严治党的必然要求。我们党从革命、计划、封闭环境转向执政、市场、开放环境，面临"四大考验"、"六大挑战"，执政能力危机、腐败危机十分突出，党要管党，从严治党任务十分繁重，问题成堆，特别需要创新的研究给予战略、策略和政策的支持。以党规党纪来明确采纳智库咨询意见的程序地位，必将大大推动政党现代化的进程。

二 中国特色新型智库体系建设：成就、问题及其建设使命

根据科学民主依法决策的需要，根据"四个全面"的要求，中国新型智库体系建设的性质和目标就有了客观的标准。中央《意见》指出："中国特色新型智库是以战略问题和公共政策为主要研究对象、以服务党和政府科学民主依法决策为宗旨的非营利性研究咨询机构"，并提出了"遵守国家法律法规、相对稳定、运作规范的实体性研究机构"等八条标准。这是对中国特色新型智库性质、要素和标准的刻画，是建设的根本标准和原则。

中国新型智库建设要走向未来，必须认真总结中国哲学社会科学与中国智库发展实践的历史经验，查找问题，分析原因，明确目标和任务。改革开放 30 多年来，中国哲学社会科学研究对于实践的智力支持和新型智库建设取得了如下成就。

第一，以《意见》为标志，初步明确了中国特色新型智库建设的意义、基本原则和总体目标、基本任务和建设标准、体制机制、总体布局和相关措施。以正在做的事情为中心、服务中心、服务大局的政治责任感和使命感，形成了面向中国实践、面向中国本土问题、注重应用研究和对策研究的以实践是检验真理的唯一标准的智力创新体系和知识生产体系。以

实践是检验真理的唯一标准大讨论为契机，中国哲学社会科学不仅在思想理论上冲破僵化教条的网罗，以创新创造的中国特色社会主义理论指导中国的创新探索实践，而且在学科领域、学科方向、学术研究的向度上都在冲破形而上学和教条主义，努力为实践开道，为实践探索探路，转向应用研究，成为国家和社会的思想库和智源。许多学者从基础理论研究转向应用研究，在中国社会科学研究的九路大军推动下，不断强化明确以问题为中心的研究导向，成为中国哲学社会科学界的一个根本指导思想。智库研究以应用对策研究带动了基础理论的创新，以问题导向强烈催生了新兴交叉学科的发展，以服务党和政府的决策提升了学术研究的信度和效度，以合作攻关强化了跨部门、跨领域科研协同创新的整体能力。

第二，建立了数量世界排名第二的 429 家智库，其中，中国社会科学院等 7 家智库已经冲进世界 100 强行列，形成了全国九路大军，分成四个体系：最内层的是中央和地方党政军机关的研究机构，主要承担应急性各种委托课题，并为之提供决策建议。次层是科学院、社会科学院和党校系统，直接承接年度各级政府的中、近期研究课题，年内出研究报告和咨询意见，为相关政府决策提供主要决策依据。第三层是各高校的研究基地，主要承担中长期发展战略决策咨询任务，以理论支撑见长。第四层则为民间研究机构，相对独立开展研究，以另一种方式为政策决策提供佐证和参考意见，往往不强调与政府即时性需求对接，甚至不与政府合作，强调中立、客观地判断，规范性与科学性地思考与研究。越外围则越凸显基础理论支撑的厚实，突出理论性和思想性，以中长期研究为主；往内部则以具体对策为主，注重即时性、适用性和决策、操作的可行性、完整性。

第三，形成了全国性的应用对策研究的广大人才队伍，超过 50 万人，分布在高校等教育系统、全国社会科学院系统、科学院系统、全国党校系统、全国宣传文化系统、全国党政机关（包括各种研究室、政策研究室等系统）、军队系统、企业系统和民间组织系统九路大军，"茫茫九派流中国"，多年来成为各级党和国家政策研究及应用对策咨询的主力军，涌现出许多名家，许多杰出中青年才俊也如雨后春笋般成长起来。

第四，在每一个重大发展时期，都推出了大量的应用研究成果，提交了难以计数的研究报告和各类咨询意见，形成了若干政策建议，通过论坛、领导批示、会议决策、舆论影响、听证等各种途径进入了各级政府的决策系统，成为中国特色社会主义实践的智力支撑。研究不仅有应用对策的价值，而且结合中国本土经验，有思想价值、理论价值。

第五，形成了一定的具有中国特色的应用研究和决策咨询的合作体制机制、方法系统。从常年性的数据采集（全国统计局下属的农调队、城调队）和数据分析、不断出现的大数据处理系统，到各种按照学科和专业分类的数据处理模型开发以及咨询流程的科学建立；从各种领导学习会、专家讲座、智库论坛、研究报告专送等下情上传的通道到政府与各研究机构的横向课题委托机制，以及政府经常性的询问会、咨询会、政府意见采购会等，已经初步形成了民主决策的基本路径。

第六，形成了中国智库建设发展研究与评价机构。最为著名的是上海社会科学院"中国智库研究与评价中心"，其每年发布年度"中国智库研究报告"。此外，中国社会科学院、教育部等都将陆续建立相关评价机构。

虽然中国新型智库体系建设已经有了很好的基础，但是，与建立世界一流智库强国目标相比，中国新型智库体系建设还存在着很大距离，问题主要表现在以下几个方面。

第一，在宏观上，仍然缺乏现代性的、全国性的新型智库的总体建设规划。中国特色的智库究竟应当取何种目标、规范、评价标准，《意见》做了原则说明，但是在规范建设上仍然存在着许多空白。其一，没有全国的咨询市场的准入标准和建立标准，没有咨询资质评价和分级标准。对于何种级别的咨询应当由何种资质的智库来承担，没有全国统一的建设目标和规划。其二，429家智库没有形成紧密有序的体系，没有数据共享机制，没有严格的分工，缺少对于建设基础研究、应用研究和咨询决策研究平台之间有效清晰的划分标准；缺少事业型、产业型智库管理的标准，没有对究竟建设多少体制内智库、体制外智库以及如何覆盖差异性社会的各个阶级、阶层的表达权的智库结构做深度研究和规定。其三，相关法律严重滞后。许多应用决策型研究机构并没有把自己的建设目标自觉地按照智库标准来加以建设。没有市场准入标准和政府采购标准。政府采纳咨询意见的途径缺少法定程序，很不规范，也不负责任。不少研究报告仅凭领导个人批示，甚至有的凭秘书写讲话稿采用。其四，没有风险评估制度和奖惩制度，缺少立法对决策咨询失误的责任追究机制。其五，缺少正常的市场竞争、淘汰和退出机制，很难保证智库有动力成长为高水平智库。

第二，高水平新型智库体系还没有形成。高水平、合格智库不多，智库分类、分工不明确。尽管应用研究平台林立，但是缺少真正意义上的智库。许多研究机构的目标选择还在基础理论研究、学科性研究与应用研究、规范咨询研究之间徘徊。内部缺少专业数据采集来源，缺少真正的智库型咨询专家，缺少按照智库运行的制度和管理，缺少统一规范操作有序的知识生产流程，缺乏质量监控的评价标准和知识生产产品检验环节，缺少各种成果进入政策实施后的后续反馈评价体系和责任追究与奖惩体系。各种智库定位模糊，分工、分类不明，对智库市场的细分不清，最终导致大路货多，低水重复多。

第三，高水平领军人才严重缺乏，应用研究人员尽管数量不少，但普遍未达到专业的智库研究水准和规范，缺乏严格的标准化研究素养。采取的研究方法、程式、步骤和撰写报告的格式都与标准化的智库研究报告相去甚远。许多研究人员主要是兼职或业余客串，缺乏相关培训标准和培训机构。

第四，高质量、合格成果不多，成果咨询和采纳行为不规范。智库研究水准不高与中国的哲学社会科学理论创新能力不足相关。一个时期以来，许多知识还处在单纯从国外引进状态，食洋不化，缺乏自主创新能力，因此，对中国本土的问题研究缺少真正民族的、自主的理论工具。应用研究成果也未达到标准的智库咨询报告规范要求，或数据采集不规范、不充分，或数据处理方法缺失，或研究程序不正确，或撰写格式不正确，或意见缺少必要的论据支撑。此外，还存在咨询成果报送渠道不畅和采纳程序非法的问题，有的仅凭领导个人好恶；有的凭智库与领导关系的好坏；有的智库为了所谓"领导采纳率"和课题费，只愿意揣摩各级领导意图，专门投其所好，失去了智库反思批判和相对独立的原则，加重了领导的偏听偏信，成为决策失误的共谋。更有各级考核部门仅仅将"领导批示率"作为考核主要指标，助长了这一歪风。

第五，资源配置不尽合理。各研究机构之间成果缺少大数据库的统一管理，信息交流不畅，各自为政，成为信息孤岛，缺少共享性，许多研究机构之间缺少规范性、经常性的开放、协同、合作，没有成为真正地深入联合作战、彼此合作共赢的体系。此外，体制内智库获得来自政府财政的大量资助，其研究成果的见解往往缺少相对独立性。

第六，智库功能不全，许多政策甚至制约了其功能的实现。智库功能是多元的，比如，一流智库都是政治人物通向政界的旋转门。在位从政，退位从智，发挥在政时的影响力，为政府的公共政策制定和实施做出相应的贡献。这一旋转门功能的实现需要对退政人员加入智库提供制度性的保障。智库功能不全，就很难与世界一流智库比拼影响力，这直接影响着中国智库水准和影响力的提升。

因此，就全国而言，新型智库体系建设仍处于初始阶段，全国缺少统一的智库建设总体规划，缺少统一的管理机构，许多应用决策研究机构正在向智库型机构艰难转型过程中。因此，与建设世界一流智库强国目标极不相称。为此，我们需要进一步对《意见》中所说的总体目标、根本任务和基本格局加以深度思考和研究。

三 建设世界一流智库强国：路径与战略

中国正在走向全球软实力比拼强国的道路，为完成建设世界一流新型智库体系的重任，我们需要进一步明确目标任务和总体战略，主要包括以下几个方面。

一是中国新型智库建设重在体系性整体设计。所谓中国新型智库体系，就是中国新型智库的建设不在于数量，甚至也不在于个别智库的水平高低，而在于整个智库结构分布分层的合理性，在于有一整套关于智库入市达标、咨询行为合规、政府采纳咨询意见程序规范合法、评价和追责体系完善等制度。因此，在性质、结构和内涵上要有更大的包容力。对新型智库性质的阐释，包括其研究对象、宗旨和机构性质关联的三者。关于建立智库的组织目的和性质，"以服务党和政府科学民主依法决策为宗旨"、"以战略问题和公共政策为主要研究对象"，同时不排除民间智库对于行业、企业和其他组织出谋划策制定发展战略的功能。在结构上，既要有为党和国家最高层次提供决策智力服务的智库，更要有为地方、基层单位服务的智库；既要有体制内作为事业单位的智库，也要有独立投资的体制外民间智库；既要有从事某一领域和行业研究的智库，也要有综合性智库；等等。中国是一个大国，我们不仅要发展重点智库，更重要的是着力于中国特色新型智库体系建设。所谓新型，就是在体系内各种要素、各个智库有机协同的支持下，以服务党和政府及各社会成员单位的公共政策和发展战略研制为目的，以高水平理论创新和学术创新支持应用研究，以知识生产和政策咨询相结合、科学制政与科学执政相结合、咨询知识多元生产与政府合法采纳相结合综合集成的咨询服务机构体系。就格局而言，中国特色新型智库体系必定是少数重点国有智库和大量的民营智库的统一。作为党和政府，应当为事业和企业型智库建设和发展提供公共服务和公共保障。其中重点应当做好以下几个工作。一是立法和政策扶持，包括登记注册权保障、资本监控、意见接受渠道保障、人员劳动权保障、信息知晓权保障等。二是要由政府出资建设大型的数据库。互联网安全高效的大数据库为社会提供应公开尽公开的相关数据信息，从而为智库研究提供基础性的支撑。三要有强有力措施，对政府采购和采纳咨询成效进行实时评估，奖优罚劣。四是要建立智库专业人员培训制度。重点建设50—100个国家重点智库，也只能是智库体系中的骨干智库，不能作为智库体系的普遍类型，更不是全部。

　　二是应进一步立法明确和规范中国新型智库的建立、入市、行为和责任，建立竞争机制和退市机制，规范政府采纳咨询意见的行为。要以立法逐步明确智库建立和入市服务的门槛标准，建立根据咨询业绩和水平确立智库资质的审核制度。要对智库咨询行为加以规范。要建立咨询效果终身责任追究制。要立法规范各级政府对咨询意见的采纳行为。凡属于重大政府决策行为和战略谋划，要明确程序合法原则，必须要有听取智库咨询意见的环节。定向采购意见，要参照建筑工程类招标方式，必须至少要有意见不同的三家入围才能有效。最终意见的采纳需要有一定的决策会议来定准，并向社会公开，接受监督，绝不允许领导个人批示就进入决策程序的情况发生。要立法规范咨询竞争行为，鼓励自由思想、自主创新和公平竞争，反对侵害他人知识产权、行贿投机等不正当竞争行为。咨询意见造成重大不良后果的，或者咨询水准长期不达标的，应当劝其退市或者强制退市。对政府采纳咨询意见的效果评价，要采取第三方实施原则；要明确效果责任，必须实行终身追责，智库负有连带责任。

　　三是要瞄准世界一流智库强国目标，在智库水准建设各个环节上下功夫。在中国特色新型智库体系建设的总体规划下，明确政府、社会、市场三方界限和权力，明确目标值、时间表和路线图。世界一流智库强国的要素有多个方面：支撑数据手段和保障工具先进，是其中现代新型智库的基础性条件，国家应当明确目标工程，加以投入和建设，用工程和制度来确定智库所需要的数据信息来源的充分有效性，做好服务。党和政府应当下大力气为智库建设提供最优越的公共服务和行政支持,同时按照八条标准加以监督和管理。要立法纳言,改变采纳意见的偶然状况,各个智库要以引进和培育大师和领军人才+高水平团队为龙头,以相应的专业研究平台建设和高水平研究咨询成果为支撑,以稳定的经济投入和设备空间条件为保障,以服务党、政府、社会战略决策和各种发展政策为目标,以协同创新为机制,开展高水平研究,出高水平研究成果。

四是重点抓好民主决策中的多元意见听取和采纳机制。决策咨询制度是中国社会主义民主政治建设的重要内容。就总体目标而言,民主决策涉及在差异性社会中,智库的研究和成果报送途径要充分体现各个社会利益群体的话语表达权的平等。社会结构的差异化和分层化,人民群众中眼前利益、局部利益、阶级阶层利益的分化甚至冲突,不同利益诉求都需要表达,党和政府需要兼听各方利益诉求。因此,智库类别需要多元化,不能一律由政府包办,成为新的财政供养单位。党和政府举办的国家智库应当属于智库事业,都应当属于非营利性智库机构,甚至可以是事业单位。由政府财政出资兴办,或由财政拨款资助,按照相关单位性质加以管理。党管智库原则,首先体现在对于这类智库由党和政府直接举办甚至管理,在机构内建立党的基层组织,作为把握政治方向、引导智库健康发展的组织保证。但是,这些机构一旦研究与政府利益相关而又与百姓矛盾的事件,如土地拆迁等,政府官办的智库拿出的咨询意见很难不被地方政府左右,而且其公信力就会缺失。因此,需要有一批社会力量举办的民间智库。这些智库应当有第三方色彩,在社会利益差异、矛盾纠结过程中,应当有相对独立的评价权和咨询权。这些评判和咨询建议相对独立,客观公正,百姓易于接受。国家应当有意识地培育一大批知名、有社会责任感的社会智库,作为利益平衡器和社会监督器,防止某些地方官通过自己控制的智库产出利益偏好的建议进而导致乱决策、乱作为。只有政府、市场、社会组织三者相互有效监督,才能真正把权力关在笼子里。从更长远眼光看,走市场化、社会化办新型智库道路也是总结中国百余年现代化历史经验教训得出的必然结论。自洋务运动以来,中国现代化道路之所以遭遇屡败,始终受"半现代"陷阱掣肘,重大原因之一是习惯走官办道路,长期形成了官办企业(红顶商人)、官办学校、官办洋务等,结果形成了官僚资本主义,与中国现代化原初目标相去甚远,而且屡次成为中国新民主主义革命、深化改革的对象。今天,在党的第十八届三中、四中全会全面深化改革的要求下，全面深化改革的目标之一，就是实现"政企分开"、"政资分开"、"政社分开"，打破行政性企业的行业和部门垄断，充分发挥市场在资源配置中的决定性作用。这一总体原则应当延伸到新型智库体系的建设中去，充分发挥市场、社会的作用，走"民办官助"和基金多方筹集的道路，政府积极加以扶持，基金会、社会团体和个人捐赠资助。不要再走弯路，等到若干年后，我们再回头来对这些官办智库进行二次体制改革。

五是要在制度和体制上创新，为中国新型智库体系充分发挥多样性、多元化功能创造良好环境。除了咨询建议功能之外，应当有专门制度设计，健全旋转门功能，为退位官员进入智库发挥智力余热创造条件，也为智库杰出人才进入政府创造绿色通道。应当创制为智库沟通社会公众、引导舆论、教化公民、平衡社会利益矛盾提供权力保障。同时，也需要对智库的多样性作用发挥的行为进行合法合规的监管。要营造良好的充分竞争和激励环境，大力促进各个智库苦练内功，提升创新思维水平，多出高质量、高水平、经得起历史和人民检验的研究成果，为促进中国特色社会主义民主政治建设和法治国家贡献智慧。只有如此，中国才能成为世界一流智库强国。

参考文献：

[1] 中共中央办公厅、国务院办公厅：《关于加强中国特色新型智库建设的意见》，《人民日报》2015年1月25日第1版。

[2] 宾夕法尼亚大学：《全球智库研究报告2014》，2015年1月。

[3] 上海社会科学院：《中国智库研究报告》，2015年。

[4] 李卫红：《高校在新型智库建设中的使命担当》，《人民日报》2014年2月16日第5版。

（原载《南京社会科学》2015年第11期。作者任平，苏州大学教授，江苏师范大学原校长，江苏师范大学中央编译局发展理论研究中心主任。江苏省苏州市十梓街1号苏州大学 215006）

新时期中国特色新型智库建设的思考

李善民

摘　要：改革开放30多年之后，中国社会步入全新时期，面对诸多的发展困境和矛盾，建设中国特色新型智库，让其为政府决策服务，降低政策制定风险已势在必行。时至今日，中国智库建设已经基本完成了量的积累，官方智库、半官方智库、高校智库、民间智库已经粗具规模，形成体系，为中国特色新型智库实现质的飞跃打下了良好的基础。中国特色新型智库建设有其自身的特点和规律，不能完全照搬西方经验，坚持中国特色社会主义方向，维护国家利益，为本国人民福祉建言献策，同时要在加强自身建设的前提下加强国际合作，在合作中学习，在合作中提升话语权，最终实现追赶和超越。

关键词：改革开放　智库建设　新型智库　中国特色

一　引言

2013年11月，党的十八届三中全会上首次明确提出建设中国特色新型智库，建立健全决策咨询制度。2014年3月，习近平总书记出访德国时，特别强调中德两国智库交流，"智库外交"将成为新时期中国外交的新特色。2014年7月，习近平总书记在经济形势专家座谈会上指出，经济形势专家座谈会就是落实中央关于"加强中国特色新型智库建设，建立健全决策咨询制度"决策部署的重要体现，希望广大专家学者发挥所长，踊跃为政府科学决策建言献策。2015年1月20日，中共中央办公厅、国务院办公厅印发了《关于加强中国特色新型智库建设的意见》，明确指出中国特色新型智库是国家治理体系和治理能力现代化的重要组成部分。该文件的出台标志着中国特色新型智库建设上升为国家战略。

现代智库，是专门从事公共政策研究，通过提供公共决策咨询服务社会的专业机构。现代智库是政府公共事务决策的"外脑"，是现代公共决策的重要环节。现代智库通过传播社会知识影响公众，引导公众舆论和社会走向，提高了公共决策的民主性和科学性，是国家治理体系的组成部分，是国家软实力的重要组成部分。[1]

什么是中国特色新型智库？简言之，就是中国特色与新型智库的结合。"中国特色"就是考虑中国情境，考虑中国发展环境的特殊性，而"新型"则体现为新时期中国经济社会发展的新要求。[2] 胡鞍钢认为，中国特色新型智库除了应具备现代智库的特点外，还应该有"特、专、新、优"的特点。[3] 综合各种表述，笔者认为中国特色新型智库就是指，在坚持党的领导不动摇、坚持中国特色社会主义大方向下，建立起来的多主体承办、多类型并行、多层次共存的，为公共决策提供咨询和建议，服务社会、服务民众的专业的咨询服务机构。

本篇将围绕如何建设中国特色新型智库问题，结合当前中国社会步入后改革开放时期的背景，从必要性、具备条件及相关措施等方面进行讨论。

二 新时期建设中国特色新型智库的必要性

2014年5月30日，刘延东副总理在座谈会上指出，建设中国特色新型智库是服务党和政府科学民主决策、破解发展难题的迫切需要，对于全面建成小康社会、提升国家软实力、坚持和发展中国特色社会主义具有重

---

[1] 李国强：《关于建设中国特色新型智库的调查与思考》（http://www.china.com.cn/o-pinion/think/2014-08/13/content_33226619.htm）。

[2] 中国行政体制改革研究会课题组：《中国特色新型智库建设的总体思路》（http://theory.people.com.cn/n/2014/0714/c40531-25277392.html）。

[3] 胡鞍钢：《建设中国特色新型智库：实践与总结》，《上海行政学院学报》2014年第2期。

要意义。在中国社会步入后改革开放的全新时期，建设中国特色的新型智库势在必行。

（一）改革步入深水区，顶层设计需要智力支持

改革开放30多年了，中国经济经历了高速发展之后，逐渐转入经济结构调整、产业转型升级、经济增速放缓的新常态时期。改革开放之初，我们可以"摸着石头过河"，如今改革步入深水区，石头摸不着了，我们靠什么？中国当前的情况，与发达国家曾经走的路不同，所以不能靠外国经验。在如此独特的历史环境下，中国社会要稳步向前发展只能依靠中国人自己的智慧。因而，国家领导人在不同场合强调智库建设的重要性。十八大之后，中国特色新型智库上升为国家战略。中国特色新型智库是以战略问题和公共政策为主要研究对象、以服务党和政府科学民主依法决策为宗旨的非营利性研究咨询机构。[①] 在中国改革开放进入关键时期的背景下，资源分配不平衡、贫富差距、社会阶层分化等问题加剧，经济结构不合理、自主创新意识不强、产业转型升级压力大、城乡二元结构、收入分配不均等矛盾集中爆发。这些前所未有的新情况都急需了解国情的国内智库敏锐跟踪国际国内发展趋势，群策群力，及时为党和政府提供应对良策，为全面深化改革的"顶层设计"提供智力支持。

（二）借鉴国外经验，政府科学民主依法决策需要智库参与其中

美国是当今世界上智库发展最成熟的国家，早在20世纪初美国智库就开始成为政治权力的组成部分。今天我们熟知的布鲁金斯学会、兰德公司、胡佛研究院等著名的智库机构，在外交、经济、科技、军事、文化、安全等多个领域为政府提供决策咨询，成为美国政府科学决策的重要保障。[②] 中国古人有句话：兼听则明，偏信则暗。党和政府要实现科学决策，就必须聆听来自不同阶层的声音。其中，智库就是一个非常重要的声音。智库一般是某个阶层或行业的精英组织，他们的声音既代表基层的诉求，又有精英知识分子心怀天下、兼顾大局的特点。所以，加强中国特色

[①] 中共中央办公厅、国务院办公厅：《关于加强中国特色新型智库建设的意见》（http://www.gov.cn/xinwen/2015-01/20/content_2807126.htm）。

[②] 吴宗哲：《中国特色新型智库建设问题研究》，硕士学位论文，大连理工大学，2015年，第21页。

新型智库建设可以让党和政府听取不同阶层的声音，保证政府决策代表大多数人的利益，保证政府决策的科学性和可行性。当前，国际局势风云变幻，中国社会又面临全面建成小康社会的攻坚阶段，摆在中国决策层面前的复杂局面前所未有，因而迫切需要健全中国特色决策支撑体系，加强新型智库建设，以科学咨询支撑科学决策，以科学决策引领科学发展。

（三）参与国际竞争，提高国际话语权，需要中国智库发声

国际竞争的核心是国际话语权的争夺，而国际话语权是以影响力、专业性为基础的。国际竞争力是一国综合实力的体现，思想文化等方面的软实力对于国际竞争力的提升作用不可忽视，而高水平智库是一国软实力的重要组成部分，所以，建设一批具有国际视野、国际影响力和具有极高专业性的智库对于提升国际话语权是非常必要的。经过30多年的改革开放，中国创造了人类历史上的经济奇迹，成为世界第二大经济体，"硬实力"得到了国际社会的普遍认可。然而，我们的"软实力"还有待加强，对外缺乏对国际重大事件的影响力，对内缺少对中国道路、中国制度、中国改革的解读和宣传。[①] 总而言之，在国际社会上"中国声音"还比较微弱，要提升国际竞争力，就需要我们在国际社会上发出最强音。这就必须加强中国特色新型智库建设，需要智库去宣扬中国文化的核心理念，需要智库站在国际前沿去研判国际形势，需要智库提出专业的具有相当高度的建议对国际局势产生深远的影响，从而不断提升国际话语权，增强中国的国际影响力。

三　建设中国特色新型智库时机已经成熟

根据宾夕法尼亚大学的研究，2012年仅中国大陆地区的智库就有429家，数量上已经居全球第二位。尽管高水平的智库仍然比较匮乏，但是数量上的积累为中国特色新型智库的建设打下了一个不错的基础。数量众多、不同层次、不同体制的智库体系已经初步形成，建设中国特色新型智

---

① 胡鞍钢：《建设中国特色新型智库：实践与总结》，《上海行政学院学报》2014年第2期。

库的时机已经来临。

第一，官方智库。这是指党内、政府及军队依法组建的，为各级领导层提供决策服务的智库机构，如国务院发展研究中心、各地的党校。根据上海社会科学院编写的《2014年中国智库报告》的数据，党政军智库占所有智库的41%（仅统计活跃智库），其中国字号智库15家，各部委研究机构24家，地方发展研究中心（政策研究室）28家，地方党校、干部学院等34家。

第二，社会科学院。这是中国最老牌、最具中国特色的智库，它们在设立之初就被定位为政府智库的角色。社科院系统是政府财政资助的，为政府公共政策制定提供智力支持的非政府机构。由于历史的原因，中国的社科院系统具有非常浓厚的官办色彩。根据《2014年中国智库报告》的数据，国家级的社科院有3家，省级或直辖市有30家，省会级16家，地市级5家。社科院占所有智库（仅统计活跃智库）的22%，仍然是中国现有智库体系中非常重要的一部分。

第三，民间智库。这主要是指由企业、私人或民间团体创设的，为基层民众发声的公共政策研究机构，如深圳综合开发研究院、海南改革发展研究院等。根据《2014年中国智库报告》的数据，行业协会开办的智库有21家，民办非企业组织32家，基金会支持的3家，企业开办的智库20家，其他13家，总共89家，占全部智库（仅统计活跃智库）的37%。民间智库的蓬勃发展反映了民智开启、民众参与公共事务决策的热情。但是，目前民间智库最大的缺点是良莠不齐，管理混乱，在公共事务决策中的影响有限。

第四，高校智库。这是指依靠大专院校科研资源从事政策研究和决策咨询的组织或机构。高校智库具有高层次人才聚集、学科领先且综合性强等优势。十八大以后，高校智库迅猛发展，各大院校纷纷建立自己的智库，发挥高校"咨政"的独特作用。[①] 尽管目前关于高校智库没有明确的统计数据，但是2015年年底公布的首批25家国家智库试点建设单位中高校智库独占6家。由此可见，高校智库在中国智库体系中也是非常重要的组成部分。北大、清华、人大、复旦、武大、中大等国内著名高校所属的

---

① 夏仕武、刘术娟：《特色新型高校智库建设与高校科研组织范式创新》，《国家教育行政学院学报》2015年第7期。

专业性智库长期服务国家及区域性政策制定，为中国社会发展进步贡献了重要作用。

综上，建设中国特色新型智库"量"的积累已经具备，未来的重点任务是提升"质"的飞跃，打造一个体系完整、层次丰富，既了解国情又有国际视野的智库系统，为中国社会发展、中国政府科学民众依法决策建言献策。

四 建设中国特色新型智库的措施

中国特色新型智库建设的总体思路是，坚持党的领导，坚持中国特色社会主义方向，坚持"服务决策、适度超前"的原则，以决策咨询为主要方式参与公共政策制定，对内提高政府决策的科学性，对外提升中国的国际影响力。[①]

（一）坚持党的领导，维护国家利益

中国特色新型智库要以服务党和政府决策为宗旨，坚持中国特色社会主义方向，坚持党中央的路线方针，利用中国视角、聚焦中国发展，更好地服务党和国家工作大局，为全面建成小康社会和实现中华民族伟大复兴提供智力支撑。中国特色新型智库要遵守国家宪法法律法规，始终以维护国家利益和人民利益为根本出发点，立足中国国情，充分展现中国文化的内核，发出令人信服的中国声音。中国特色新型智库要紧紧围绕关乎国计民生的重大课题，围绕全面建成小康社会、全面深化改革、全面推进依法治国等重大任务，开展具有针对性、前瞻性、储备性的政策研究，提出专业性、建设性、可操作性的政策建议，切实提高党和政府的综合研判水平和战略谋划能力。

（二）建立多层次、立体化的智库体系

改革开放30多年之后，中国社会进入经济发展新常态时期，利益格局多元化、信息来源多元化、价值判断多元化趋势明显，社会矛盾集中爆

---

① 朱虹：《探索高水平中国特色新型智库建设道路》，《江西社会科学》2014年第1期。

发，不同阶层人群利益冲突严重，决策成本和风险大大增加，决策需要更加审慎和科学。公共决策再也不能依靠某个人或某几个人的人格魅力、领导智慧、经验知识来进行。决策层需要聆听来自不同阶层的声音，才能做出权衡各方利益、符合大多数利益的正确决策。所以，建立多层次、立体化的智库体系是有重要意义的。中国特色新型智库应该是既有顶层设计的国家级智库，也有代表基层民众声音的区域级、地方级智库；既有官方、半官方的智库，也有民间智库；既有全国性的智库，也有分行业、分专业的智库。多层次、立体化的智库体系，一方面可以向党和政府提供更加具有可操作性的政策建议，发挥"外脑"在决策科学性中的作用；另一方面，可以更好地充当上情下达、下情上传的"传声筒"作用，将决策意图客观地传导给社会民众，同时将社情民意导入决策之中。

（三）营造良好的社会氛围，共同关心和重视智库的发展

中国古代社会历来都有"招贤纳士"、"以智辅政"的传统，古代智囊不胜枚举，如孟尝君的三千门客，刘邦的谋士团队张良、萧何、韩信等。流传千古的佳话和成功的案例，让历代贤能君主都自觉不自觉地重视智囊的作用。中国特色新型智库与中国古代社会的智囊自然不能等同，然而营造良好的社会氛围，推动智库发展，古今中外概莫能外。习近平等国家领导人在十八届三中全会前后，在不同场合关于中国特色新型智库建设的讲话，就可以看作为智库建设做舆论宣传，目的是营造良好的社会氛围，让全社会共同关心和重视新型智库的发展。良好的社会氛围有利于调动全社会参与公共决策的热情，扩大智库建设的群众基础，有利于各级政府建立决策咨询服务购买机制，吸引各类主体参与智库建设；有利于健全舆论引导机制，发挥智库阐释党和国家的理论与公共政策、研判社会舆情、引导社会舆论、疏导公众情绪的积极作用。

（四）练好内功，重视机制优化，调动多方面力量发展中国特色新型智库

布鲁金斯学会、兰德公司之所以能够举世闻名，成为美国顶级智库，最重要的原因是它们超高的专业性和影响力。兰德公司聘请了600多名全美著名的教授、专家来担任其顾问和研究人员。兰德公司对朝鲜战争局势的精准预测、布鲁金斯学会对伊拉克战争的研究报告，都成为影响重大国际事件的重要因素。正是因为其专业性和独立性，这些顶级智库才能具有如此高的国际影响力。所以，中国特色新型智库建设，首要的要求是我们自己的智库要练好内功，提高专业水准，吸引更多高层次、有威望、人脉广的知名学者、前官员及企业家加入，建立人才"旋转门"机制，实现人才在党政机关与智库之间的双向流动，促进智库与决策部门的联系。另外，国家层面的智库要加强选题意识，加强对战略性、前瞻性重大问题的研究，强化研究的独立性和客观性。还有，国家层面的智库要结合自身优势，选择一个或多个领域和专业深耕细作，打造知名品牌。例如，首批国家智库试点建设单位之一的中山大学粤港澳综合研究院，就利用毗邻香港、澳门的地理优势，长期跟踪和研究粤港澳联动问题，逐渐树立了在粤港澳研究方面的权威性，打造出了独有的研究品牌。

（五）加强国际合作，在国际问题上发出"中国声音"

中国智库要成为像兰德公司一样的顶级智库，一定要本着开放的心态办智库，要加强国际合作，师夷长技以制夷。中国特色新型智库尽管强调走中国道路，但是向国际顶级智库学习交流是必要的。在合作中学习先进经验，在合作中提高知名度。同时，要积极在国际事务中发声，要不断加强宣扬中国文化内核、中国道路选择的能力，注重中国话语体系的建设和传播。坚持引进来与走出去相结合，吸纳海外智库专家、汉学家等优秀人才，支持中国高端智库设立海外分支机构，推荐知名智库专家到有关国际组织任职。重视智库外语人才培养、智库成果翻译出版和开办外文网站等工作。坚持以我为主、为我所用，提升对国际事务和国外民众的影响力。简化智库外事活动审批程序，尽可能创造便利条件，积极推动中国智库走出国门，宣扬中国文化、中国道路，积极参与国际讨论，发出中国声音。当然，对于国外智库来华设立机构、参与公共决策咨询等活动，还需要加强引导，规范管理，防止泄露国家机密，威胁国家安全。

五　结论

改革开放 30 多年之后，中国社会步入全新时期，面对诸多的发展困境和矛盾，建设中国特色新型智库，让其为政府决策服务、降低政策制定风险已势在必行。十八大之后,党中央提出中国特色新型智库建设可谓恰逢其时。时至今日,中国智库建设已经基本完成量的积累,官方智库、半官方智库、高校智库、民间智库已经粗具规模,形成体系,为中国特色新型智库实现质的飞跃打下了良好的基础。中国特色新型智库建设有其自身的特点和规律,不能完全照搬西方经验,我们坚持中国特色社会主义方向,维护国家利益,为本国人民福祉建言献策,同时要在加强自身建设的前提下加强国际合作,在合作中学习,在合作中提升话语权,最终实现追赶和超越。

(作者李善民,中山大学副校长、自贸区综合研究院院长、教授。广州市海珠区新港西路 135 号 510275)

新型智库体系建构的机制创新与路径探索

刘德海

摘　要：构建中国特色新型智库体系，需要科学界定内涵，把握主要特征，注重智库主体、智库平台、智库要素三大维度。明确新型智库的问题导向和注重务实管用时效的原则，科学界定各类智库功能，激发内部活力。要完善数据资源共建共享机制、重大决策专家参与论证机制、政府购买智库服务机制、民间社会智库培育机制、不同知识要素的整合机制、智库成果交流转化机制、决策咨询成果激励机制和智库发展支撑保障机制，推动新型智库与相关方的互动。

关键词：新型智库　体系　机制　路径

2015年1月，中共中央办公厅、国务院办公厅印发《关于加强中国特色新型智库建设的意见》，从推动科学民主依法决策、推进国家治理体系和治理能力现代化、增强国家软实力的战略高度，强调了中国特色新型智库建设的重大意义。《意见》指出，要统筹推进党政部门、社科院、党校行政学院、高校、军队、科研院所和企业、社会智库协调发展，形成定位明晰、特色鲜明、规模适度、布局合理的中国特色新型智库体系。

一　关于新型智库体系建构的研究综述及必要性分析

（一）关于新型智库体系的研究综述

国内学者对中国智库的研究始于20世纪90年代中后期，薛澜、丁煌、任晓、朱旭峰、王莉丽等学者对国内智库的研究，集中于以下领域：专家决策咨询；公共政策议程设置；中国思想库的内涵、社会职能、影响力；智库的旋转门机制等。① 近年来，中国国际经济交流中心等民间智库的成立、高校下设智库探索以协同创新中心为载体的新型智库建设等中国智库发展的最新状况，引起了学术界的广泛重视和关注。这些奠定了中国智库研究的理论基础，并初步显现出探索中国情景下智库发展模式的学术自觉，但整体性、系统性研究新型智库的较少，即研究新型智库体系的较少。国内对于新型智库体系的研究，主要分为两大类，一类是从国家层面研究国家新型智库体系的建设；另一类则是结合地方实际，侧重于解决新型智库体系建设中的问题。

刘德海在对智库概念、功能和中国智库发展脉络进行系统梳理的基础上，探讨了中国特色新型智库的治理结构、体系架构及其与党委政府决策机构、民众等相关方的互动关系，提出建立完善实践导向机制、有效运行机制、信息共享机制、交流协作机制、评价激励机制、成果转化机制和综合保障机制七个方面的创新路径。② 陈永杰、张永军等从宏观方面提出了建设新型智库体系的八大措施，包括将智库作为国家重要软实力，大力促进智库多元化发展、健全智库人才管理机制、为智库发展提供重组资金支持、提高智库国际化水平、提升智库影响力、创新智库管理体制、创造良好社会与舆论环境等。③

刘德海认为，由于地方智库的主体相对独立也比较分散，特别是各类公共平台建设相对滞后，没有形成高效能的"集成电路"，咨政辅政、启迪民智等作用发挥得不够好，迫切需要加强资源整合，推进协调发展，完善智库体系，形成强大合力。④ 李军、李侠从哈尔滨市智库建设的基本状况入手，归纳分析哈尔滨市智库建设在形成智库合力、信息资源共享、智库人才流动机制和智库自身创新能力等方面存在的不足；并从加强智库合作、大力培养和网罗智库人才、重视智库信息网络建设和加强顶层设计等

---

① 朱旭峰：《构建中国特色新型智库研究的理论框架》，《中国行政管理》2014年第5期。
② 刘德海：《中国特色新型智库协调发展研究——兼论江苏新型智库体系建构》，《南京社会科学》2014年第12期。
③ 陈永杰、张永军、姜春力、陈妍：《八大措施促进智库体系建设》，《经济参考报》2015年1月22日。
④ 刘德海：《建设地方新型智库体系》，《光明日报》2015年3月18日。

方面，提出建设哈尔滨市现代新型智库体系的对策建议。① 王学俭结合甘肃的实际和个人在工作中的体会，提出从落实政务信息公开、加强智库之间的合作、推进评价制度改革、加大对智库的投入四个方面来加强新型智库体系的机制创新。②

除新型国家智库及地方智库体系研究外，范东君主要从智库评价体系方面做了研究。他认为，智库评价体系的建立有益于发挥评价排名对智库有效产出的促进功能，从而实现智库组织自身的长远发展；有益于准确把脉中国智库发展的问题，探索新型智库建设的有效路径，引领中国特色新型智库的战略性发展。③

总体来说，以往对于新型智库研究侧重于智库个体，而新型智库体系的建设研究要求更加侧重于不同智库主体的统筹推进。而针对新型智库体系建构的机制与路径，目前还没有系统的研究。

（二）关于传统智库运行的主要问题

中国智库目前以官方和半官方智库为主，各类智库主体相对独立，也比较分散、各自为政。再加上各类公共平台建设相对滞后，社科类研究组织和智库参与应用研究的力量不够强，研究成果层次不够高，存在低水平重复现象。由于缺乏必要的协调和整合，社科研究资源不能得到充分的利用，没有形成高效能的"集成电路"，咨政辅政、启迪民智等作用发挥得不够好。就官方智库和半官方智库而言，在运行管理上还存在着一些矛盾与问题，比如功能定位"模糊宽泛"，缺乏"核心内涵"；运行机制"囿于陈规"，缺乏"时代特征"；能力建设"差强人意"，缺乏"地方品牌"；人才队伍"捉襟见肘"，缺乏"拳头力量"；资源分布"条块分割"，缺乏"合纵连横"。从智库的结构看，在中国，党政军智库、社会科学院智库、高校智库占绝大多数，社会智库仅占5%左右，在一些地方存在"只有国家队、没有民间队"的现象。社会智库在不同时期活跃程度不一，但真正以服务公共决策为己任的仍然比较少，政策咨询能力也比

---

① 李军、李侠：《关于建设哈尔滨市现代新型智库体系的思考与建议》，《决策咨询》2015年第3期。
② 王学俭：《加强新型智库体系机制建设》，《甘肃日报》2015年5月11日。
③ 范东君：《坚持"五个结合"建设新型智库评价体系》，《中国社会科学报》2015年6月3日。

较弱。由于受各种因素的制约，民间智库在发挥功能方面还存在种种问题，比如政策咨询功能的弱化、政策宣传功能的不足、政策评估功能的虚化、人才聚集功能的缺失。

(三) 关于新型智库体系建构的现实意义

当前，人类社会已进入知识经济时代。与农业经济时代、工业经济时代相比，当今时代对知识、智慧，对理性和思想有着更为广泛、更为直接的需求。经过改革开放 30 多年的发展，中国和平崛起，自鸦片战争以来首次走到世界舞台的中心。在知识经济时代背景下，中国的强大显然不仅要有雄厚的硬实力，还必须有与之相适应相匹配的软实力，包括治理体系和治理能力的现代化，决策的民主化、科学化，文化软实力和国际话语权，等等。从中国所处发展阶段和当前发展态势看，中国仍处于并将长期处于社会主义初级阶段的基本国情没有变。而在社会主义初级阶段的历史跨度内存在着若干个发展阶段，每一个发展阶段都有着与其他阶段不同的特征和要求，因而不能简单地把前一个阶段的理念、思路和办法简单延续或移植到后一个阶段。在当前所处的全面建成小康社会阶段，不论是改革还是发展都面临着新的形势、新的目标和任务。基于中国所处发展阶段的新变化，加上国际因素的影响，中国经济进入新常态并对其他方面产生了深刻影响，中共面对的改革发展稳定任务之重前所未有、矛盾风险挑战之多前所未有。应对这样的形势和任务，仅有热情和干劲是不够的，而且单靠少数几家智库是无法完成的，必须有一个强大的智库群体或联盟支撑。

二 新型智库体系的内涵定位与基本特征

(一) 新型智库体系的主要内涵

从内涵角度分析，新型智库体系首先是一个系统体系，是一个与经济、政治、社会、文化、生态五大建设相对应的，与党委政府决策和民众需要相适应并为其服务的系统，是国家治理体系和治理能力现代化的重要组成部分。同时，它是一个集成体系，由不同的智库主体、平台、要素构成，具有专业性、系统性和整体性。由此，我们尝试对新型智库体系作出概念界定：新型智库体系，是以中国特色新型智库体系的基本要求为遵循，在各智库主体和智库平台功能定位基础上，突破区域、单位、学科、身份本位的界限，促进智库人才、经费、课题、成果的优化配置，实现智库主体的合纵连横、智库平台的联动互通、智库要素的优化重组和智库管理的机制创新，培养一批相互关联的高端和专业智库，形成定位明晰、特征鲜明、规模适度、布局合理，能够彰显地方软实力、为经济社会发展提供强大智力支撑的有机整体。

（二）新型智库体系的基本特征

从以上内涵界定出发，并依据习近平总书记关于中国特色新型智库体系的论述，新型智库体系应具有如下特征：一是在发展导向上旗帜鲜明。新型智库根植于中国特色社会主义理论，必须始终坚持党的领导，把握正确的政治导向，突出改革取向和问题导向，坚持围绕大局，服务中心工作。二是组织结构上统分结合。智库体系不同于智库群体。建立智库体系，不是机构和人员的简单叠加，而应通过对各类智库主体功能的重新定位和要素的优化组合，实现传统智库向新型智库的转型升级。各类智库主体应该以分为基础，重在突出优势，界定功能，明确分工，错位发展；以合为目的，重在资源整合，突出专业化、职业化，建立跨部门跨领域的团队，实现有机融合，发挥最大效应。三是在整体体量上规模适度。打破本位意识，建立各管理层级智库纵向贯通、各智库主体横向协作的发展体系。强调规模适度，布局合理，实行小核心、大外围，培育一批高端和专业智库，形成核心竞争力。从功能上看，目前，智库以服务党委政府决策为主，今后在继续强化这一功能的同时，还应更好地发挥启迪民智、引导舆论、影响社会、影响民众的功能。四是在发展战略上统筹推进。新型智库体系建设，应重点解决目前各类智库主体同质化问题，需要在战略上统筹推进各类智库发展。可探索建立领导协调小组、联络推进机构、专家咨询委员会，注重发挥党政部门内部智库的引导作用和社科联组织在新型智库建设中的联络协调作用，注重智库与党委政府和社会公众的对接与互动。五是在运行管理上改革创新。新型智库体系更加注重成果转化和价值实现，坚持科学精神，鼓励大胆探索，促进规范发展，以决策需求、市场需求和社会需求为导向，为智库发挥作用提供更加宽松有序的环境和更加畅通便捷的渠道。

(三) 新型智库体系的组织架构

根据以上分析，新型智库体系主要有智库主体、智库平台、智库要素三大维度。各维度包括一系列的内容，构建新型智库体系，首要的就是将每个维度内的主体、平台和要素，在功能上科学界定，在职责上合理分工，在横向上互相贯通。第一，智库主体维度：结合全面深化改革和全面推进依法治国的形势任务，加强宏观规划，对各类智库主体的功能进行科学调整和重新定位；进一步加大对智库的投入，推动党政机关、社科院、党校行政学院、高校、民间社会智库和社科联智库的联合、互动与协作，推动协调发展，实现决策咨询功能效用的最大化。第二，智库要素维度：新型智库体系的建立，关键是将不同系统、不同领域、不同主体的智库要素聚合在一起，实现跨界合作、协同创新。这些要素主要包括智库研究人才、研究经费、各类课题、研究成果等，特别是对于研究人才和经费资源，要打破部门区域本位，根据研究方向和研究课题配置资源，提升新型智库的职业化、专业化和高端化水平。第三，智库平台维度：智库发展要有信息共享平台、课题研究平台、成果转化交流平台等，需要加强平台之间的协作，实行不同层级、类型之间平台的协作。同时，注重发挥国家在地方设立的协同创新中心作用，探索更好地发挥省协同创新中心、各类研究基地智库作用的途径。为此，要实现体系内的智库主体之间的协作协同，需要对智库三个维度中各类主体、平台和要素进行功能界定和优化组合，通过机制体制创新，打破条块分割和部门局限，统筹推进党政部门、社科院、党校行政学院、高校、部队、科技和企业、社会智库等各类智库协调发展，按照智库发展的客观规律优化配置研究资源，真正发挥智库的整体性、专业性思想库功能。

三 新型智库体系建构的原则、方法和路径

推进新型智库建设，需要结合时代特点、实践需求和智库发展现状，用新的视野审视新型智库，既要确立新型智库建设和发展的价值导向，也要完善新型智库运行管理的体制机制，还要在促进智库与党委政府、社会大众以及其他社会组织直接的交流互动上下功夫。只有这样，才能有效推

动新型智库体系的建构，促进智库进一步发挥在经济社会发展中决策咨询、启迪引领的思想库作用。

（一）确立新型智库体系建设的价值取向

为党委政府提供决策咨询服务，是中央关于新型智库的明确定位。我们要确立智库研究的问题导向，追求研究时效，注重务实管用。

第一，确立问题导向。新形势、新环境和新问题密切交织，迫切需要哲学社会科学走出学术象牙塔，强化科研的实践导向、问题导向，做好创新理论与生动实践的对接，做好理论工作部门和智库与实际工作部门的对接，形成适时管用的研究成果。智库关注和研究的问题，应是实践中产生的重大理论问题和实际问题，而不是从概念出发、从范畴出发、从数据模型出发。同时，智库关注和研究的问题，应当是新趋势、新动向视域中的问题，要着眼于我们正在做的事情；还应当体现精准性，研究的问题切入点要适中，切忌漫无边际、大而无当。

第二，追求时效性。对于理论研究特别是应用对策研究，没有及时性就不可能产生有效性。当实践发出呼唤时，我们就应当及时地现身、发声、发力，在最需要的时候发力才是真正的给力。新型智库的研究应当努力走在实践的前面，才能发挥引领作用。至少，应当使智库研究与实践的发展同步展开，从而实现研究与实践的双向互动。

第三，注重务实"管用"。从当前的学术生态看，存在着浮躁、肤浅、浮在表面的问题。有的只关心所做研究对职称评定、课题立项、科研任务是否有用；有的在研究过程中概念不断翻新，对数据模型的追求表面上也越来越完善，而对社会实践却越来越疏远。这样的研究产生的成果对现实显然很难"管用"。因此，改进学风、优化学术生态，对新型智库建设显得尤为重要。要达到"管用"的目的和效果，就要与实际工作部门对接，就要了解生动鲜活的实践，增强新型智库与相关方面的互动。

（二）激发新型智库体系的内部活力

构建新型智库体系，既要注重纵向上与国家智库的贯通，又要注重地方各智库主体之间的协作，注重排列组合，追求集成创新。结合全面建成小康社会的新形势新要求，加强宏观规划，对各类智库主体的功能进行科学调整和重新定位，充分发挥各类智库主体的作用，形成新型智库建设的有机整体和完整体系。

第一，增强党政机关所属政策研究机构决策服务能力。党政机关所属政策研究机构是存在于党政体系内的、直接为党委政府科学决策提供智力支撑的专业研究机构。党政研究部门处于经济社会发展战略谋划和决策的中心，处于全社会思想理论创新以及政策解读与评估的前沿，具有贴近发展实际、熟悉决策过程、便于研究成果转化等优势。各级党委研究室和政府研究室在做好自身研究的同时，要围绕党委、政府的重点工作定期向社会发布决策需求信息，引导相关智库开展研究；加强与其他智库的沟通联系，高度重视、充分运用各类智库的研究成果，拓宽转化渠道，提高转化效率。在决策咨询服务中，党政机关智库要切实起到凝聚力量、提升内涵、拓宽渠道等核心主导作用，引导各类智库有序发展，推动新型智库体系形成既整体多元又合理分工互补的特色。

第二，促进各类智库主体健康有序发展。根据中央《关于加强中国特色新型智库建设的意见》，智库主体主要包括社科院智库、党校行政学院智库、高校智库、科技和企业智库、社会智库等。一是鼓励社科院智库创新发展。社科院是中国特色智库的重要组成部分，建设现代智库已成为国内各级地方社科院的共同认识、共同话题和共同方向。要深化科研体制改革，调整优化学科布局，加强资源统筹整合，进一步突出智库功能，重点围绕地方经济、政治、文化、社会、生态文明和党的建设中的重大理论与现实问题开展研究。二是促进党校行政学院智库特色发展。《中国共产党党校工作条例》和《行政学院工作条例》指出，应"发挥党校在党委和政府决策中的思想库作用"，"行政学院应当发挥政府决策咨询的思想库作用"。建设党校行政学院新型智库，重点在发挥理论优势服务理论创新上，同时突出为党委政府提供决策咨询服务。三是推动高校智库完善发展。现代大学拥有人才培养、科学研究和社会服务三大功能，大学智库是现代大学社会服务功能的一种具体表达与彰显，也是现代大学循序发展的历史产物。要发挥地方高校学科齐全、人才密集和对外交流广泛的优势，深入参与实施中国特色新型高校智库建设推进计划，推动高校智力服务能力整体提升；要更加关注党委政府决策需求，在扎实的学理研究基础上建设一批专业智库，发挥战略研究、政策建言、人才培养、舆论引导、公共外交的功能。四是建设高水平科技创新智库。科技智库是中国特色新型智库体系的重要组成部分。当前中国经济社会发展进入新常态，增长速度从高速转为中高速，经济结构不断优化升级，发展动力从要素驱动、投资驱动转向创新驱动。在这样的背景下，建设新型智库显得尤为迫切。五是规范和引导社会智库健康发展。由于受各种因素的制约，社会智库在发挥功能方面还存在种种问题，政策咨询能力也比较弱。在新型智库建设中，需要研究制定规范和引导社会力量兴办智库的具体政策措施，确保社会智库遵守国家宪法法律法规，沿着正确方向健康发展；鼓励社团类组织在新型智库建设中发挥更大作用，简化社会智库注册登记手续，制定相关优惠政策，营造有利于社会智库发展的良好环境；进一步规范咨询服务市场，完善社会智库产品供给机制，为社会智库成果的发布和转化创造条件，促进社会智库影响力的提升。

第三，发挥社科联组织在新型智库建设中的重要作用。各级社科联是社科工作者的联合组织，是党委政府联系社科界的桥梁和纽带，在新型智库体系建设中扮演着不可或缺的重要角色。在新型智库建设过程中，社科联要继续做好社科界五路大军的组织协调，强化导向作用，促进新型智库健康发展；强化主体作用，打造决策咨询品牌；强化载体作用，促进智库成果交流转化；强化管理作用，促进民间智库发育成长；强化评价作用，聚集优质社科研究资源。

（三）完善新型智库体系的制度设计

建设新型智库体系，需要加强相关政策设计，不断完善和创新智库建设的机制，突破原有科研及转化机制的束缚，实现多层次、多领域、多架构的运行，构建完善、高效的智库体系。

第一，推进政务信息公开，完善数据资源共建共享机制。信息平台和数据库平台建设是目前智库体系建设的最大短板，要建立信息共建共享数据平台，实现跨领域、跨部门、跨智库的信息互通、成果共享；注重运用现代信息技术如大数据、云计算等，将自然科学的模型设计、沙盘推演等运用到智库研究中，增强决策咨询研究的现代色彩和科学性。

第二，推进行政体制改革，完善重大决策专家参与论证机制。党的十八届四中全会把专家论证作为重大行政决策的法定程序，通过对政府决策的过程等公共政策理论研究，对智库参与决策的方式与模式进行分析探讨；完善专家参与重大决策的方式和渠道，形成决策前由专家提供多种方案可选择、决策中有多方面专家意见可听取、决策后主要由智库等第三方评价政策效果，提出政策调适的建议；实行多方案决策制度，在重大决策形成前，通过课题委托等方式，选择两个以上的智库主体包括省外智库参与，各自提出不同的方案，供决策者比对选择。

第三，推进事业单位改革，完善政府购买智库服务机制；改革科研管理体制，促进由政府购买机构、人力、劳动向政府购买产品、人才、服务转变，引导不同智库主体之间的合理竞争，建立以结果和成果为导向的财政投入机制。

第四，推进思想产品市场建设，完善民间社会智库培育机制。社会和民间智库是新型智库体系建设的重要组成部分，也是激发智库活力、完善思想市场的关键所在。根据党的十八大和十八届三中全会鼓励社会组织发展的精神，支持科技部门、新闻媒体、企业和社会参与智库建设；结合社科类社团组织的管理，研究如何发挥民间智库的职能，促进民间智库的发展。

第五，加强科技智库建设，完善不同知识要素的整合机制。新型智库体系的发展，需要既重视社科智库的发展，又重视科技智库的建设；既注重运用哲学、政治学、管理学、社会学等理论，又注重模型推演、数学分析等自然科学手段，实现两者的有机结合和融合。要加强与中国科学院、中国工程院的联系，推动科技和产业创新，促进科技创新与经济发展的深度融合。

第六，加强平台载体建设，完善智库成果交流转化机制。畅通智库与各级党政部门的交流合作和沟通联络机制，提高智库研究成果的针对性和有效性；拓宽成果的转化渠道，建立多渠道、多形式、多层次、多载体的信息报送和传播机制；充分利用电子网络等新媒体和学术报告、高端论坛、蓝皮书等多形式载体对外传播研究成果，扩大智库的影响力；促进智库成果转化的社会化、市场化步伐，更好地发挥智库引导舆论、启迪民智功能。

第七，推进评价制度改革，完善决策咨询成果激励机制。要加强对智库的管理，在时机成熟时设立相应的准入门槛，对智库、专家进行必要的资质认证；建立一套完善的决策咨询研究成果评价体系，由注重专家同行评价向注重政府和社会评价转变；探索建立决策咨询知识产权保护制度，设立决策咨询发明专利奖；加大对优秀决策咨询成果的奖励力度，推动设立政府决策咨询奖等。

第八，加大多元投入力度，完善智库发展支撑保障机制；加大政府投入力度，鼓励社会和企业投入；加大智库人才教育培养力度，推出一批有影响力的决策咨询专家和大师级人物；鼓励地方有实力的民间智库"走出去"开展对外交流合作。

（四）增强新型智库体系建设的开放性

新型智库在强化传统的、行政性色彩较浓的沟通互动方式外，还要注重完善新型智库与市场主体、社会大众的交流沟通机制，实现智库发展与社会发展的良性互动。

第一，探索新型智库体系与党委政府决策体系的对接模式。建设智库不是目的，建设智库的目的是更好地发挥智库的功能和作用。实现这一目的的前提是智库体系与决策体系的良性互动。根据党的十八大和十八届三中、四中全会精神，探索党委政府决策体制改革的路径，找准决策体系与智库体系的契合点。除强化传统的、行政性色彩较浓的沟通互动方式外，还要注重加快新型智库建设的市场化、社会化步伐，变财政拨款为项目资助，通过政府购买服务，充分发挥智库作为第三方在调查研究、方案设计、绩效评估等方面的专业优势。同时，将智库专家纳入机关实际工作部门的人才交流体系中，推进智库人才与党政人才的交流，构建富有中国特色的党政部门与智库之间人才流动的"旋转门"机制。

第二，探索新型智库体系与社会公众的对接模式。智库之智，既是智库专家智慧的结晶，也是民间智慧和民意的集中。启迪民智、引导舆论、平衡分歧也是智库的重要功能。新型智库体系要上连党委、政府决策需求，下接民意和地气，重点研究智库如何准确地反映民意、科学地引导民意、有效地启迪民智，扮演好党委政府与社会公众联系的桥梁角色。运用智库优质资源，对各类讲堂、论坛进行优化，加大智库与新型媒体的合作力度，在主动设置议题等方面发挥重要作用。

（作者刘德海，江苏省哲学社会科学界联合会党组书记、常务副主席。南京市建邺路 168 号　210004）

中国特色新型智库的特点及功能培育探析

杨路平　崔崑巍

摘　要：建设中国特色新型智库要坚持以政策研究、战略研究为中心，以影响决策为目的，以服务社会发展为宗旨，实现服务决策、服务社会、服务人民的统一。推动中国特色新型智库发展，应把握其特点，了解其发展趋势，使之有效运作、规范发展、发挥作用。要高度重视新型智库谋划研判、咨政建议、服务社会、话语体系、凝聚人才、规范运作六大功能的培育，这是中国特色新型智库走向世界的关键所在。

关键词：中国特色新型智库　政策研究　战略研究

中国特色新型智库的创立与发展，既源于中国传统历史文化，又与党的创新理论紧密相连。"四个全面"战略布局是党的创新理论的重要组成部分。有效推动"四个全面"战略布局，需要在建立健全决策咨询制度过程中，充分发挥中华民族智力资源优势，这是历史发展已经证明的一条基本规律，谁重视智库建设，谁就拥有未来。中国梦战略构想的实现，要求我们在加强中国特色新型智库建设中把握新型智库特点与发展趋势，重视新型智库功能培育问题。

一　中国特色新型智库的特点

中国特色新型智库是以政策研究、战略研究为中心，以影响决策为目的，以服务社会发展为宗旨，由有志于从事理论政策研究、战略研究、现实问题研究的多学科专家学者和社会力量组成的各类精神产品生产组织。建设中国特色新型智库不同于美国、英国、日本等国外智库。中国新型智库是以服务于党和国家总体战略、服务于经济社会发展、服务于人民幸福安康生活为着眼点的研究机构，其主要特点集中在以下五个方面。

一是新型智库的研究目标必然一体化。中国新型智库建设必须在国体与政体的架构内组织推动。中国国情与中国历史文化传统要求各类新型智库建设的导向目标趋于一致，即在社会主义宪法的总体框架内，围绕中国理论、中国制度、中国道路所涉及的众多理论问题、政策问题、战略问题、现实问题等展开系统全面的研究。这是对新型智库建设的基本要求。这既涉及新型智库建设的政治方向、研究导向，又涉及新型智库建设的运行规则与制度安排。把握好新型智库建设目标，就要自觉体现党的领导，始终坚持中国特色社会主义前进方向，善于运用马克思主义的立场、观点和方法指导智库研究，不能使新型智库成为另类智库、异类智库，成为与党和国家总体战略部署相背离的智库；就要以服务党和政府科学民主决策为宗旨，以研究重大理论和现实问题为出发点和立足点，为推进中国特色社会主义建设的伟大实践，提供智力支持；就要在新型智库建设目标的价值定位、路径选择、发展模式等方面，区别于西方国家的智库，使之形成充分体现中国特色、中国风格、中国气派的智库体系。

二是新型智库的组织类型具有多样化。改革开放以来，中国特色新型智库的发展格局基本形成。它既有隶属各级党委和政府的智库类型，又有党委政府主导的以枢纽型社会组织为基本特征的人民团体智库类型；既有科研院所、高等院校专家学者为主体的智库类型，又有完全走市场的公司型智库、企业智库、社会智库。众多类型的智库都在不同领域发挥着重要作用。切实推动各类新型智库健康有序发展，就要确立区别对待、分类指导、依法推动、有序发展的方针，根据不同类型的智库，采取不同的管理模式、依据不同的评价标准，推动其发展。就要加强规划，科学引导，充分发挥各类智库的正能量，防止西方智库的渗透与价值理念的传播。就要打破各研究主体和研究人员之间互相分割、彼此屏蔽的壁垒，努力构建合作研究、协同创新平台。就要以协同创新的理念统筹推进各类智库有序发展，形成定位明晰、特色鲜明、规模适度、布局合理的中国特色新型智库体系。

三是新型智库的研究领域呈现专业化。新型智库根植于中国特色社会主义伟大实践之中。建设中国特色社会主义涉及的领域众多，涉及的学科广泛，力争涵盖各领域、各战线、各学科，成为综合性研究智库，是各类智库追求的理想目标。从社会结构与社会分工角度分析，综合性智库是少数，多数智库应结合自身优势，形成符合自己特点的研究领域。因此，各类智库的研究领域、主攻方向、结构布局是不一样的，应具有类别异同的专业化特点。把握这一特点，就要以不同领域、不同学科的专业化，引导各类智库各有侧重、各有分工，积极鼓励各类智库吸引专业人才，凝练专业方向，形成专业化生产链，构筑专业化生产模式，以专业化推动新型智库建设，从而形成新型智库科学各具特色、竞相发展的理想状态。

四是新型智库研究视角必须国际化。中国特色新型智库建设必须面向现代化、面向世界、面向未来，必须具备开阔的国际视野，这既关系到国际话语权的构建，也关系到学术话语体系的构建。在国际智库舞台上，中国智库的声音弱化，主导智库舞台的是西方智库体系和西方的学术话语体系。实现习近平总书记在博鳌亚洲论坛讲话中提出的"打造智库交流合作网络"的战略格局，就要在政策上引导各类新型智库的研究视角体现为国际化，以世界眼光、全球布局、国家核心战略利益来统筹思考所研究的各类问题，争取更多的国际话语权；就要学习借鉴那些具有国际话语权的西方先进智库建设的成功经验，不断增强具有国际影响力和公信力的新型智库数量，科学阐释中国立场，传播中国声音，开展全球性议题合作研究，从而提升中国智库国际化水平和国际竞争力。

五是新型智库的管理应该网格化。智库管理网格化是指按照智库类别和专业智库分工，统筹布局，合理分布，以形成可控可管、规范运作、有序发展的智库管理网络。按照现行智库管理体制，不同类别的智库管理模式不尽相同，将所有智库纳入中国特色社会主义伟大事业中，必须确立网格化管理理念。要积极探索新型智库管理体制改革，注重遵循智库发展规律，建立党委领导、政府负责、归口管理、依法运行的工作机制，使各类智库都能够做到协调发展、科学发展、创新发展；要加强对新型智库的分类管理，加强智库的顶层设计，建立健全有益于新型智库发展的政策法规制度，依法依规建立新型智库的财政投入机制、社会支持机制、社会评价指标机制，以此推进不同类型智库在有序的轨道内健康发展。

上述五个方面的特点，是从战略定位、价值取向、组织结构、研究视角、管理布局做的初步分析。这五个方面基本描述了中国特色新型智库的基本特征。按照这种逻辑认识,中国特色新型智库表现为以下五种发展趋势。

一是新型智库服务决策、服务社会的作用会越来越突出。服务决策、服务国家经济社会发展,是各类智库的出发点与落脚点。因此,所有智库都要把国情研究、政策研究、咨询研究、战略研究作为主攻方向,以服务社会发展、实现公共服务最大化为己任,充分发挥团队优势,在有效时间内生产有用的智库产品。

二是新型智库协同攻关,创新发展趋势会越来越显著。按照国家推动各类智库发展的规划,不仅各类智库承担的任务不尽相同,发展模式也不尽相同,高端智库与其他各种形式的智库都要实现特色发展、创新发展、协调发展。达到这样一个理想状态离不开行业之间、部门之间、专业之间的协同创新。

三是新型智库生产的产品市场化运作模式会越来越多。智库生产的产品进入市场,由市场决定产品的销路是智库生存与发展的重要一环。智库市场不是商品市场,而是有明确要求的市场边界与市场底线的规范化市场。在此前提下,相当多的智库,特别是体制外的智库所形成的符合国家安全战略需要的研究成果,是需要有市场支持的。这种支持一方面是政府购买决策咨询服务,另一方面是企业购买研究成果。因此,智力成果走向市场将成为一种常态。

四是新型智库规范运作,有序发展的管理趋势会越来越明显。多样性的智库必然形成符合规律的管理机制。特别是从意识形态安全、经济安全、军事安全等国家安全战略考虑,新型智库应该把握发展方向,防止西方敌对势力以课题研究、学术交流为名,窃取尚未公开的经济数据、战略布局等国家秘密,传播西方价值观,为敌对势力渗透利用。属地化管理、归口管理、依法管理将成为智库发展的重要保证。政府购买咨询服务产品、科学评价各类智库、跟踪问询各类课题研究走势、规范智库活动平台将成为一种有序运行模式。

五是新型智库凝聚人才、搭建展示成果舞台的力度会越来越大。国际经验表明,成功智库后面都有高端人才作支撑,都有适合展示智库成果的工作平台。随着新型智库的深入发展,将有大量人才去智库体现自身价值,智库也会形成众多的社会关注度高的课题论证、学术研讨会、学术沙龙、主题论坛、中外交流合作平台等智库工作品牌。

这五大趋势无疑会与智库发展相伴随,并贯穿新型智库建设始终。掌握趋势、科学引导、有效运作、规范发展应是社会各界普遍重视的大问题。

二 中国特色新型智库的功能培育

中国智库经过 30 余年的发展,无论是在智库类型、规模,还是在智库数量上都有了较大进步。但是,我们的智库在国际国内的影响力还不大,高水平的一流智库还相当缺乏。目前,只有中国社会科学院等 7 家智库入围全球顶级智库的前 150 位。相当多的智库作用发挥不突出,研究成果转化率不高,参与决策机制不完善。进一步提高智库建设水平,需要重视的问题很多,当务之急是把工作重点放在功能培育上。

一是要着力培育新型智库的谋划研判能力。不同的研究方法、不同的理论支撑、不同的价值判断标准,研究的成果会有不同。新型智库如果缺乏正确的理论指导,缺乏科学的研判能力,必然会造成研究成果无用、无效。提高新型智库的科学研判能力,既要认真研读马克思主义经典作家的经典著作,及时跟进研读党的创新理论,又要研读党和国家出台的政策法规,研读中央地方各有关部门形成的重要研究成果;既要以学术视角研读西方学术著作和国内学术专著,又要广泛阅读各类研究成果,掌握学术前沿问题;既要了解中国改革开放的伟大实践,了解干部群众关注的热点难点问题,又要了解国际热点难点问题,把握国际形势基本走向。做到了上述所谈到的具体环节,就能够以正确的研究方法,围绕党和政府关注的重大理论与实际问题,开展前瞻性、针对性、储备性研究,从而提出具有建设性、专业性、切实管用的政策建议,谋划能力与研判能力就会有较大提高。

二是要着力培育新型智库的咨政建议能力。新型智库建设的主要任务是服务党和国家建设的决策咨询制度。为各级党委政府决策服务,为经济社会发展服务,是新型智库的出发点与落脚点。有效发挥智库作用,就要求各类智库明确各自研究的主攻方向与研究重点,紧扣国家重大战略需求,密切关注地方党委政府战略思考,积极主动开展应用对策性研究,力争研究成果科学转化；就要求各类智库加强研究资源有效整合，善于借力，善于发力，选准课题，合力攻关；就要求各类智库处理好基础研究与应用研究的关系、理论与实践紧密结合的关系，使智库研究的问题有用有效。

三是要着力培育新型智库服务社会的能力。中国新型智库的重大历史责任是有效引领主流价值观的弘扬与传播，积极开展科学知识宣传普及和政策法规的宣传普及。弘扬主流价值观需要各类智库及时跟进党的创新理论，跟进党领导的中国特色社会主义伟大实践，创新形式、创新手段，开展社会主义核心价值观的宣传普及。这就要求各类智库都要成为联系党和政府及人民群众的桥梁与纽带，为经济社会持续健康发展、为人民群众物质文化生活与精神文化生活水平提高，设计载体，搭建平台，开展各种有益的公共文化服务，推动科技创新全面展开，推动人文素养普遍提高。

四是要着力培育新型智库参与构建学术话语体系的能力。学术话语体系建设事关国家软实力建设，事关国际话语权的融入，事关民族的凝聚力与向心力。构建中国学术话语体系，既是各类智库必须面对的一项时代重大课题，也是打破西强我弱不平衡态势的重大现实问题。敢于担当，增强主动参与构建中国学术话语体系的责任感、使命感是各类智库义不容辞的历史责任。各类智库都要依据马克思主义的辩证唯物主义和历史唯物主义，依托党的创新理论这一学术话语体系的原创资源，面向中国经济社会发展伟大实践，系统开展中国道路、中国制度、中国理论、中国价值观、中国改革开放史、中国民族政策、中国政治等系列重大问题研究，具体开展中国经济社会发展中提出的协商民主、发展是硬道理、和谐社会、以人为本、共同富裕、一国两制、正确政绩观等实践创造的理论观点研究，在此基础上，总结提炼，将其上升为理性认识，形成具有中国学派特点的学术话语体系。要让研究的成果通过国际智库交流平台树立中国好形象，发出中国好声音。

五是要着力培育新型智库凝聚人才的能力。建设一批具有较大影响力和国际知名度的高质量新型智库，必须重视智库人才的培养、使用，解决他们的后顾之忧，这是建设多类型、多学科、多功能新型智库的内在要求。做强做大新型智库需要形成社会合力，不仅党委政府要关心支持新型智库发展，新型智库本身也要增强凝聚人才的内生动力。要探索建立不同类型智库人力资源管理模式，出台新型智库人才的招聘、考核、激励、培养、使用相关政策，完善体制外智库人才使用机制，同等对待智库体制外与体制内人才。要建立智库人才培养交流机制，推动党政机关与智库之间人才有序流动，推荐智库人才到党政部门挂职任职，鼓励离任政府官员进入智库工作，探索建立中国特色的智库和政府之间的人才"旋转门"制度。要建立开放竞争的选拔机制，面向全球公开招聘有志于中国新型智库建设的国际人才到中国工作，以此提高智库人才国际化水平。

六是要着力培育新型智库规范运作能力。新型智库规范运作的重点是各类社会智库、企业智库和高校智库。这些智库不同于国家级综合性高端智库，不同于党委政府所属的政策研究机构。引导这些智库健康有序发展，就要求它们务必做到自治、治理、自强。自治就是按照国家社会治理体系的要求，牢固树立宪法观念，依法依规地体现社会责任，有效抵御西方敌对势力的渗透，确保沿着正确的方向健康发展。治理就是要强化内部管理意识、明确内部管理重点、建立内部管理机制；要加强内部日常事务管理、决策管理、课题管理，建立健全各项规章制度，完善议事规则，做好财务审计、资产核查、人才培养、综合协调、档案保密等工作，自觉接受社会查询和理事会监督，以保证内部管理目标的实现。自强就是要提高自我生存与发展能力，要善于运用国家出台的扶持智库发展的各项政策，积极参与政府购买决策咨询服务制度，要建立规范透明的智库资金筹集机制，有效运作使用社会资源，积极争取获得社会捐赠，力争融资渠道多元化；要善于开发自身造血功能，建立稳定的合作伙伴关系，充分利用各种社会资源，获取更大的发展空间。此外，还要按照党的十八大提出的党的建设全覆盖的要求，加强智库党的建设，使智库自觉服从服务党的建设中国特色社会主义伟大事业。

参考文献：

［1］中共中央办公厅、国务院办公厅：《关于加强中国特色新型智库建设的意见》。

［2］何五星：《政府智库》，国家行政学院出版社2013年版。

［3］赵婀娜：《高校智库，迎来百舸争流新时代》，《人民日报》2015年1月29日。

［4］霍文琦：《中国特色智库建设要目中有人》，《中国社会科学报》2015年3月13日。

［5］范东君：《坚持五个结合建设新型智库评价体系》，《中国社会科学报》2015

年6月3日。

[6] 蔡永礼、万伏牛：《加强科技智库建设 提高决策服务能力》，《学会》2015年第1期。

[7] 洪民荣等：《2014年中国智库报告》，《光明日报》2015年1月14日。

[8] 李伟：《深化体制机制改革 建设高质量中国特色智库》，《光明日报》2015年1月22日。

[9] 施雨岑：《改革体制机制 打造国际一流新型智库》，《人民日报》2015年1月22日。

[10] 王伟光：《为中国特色新型智库建设发挥应有作用》，《光明日报》2015年1月23日。

（原载《理论界》2015年第8期。作者杨路平，辽宁省社科联党组书记、副主席、教授；崔嵬巍，辽宁省社科联科研部科员。辽宁省沈阳市和平区和平南大街45号 110005）

新型智库建设热的"冷"思考

李建华 牛 磊

摘 要： 新型智库建设是近年来党和国家的重点建设目标之一。新型智库只有充分实现了独立性、专业性与有效性，通过与决策者的充分交流与沟通，才能够更好地服务于国家的公共决策需要，成为国家治理体系与治理能力现代化的重要组成部分。这就要求政府及相关部门为新型智库的建设和发展提供适宜的成长环境，建立健全人才流动的"旋转门"；也需要智库自身的研究大力倡导哲学思维，倡导"能上能下"的研究议题和与时俱进的研究方法。

关键词： 新型智库 独立性 决策沟通 哲学思维

自党的十八届三中全会通过的《中共中央关于全面深化改革若干重大问题的决定》明确提出要"加强中国特色新型智库建设，建立健全决策咨询制度"以来，中共中央文件中首次出现的"智库"概念甫一问世，便引起了全社会的热议。2014年10月27日，中央深改组第六次会议在习近平总书记的主持下正式审议并通过的《关于加强中国特色新型智库建设的意见》（以下简称《意见》），直接推动了全社会资金、人才、媒体关注度的持续集中。[①] 很多智库都在编制全新的发展规划、提出全新的发展理念、设计全新的理论成果，然而两年多来围绕新型智库发展的景象依稀呈现出半个世纪前一窝蜂式的"大干快上"的印记。一个不争的事实是，在2015年11月25日中国社会科学院下属的中国社会科学评价中心

---

① 《加强中国特色新型智库建设》，《人民日报》2015年1月21日，第1版。

刚刚发布的本年度全球智库排行榜单的前10名智库中，中国仅有国务院发展研究中心（DRC）位列第9名；美国则占据了榜单前8名的半壁江山。即使将这个榜单扩展到前100名，中国也只有9家上榜，远逊于美国的18家。[①] 这份榜单至少透露了两个信息：其一，这份榜单里中国上榜智库的数量与排名同当前中国全球第二经济大国的地位是不相称的；其二，一个全球一流智库的建成，至少包含了卓越的智库领导者、资深的研究员团队、充足的研究经费、先进的管理与考核机制等要素，其形成显然并非短期内可以期许。因此，我们有必要对当前智库建设的"热闹"做一番切实的"冷思考"；对照中央审议通过的《意见》，对中国新型智库的建设进行全盘思考与架构。

一 新型智库"新在何处"？

中央深改组审议通过的这份《意见》将中国新型智库的总特征定为"中国特色"。换言之，中国新型智库的建设必须服务于党和国家的需要，坚持走中国道路、坚定弘扬中国精神、坚定运用中国理念。从宏观方面来看新型智库的"新"主要表现在三个方面。[②]

第一，新型智库是党和政府科学民主依法决策的重要支撑。从国际经验来看，智库的主要作用便是着眼未来、预测未来，超前研究经济社会发展的重大课题，可以为政府提供全面、专业、具体的政策方案。[③] 当前中国正处在发展的关键期，以习近平同志为代表的新一届领导集体正在带领中国实现中华民族的伟大复兴、全面建成小康社会的关键阶段。不管是国际政治中如何更好地运用金砖国家合作组织、上合组织、亚投行，开展一带一路战略建设，还是国内政治中如何在2020年之前全面解决7000万现行标准下的绝对贫困人口，实现全民收入翻番、缩小社会贫富差距的承诺，提高全体人民的生活水平与生活质量，都需要新型智库为党和政府的决策提供科学有效、切实可行的决策咨询报告。

---

① 有关全球智库评价报告的信息，参见由中国社会科学院中国社会科学评价中心主办的第二届全国人文社会科学评价高峰论坛。
② 《加强中国特色新型智库建设》，《人民日报》2015年1月21日，第1版。
③ 刘德海：《中国特色新型智库协调发展研究》，《南京社会科学》2014年第12期。

第二，新型智库是国家治理体系与治理能力现代化的重要内容和体现。要顺利实现社会主义现代化法治国家的建成，国家治理体系与治理能力也必须与时俱进实现现代化目标。治理与传统管理的本质性区别就在于"多元共治"，广泛吸取社会各个阶层与群体的意见与建议，避免政府的自说自话、一家独大。这就要求新型智库能够既有开放性又有持续性、既有广泛性又有针对性地进行分析与研究，从而对政府和社会各个治理主体在治理体系中的地位与作用以及治理能力的设计与建构进行精确定位。当前中国智库正处于发展的关键时期，更应注重对发达国家智库进行研究，吸取其经验，借鉴其方法，加快中国智库走向国际的步伐，赶超世界先进智库的发展水平，以促进有中国特色智库的发展和繁荣。[①]

第三，新型智库是国家软实力的重要组成部分。当前中国在国际新秩序的构建过程中所扮演的角色、承担的责任越来越重要；为了更好地提高中国的国际竞争力尤其是国际话语权，除了经济和军事的"硬实力"之外，包含中国思维、中国意见和中国主张在内的"软实力"同样不可或缺。新型智库只有全面深入地把握当前中国的国际地位，以及所面临的机遇和挑战，才能够更好地增强中国"软实力"，提高和保障中国话语权，将中国特色社会主义价值观念进行理念输出，扭转传统价值理念的输入国和受众国的地位，进而实现中国软实力走出去的愿景。

事实上，《意见》中所设定的新型智库的三大特点，从另一个角度来看便是当前传统智库的欠缺与不足。具体来说，传统智库相对于新型智库而言，越来越跟不上、不适应新形势的发展需要，其缺陷突出表现在《意见》所总结的八个方面：智库的重要地位没有受到普遍重视，具有较大影响力和国际知名度的高质量智库缺乏，提供的高质量研究成果不够多，参与决策咨询缺乏制度性安排，智库建设缺乏整体规划，资源配置不够科学，组织形式和管理方式亟待创新，领军人物和杰出人才缺乏。新型智库如果要摆脱智库客观存在的不足与尴尬，则需要具备三个方面的核心特征：独立性、专业性与有效性。

首先，独立性意味着新型智库不能像传统智库那样，成为政府决策的认证机构。当前中国传统智库主要包含四种组织形式：其一是党政军内部

[①] 许共城：《欧美智库比较及对中国智库发展的启示》，《经济社会体制比较》2010年第2期。

的智库，包括国务院发展研究中心、中央党校、国家行政学院等；其二是从中央到地方的社会科学院与科学联合会智库系统；其三是高校智库体系，比如清华大学国情研究院等；其四是民间智库体系，比如迟福林所领导的中国（海南）改革发展研究院等。就目前而言，前三种智库的组织形式在组织管理、人事任命、资金来源、项目设定、考核标准等方面全方位受到政府有关部门的影响和制约，从而导致传统智库的研究内容往往无法很好地利用自身擅长的研究领域，无法很好地满足国家决策的真正需要，其决策咨询报告自然也难以提出与政府观点不一致甚至是相左的政策建议，结果往往变成为政府决策合法性进行论证的尴尬机构，丧失了智库原本的意义和价值。

新型智库的"新"要求智库建设在遵循"党管智库"的基本原则下，从资金、人事、考核等各方面保证其相对的独立性。只有实现了相对独立性，新型智库才能摆脱政府既有观点的干预和影响，真正从社会治理体系和治理能力的实际需要出发，对中央亟待制定的国际发展战略与国内公共政策提供更加切实可行的决策咨询报告，更好地满足党和国家的决策需要。在中国社会科学评价中心公布的全球智库排行榜中，美国绝大部分的智库组织，比如布鲁金斯基金会、卡内基基金会、大西洋理事会等，都是一向标榜组织独立、观点独立的全球顶尖智库。这些智库往往不受或者较少受到美国政党政治、利益集团的影响，所研究和发表的报告往往可以更加客观地体现实际情况和发展趋势。需要指出的是，美国智库的发展模式并不能照搬到中国新型智库的建设上来，因为中国不同于美国的两党政治体制，我们的执政党代表了全体人民的根本利益，中国新型智库的建设不能幻想摆脱党的统一领导，这既不可能，也不现实。我们的相对独立性主要是相对于传统智库受到来自政府全方位的管理和制约而言的。

其次，专业性意味着新型智库不能像传统智库那样在本位主义的影响下丧失专业的严谨度与应有水准。从智库建设的经验上看，西方国家的智库一般提供决策咨询，不搞纯理论的研究，而是注重对具体与政治、经济、社会生活密切相关或者迫切需要做出决策的问题进行调查研究和咨询，非常注重咨询的实用性和有效性。[①] 这也给中国的新型智库建设提供了一定的参考和借鉴。作为当前中国的顶尖智库，中国社会科学院已经率

---

① 孙蔚：《中国智库的现状及其参与决策研究》，《中州学刊》2012 年第 2 期。

先在国内智库中成立了 11 个专业化新型智库。① 不过不容忽视的是，当前中国不少的传统智库由于都在政府有关部门的指挥棒下运转，其真正起主导作用的组织管理机构并不是由自身研究者组成的专家委员会，而是由政府任命的官员所组成的官场色彩浓厚的管理机构。这些官员本身并不是专业的智库研究人员，因此在智库项目立项、研究与论证的过程中，更多的并非运用专业的研究思维，而是受到官场本位主义思想的影响，从而将智库研究的视角与思路引向了与政府决策思维雷同或者相近的研究道路上，使智库研究成果的专业性大打折扣。尤其值得注意的是，中国当前很多官办或者有官方色彩的智库的领导者在国家大力建设新型智库的精神指引下，不考虑智库的专业优势与专业限制，在政绩观的催促下片面追求大而全的智库组织形式，不尊重智库的客观发展规律与研究者的专业方向，为了在短期内取得明显成效，往往被迫采取短平快的方式，以金点子、建言献策等方式开展智库的研究。殊不知，任何一项决策咨询报告如果要对政府的决策产生影响，绝不可能仅仅包含一些所谓的金点子，而是要以政策建议为核心，建构一系列的配套和保障机制，从而使公共政策建议能够真正具有可能性与可操作性。这样的智库发展模式不但违背了智库本身的客观规律，而且对智库发展的长期性与科学性同样是一种削弱。

再次，有效性意味着新型智库不能像传统智库那样将智库与学术研究机构混为一谈，以学术研究机构的模式来考核智库。如果按照新型智库的标准来看，当前中国很多传统智库并非真正意义上的智库，而是普通的学术研究机构。按照一些学者的观点，智库是指一种专门为公共政策和公共决策服务、生产公共思想和公共知识的社会组织。② 二者最大的区别在于学术研究机构可以不考虑现实公共政策的需要，而可以依据自身情况进行大量的纯理论的基础研究，其研究成果的考核标准主要是论文、著作与科研项目；相较而言，智库尽管也需要以基础研究为根基，但其始终着眼于政府公共决策的需要，因此智库的研究不能因基础研究而偏废应用研究。更为重要的是，智库最终的成果往往是大型决策咨询报告。尽管部分决策咨询报告可以公开出版，但对于大部分智库的研究成果，其最重要的考核标准是对政府相关机构

---

① 吕莎：《中国社科院启动专业化新型智库建设》，《中国社会科学报》2015 年 5 月 29 日，第 A01 版。
② 徐晓虎、胡庆平：《从最新〈全球智库调查报告〉看中国智库的发展》，《当代世界与社会主义》2012 年第 4 期。

的决策产生了怎样的影响；加之保密以及决策的长期性等原因，并不适合进行论文发表与出版。因此，以学术研究机构的考核模式对智库进行管理与考核，毋庸置疑会对智库成果的有效性产生不利影响。

基于此，我们认为新型智库的建设需要意识到：首先，新型智库并不是隶属于政府的传统的政策研究室或研究中心，独立性是新型智库的首要特点；其次，新型智库不是政府机构，从智库领导人到研究者的思路的专业性是新型智库的重要特征；再次，新型智库并不是纯理论的学术研究机构，始终着眼于现实公共政策需要的有效性是新型智库的基本特征。

二 新型智库"智从何来"？

传统智库尽管为国家的经济社会发展与战略规划的设计和实施提供了大量的智力支持，但当前中国面临空前复杂和严峻的国际国内形势，传统智库里"智"的主要来源官僚化、静止和单一化的特征便异常突出。因此，如果要建设符合新形势下国家决策需要的新型智库，必须从根本上解决传统智库里"智"的来源问题。依据国际与国内智库发展的客观规律，新型智库如要满足国家决策需要，其"智"需要从根本上解决几个方面的问题。

第一，新型智库的"智"来自充分的决策交流与沟通而非传统的闭门造车。时下国内的智库体系中，除了国务院发展研究中心、清华大学国情研究院、北京大学国家发展研究院、中国社会科学院等少数国内顶尖智库的组织发展目标与项目研究方向从一开始就瞄准了国家的重大发展战略与决策需要，因而已经具有或者部分具有新型智库的特征之外，部分高校、党校以及政府内部研究机构的智库由于是从传统的学术研究机构逐渐转化而来的，其发展方向、研究思路与模式、主要成果的形式等方面与传统研究机构的区别并不明显。换言之，这些传统智库在承接有关政府部门的研究课题之后，与实际决策部门的联系非常微弱；即便是进行课题的调研与考察，也往往限制在非常有限的范围之内；更多的研究模式与载体依然是传统的专著、期刊文献与相当有限的调研数据，因而陷入了传统的闭门造车的研究怪圈。项目最终的研究成果与实际决策需要相距甚远也就在情理之中了。

新型智库如果要满足当前复杂国际国内局势下公共决策的需要，则必须从传统模式尤其是文献的纸堆中走出来，将研究载体瞄准公共政策的制定者，通过一定的途径和平台与之进行定期或者不定期的交流与沟通，以求充分了解公共决策提出的背景、核心与目前存在的障碍与困难，包括直接因素与深层次原因的挖掘，从而对公共决策的可能发展趋向做出较为精准的预评估，为智库项目的研究打下坚实的基础，从根本上防止理论研究成果与现实层面脱节的痼疾与尴尬。而要获得充分的沟通平台，智库优良的地理位置与智库优秀的领军人物则是关键性的两个因素。

一方面，智库与决策中心的距离越近，越有利于更快地了解到公共决策与重大发展战略的相关信息，也有利于迅速建立与决策者沟通与交流的对话平台。尽管"互联网+"与国家大数据、云系统的发展已经粗具规模，但出于保密等原因，在公共政策正式出台之前，很多重要的决策信息并不能充分地从互联网或者大数据、云系统中获得。这也是为什么国内智库的数量虽然已经相当可观，然而国际上排名靠前的智库绝大多数集中于北京，其次是上海。从国际上看，美国大多数的新型智库组织同样密布于首都华盛顿特区。

另一方面，优秀的智库领导人的存在与否更是直接影响着智库的主要研究人员能否与政府决策者保持紧密联系，能否实时与决策者保持畅通的交流平台，能否参加或者列席高层的决策会议。不难看出，只有时时刻刻站在决策过程的最前沿，智库的理论与公共政策研究才能够始终与实际决策保持在同一层面与发展方向，避免智库的成果与实际情况南辕北辙。在国内的智库体系中也可以明显地发现这个特征。不管是北京大学的林毅夫、清华大学的胡鞍钢，还是国务院发展研究中心的吴敬琏、中国（海南）改革发展研究院的迟福林，其本人不仅是各自智库的杰出研究人才，更是智库的优秀领导者。正是这些优秀智库领导人的存在，使这些智库的理论与对策研究能够一直与国家的重大发展战略保持高度一致。从国家的五年发展规划，到每年的政府工作报告，再到中央每年的金融工作会议的相关决策，都能够看到这些国内顶尖智库领导者与杰出研究人才的身影。

第二，新型智库的"智"来自人才自由流动的"旋转门"而非传统的"常闭门"。传统智库之所以无法适应新时期国家的公共决策需要，除了前文所论述的原因之外，一个重要因素恐怕就是随着国际局势的瞬息万变与国内发展的巨大变革，智库的研究人员却缺少相应的人才补充、自由流动，自然智库的理论研究便无法很好地跟上形势，对策研究依然沿用传统的研究方法和技术手段而与现实严重脱节。作为全球智库的领军者，美国顶尖智库之所以能够一直走在美国政府的前面，为华盛顿的决策提供高质量的政策建议与决策报告，除了智库领导者的卓越之外，更重要的因素是这些智库聘请了相当数量的政府退休高官作为顾问，甚至直接将其揽入智库作为资深研究人员，从而使智库的研究方向与研究主题、研究对象的数据来源，以及相关一系列公共政策的出台背景就有了充分保障；反过来，公共政策研究的资深专家也会被政府聘为相关部门的决策顾问。另一方面，由于美国大多数成熟的智库与美国高校的体制一样都属于民间或者非政府组织，因此人才在流动的过程中并不会因此受到过多的阻碍。换言之，在美国的顶尖智库与美国政府之间，人才的流动就像酒店的"旋转门"一样自由而充分。

中国的国情与智库的发展模式与美国恰恰相反。首先，从智库的总体分布来看，中国民间智库的数量与质量跟官方智库相比都不在同一层面上，在国际智库的各种排行榜上，排名靠前的无一例外都是官方智库。其次，从机构的设置机制上看，民间智库不存在所谓编制与指标的概念，但由于其所占比例过小，因此在促进人才流动的作用上可以忽略。大量的官方智库尽管都由党和政府统一领导和指挥，但由于具体所属单位、部门以及自身级别、建制不同等原因，智库之间的人才流动性非常欠缺。更为重要的是，很多官方智库尽管具有官方背景，但其组织性质往往并非国务院下辖的公务员机关，而是参照公务员管理的机关，或者是中国特色的事业单位，这就导致智库与政府机关领导人之间的流动性微乎其微。再次，从公务员和事业单位的招考传统来看，由于智库并不像一些公务员机关那样掌握着一定数量的稀缺资源的分配权，所以优秀人才的流向从一开始便引向了公务员一侧，继而导致了两个方面的结果：其一，智库往往难以招聘到足够数量的优秀人才开展研究；其二，对政府公共决策与发展战略有丰富经验的领导人在退休后往往会按照既定的制度设计到人大或者政协任职，到智库担任领导人的比例微乎其微。从整体上看，中国智库绝大部分是体制内智库，要建设成为专业化的现代高端智库，要依照智库发展的特点和规律，加大智库管理体制机制改革的力度。[①]

[①] 李伟：《深化体制机制改革 建设高质量中国特色新型智库》，《光明日报》2015年1月22日，第2版。

上述原因使中国智库的人才流动就像医院里的"常闭门"一样，除非有一定甚至是相当的力量推动，否则会一直保持封闭状态。很显然，"常闭门"的客观存在使智库之间以及智库与政府机构之间的人才流动的可能性大大降低，同时智库的研究思路与研究模式由于缺乏新鲜血液的补充，会逐渐进入研究的路径依赖与思维定式，而这恰恰是新型智库必须加以避免的，也是传统智库之所以出现高水平的决策咨询成果稀少、理论与实践脱节等问题的重要原因。这在客观上要求我们积极"建立党政机关和智库之间人才的双向交流机制"。[①]

第三，新型智库的"智"更多来自形式多样、反应灵敏的民间智库而非官僚气息浓厚的官方智库。需要指出的是，我们认为新型智库的"智"应该更多来自民间智库的观点，并非否认官方智库曾经做出并且正在做出的巨大贡献。事实上，由于历史等方面的原因，中国智库的发展模式在相当长的一段时间深受苏联模式的影响，由政府出资直接成立隶属各行政部门的智库。智库从领导人的任命、组织的运行机制，到研究方向的设置以及决策咨询的规划等，都直接在政府官员的指挥棒下开展。这些官方智库在新中国成立后尤其是改革开放初期在经济发展与社会进步、中国国际地位的提升与话语权的获得等方面为党和国家的重大战略决策提供了大量支持。然而，随着国际发展潮流的变化，尤其是 20 世纪 90 年代之后，传统的管理理论与实践逐步让位于全新的多元治理理念。治理理念的变化客观上要求政府的公共决策不能再像以往一样自说自话，仅从政府自身的角度出发考虑公共决策，而应该多方搜集和吸取社会各个阶层和群体的利益诉求与政策建议，从而使公共政策的出台能够更好地体现和反映社会最广大人民的利益。与官方智库相比，民间智库的优势主要表现在以下几个方面。

其一，民间智库的非官方身份使其能够制定更加符合新型智库需要的发展模式。如前文所述，新型智库的三大核心特征在于独立性、专业性和有效性，从独立性来说，民间智库不隶属任何一个政府部门，智库的资金来源主要是社会捐赠与自身研究成果的市场转化，因此，民间智库的研究主题、研究方向与研究结论可以不受政府官员的影响和引导，在相当的程

[①] 马献忠：《借鉴国际先进经验　建设中国特色新型智库——访广东省社会科学界联合会党组书记、主席王晓》，《中国社会科学报》2015 年 5 月 20 日，第 B04 版。

度上保持研究的独立性。从专业性来说，官方智库由于人才流动性差，因此智库的研究人员往往需要投身很多领域的研究项目，逐渐变成了"万金油"，其自身的专业性逐渐削弱；而民间智库并不存在编制和参加人社部门组织的统一招聘考试等问题，所以人才的流动性强，各种人才的灵活招聘能够在很大程度上保持智库的专业水准。同时，灵活的招聘方式可以有效避免有些杰出的研究人才因不擅长考试而惨遭淘汰的不利情况。从有效性来说，民间智库由于人事、财政的独立性，其研究的公共政策报告能够在独立性和专业性的保障下，实事求是地开展研究和探讨；既避免了传统官方智库为政府决策的合法性与合理性做证明的情况，也避免了个别民间智库对政府决策单纯性的批判，而是将公共决策最终导向积极性与可行性。

其二，民间智库的市场身份使其发展能够更加符合新型智库要求的灵活性和与时俱进。首先，从发展环境来看，《中国共产党第十八届中央委员会第三次全体会议公报》（以下简称《公报》）在正式提出建设新型智库理念的同时，还提出了要将市场在资源配置中的地位从基础性上升到决定性的重要观点，这就意味着政府在市场经济发展中的地位和作用的全面减缩和进一步放权。在智库的发展上，民间智库的市场主体身份毋庸置疑更加符合国家决策的需要和社会发展潮流的客观趋势。其次，从发展灵活性来看，相对于官方智库的大而全，民间智库可谓船小好调头。民间智库的研究项目除了政府公共决策之外，还能够更加直接和敏锐地发现市场经济发展中的重大问题与隐性问题。其研究结果和报告不但能够满足政府层面的决策咨询需要，还能够满足跨国企业、行业协会或其他市场主体的决策需要，进而更好地贯彻落实党的十八届三中全会关于市场在资源配置中的决定性地位和发展是解决我国所有问题的关键的重要论断。

可以看出，民间智库的非政府身份与市场身份，不但能够让民间智库紧密联系社会发展、与时俱进，实现新型智库要求的有效性；而且能够在保证社会公益性属性的前提下，充分利用和实现营利性与非营利性的双重发展模式，进而在保障自身发展的独立性的同时，有效激励研究人员的积极性、主动性和创造性，充分保障研究结果的专业性。

三 新型智库"智何以成库"?

与传统智库相较而言,中央已经将新型智库的地位与作用上升到了国家软实力的重要组成部分以及国家治理体系与治理能力现代化的重要支撑的空前高度。新型智库如果要实现这一价值定位,首先必须解决的问题是新型智库的"智"如何"成库"。在这个问题上,政府和有关部门对智库的环境建设以及智库自身的转型与完善显然二者不可偏废。

一方面,"智"如要"成库",政府必须要为智库的发展创造适宜的生长环境。换言之,政府在智库的建设上只有不断推进发展环境的制度创新,才算是抓住了智库建设的"牛鼻子"。[①] 所谓"适宜"的生长环境至少包含了四个方面的要素。

其一,以党的十八届三中全会《公报》和中央深改组的《意见》的形式提出建设新型智库,可谓举国建智库。新中国成立半个多世纪以来的经验和教训表明,举国体制既能够集中力量办大事,也有可能为了完成规划目标大搞表面功夫、大建形象工程,最终沦为利益瓜分的盛宴。因此尽管中央急切地希望在一定时期内建成50—100个全球知名的新型智库,但急事只能缓办,才能够避免在统一指挥智库的成长和建设中出现揠苗助长或者金玉其外败絮其中的不利局面。

其二,"适宜"的生长环境要求政府的公共决策习惯与决策体系要从传统的封闭式走向公开和透明,摒弃传统管理思维下以权力高度集中和决策高效率为主要特征的决策模式。新型智库作为国家治理体系与治理能力现代化的重要组成部分,要求政府自身首先要具备治理思维与治理能力,将智库真正作为社会治理的主体之一,在进行重大决策和发展战略制定之前,形成和建立健全与智库进行定期和不定期沟通、交流的机制与平台。在这个平台之上,政府只能是与智库相对的另一方,而不是传统全能型政府时代下的大包大揽模式,将智库作为政府自身的一个下设机构或部门。从智库发展的角度而言,政府不宜直接开办智库。即使是目前的官方智库

[①] 王斯敏:《智库建设,抓住制度创新这个"牛鼻子"——访国务院发展研究中心副主任、党组成员隆国强》,《光明日报》2015年5月20日,第16版。

也应与政府保持一定的距离和独立性；否则智库难以摆脱政府的影响，逐渐蜕化为传统智库。

其三，"适宜"的生长环境要求政府对待新型智库发展的态度应该是宽容和平等。所谓宽容，意味着如果智库提交的决策咨询报告与政府的决策方向不同甚至存在重大分歧，政府要能够理性看待而非蛮横反驳。从公共政策学的角度来说，任何一项公共决策对于信息的收集都不可能做到完全，所做的决策也不可能是完美决策，尤其是当前社会治理体系之下政府的智能与角色不断从社会领域中退出，政府的信息归纳只可能是不完全归纳，因此，智库的研究结果对于政府决策而言无疑是重要的信息补充与决策完善，唯有采取容忍的态度，才能够真正推动新型智库的发展与独立性的维护。所谓平等，则意味着政府在推动新型智库发展的思路上，应该摒弃和避免中国以往市场经济发展中的国有企业对民营企业、"正规军"对"地方武装"的歧视态度。在中国市场经济发展的历史中，尽管国企与民营企业同样是市场法人主体，尽管民营企业在中国市场经济发展中提供了更多的就业岗位和财政收入，但由于政府对国企的偏爱与维护，国企与民营企业事实上在融资、税费减免、政策倾斜等方面存在巨大的差距。庆幸的是，党的十八届三中全会已经意识到这个问题，提出了将市场在资源配置中的基础性地位上升到决定性地位的论断。这其实也是提醒政府在发展新型智库的理念和道路上应该避免这一问题的继续存在。唯有对官方智库与民间智库持平等、公允的态度，才能够避免新型智库的发展出现三六九等的划分，更好地促进新型智库的独立性与有效性。

其四，"适宜"的生长环境要求政府改革传统智库的管理机制，积极推动新型智库的人才流动。从本质上说，人才"成库"新型智库是新型智库能够"成库"的核心。唯有人才在政府机构与智库之间能够充分流动，智库的研究才能够避免成为无本之木、无源之水的尴尬。在这方面，中国社会科学院的蓝迪国际智库项目能够带给我们很大的启示。为了更好地配合习总书记提出的"一带一路"重大国际发展战略的建设，中央专门在中国社会科学院成立了专门负责与国外智库进行交流与沟通，进而为"一带一路"战略提供决策参考建议的蓝迪国际智库项目，并且任命赵白鸽为该智库项目的专家委员会主席。作为学者型官员，赵白鸽不但有英、美的学术背景，而且长期担任国家人口计生委副主任以及全国人大外事委员会副主任；不但熟悉中央的重大决策，而且对于与国外开展交流有着职务上的便利和丰富经验，对于促进蓝迪国际智库项目更好地推进与"一带一路"周边国家的交流与研究无疑拥有巨大的优势。这一任命可以说在中国智库的发展中并不多见，却可以成为中国新型智库建设的发展模本之一。

另一方面，"智"如要"成库"，智库自身的机制和品牌建设是重中之重。首先，诚如中央深改组《关于加强中国特色新型智库建设的意见》中所提到的那样，传统智库由于存在种种的欠缺与不足，远不能满足国家治理体系与治理能力现代化的需要，尤其是在公共政策与国际战略领域。然而必须指出的是，尽管近几年围绕新型智库的学术讨论、机制建设与规划有很多，但毋庸置疑的是，要解决传统智库的几大痼疾、使新型智库得以"成库"，不管是决策咨询制度性有效性的建设、组织和管理方式的科学化，还是智库建设整体规划的适度超前、资源配置的合理性，抑或是领军人物和人才队伍的培养与形成，都非朝夕之间可以毕其功于一役。概括起来，新型智库的机制建设要把握两个方面的问题。

一是智库研究人才的建设问题。人才是智库的核心，人才队伍的建设除了政府要为智库提供人才自由流动的"旋转门"机制之外，智库自身同样要将人才的培养与梯队建设放在重中之重。智库不仅要出思想、出成果，更要出人才。这不但是指研究生培养，更主要的是指通过长期的智库工作的锻炼，能够涌现出一批智库型人才，这些人既具有开阔的国际视野，具有熟稔的处理国际国内事务的素养，也具有优秀的政策思维能力，文武兼备，成为治国理政的生力军和预备队。[1] 首先要求智库的领导人要善于将经过严格学术训练、有扎实学术功底的年轻人才吸引到智库当中。这些人才要根据自身的研究专长，在智库项目核心人才的带领下，全方位、多层次、多角度地开展公共政策研究议题的选择、公共政策的开放式讨论。在智库内部，要创造公平、灵活的研究环境，能够让研究人员大胆提出与负责人不同的观点，并且加以阐述；在国内智库之间的交流与合作中，能够创造条件让年轻研究人员在平等的交流平台中针对相同或相似的研究议题更多参与良性争论与探讨。在国际智库的交流活动中，更要创造条件让年轻研究人员参与到国际对话当中，从而为中国智库在国际上打造

---

[1] 李刚：《中国特色新型智库建设中的几种关系》，《新华日报》2015年6月9日，第16版。

属于自己的话语权打下良好基础。在智库的国际交流方面，习总书记2014年3月在访问德国时，强调在中德两国成为全方位战略伙伴关系中，加大政府、政党、议会、智库交往。可以说，在改革开放以来国内智库的建设历程中，习总书记第一次把智库建设提上了国家外交层面，"智库外交"逐渐将会成为中国国际交流与合作的"第二轨道"。应当说，国际智库交流的"第二轨道"的建立与健全，能够有力地促进国内智库研究人员研究方法、研究模式的改善与提高，避免智库研究的近亲繁殖，研究路径越走越窄。

需要指出的是，在智库人才的建设问题上，还要求智库的领导人建立健全科学的智库管理机制，尊重智库发展的客观规律，充分尊重研究规律，尊重研究人才的成长规律。一言以蔽之，一套严谨、成熟、理性、独立的智库研究团队，没有五年以上的精心培育是无法形成的，尤其是对中央急切需要的国际发展战略的研究咨询报告，更需要进行长期的跟踪研究。这就要求各类智库要做到有确定的研究方向，长期追踪某一研究领域的问题;[①] 同时，智库对人才的管理与考核机制不能按照传统智库或者普通学术研究机构那样，以公开发表的论文、著述或申请研究课题为标准。对于研究人员的项目研究尤其是重大公共决策，应当设置较为宽松的研究环境，使其能够心无旁骛地开展持续性、深入性研究。对于研究者研究成果的层次与水平高低，应以新型智库的标准，即研究咨询报告对研究内容发展的预判与分析，以及对政府公共决策的影响性来判断。

二是新型智库的品牌建设问题。根据上海社会科学院智库研究中心发布的《2014年中国智库报告》，当前中国的智库总数已经超过了200家，其中75%左右的智库都是在改革开放之后成立的。[②] 应该说当前中国智库的总数是相当可观。可在各大国际国内智库排行榜上，排在前列的除了北京大学的国情研究院和清华大学的国情研究中心，几乎都是清一色的大型官方智库，包括中国国际问题研究所（CIIS）、中国社会科学院（CASS）、国际战略研究中心（CISS）等。而数量同样可观的高校和党校智库却难觅踪迹。事实上，从智库的研究人才角度出发，高校和党校并不欠缺研究

[①] 李杨：《把握智库内涵 建设新型智库》，《光明日报》2015年2月15日，第8版。
[②] 上海社会科学院智库研究中心：《2014年中国智库报告》，《光明日报》2015年1月14日，第16版。

人才、研究主题与研究经费,关键在于很多高校和党校的智库建设理念依然停留在20世纪90年代末的高校合并的传统思路,智库建设不顾自身实际片面追求大而全,研究项目都瞄向国家的大政方针与国际战略。事实上,这样的研究思路与研究主题跟CIIS、CASS等国内顶尖智库相比毫无优势可言;这样的发展方向不但不利于高校和党校智库的健康发展,反而会使其逐渐边缘化,最终蜕化为普通的学术研究机构。

因此,很多高校和党校系统的智库如果要以新型智库为发展方向,就必须着眼于自身品牌的打造和建设。事实上,随着智库的迅速发展,在实际发展中既出现了大型化、多学科、多专业协调的更大规模的智库,也不断分化产生出具有更专业咨询方向与研究特长的新的智库。如何做大做强自己的专长研究项目与主导成果,成为智库竞争的重点。① 譬如,工科见长的高校新型智库建设就可以依托对工程机械、资源能源、生物科技等学科优势,探讨中央在社会治理与经济发展中的公共政策选择;文科见长的高校新型智库建设则可以依托对文学艺术、传统文化、哲学与社会科学等学科优势,提供中央在软实力建设中极为欠缺的意识形态与话语权的决策咨询报告;医科见长的高校在建设新型智库时则可将方向瞄准中国医疗卫生体系改革的问题与出路,这些同样是涉及国家治理体系与治理能力现代化的重要内容。诚如胡鞍钢所论及的那样,当今中国社会各类思潮芜杂,亟须一流大学智库提供准确信息、专业知识、正确观点和深刻思想;党和国家重大决策对智库的知识需求与日俱增,这就要求我们及时、适时提供更具指导性、战略性、针对性和可操作性的战略思路、政策建议。② 同样的道理,各省党校、行政学院系统的智库建设可以依托对本省各级领导干部的长期培训与深入了解,对本省经济、社会、文化等方面的问题与解决思路开展智库的相关研究。诚如有学者指出的那样,思想库的生命力在于其影响力,而影响力的大小则主要来自公众对思想库成员及其研究成果的认可程度。③ 换言之,只有注重品牌和特色意识,才能使中国的新型智库建设避免高校建设"大跃进"时代的弊端与教训,"找准自身定位,根据

---

① 刘宁:《智库的历史演进、基本特征及走向》,《重庆社会科学》2012年第3期。
② 胡鞍钢:《建设中国特色新型智库 参与全球智库竞争》,《中国社会科学报》2014年4月11日,第A04版。
③ 崔树义:《国外思想库的媒体推广术及其启示》,《学习时报》2012年3月5日,第3版。

区域区位特色，发挥自身研究优势和专长"，① 推动新型智库的良性、健康发展。

四　新型智库"如何出货"？

与传统智库不同，新型智库输入的是人才、资金、项目、机制，但输出的并非一般的社会知识，而是智慧与思想。也唯有如此，新型智库才能够在纷繁复杂的社会发展中为政府的公共决策提供专业有效的政策咨询。从根本上说，智库作为重要的研究机构，其主要任务就是提供各种新思想、新理念、决策方案、政策建议、政策解读来咨政启民。② 现代社会与古代社会最大的区别就在于随着迁徙越来越便利、联系越来越紧密，以及相互依存度越来越高，现代社会问题的处理往往牵一发而动全身，其复杂性远远超过了古代社会。因此，在新形势下如何更好、更科学有效地为政府的公共决策提供咨询，既是新型智库如何进行智慧输出的问题，也是新型智库发展的根本问题。我们认为，新型智库的"出货"，需要从以下几个方面着手。

第一，倡导哲学思维。学术界现在越来越清楚地意识到第二次世界大战后蓬勃发展起来的公共政策学之所以在近年来遇到越来越多的问题和质疑，根本原因在于公共政策学深受当时行为主义政治学的影响，过于迷恋价值中立和取自于经济学和社会学的实证主义研究方法。事实上，对于社会问题的研究所谓保持价值中立其实是一个彻头彻尾的伪命题。研究者的出身、背景、国籍、学术流派、生活水平等各方面都会影响其价值取向，在进行公共政策研究时便不可能保持所谓的价值中立。公共政策学的问题同样也是新型智库的发展无法回避的问题。为了更好地实现智库的独立性与专业性，智库进行智慧输出的研究需要大力倡导哲学研究思维。

与其他思维不同，哲学思维方式指的是人们认识和改造客观世界的时候所运用的具有哲学特征的思维方法。哲学思维所具有的四个基本特征对

---

① 张述存：《关于加强地方新型智库建设的几点思考》，《东岳论丛》2015 年第 9 期。

② 刘建武：《智库建设：确立"五个同等重要"》，《中国社会科学报》2015 年 4 月 17 日，第 B02 版。

于新型智库研究的开展都具有重要意义。首先,哲学是辩证性的思维方法,强调一分为二。新型智库所面临的社会问题研究便需要辩证思维,摒弃非此即彼、非好即坏的简单二元价值论。毕竟,面对社会各个阶层的利益诉求,政府对于公共资源和财富的决策很难用简单的好与坏来判断。其次,哲学是批判性的思维方法。新型智库与传统智库非常重要的区别就在于新型智库不能仅仅满足于对政府决策的合法性的证明抑或对细枝末节的问题进行批判,从而丧失了智库输出的价值和意义。新型智库的研究导向同样是以批判为基础,在对政府传统决策的失误与不足进行分析研究之后导向问题的客观解决。再次,哲学是讲求实践的思维方法。传统智库之所以无法应对时代的发展和需要、跟不上形势,关键原因就在于其研究方法往往是传统的学术研究方法,着眼于理论构建,忽略了社会变迁。最后,哲学是超经验的思维方法,反对经验主义,将经验作为绝对真理。智库所要面对的是社会现实,要解决的问题同样是社会现实。因此,面对社会的发展与变迁,智库的研究也必须随之更新,而不能抱着原有的研究结论不放,最终陷入教条主义和官僚主义,对政府的公共决策并没有现实的意义和价值。值得注意的是,别国的成功经验可以拿来借鉴。当然我们有一些特殊情况,也要注意不能照搬,不能简单移植,要结合实际,但首先要把一般规律搞清楚。[①]

总体而言,哲学思维方法不在于给人多少具体的知识,也不在于给人解决了多少具体的问题,它的根本作用在于给人提供了一种正确的理性思维模式,培养和锻炼人的思辨能力,从而使人们树立正确的人生观和价值观,掌握认识世界、改造世界的正确方法,在社会实践中产生巨大的推动力。这种思维才应该是新型智库在进行项目研究、智慧输出时所应遵循的科学研究方法。

第二,尊重思想智慧。正是因为新型智库的最终输出不是一般的社会知识,而是智慧和思想,因而作为智库研究的着眼点和起点,我们要尊重智慧和思想。中央认为当前中国新型智库建设的八个不足当中,智库应有的地位和作用没有受到充分重视便位列其中。之所以智库的地位和作用没有受到应有重视,其根本原因是很多政府的决策者并没有将一般的社会知

---

① 王友明:《建设中国特色新型智库——"高层智库论坛"(2014)观点综述》,《中国浦东干部学院学报》2015 年第 3 期。

识与智慧和思想有效区分，从而导致智库的研究成果即输出的智慧没有得到应有的尊重。一些决策者想当然的认为智库输出的智慧与真理对于公共决策并没有太大的价值和作用。而事实上，按照英国著名社会学家迈克尔·波兰尼的观点，接受未经证明的信念是通向黑暗的广阔大道，真理是通过笔直而狭小的怀疑小径达到的。[①] 可见，要获得智慧和真理并非易事，智库在进行研究时只有将充分尊重智慧和真理作为研究起点，智库的研究结果才能够经得起实践的检验，才能够真正对政府的公共决策提供前瞻性的政策指引。

第三，论题顶天立地。如前文所述，中国大力建设新型智库的主要目的是服务于国家公共决策的需要，尤其是国家治理体系与治理能力现代化的需要。因此，智库所要面对和解决的问题既包括宏观层面的大政方针、发展战略，也包括中观层面的机制改革与创新，同时还包括微观层面的具体社会问题。这就要求智库的研究内容涵盖三个方面。如果对中国当前智库的发展现状进行一番考察便不难发现，很多智库之所以无法具备新型智库的特点，仍然停留在传统智库的发展阶段，或者徒有虚名，关键原因在于对智库研究内容的选择往往受到"唯上意识"的影响。这里所谓的"上"，指的是智库为了使研究结果产生广泛的影响和意义，在研究议题的选择上往往选择上层最为关注也最为风光的宏观议题。不可否认，宏观方面的议题比如"一带一路"、依法治国、亚投行、南南合作等，对国家的战略影响最为深远也最受重视，但很多智库并不具有研究这些议题的人才优势、信息优势、人脉优势，只关注宏观层面，其研究报告的分量自然要大打折扣。

新型智库如果要输出智慧和思想，研究议题的选择上必须要"能上能下"。所谓能上能下，意味着智库的议题选择既能够观察到宏观层面的重大战略，也要能够接地气，敏锐地观察到社会发展中观和微观层面的问题，比如中观层面的医疗保障体系的改革、人口红利的消失与劳动力的匮乏、农村精准扶贫等，以及微观层面交通拥堵的治理、雾霾天气的消除以及食品安全保障等，都需要智库对此开展大量卓有成效的研究与分析，才能够从根本上保障智库的智慧输出避免大而无当或者缺乏实际针对性，从而对政府尤其是对地方政府的公共政策出台提供及时有效的决策咨询。毕

---

① 迈克尔·波兰尼：《个人知识》，许泽民译，贵州人民出版社2000年版，第411页。

竟，中国国情与欧美不同，我们在新型智库的发展当中不能简单地将国外的发展模式进行套用。比如，美国与欧洲尽管与中国的国土面积大小相当，但是欧洲国家众多，美国的人口则远远少于中国，因此，面对各个地区不同的发展情况与实际困难，中国的智库不能片面追求美国式的大而全；对于地方问题的研究与分析，其最终输出的智慧与思想的影响和价值并不比前者要低。

第四，方法综合创新。新型智库避免走传统智库的老路，研究方法的与时俱进同样是一个重要问题。譬如，调查统计研究通常都是国内外智库进行分析研究的一个主要方法。同样是调查统计研究，新型智库完全可以依托移动互联网络、大数据和云处理系统等技术方式和手段，让智库的研究方法走出传统的文献和纸质调查问卷。事实上，随着时代发展节奏的日益加快，传统的纸质问卷调查或者电话调查都已经显得不合时宜，不仅效率低、速度慢、误差比例高，而且调查的效果往往不佳。因此，新型智库的研究如果合理利用移动互联网的微信、微博，通过手机媒介，以电子红包等有奖问答方式对所研究的社会问题开展调查统计，不仅效率高、速度快，而且误差比例小。随着时代的发展，大数据和云处理系统的出现甚至让智库的社会调查统计研究可以在不进行抽样调查的情况下，通过对广大民众在日常生活中输入各个系统的异常庞大和复杂的数据系统进行高速处理分析，便可以达到大数据所倡导的5"V"效果，即 Volume（大量）、Velocity（高速）、Variety（多样）、Value（价值）、Veracity（真实性），而这样的研究方法和手段，无疑大大提高了新型智库在新的社会条件下的研究速度，大大提高了智慧输出的信度和效度。

（作者李建华，中南大学教授，湖南省长沙市麓山南路932号 410083；牛磊，湖南省委党校讲师）

论智库建设"智"的三重属性

刘湘溶　孙雄辉

摘　要：十八届三中全会决议明确提出："加强中国特色新型智库建设，建立健全决策咨询制度。"习近平总书记也对我国智库发展建设做出了一系列重要论述，指明智库是国家软实力的重要组成部分。中共中央办公厅、国务院办公厅印发《关于加强中国特色新型智库建设的意见》，系统阐述了为什么建设、建设什么以及怎么建设等一系列重大理论和实践问题。一时间，智库建设呈现蓬勃发展之势。探讨如何建设中国特色新型智库亦成为思想理论界的热门话题。"智"是智库的灵魂，没有"智"的驻守，"智库"只能是一座"空城"。建设中国特色新型智库首要必须理解何为智库之智，何种类型或哪种特性的智才可称为善智、高智？文章认为，智库之"智"非简单"智"的集合，它应当是具有独立、兼容和超越属性的智。在加速推动中国特色新型智库建设过程中，深刻理解智库应有之义必须准确把握智库建设"智"的这三重属性。

关键词：中国特色新型智库　智库之智

当前，中国智库的发展正逢一个令人欣喜的契机。《中共中央关于全面深化改革若干重大问题的决定》提出："加强中国特色新型智库建设，建立健全决策咨询制度。"习近平总书记多次提到建设中国特色新型智库，强调健全决策咨询机制，按照服务决策、适度超前的原则，建设高质量智库，并将其作为国家软实力的重要部分。2015年年初，中共中央办公厅、国务院办公厅印发了《关于加强中国特色新型智库建设的意见》，围绕建设中国特色新型智库这一时代命题，明确提出建设定位明晰、特色鲜明、规模适度、布局合理的中国特色新型智库体系，重点建设一批具有较大影响力和国际知名度的高端智库。此为当前和今后一个时期中国特色新型智库建设指明了方向，将中国智库发展再次推向了一个新高度。一时间，国内各类"智库"如雨后春笋般发展起来，众多大学和研究机构也纷纷打出"智库"的名号。人们不禁要问：到底何为"智库"？好的"智库"应该具备什么特性？或者说智库究竟应该提供什么样的产品？流行的观点认为，"智库"就是为国家出谋划策。这样的理解显然略为笼统。笔者认为，建设智库首先要了解何为智库，而了解智库又必须理解智库"智"的特点。因为"智"是智库的核心，没有"智"的驻守，智库只能是一座"空城"。在中国特色新型智库建设过程中，深刻理解智库应有之义必须准确把握"智"的独立、兼容和超越这三重属性。

一 独立属性：以自由之名，承求真之实

智库又称"思想库"，是一种为公共决策者解决经济、政治、社会等方面问题而生产知识和思想的组织或机构。智库是智慧和思想的集聚地，其最为重要的功能就是生产符合社会发展趋势、助推社会持续发展之"智"，即新思想、新观点、新理论和新知识。智库之所以能助推社会发展，就是因为这些思想和观点是自由的、客观的、公正的、可持续的和有效的。这其中最为关键的一点又是智库是否能够独立地、客观地产生"自由之智"。从某种意义上说，独立属性应该是所有智库人员研究的起点和本原，因为只有"智"的超然与独立才能成就智库的价值和效用。当今世界上最著名的智库都将"独立性"视为其生命线，认为"独立性"是智库研究成果客观性和科学性的最重要的保证。比如，布鲁金斯学会（Brookings Institution）便将独立性、客观性以及高质量的研究看作自身灵魂所在；兰德公司（Rand Corporation）则高度强调其研究是客观的，不受商业因素、党派和意识形态影响；卡托研究所（Cato Institute）为保持其"独立性"，甚至拒绝接受政府资助；皮尤研究中心（Pew Research Center）宣称是他们无党派、非营利且无倾向性的机构。世界上这些著名智库的发展经验给我们提供了很好的借鉴和启示，其中最为重要的一点就

是智库建设者要坚守智库的独立性和客观性，并以独立性和客观性保证研究成果的高质量，进而产生"自由之智"，实现智库的影响力。

当前，中国经济社会发展正处于发展关键期、改革攻坚期、矛盾凸显期，所面临的发展机遇和严峻挑战前所未有，党中央、国务院对科学决策、民主决策、依法决策尤其决策正确度和效用性的要求越来越高，对高质量、高水平的客观而准确的智力支持有着更为迫切的渴求和需要，需要智库在推动国家治理体系和治理能力建设中承担更重要的使命。但是，如果智库依附于某个利益集团，成为人云亦云的附庸，没有独立的见解、思想和观点，那么它的公信力就会荡然无存，也定然给不了党和政府一些"建设性的批评"，势必也不会亦不能对决策者和公众产生说服力和影响力，它也就失去了存在的价值和意义。智库建设只有提倡群体的学术自由，作为智库成果来源的"智囊团"才能进行更加客观的审视与筹谋；只有提倡个体的理性思辨，作为"产智"、"造智"的人才才能提供更加真实的思维与意识。这种独立自由和理性思辨，要求智库人员具有追求真理、独立思考的学术品格和能力，研究问题时要理必求真、事必求是，要有独立思想和真知灼见，不唯书、不唯上。如果缺失这样一种理想，不能从超脱的第三方来独立看待问题、审视当下，那么他们创造出来的那些所谓的"智"就会缺乏远见或丧失价值。基于此，智库之智及产智之人唯有守望独立思维、遵从客观规律，智库才能真正闪耀自由、公正的光辉，才能真正成为决策方案的建言者、政策效力的评估者、社会舆论的引导者。

当然，世界上没有任何独立或自由是超脱一切限制的，"智"的独立与自由更加需要建立在责任、道德、诚信、实践、平等的基础上。我们都要"坚信个人自由的时代，始终亦是诚信个人责任的时代"[①]，问题与理论可以探讨与商榷，但一定要建立在求实求真的基础之上。在智库的独立属性里，从组成智库的个体到群体都应该处在自由与束缚的平衡点上。独立之智不是"脱缰的野马"，不是批判社会的反面教材，不是为了独立而独立的小团体。同样的，智库也不应是政府的"发言人"和社会发展的"歌颂者"，更不应是为了集智而集智的"专家团"，智库应该为了发展而

---

① 弗里德利希·冯·哈耶克：《自由秩序原理》，邓正来译，生活·读书·新知三联书店1997年版，第13页。

集智，为了改进而批判，为了看清而独立。唯其如此，智库之智才能更加有新意和活力。

二 兼容属性：以并蓄之名，融四方之智

智慧其实是一个非常抽象笼统的概念，人类的智慧是根据需要而产生和发展的。智力资源是一个国家、一个民族最宝贵的资源。综观世界上诸多发达国家，其各自的智库为国家的发展、安全、外交、军事等方面提供了有力智力支持，为他们各自国家持续发展发挥了至关重要的作用，甚至于直接影响着国家的安危与民族的命运。今日之中国，已经成为世界第二大经济体，正为着中国梦而上下求索和奋斗不息。无论是文明复兴，还是大国崛起，无时不在呼唤智库发挥应有之用，提供可用之智。尤其是当前中国正处于全面深化改革的持续攻坚期和经济结构调整的动力转换期，世情、国情、党情和社情正发生着深刻的变化，我们所面临的问题既重大又复杂，既尖锐又艰难，无论是改革推进还是决策实施的社会利益复杂性、相关性都不亚于以往任何一个时期。可以这么讲，在新形势下，时代已经发出了呼唤智库彰显能量的最强音，国家对更为高级、更显精准、更有效用的智库之"智"有着更为迫切的渴求和需要。我们认为，这种高级之智必定非简单粗糙之智，或应急应景之智，也不应是一家之智、一人之智，而必定是借鉴和吸收古往今来全人类智慧结晶的"兼容之智"。

中国几千年来的智囊传统和治国理政智慧为当今智库建设提供了理论源泉。智囊在中国历史上有着悠久的历史，长期以来一直备受世人瞩目。所谓智囊，即指足智多谋、专司出谋划策的人。《史记·樗里子甘茂列传》中记载："樗里子滑稽多谋，秦人号曰智囊。"中国古代智囊最早可以追溯到夏商家臣和两周命士，之后遍及各朝的幕僚、策士、谋臣、军师等均可归为此类。智囊们以其咨询、参谋、辅政甚至直接参与决策而发挥着巨大作用。虽然在中国传统社会中并未明确提出"智库"的概念，但是智囊谋士角色的内涵意蕴显然与如今智库人员性质颇有类同之意，尤其是战国时期出现的"稷下学宫"更是与现代智库在体制方面有相似的特点。从某个方面讲，中国这些历史悠久的智囊智慧为当今中国特色新型智库建设提供了许多有益参考。习近平总书记指出："中国优秀传统文化的

丰富哲学思想、人文精神、教化思想、道德理念等，可以为人们认识和改造世界提供有益启迪，可以为治国理政提供有益启示。"① 中国特色新型智库建设更不应该割断历史，必须要善于继承和发扬中华民族的优秀传统文化，要深入挖掘传统文化中的精髓。一方面，以传统文化打造智库的精神内核，将会是我们不断增强民族文化自信心和凝聚力的精神支柱；另一方面，以传统文化塑造智库的理论外延，也必定是我们维系社会秩序与稳定大局的有效保证。故而在建设中国特色新型智库过程中，汲取传统文化精华并将其作为智库建设研究的历史根基和理论源泉对于中国特色新型智库建设具有十分重要的基础性意义。

现代智库起源于欧美，也发展于欧美。著名的美国兰德公司是当今美国乃至世界最负盛名的决策咨询组织，它首先以研究重大军事战略而著称，继而又将其研究领域扩展到国家内外政策方面，逐渐发展成为一个集研究政治、军事、经济科技、社会等各方面的综合性思想库，其因对中美建交、美国经济大萧条、古巴导弹危机和东西德统一等一系列重大事件进行了成功预测而蜚声海外，被誉为现代智囊的"大脑集中营"、"超级军事学院"，以及世界顶级"智囊团"的代言人和开创者。兰德公司的发展模式以及其他西方著名智库建设经验为我们提供了成功范式，应当可以为我们中国特色新型智库建设提供有益借鉴。实践证明，任何的偏见都是无知的表现，"我们应该从不同文明中寻求智慧、汲取营养，为人们提供精神支撑和心灵慰藉，携手解决人类共同面临的各种挑战"。② 中国特色新型智库建设既需要继承和发扬中华传统文化精华，立足本土，从中国的国情实际出发，将研究植根于中国社会深厚土壤，又要有世界眼光，总结人类社会的发展规律，积极学习借鉴世界上一切先进文明的优秀成果。

但是，需要指出的是，"学习和借鉴西方思想理论必须以马克思主义为指导，坚持马克思主义普遍原理同我国具体实际相结合的原则，一切从实际出发，理论联系实际"。③ 历史和现实一再表明，解决中国的问题，

---

① 习近平：《从延续民族文化血脉中开拓前进 推进各种文明交流交融互学互鉴——在纪念孔子诞辰2565周年国际学术研讨会暨国际儒学联合会第五届会员大会开幕会上的讲话》，《党建》2014年第10期。

② 习近平：《在巴黎联合国教科文组织总部演讲》，《中国青年报》2014年3月29日，第3版。

③ 教育部邓小平理论和"三个代表"重要思想研究中心：《坚持马克思主义指导地位 正确对待西方思想理论》，《求是》2004年第23期。

学习借鉴国外有益的做法和经验是必要的，但完全照抄照搬外国的东西从来都是行不通的，必须开创符合中国国情的理论、道路和制度。必须认清的是，中、西智库的区别更多的不在于体制机制与建设内容等方面，而是在于其建立的目的。中国特色新型智库是为中国特色社会主义建设事业服务的，显然不能完全照搬西方经验，更不能有悖马克思主义，不能脱离党的领导，否则就会出现意识形态的安全危机。故而建设中国特色新型智库必须坚持洋为中用、古为今用、推陈出新，智库之"智"必须要以中国特色社会主义理论体系为指导，以探讨改革开放和社会主义现代化建设重大问题为己任，切实为解决全面建成小康社会进程中的重大理论和现实问题服务。

三 超越属性：以大爱之名，兴至善之用

毋庸置疑，中国特色新型智库建设应是带有使命感和责任感的，这种使命与责任也注定了中国特色新型智库的建设者自始至终都要以国家和民族的利益为己任，以引导社会舆论和弘扬主流价值观为追求。它应怀有一颗济世救民的大爱之心，追求真理，崇尚"至善"。智库在追求"善智"的过程中，"至善"应为其道德上的最高理想和政治上的不懈追求。"善"本身就是一种爱的精神，是善待人生、善待社会、善待自然的大爱情怀。善"智"必定是充满和谐与融洽，而智库的"善言善举"也必定变得更易得到社会和公众的认同与赞扬而实现效用最大化。

智库之智应该是可持续的，正如中国的经济发展是可持续的一样。智库的建设不应图一时之快，"智"的生产也绝不能"关进小楼自成一统"，不应囿于一地一域和一时一事，而是要胸怀大局、把握大势、着眼大事。当下，随着国家对于智库建设的大力扶植，可以说遍及各个地方和部门的智库正以迅雷之势崛起。有人统计，目前中国大地上已经产生了2000多家大大小小的智库，这个数目看起来相当可观，但其中又有多少能真产智、产真智、有高智、出善智呢？又有多少是有库无智或有智无质呢？所以，在加速建设中国特色新型智库的过程中，特别重要的一点就是必须认清智库得以有效发力和有力发声主要取决于智库之智的"质"，我们不能纯粹"以量保质"，而应是"以智保质"。智库建设绝不能盲目扩张，更

不能变成为建而建。智库因时代而生,决策为国家而强。智库之"智"定当是基于当下的某个问题、某个机遇所提出来的,却又不应当仅仅局限在一时一地的问题,智库的思想理论成果和决策建议应当是从具体问题的探究中抽出的最一般的本质和最普遍的规律,这样的智库之智才是历久弥新的、长盛不衰的可持续之智,也只有这样的智库之智才能够为中国特色社会主义建设事业真正发挥功效。

智库要有大格局、大担当、大视野的开放融合的眼界,要心系"天下太平",着眼人类终极关怀,应以大爱之心将学术殿堂的研究理论成果引入社会。智库不应是只进不出抑或只出不进的半封闭的思想文化堡垒,而应当是充满竞争、充盈着智慧流动与思想交锋"因子"的一股活水之源。"智"的产生应当以"为天地立心,为生民立命,为往圣继绝学,为万世开太平"为出发点,并秉承这样一种纯粹的学术情怀与价值追求,自觉聚焦全人类议题,为解决全球性问题、各国关心的共同问题提供中国方案、贡献中国智慧。"智"的发声应当更加注重以人为本,在发挥智库建言献策、服务社会功用的同时,应该兼具人性关怀。"智"的效用也不应仅仅局限在普遍的济世价值、救民规律等显性的理念之内,更应当将智库打造为思想文化高地的首善之地、民族价值的至善之地、时代发展的尽善之地。

我们都知道,中国特色新型智库建设是党中央站在时代发展的高度,着眼于建立健全决策咨询制度,推进国家治理现代化做出的重大举措,加快建设中国特色新型智库是时代的呼唤,是现今中国历史发展阶段的迫切需要。作为一个哲学社会科学工作者,历史赋予了我们在推动和建设中国特色新型智库的过程中当为、可为和大有作为的可能,而我们在智库建设中施展作为之时必须准确把握其内在属性,要认清智库之"智"并非简单的"智"的集合,要深刻理解智库之"智"是带有其特有属性的,当是自由之智、兼容之智、至善之智。只有准确把握智库之"智"的这三重特定属性,才能实现以智保质、以智造智、以智弘志。唯其如此,智库也才能摆脱"空城"之名,才能真正成为一座助推人类进步和社会发展的智慧之城、至善之城、恒久之城。

(作者刘湘溶,湖南师范大学原校长,湖南师范大学生态文明研究院院长/教授;孙雄辉,湖南师范大学发展规划处规划办公室讲师。湖南长沙市麓山南路36号湖南师范大学　410081)

中国特色新型智库研究的几对关系论析

廖小平　将兰香　邓集文

摘　要：加强中国特色新型智库建设，已成为推进国家治理体系和治理能力现代化的重要组成部分。中国特色新型智库建设需要对中国特色新型智库进行研究。中国特色新型智库研究可为中国特色新型智库建设提供理论资源。在加强中国特色新型智库建设中，需要在认识上处理好中国特色新型智库研究的几对关系，即智库研究与党和政府的政策研究的关系，现实性研究与超前性研究的关系，智库研究成果的时效性与长效性的关系，为公共利益代言与为特殊利益代言的关系。处理好中国特色新型智库研究的几对关系，对推动中国特色新型智库的健康、持续发展会产生重要的作用。

关键词：中国特色新型智库　智库研究　政策研究

党的十八届三中全会通过的《中共中央关于全面深化改革若干重大问题的决定》明确提出，加强中国特色新型智库建设，建立健全决策咨询制度。它表明加强中国特色新型智库建设已成为推进国家治理体系和治理能力现代化的重要组成部分。习近平总书记进一步提出，要从推动科学决策、民主决策，推进国家治理体系和治理能力现代化、增强国家软实力的战略高度，把中国特色新型智库建设作为一项重大而紧迫的任务切实抓好。这为中国特色新型智库建设指明了方向。中国特色新型智库建设需要对中国特色新型智库进行研究；中国特色新型智库研究可为中国特色新型智库建设提供理论资源。在加强中国特色新型智库建设中，需要在认识上处理好中国特色新型智库研究的几对关系。

一　智库研究与党和政府的政策研究的关系

公共决策涉及的领域非常广泛，决策者不可能是无所不能的全才，常常需要就自己并非十分熟悉的问题进行决策，故而"公共决策者需要专家的帮助"，[①] 以确保公共决策的科学化，这使智库及其研究有了存在的必要。"有些决策对于专业技能有较高的要求，这种情况下就需要成立由该专业领域的专家所组成的顾问委员会。"[②] 不过，专家也有知识上的局限性。"就采用专家原则的后果来看，没有任何一种专家系统能够称为全能的专家。"[③] 因此，公共决策者在决策过程中不能完全依赖专家，其自身需要进行政策研究。概括地说，智库研究和政府的政策研究对于公共决策都是必要的。结合当前中国的实际，应当处理好智库研究与党和政府的政策研究的关系。

对于中国各级政府而言，智库的重要性是不言而喻的。智库是国家政策制定过程的中心点，无论国家政策制定的哪个阶段，都有智库的影子。从这个意义上讲，政府官员名义上是最直接的政策制定者，实际上他们仅仅将别人早已制定好的政策合法化，并执行这些政策而已。[④] 可以说，智库的一个重要功能是为政府提供全面、专业、具体的政策。为了有效地发挥这一功能，中国特色新型智库需要就政策议题展开细致、深入的研究。中国特色新型智库研究对党和政府的政策研究是有利的。在党和政府决策过程中，智库通过反复研究、论证，提供多种可供选择的方案。而党和政府在从智库提供的各个方案中择取最优方案时，需要认真比较、研究哪一种方案最好。或言之，党和政府需要对智库所凝聚和提炼的意见、情况进行再研究、再论证，切实认识工作中的不足，并及时改正。决策者把决策要求和决策目标传送给相应的智库，智库根据决策者的要求进行深入的调

[①] 罗杰·J.沃恩、特里·E.巴斯：《科学决策方法：从社会科学研究到政策分析》，沈崇麟译，重庆出版社2006年版，第2页。

[②] 多丽斯·A.格拉伯：《沟通的力量——公共组织信息管理》，张熹珂译，复旦大学出版社2007年版，第227页。

[③] 安东尼·吉登斯：《现代性的后果》，田禾译，译林出版社2011年版，第110页。

[④] 陈旭峰：《中国特色社会主义新智库研究——美国经验对中国智库的借鉴意义》，《西北工业大学学报》（社会科学版）2010年第4期。

研和广泛的论证，在此基础上形成多个政策方案，提交决策机构选择。决策者则站在政治的高度，对各种政策草案进行比较和研究，最后从中择优选择某个方案作为政府的权威政策。[1] 这样，对智库研究成果的选用促使党和政府对政策备选方案展开研究。

党和政府的政策研究同样有利于中国特色新型智库研究。党和政府内部公共政策研究能力的增强，会增加对外部高质量政策研究的需求，从而促使智库研究向前推进。各级党委和政府增加对外部高质量政策研究的需求是推动智库健康发展的一个前提条件。党和政府对外部高质量政策研究的需求与其自身政策研究能力呈正相关关系，即党和政府内部公共政策的研究能力越强，对其外部高质量的政策研究需求就越高。那些内部公共政策研究能力比较差的党组织和政府部门对所需研究的公共政策了解不深，很难对外部政策研究提出更高的要求；而那些内部公共政策研究能力比较强的党组织和政府部门往往更深地体会到政策研究中面临的困难和问题，更了解高水平政策研究的不易，因此，对外部高质量政策研究的需求也就越高。[2] 高水平用户造就高水平智库的局面便会由此形成。

中国特色新型智库研究与党和政府的政策研究有其存在的必要性，它们之间是相互影响、相互作用、相互促进的。要推进中国特色新型智库研究，就需要处理好智库研究与党和政府的政策研究的关系，将智库研究与党和政府的政策研究结合起来。

二 现实性研究与超前性研究的关系

区别于理论研究范式的是，智库研究范式是现实性研究或曰应用研究。智库的现实性研究至关重要，因为认识的任务在于解释世界和改造世界。现实性研究虽然亦在一定的理论指导下进行，但其研究的最终目标不是为了进行理论建构和理论创新，而是为了解决实际问题，通俗地讲就是"管用"，能够解决经济社会发展中遇到的现实问题。诚如罗杰·J. 沃恩、

---

[1] 段宝强：《我国思想库参与政府决策咨询中的问题及对策研究》，硕士学位论文，浙江大学，2009年，第47页。

[2] 薛澜：《智库热的冷思考：破解中国特色智库发展之道》，《中国行政管理》2014年第5期。

特里·E.巴斯所言,提供咨询的法则之一是实用。① 因此,中国特色新型智库研究应立足于社会现实需要,以社会现实需求为导向。以社会现实需求为导向,即瞄准地方经济社会和改革发展中的难点、重点问题,提出有针对性的决策咨询建议,以实现对政府决策的影响。这就对智库的研究人员提出了与一般研究人员不同的要求。智库的研究人员要对国家政策和大政方针具有较高的熟悉程度,找到研究成果与现实政策制度的结合点。智库的研究人员要经常深入实际、深入基层,坚持不懈地开展调查研究,广泛征求群众的意见,找到事物发展的症结和规律,提出符合实际的政策主张。智库的研究人员要把研究世情和研究国情、省情、市情、县情、区情结合起来,把解释问题和解决问题结合起来,系统思考,合理谋划,提出实用的建议。跟学术研究成果有所不同,智库产品的读者主要是政府官员或社会大众,因而智库的研究人员还要具有一定的沟通协调能力,能够把研究成果用通俗语言而不是学术语言,逻辑清晰层次分明地表达出来。智库的研究报告不能只发现问题,还要提出现实可行的政策建议。智库的研究报告要求一目了然,不能有冗长的推理,针对所需要解决的现实问题,只要分析清楚问题的成因、解决的对策、制度政策的设计即可。②

中国特色新型智库在做好现实性研究的同时,也要做好超前性研究或前瞻性研究。智库研究成果的超前性或前瞻性十分重要。"凡事预则立,不预则废。""对君王来说,仅仅观察事物是不够的,还要预测事物。"③ 对智库来说,不仅要做国家智库的"担当者"、国家治理的"监督者",更要做国家战略的"谋划者"、国家未来的"瞭望者"。④ 智库的超前性研究,是以现在为起点追踪到未来的一种研究范式,其注重对事物的牵连性、影响性和可发展性的把握,以及对事物本质(潜在性)的挖掘。超前性研究需要智库的研究人员在深入调查研究、统筹兼顾的基础上超前预见、超前谋划、超前决断。作为智库的研究人员,必须具有超前意识,在熟谙国情、深知社情、通晓民情,摸清事物发展变化规律的前提下,面向

---

① 罗杰·J.沃恩、特里·E.巴斯:《科学决策方法:从社会科学研究到政策分析》,沈崇麟译,重庆出版社2006年版,第1页。
② 俞海洛:《地方高校智库建设中的四种关系论析》,《中国高校科技》2014年第8期。
③ 夏尔·德巴什:《行政科学》,葛强、施雪华译,上海译文出版社2000年版,第17页。
④ 李后强:《中国特色新型智库建设要处理好四大关系》,《企业家日报》2015年4月17日,第1版。

未来、着眼长远，形成对当前及今后一个时期变化格局和发展态势的深邃洞察和科学预测的研究成果。

对于中国特色新型智库研究而言，现实性研究与超前性研究都非常重要。现实性研究是超前性研究的基础，超前性研究是现实性研究的深化。所以，中国特色新型智库在做好现实性研究的同时，也要兼顾超前性或前瞻性研究，即深入研究、准确把握中国经济社会发展的趋势、前景等宏观问题，提出具有超前性或前瞻性的高质量研究成果，影响各级党委、政府决策，促进中国经济社会良性发展。

三 智库研究成果的时效性与长效性的关系

时效性是信息仅在一定时间内对决策具有价值的属性。时效性最先是对于新闻工作而言的，但同样适用于理论研究，特别是应用对策研究。智库研究成果不仅要注重现实性、应用性，还要注重时效性。智库研究成果的价值不仅体现在高水平的质量上，还体现在研究成果的时效性上。一项有价值的智库研究成果，如果不能及时地为决策者提供参考，其价值就会大打折扣。因此，当实践发出呼唤时，智库就应当及时地现身、发声、发力，在最需要的时候发力才是真正的给力。当前，中国正在全面深化改革，改革已经进入攻坚期与深水区，新矛盾、新问题不断涌现，如果应对失当，必将阻碍经济社会发展。[1]中国特色新型智库作为为各级党委和政府提供决策咨询服务的专门机构，应当努力走在实践的前面，为经济社会发展出谋划策。中国特色新型智库要充分发挥其职能，切实提高决策咨询服务的时效性，即扎扎实实地做好即时性研究，通过深入基层、深入一线调研，及时发现、科学分析、准确把握全面深化改革进程中出现的新矛盾、新问题及其成因，进而提出行之有效的对策建议。根据实际工作的需要，中国特色新型智库可以就研究领域的一些重点、热点和难点问题，通过多种形式分期分批及时地向党和政府提交有关研究成果。为了保证智库研究成果的时效性，需要建立多渠道、多形式、多层次、多载体的信息传播机制，力争把最新的对策建议、调研报告及时便捷地报送到党委和政府

---

[1] 王庆五：《地方智库建设应处理好八个关系》，《群众》2015年第1期。

决策部门。

　　智库研究成果的时效性具有重要意义，其并不排斥智库研究成果长效性的存在。一项有价值的智库研究成果应兼具时效性和长效性。长效性是信息在长时期内对决策具有价值的属性。智库研究成果的长效性主要是指智库研究成果的学术性，即智库研究成果具有学术价值。智库研究是以学术理论研究为基础的应用对策研究，没有深厚的学术背景和扎实的理论功底，没有对各类现实问题的理论研判，很难提出高质量的决策咨询成果。中国特色新型智库的应用对策研究是服务于各级党委、政府决策的研究，但这种研究不是不要学术性，学术性研究是应用性研究的理论支撑，离开了学术性研究的支撑，应用性研究就不可能深入、持续和有效，就不会有多大的价值。加强学术性研究是中国特色新型智库做好决策咨询服务的前提，只有不断深化学术性研究，才能准确解读经济社会发展中的热点、难点问题并提出切实有效的对策建议，更好地为党委、政府决策提供咨询服务。所以，在注重中国特色新型智库研究成果的时效性时，也要强调中国特色新型智库研究成果的长效性。

四　为公共利益代言与为特殊利益代言的关系

　　公共利益是指符合社会全体或大多数成员需要，体现他们的共同意志，让他们共同受益的那类利益。① 维护和增进公共利益是政府的基本责任。② 作为为政府提供咨询服务的机构，智库应是公共利益的汇集者。智库的重要任务，就是使公共决策者通过一种有意识的、合理的政策序列设计和安排，既能保证公众的一致性利益，又能最大限度地满足最大多数公众的利益需求，不能只顾及少数公众的特殊利益。为了使公共决策者能够在决策时充分考虑公共利益，使公共决策者能够在整体公共利益的基础上制定最符合公共利益的政策，智库就需要以社会需求和公意为取向，提出反映公共利益的政策建议。智库为公共利益代言的政策建议有助于实现政

---

　　① 周义程：《公共利益、公共事务和公共事业的概念界说》，《南京社会科学》2007年第1期。

　　② 王乐夫、蒲蕊：《教育体制改革的公共利益取向》，《中山大学学报》（社会科学版）2007年第6期。

府与公众的良性互动。从智库的社会影响力来看，智库也应为公共利益代言。智库的社会影响力能否充分地发挥出来，取决于智库所持的立场、视角、价值观念和它所代表的公共利益的吸引力，社会影响力的扩大有赖于智库研究课题的公益性。目前，中国各级党委和政府的政策制定和制度安排越来越多地由智库参与，作为政策价值目标之一的公共利益，在社会公众中得到越来越多的重视，也成为中国特色新型智库拓展生存空间、提供社会公信力的基础。因此，中国特色新型智库在研究问题、提供政策建议时必须反映、体现公共利益，致力于解决社会公众普遍关注的社会问题，推动整个社会良性发展。

中国特色新型智库要为公共利益代言，意味着其要保持自身的独立性，不能为某些部门、某些地方和某些行业等的特殊利益代言。智库的独立性是智库能够发挥巨大作用、得到社会认可的最为关键的原因。只有保持自身的独立性，智库才能从超脱的第三方来独立看待问题，不因利益集团的支配而丧失客观、公正，不因眼前的赢利而产生"嘴软、手短"。智库被某些利益集团收买，成为利益集团的代言工具，其独立性便随之丧失。如果一个智库被发现依附于某个利益集团，它的公信力也就不复存在了，就不会对公共决策者和公众具有影响力和说服力，它也就失去了存在的意义。独立性是智库公信力的重要保证，是加强中国特色新型智库建设的内在要求。[①] 是故，中国特色新型智库在研究中要处理好为公共利益代言与为特殊利益代言的关系。

对于中国特色新型智库来说，要处理好为公共利益代言与为特殊利益代言的关系，就要坚决制止把智库"秘书化"，坚决反对政府"定制专家意见"的行为。[②] 当然，独立性并不等于中立性，并不意味着智库不能公开支持政府观点，并不意味着智库不能公开支持某种倾向性观点。以公共利益为导向，公开支持政府观点，可使智库获得影响力。依附政府部门，智库就会丧失思考的独立性；背离政府原则，智库就会丧失影响力。坚持官方影响力与思考独立性的统一，是当前中国特色新型智库建设必须坚持

---

① 李后强：《中国特色新型智库建设要处理好四大关系》，《企业家日报》2015年4月17日，第1版。
② 段宝强：《我国思想库参与政府决策咨询中的问题及对策研究》，硕士学位论文，浙江大学，2009年，第45—46页。

的根本方向。①

目前,中央的高度重视、国家治理体系和能力现代化、政府决策咨询需求的持续增加都显示出中国特色新型智库发展进入了一个新的阶段。新形势下积极探索中国特色新型智库的组织形式和管理方式,需要处理好智库研究与党和政府的政策研究的关系、现实性研究与超前性研究的关系、智库研究成果的时效性与长效性的关系、为公共利益代言与为特殊利益代言的关系,这对推动中国特色新型智库的健康、持续发展会产生重要的作用。

（作者廖小平,中南林业科技大学副校长、教授;将兰香,中南林业科技大学社会科学处处长、教授;邓集文,中南林业科技大学马克思主义学院副院长、教授。湖南省长沙市韶山南路498号　410004）

---

① 徐晨:《公共决策中智库建设问题研究》,硕士学位论文,湖北大学,2012年,第29页。

智库建设要辩证处理五大关系*

忻 平　邱仁富

摘　要：智库建设反映一个国家的智慧能力，彰显一个国家软实力。我国智库建设总体来说起步比较晚，但是近年来实现跨越式发展，取得很大成就，为国家经济社会发展贡献智慧和力量。但是，在当前智库建设轰轰烈烈的发展态势下，智库建设要冷思考，为此至少要辩证处理好以下几对关系：智库建设要处理"智"与"库"的关系、"实"与"虚"的关系、"精"与"众"的关系、"严"与"宽"的关系、"一"与"多"的关系等。只有这样才能推动中国特色新型智库走向健康发展的道路，才能为国家出谋划策、献计献策，为实现中国梦提供智慧支撑。

关键词：智库建设　中国特色　地方性知识　智慧

智库建设反映一个国家的智慧程度，彰显一个国家的软实力。智库具有思想库的功能，从根本上说是为国家、社会发展出谋划策，它体现一个国家知识转化为智慧的程度，也体现一个国家思想的深度和高度。

随着国家经济社会快速发展，由发展起来的问题引发的一系列学术关注和反思，在推进"四个全面"重大战略部署过程中，迫切需要相关智库机构提供更加高效的智力支持。为此，如何适应国家经济社会发展需要，解决当前社会发展中的"智慧短缺"现象，必须要建构新型智库，

---

* 基金项目：国家社科基金教育学重点项目"社会主义核心价值体系融入国民教育全过程研究"（AEA120001）的阶段性成果之一。

积极打造具有中国特色的新型智库建设，不断满足国家社会发展的需要。

2015年1月中央出台的《关于加强中国特色新型智库建设的意见》指出，"中国特色新型智库是党和政府科学民主依法决策的重要支撑、是国家治理体系和治理能力现代化的重要内容、是国家软实力的重要组成部分"，提出要"构建中国特色新型智库发展新格局"等，为国家今后智库建设指明了方向。然而，在国家轰轰烈烈搞智库建设的过程中，要注重冷思考。本篇认为在智库"热"建设中的冷思考要辩证处理好以下几大关系：智库建设要处理"智"与"库"的关系、"实"与"虚"的关系、"精"与"众"的关系、"严"与"宽"的关系、"一"与"多"的关系等。只有这样才能推动中国特色新型智库走向健康发展的道路，才能为国家出谋划策、献计献策，彰显智库的智慧，为实现中华民族伟大复兴的中国梦提供智慧支撑。

一 智库建设要辩证处理"智"与"库"的关系

智库建设是世界性重要课题，半个多世纪以来备受世界各国政府重视。以兰德公司为首的一些智库在整个世界大变革中发挥着特殊作用，彰显了智库的前瞻性和预测性功能，因而引发许多国家纷纷效仿，发展智库建设。

据《全球智库报告2014》显示："目前全球共有6681家智库，其中美国1830家，中国429家，英国287家，是世界智库数量最大的三大国家。"[①] 这一数据表明了智库的繁荣景象，尤其是美国，成为世界超级智库大国。中国智库发展就数量而言取得很大成就，表明改革开放以来党和国家非常重视智库建设，不管是对官方智库、半官方智库还是对民间智库，都在政策、机制等方面进行鼓励和支持，这使中国智库得以后来居上，实现跨越式发展；其中以官方建设为重心的智库影响比较重大。

根据《全球智库报告2014》，我们发现在最重要的"全球智库150强榜单"中，有7家中国智库入围，分别是中国社会科学院、中国国际问

---

① 《全球顶级智库排名出炉 中国7家智库上榜》，人民网，http://finance.people.com.cn/n/2015/0122/c1004-26434190.html，2015年1月22日。

题研究院、国务院发展研究中心、中国现代国际关系研究院、上海国际问题研究院、北京大学国际战略研究院、中国人民大学重阳金融研究院。[①] 从这里可以看出中国智库建设不但进入了国际视野,而且在国际智库建设中的影响力在不断提升。当前,全国各地的智库建设如雨后春笋,可谓轰轰烈烈,各地区不断设立一系列的智库机构,形成"智库群"。一时间,全国上下,大江南北,智库机构迅速崛起,形成一片欣欣向荣的景象。然而,就在中国智库蓬勃发展之际,面对全国轰轰烈烈搞智库的浪潮,我们必须对智库概念本身进行反思。

何为智库?目前,学术界对此还没有形成统一的定义,各种关于智库的定义层出不穷,可谓仁者见仁、智者见智。迪克森关于智库的定义比较有代表性,他认为:"智库是相对稳定的独立于政府决策机制的政策研究和咨询机构,其研究现实问题,以科学研究方法为基础,以沟通知识与权力、架设科学技术和政府决策的桥梁为目标。"[②] 也有专家认为,智库就是思想库,或者智库就是出谋划策的机构等。尽管定义不一,但是总的来说,智库具有几个共同的特征:独立于政府决策机制、服务国家和地方需要、起到咨询作用、非营利性等。智库建设关系到一个国家的公共决策,关涉国家的软实力,甚至关涉国家的长治久安。为此,新时期国家大力推动智库建设,其意图非常明显,即为"党和政府科学民主依法决策"提供"重要支撑",为国家治理服务,为民族振兴服务,为人民幸福服务,为国家长治久安服务,为国际战略服务,等等。

事实上,与其去纠结如何给智库下定义,倒不如琢磨智库到底要干什么、能干什么。笔者认为,智库建设,顾名思义,是"智"和"库"的集合,表达两层意蕴:一是"智",即智慧,有一定智慧去寻找到解决问题的方案和思路,而且这个解决方案比较"高明"。二是"库",即这种智慧在寻求解决问题方案过程中形成一定的智慧库;而"库"即为研究一定方案需要建立很多的库,数据库、资料库、档案库等。当前,许多人一谈到建设智库,就是挂牌、搞中心、搞编制、建设数据库、资料库等。对智库理解不同,其建设结果或许就不同,甚至大相径庭。

[①] 《全球顶级智库排名出炉 中国7家智库上榜》,人民网,http://finance.people.com.cn/n/2015/0122/c1004-26434190.html,2015年1月22日。

[②] 转引自张新培、赵文华《研究型大学与高水平智库协同发展及启示》,《中国高等教育》2014年第8期。

笔者认为，智库建设，关键在于"智"，而不在于"库"，以能否提供智慧支撑为衡量标准。进言之，智库建设的关键在于能出智慧，给国家社会发展提供解决问题的方案更加有智慧、更加高明、更加科学。至于是否建成"库"，即是否要建数据库、资料库、档案库、虚拟实验库等，不能一概而论。为此，要正确处理好"智"与"库"之间的辩证关系，可以把握两点：一是智库建设，实质上就是贡献智慧、贡献谋略、提供策略，这个才是核心；二是智库建设，有的需要物理空间、数据条件等，有的不一定需要，不能一概而论，不能依照统一的模式去建。要打开体制的窗口，鼓励和支持一些不需要建数据库、资料库等的智库存在和发展，让更多鲜活的对策能够快速出来，为国家献计献策。反之，如果只注重"库"的建设，而不注重"智"的建设，那么就等于把智库建设的"虚"与"实"混淆了。

二 智库建设要辩证处理"实"与"虚"的关系

在把握智库建设中的"智"与"库"的关系之后，必须要处理好"实"与"虚"的关系。智库建设本来是为国家社会提供谋略的，但智库本身不能成为谋略的一部分，或说成为谋略本身。古人云："兵道者，诡异也虚则实之，实则虚之"（《孙子兵法》）。实实虚虚、虚虚实实，长期以来成为一些人思考问题的思维方式，如何处理好"虚"与"实"的关系是人们处理事物关系的大难题。

一般而言，如何处理"虚实"关系问题，有学者提出"以虚求实"、"以实求虚"的二分法。就前者而言，"虚"是手段，"实"是目的。"人们在活动中往往从一些模糊不清的心理意象出发，用标签或招牌去取代事物的本质，然后运用'挂羊头卖狗肉'的方式，去谋求看得见、摸得着的个人实惠。在这个过程中，那种虚幻不实的心理意象和弄虚作假的形式主义，恰好都是为了达到某种具体实惠的'求实'产物。"[①] "以虚求实"这里的"虚"只理解为获得实际利益的一种手段，获得实际利益才是真实目的，如"借船出海"、"挂羊头卖狗肉"、空壳空饷等现象。例如，有

---

① 阮纪正：《虚与实》，《哲学研究》1993年第5期。

的高校在学科建设过程中,一些交叉学科、新兴学科建设就出现"借船出海"的现象,甚至出现"挂羊头卖狗肉"的现象,成为圈人圈地圈权圈利的工具。当前,要避免有的地方以积极响应国家号召为名,大刀阔斧地建智库,圈人圈地,搞地盘,搞山头,以图政府投资,获得个人实惠。这种思维方式在当前智库建设中必须要打破。进言之,智库建设不能一哄而起,"以虚求实",要真正把心思放到国家社会发展亟待破解的难题之上,真正着眼于国家面临的重大危机、重大困难,为国家社会发展献计献策,从而为国家社会的发展做出智库实实在在的贡献,避免圈人圈地圈钱,力戒搞形式主义。

就后者而言,"以实求虚"即以实实在在的手段去获得未来的理想追求。"它的出发点是看得见摸得着的客观事实,但它追求的东西却是这些事实背后那看不见摸不着的什么'规律性'。"[①] "以实求虚"强调从"实"出发,从现实的实际出发,在实际的活动实践中去追求现象背后的实质性东西、规律性的东西。当前中国智库建设"以实求虚",就是要从国家、社会、公民个人层面探索现实存在的问题、现实发展需要的实际问题出发。以解决实际问题为抓手,研究国家社会发展的长远利益问题。诸如当代中国发展的外部压力问题及其破解之道、内部经济下滑压力问题、人民内部矛盾凸显问题、重大安全事故问题、群众信仰匮乏问题等,从现实的实际问题着手,为化解问题提供对策建议,为实现国家的长治久安、实现中华民族的伟大复兴贡献智慧和力量。

事实上,智库建设除了"以虚求实"、"以实求虚"的思维方式之外,还需要坚持虚实结合,辩证统一。针对当前智库建设,要列出负面清单,什么是"虚"的,什么是"实"的,哪个阶段要解决哪些重大问题,需要什么样的团队,需要什么样的对策,等等。要有明确的指向性,坚持问题导向,以问题倒逼智库转型或者升级,以问题倒逼智囊团建设和人才培养,出新招、出新思路。问题是时代的声音,唯有从问题出发,才能为中国智库建设提供更加有效的思路。坚持问题导向,就是要在解决实际问题中推动智库建设,实现虚实结合、辩证统一,化解"以虚求实"、"以实求虚"各自不足及其带来的缺陷。坚持虚实辩证统一内在地包含着要让大众参与智库建设,贡献智慧的力量。

---

① 阮纪正:《虚与实》,《哲学研究》1993年第5期。

三 智库建设要辩证处理好"精"与"众"的关系

智库建设之所以要避免圈人圈地圈权圈利，关键在于要处理好"精英智库"与"大众智库"的关系。精英和大众是一个相对的区分法。长期以来，智库建设形成一种固定思维，谈智库是高大上的事，而高大上的东西应该由精英机构或精英团队来承担，因而形成一种观念，智库建设是国家的事情，是精英阶层的事情，跟大众群体关系不大，这种思维的缺位将严重影响中国智库建设。

当前，中国智库建设非常重视精英群体的力量。《关于加强中国特色新型智库建设的意见》提出："到 2020 年，统筹推进党政部门、社科院、党校行政学院、高校、军队、科研院所和企业、社会智库协调发展，形成定位明晰、特色鲜明、规模适度、布局合理的中国特色新型智库体系，重点建设一批具有较大影响力和国际知名度的高端智库，造就一支坚持正确政治方向、德才兼备、富于创新精神的公共政策研究和决策咨询队伍，建立一套治理完善、充满活力、监管有力的智库管理体制和运行机制，充分发挥中国特色新型智库咨政建言、理论创新、舆论引导、社会服务、公共外交等重要功能。"[①] 这里重点是发展精英团队，并就继续打造精英团队、增强智库功能提出更为宏大的战略目标。这一点非常必要，毕竟这些机构现在已经成为国家智库建设的重镇，其作用不可忽视，在未来的国家智库建设中将起到非常重要的作用。

但是，毋庸讳言，官方的精英机构及精英团队既有很大的优势，又有很多的弊端。优势不可扼杀，缺陷不容忽视。最典型的弊端之一是体制机制的障碍，即智库建设目前构建了一个庞大的智库队伍和物理空间，但是其投入和产出不成正比，甚至由于体制机制的障碍，其难以更好地发挥智库的功能。许多智库机构几乎难以担当智库的角色，甚至沦为谋生的"地盘"和"营生"。如此将有可能贻误国家发展的战略机遇，面对国际局势的复杂多变、国内局势的复杂性，如果智库不能及时提供有效的对策

[①] 中共中央办公厅、国务院办公厅：《关于加强中国特色新型智库建设的意见》，新华网北京 2015 年 1 月 20 日电。

和方案，将给国家发展带来极大风险。

面对这种现象，引入"大众智库"建设，可以为"精英智库"提供补充，可以起到补充作用，甚至可以探索智库建设的另外一条路径，即体制外的建设路径。在鼓励大众创新的时代，智慧的成长和贡献将决定智库的灵魂和意义。在"大众创业、万众创新"新常态下，万众创新，包括精英团队，也包含草根百姓，他们都应该成为中国智库建设的重要力量。鼓励万众创新内在地包含着万众的智库功能。激发、激活群众参与智库建设的热情，是建设中国智库未来发展的重要思路，毕竟大众智库具有一些独特的优势。

其一，大众智库具有小而精的优势。大众创新必然会催生大众智库的功能，大众智库是万众创新的结果。大众智库跟官方智库不同，呈现"小而精"的态势。许多机构不一定有大量的数据库、图书库等资料库和物理空间，但是，他们从现实的小问题入手，解决小问题，逐渐形成具有智库的功能，他们提供的对策建议往往更加体现现实性、更具有针对性。

其二，大众智库为国家智库注入新的血液，大众智库建设是挖掘民智的根本路径。推动万众创新，其目的是搞活经济，推动国家治理，为社会经济发展注入动力。在智库之间挖掘民众的智慧，将是推动国家智库建设的关键。毛泽东指出："真正的铜墙铁壁是什么？是群众，是千百万真心实意地拥护革命的群众。这是真正的铜墙铁壁，什么力量也打不破的，完全打不破的。"[1] "依靠民众则一切困难能够克服，任何强敌能够战胜，离开民众则将一事无成。"[2] 坚持走群众路线，这是智库建设的重要思路。智库建设离不开民众的力量，离不开民众的智慧。人民群众的智慧是无穷的，是国家智库建设的重要支撑，要发挥群众的智慧，从群众的日常生活中、工作中挖掘智慧，来填补一些大型机构智库的不足。而且，大众智库根植于万众创业的前沿阵地，在各行各业的创业最前沿，其智库功能更加凸显时代价值，此所谓"春江水暖鸭先知"，它可以补充大型智库建设的不足，以更加多样的、更加鲜活的、更加有效的对策为国家经济社会发展献计献策。

须知，人民的智慧是无穷的。推进中国智库建设，既要发挥官方智库建设的功能，在加快形成具有国际影响力、服务国家重大战略的智库群之

---

[1] 《毛泽东选集》第 1 卷，人民出版社 1991 年版，第 139 页。
[2] 《毛泽东军事文集》第 2 卷，军事科学出版社、中央文献出版社 1993 年版，第 381 页。

外，还要在体制机制方面不断改革创新，推动"大众智库"的培育和发展，让更多的群众为国家社会发展出谋划策，让百姓的智慧更加直接、更加有效地为经济社会发展服务。因此，必须要不断发展"大众智库"，只要能够提供智慧，提供解决问题的思路，就应该不拘一格用人才。智库建设要开辟这样一个渠道，让大众参与国家决策，让大众为国家社会发展献计献策，贡献智慧和力量。

四 智库建设要辩证处理好"严"与"宽"的关系

智库建设建什么，怎么建，以什么样的标准来衡量，以什么样的评价指标体系去评价，关系智库建设的成败。智库建设如何建构一套评价指标体系，使之更符合国家经济社会发展的需要，实现智库建设与服务社会良性互动。这里要多维度考察"严"与"宽"的问题，主要体现在以下几个方面。

一是严进宽出。所谓"严进宽出"，主要是智库建设的准入门槛很高、很严格。但是，一旦建立起智库机构，如何评价智库的贡献、评价智慧贡献率，也就显得比较含糊。考核宽松衍生了一些机构"以虚求实"。当前，除了国家层面提出要设立新型智库外，各省市也在不同层面上提出智库建设。在各单位申报智库评比的过程中，已有研究基础很重要，这一关有筛选的过程，严格把关，宁缺毋滥。挤进这个门槛在很多地区很严，有的地区可谓削尖脑袋往里挤，让一些基础相对薄弱又极有发展潜力的机构望洋兴叹。但是，一旦申报获得批复，也就意味着"严"进了，如何出成果、出智慧，为国家出谋划策，这些评估和考核也就没有那么具体了。这样"宽"的考核往往让一些机构钻了空子。这种现象在未来智库建设过程中要及时避免，即要做到名副其实、名配其位、德配其位。

二是宽进严出。所谓"宽进严出"，主要是智库建设的准入门槛比较低、比较宽，但是，对智库建设过程的考核非常严格，对智库的成果鉴定非常严格，从而避免一些人"借船出海"，打着建智库的旗帜，干其他的事情。"宽进严出"实行比较宽松的准入机制，让所有想做智库、愿意从事智库工作的人和机构能够实现其意愿，形成一套对成果考核很严格的运行机制和监督机制，只有这样才能提高智库建设的水平，提高智库决策咨询的能力和水平。因而，智库建设可以考虑实现双轨制：一方面，不管是官办还是民办，即体制内和体制外的智库，都要积极鼓励，不断激发民众参与贡献智慧的热情；另一方面，对已建起来的智库机构要严格考核、严格把关，推动智库多出谋划策，形成以官办智库建设、民办智库建设相互竞争、相互促进的格局，实现体制内、体制外共同开花，协同创新发展的格局。

此外，"严进严出"或许能提供高质量的决策咨询报告，但是，是否能够适应当前国家发展的需要，值得考量。而"宽进宽出"的智库建设思路将使智库建设流于形式，甚至又沦为圈人圈地圈权圈利的"名利场"。因此，处理智库建设的"宽"与"严"之间的关系，要恰到好处，把握好这个度——什么意义上要严格、什么意义上要"宽猛相济"，以推动体制创新，走出一条具有中国特色、符合中国社会发展需要的智库建设之路。

五　智库建设要辩证处理"一"与"多"的关系

"一花独放不是春，万紫千红春满园"，智库建设也是如此。智库建设不能千篇一律，必须要注重多样性发展，这就需要处理好"一"与"多"之间的关系。

所谓"一"，主要是指智库建设要服务国家发展大局，体现国家重大需要，体现中国特色的社会发展需要。这是主流。所谓"多"，就是根据不同省市、不同地区的地方性特色，建设具有地方性特征的新型智库。进言之，智库建设要体现层次性，必须要处理好国家与地方的关系，既要重视国家层面上的智库建设，又要重视各地方层面上的智库建设。从而形成地方性智库服务国家战略需要，符合地方经济社会发展之需要。从而形成"一"引导"多"、"一"统领"多"、"多"服从"一"的智库建设格局。

其一，以"一"为主，发展"多"样。在坚持"一"为主导的情况下，积极开发智库的多样性发展，以"一"导"多"。自国家提出智库建设的重大决策以来，各省、市积极采取多种措施推动地方性智库建设。以上海为例，近年来上海采取多项措施推进智库建设，依照"世界眼光、国家使命、协同整合、支撑有力"的原则，出台了《加强上海高校新型智库建设的指导意见》，成为上海智库建设的指导性意见。上海出台的这个文件主要针对高校而言，其核心在于围绕上海四个中心建设需要来建构上海高校智库，依托上海高校相关学科优势，整合上海高校资源，凸显上海地方性特征。诸如上海第一批设立的智库，围绕上海社会发展需要，整合现有学科优势，如华东师范大学"周边合作与发展协同创新中心"、上海外国语大学"中东研究院"、上海大学"基层治理创新研究中心"等，围绕现有的学科优势，根据上海发展需要，不断培育上海高校智库建设，共同研讨"上海实践"。而其他地区的省市也围绕地方性社会发展需要，发展地方性智库建设。这样就形成中国智库多样性发展格局。

其二，推动"一"和"多"互补，"多"和"多"互补。服务国家战略布局、服务国家社会治理是推动智库建设的总指向，如何发展多样性的智库来补充国家整体发展战略需要，将是推动地方性智库多样性发展的必然要求。为此要解决两个问题：一是国家级的智库主要是服务国家战略需求，体现国家意志和价值取向，这种智库建设高瞻远瞩，既放眼全球，又立足中华民族长远利益发展，体现"一"的方面；二是地方性的智库要与国家级的智库形成良性互补，彰显地方性特色。避免与国家级的智库搞恶性竞争，相互拆台。要进行优势互补，形成与国家级智库协同发展，共同为国家社会发展出谋划策。同时，要协同好各省、市之间的智库建设，布局长远，尽量避免重复建设，既要尊重地方特点和发展特征，又要避免搞千篇一律的智库模式，防止恶性竞争。尊重差异、发展多样是地方性智库发展的重要思路，要积极推动地方性智库协同发展，共同攻关重大历史和时代课题，为地方经济社会发展服务，为人类文明进展、为国家长远发展献计献策，奉献智慧。

总而言之，中国智库起步比较晚，但是发展比较快，体量也比较大，优势劣势明显。如何体现时代发展需要，把握时代主旋律，创造性地推动具有中国特色智库建设，必须要与地方性知识紧密结合起来，发挥地方性特色和优势，积极打造具有中国特色、能够解决中国实际问题、具有中国范式的智库建设。

（作者忻平，上海大学原党委副书记、社会科学学院教授；邱仁富，上海大学社会科学学院副教授、法学博士。上海市上大路99号上海大学B楼306办公室　200444）

政府决策与新型智库知识生产的良性互动

——基于社会建构主义视角的研究

王卓君　余敏江

摘　要：新型智库在理论上被定位为既是具有市场比较优势的专业知识生产者与组织者，又是相对独立的"权力/知识"的中介者。然而，在现实中，大多数智库局限于自我场域中，缺乏稳定的制度性渠道来影响相关的政策制定；少数智库则呈现出较为明显的为政策出台做注脚的"迎合化"倾向，"独立性"不足。究其原因，在于忽视了政府与智库自身所具有的社会建构属性。通过社会建构主义视角的引入，政府与新型智库需要改变原有的认知结构，在良性互动中寻求发展。这种互动是一个"去中心化"过程，它依赖于互动双方"外部限制"与"内部依赖"两种机能的相对平衡。这既需要在宏观上通过构建"共景政府"、提升新型智库核心竞争力并保持其独立性以及社会情境的制约或激励，推动着双方的连续建构和螺旋发展；又需要在微观上建立中国特色"旋转门"机制、转化性领导机制和组织学习机制，以实现行动意向性和行动结果的可能性统一。在宏观结构和微观行为的双重建构下，理性化的政策制定也将在政府与新型智库的良性互动中展开。

关键词：政府决策　新型智库知识生产　良性互动　政治知识化　社会建构主义

党的十八届三中全会通过的《中共中央关于全面深化改革若干重大

问题的决定》中首次明确提出:"加强中国特色新型智库建设,建立健全决策咨询制度。"在此基础上,中央全面深化改革领导小组第六次会议审议通过了《关于加强中国特色新型智库建设的意见》,为中国特色新型智库的发展指明了方向。此后,新型智库开始进入学者们的研究视野,成为当前乃至今后相当长一段时间内政策科学研究的重大论题。作为政策议程的前置环节,新型智库关注的焦点在于如何使政府决策者保持对关键、敏感问题的持续关注;如何使这些"问题"在公共场域中进行"意义竞争",使"获胜者"进入政府议程中成为政策议题;如何使相关政策问题得以解决或使自己所宣称的意义诠释获得制度化地位。对于这些问题的解答,不能过分信奉所谓的理性知识论和绝对实在主义的方法学,仅凭新型智库单向发展的强知识逻辑,更重要的是要有一个知识生产与决策行动连通的过程,即新型智库如何做到并保持其独立性向政府进言以及政府决策中枢系统如何有效回应、反馈及吸纳新型智库知识的互动过程。当前,除了体制内智库,大多数智库局限于自我场域中,缺乏稳定的制度性渠道来影响相关的政策制定;即便产生了一定影响,也主要取决于智库领导或专家个人所拥有的关系网络及其质量。这种互动难免使"智政"之间的连通带有一定的人格化色彩,以至于人为地影响决策过程和决策结果,从而影响到政策制定的质量。因此,有必要从社会建构主义的视角出发,通过对决策咨询结构和行动的分析,探讨政府决策与新型智库知识生产的良性互动关系,以此解释政府决策者——智库专家复合体的运作逻辑,揭示政府与新型智库关系的知识政治学特征。

一 社会建构主义:政府决策与智库建议良性互动的逻辑基础

社会建构主义根源于关于"经验论"与"唯理论"之争的西方传统认识论,其思想渊源可追溯至马克斯·韦伯的社会行动论、乔治·齐美尔的形式社会学、W. 詹姆斯与 G. H. 米德的符号互动论,特别是受到皮亚杰的建构主义认识论学说影响,后来在阿尔弗雷德·舒茨的现象学社会学、哈罗德·加芬克尔的常人方法学、彼得·伯格与托马斯·卢克曼的社会实体建构论、尼古拉斯·卢曼的社会系统理论中延续。安东尼·吉登斯的"结构化"理论与"双重解释"的方法论、皮埃尔·布迪厄的"结构主义的建构主义"、亚历山大·温特的国际政治的社会理论和尤尔根·哈贝马斯的交往行为理论都不同程度地包含了社会建构主义思想。社会建构主义一度受到了"实证主义"的争辩以及"诠释性哲学"的诘难。但自20世纪80年代重新崛起以来,它不仅"没有任何衰落的迹象",而且已经成为在社会科学领域被广泛建构的"方法论实践","在社会'问题'的研究中尤其见效"[1]。

虽然社会建构主义的理论主张并非完全一致,甚至存在较大差异,但是在对社会现实、行动者的性质和特征及其二者关系的看法上,具有明显的"家族相似性":某些领域的知识是社会实践和社会制度的产物,或者是相关社会群体合作、沟通和协商的结果。社会建构者之间的关系是主体间性关系,主体间性突出了对"他在性"的关注,自我的理念是基于在对他人认识的基础上并通过交往互动行动而产生;社会建构者所处的特定社会历史文化是社会建构活动的依赖物,社会建构者之间在语言交流、精神交往中实现对文化的约定俗成,建构出知识及意义;社会建构者在社会地建构建构产物的同时,建构产物也在社会地建构建构者自身。社会建构论元研究者布尔·维维恩曾对社会建构论者的四个基本共识进行了总结:强调对习以为常的知识的批判立场、强调历史和文化特殊性、知识是由社会过程所维系、知识与社会行动交织在一起。[2]

概言之,社会建构是社会主体在社会行为、社会互动与社会实践的过程中形成对事物的理解和认识,赋予事物一定的文化意义,而这一整套的认识、话语与意义又以社会知识的形式引导社会成员的日常行为与实践。可以这么说,社会建构就是"互动中的建构",没有互动就难以产生认知。"互动"是指发生在主体间的精神活动,它以语言及其所承载的社会历史文化为中介,以平等交流、沟通和协商为基本形式,以主体间理解和意义建构为目的。"建构"则是指主体间(自我与客我之间)互动与生成的社会实践,相对于"预成",其表征在知识、意义以及主体间的关系维度。布尔·维维恩指出:"社会建构论者的答案就是建构者之间的建构,

---

[1] 吉尔德·德兰逖:《社会科学:超越建构论和实在论》,张茂元译,吉林人民出版社2005年版,第126—147页。

[2] Burr, Vivien, *An Introduction to Social Constructionism* (2nd edition), London, New York: Routledge, 1995, pp. 2 – 5.

正是通过人们在社会生活过程中的日常交往形成多种多样的认识。"①

对于智库专家和决策制定者而言，二者主要围绕如何制定高质量的政府决策这一主题进行互动。高质量的政府决策一般需要体现三个基本的价值属性：公共性、合理性和合法性。在决策过程中，公共性强调决策对于公共利益的实现程度以及利益相关公众对于决策结果的支持程度，这主要是通过在决策制定过程中引入公民参与、公众平等交流与对话来实现；合理性则依赖于"专业知识"的运用与理性计算，而这些与公众的主观选择无涉。在现代行政语境和理想化的政策制定体制下，智库专家和公众被赋予了各自不同的功能与角色：专家是合理性的化身，而公众则是公共性的代言人，而经由智库专家、公众的参与，最终政府部门做出的决策则具有哈贝马斯所说的政治意义上的合法性。

然而，公民参与带有"集体行动"的弊端，即个体理性行为的非合作博弈结果带来的集体困境导致的政策悖论。尽管公民参与一定程度上能够满足公民的需求，但它经常演变为日常的讨价还价，因而会带来诸如浪费时间、高成本、可能受到反对政策的利益集团的强烈干扰等问题。② 而且，公民和决策者都已发现，通过操纵公民参与的程序，如参与者挑选、议程设置、信息提供等，可以使公民参与几乎对政府政治没有实质性的影响，这也导致公民对公民参与机制失去信心。③ 更为严重的是，由于公众自身知识储备的不足或不均衡，普通公民"常常不能理解政策质量标准中包含的知识，所以，他们可能会对专业领域或科学界认定的政策质量标准提出质疑"。④ 这通常以损失更为理性的社会目标为代价。

显然，与公民的直接参与相比，现实中更多的是智库参与。智库能够"在政府与公众之间斡旋；识别、阐述和评估当前或近期的重要议题、问题或建议；将想法、点子和难题转变为政策议题；在政策辩论中发出非正式和独立的声音；在政策制定过程中，为重要的利益相关者之间交换想法

---

① Burr, Vivien, *An Introduction to Social Constructionism* (2nd edition), London, New York: Routledge, 1995, pp. 4 – 9.

② Renee A. Irvin and John Stansbury, "Citizen Participation in Decision Making: Is It worth the Effort?", *Public Administration Review* 64, No. 1, 2004, pp. 55 – 65.

③ Ned Crosby, Jenet M. Kelly, and Paul Schaefer, "Citizen Panels: A New Approach to Citizen Participation", *Public Administration Review*, 46, No. 2, 1986, pp. 170 – 178.

④ 约翰·克莱顿·托马斯：《公共决策中的公民参与：公共管理者的新技能与新策略》，孙柏瑛译，中国人民大学出版社 2005 年版，第 25 页。

和信息提供建设性的论坛"①。基于科学理性基础上的知识话语权，智库可以通过多元思辨和理性思维在政府、利益团体以及民众之间进行沟通、交流，最终为促进各方的合作或妥协提供可能。正如詹姆斯·麦甘恩、理查德·萨巴蒂尼所说："智库确实是民间社团的一部分，它处于个人的私生活和政府业务之间……它们将公众利益作为独立的声音看待，将复杂晦涩的应用科学和基础科学知识转化为公众管理者能够理解、获得和使用的信息。"②而且，智库的倡导功能还可以在一定程度上制衡利益团体的垄断和操纵，发挥其利益平衡和民主控权的功效。

目前，中国智库在政府决策中的作用模式大致有四种：①直通模式。这种模式的特点是，政府决策者和智库专家之间不需要信息传递媒介，直接面对面地进行充分的交流与对话，因而是一种可复制、可推广的模式。例如中央政治局的"集体学习制度"；政府部门召集智库专家就某具体问题举行座谈会的方式；政府决策者、智库专家共同参加高层论坛的方式等。②内参模式。这种模式比较适用于官方和准官方智库。在这个模式中，智库在决策过程中发挥作用的基本方式有以下三种：一是大多官方和准官方智库都有自己特定的内参材料，并定时送给相关领导者参阅；二是通过高层领导的直接指派，将相关任务指定给有关智库的研究成员，限时完成；三是通过智库专家对相关官员的私人影响。③外围模式。这是高校智库和民间智库通常采用的模式。在此模式中，智库发挥其作用的主要方式有：一是举办学术论坛和各种专题研讨会，进行咨政建言的外围宣传；二是通过承担相关课题，定期出版论文、著作、通讯报告、年度研究报告等，通过广泛传播智库的研究成果，来影响社会舆论和决策环境。④施压模式。这种模式的特点就是智库将自己的建议公之于众，借助网络媒体的外部力量，获取政策目标人群的话语支持和共同意志表达，形成一种"场域"，以此来对政府决策者施压，推动政策议程的构建。

作为"以战略问题和公共政策为主要研究对象、以服务党和政府科学民主依法决策为宗旨的非营利性研究咨询机构，"③ 新型智库既要"坚持党的

---

① Peter Hayes, *The Role of Think Tanks in Defining Security Issues and Agendas*, Global Collaborative Essay, Northeast Asia Pease and Security Network, 2004, pp. 1–11.
② 詹姆斯·麦甘恩、理查德·萨巴蒂尼：《全球智库：政策网络与治理》，韩雪、王小文译，上海交通大学出版社2015年版，第4—62页。
③ 《关于加强中国特色新型智库建设的意见》，人民出版社2015年版，第6页。

领导，把握正确导向"，① 同时也要"提倡不同学术观点、不同政策建议的切磋争鸣、平等讨论"。② 也就是说，新型智库建设，既要防止"独立性"的误解而出现与党和政府"对立化"的趋势，也要避免仅为政策出台做注脚的"迎合化"倾向。可以预见的是，新型智库将长期在决策咨询者与政策倡导者的角色之间保持平衡。因此，新型智库知识生产与政府决策的关系，绝非"知识掮客"与"权力掮客"间的庸俗关系，亦非依附顺从的同质关系，而应该是相互依赖、相互平衡、相互促进的新型伙伴关系。

一方面，政府与新型智库的结构关系是共生的。新型智库的主要功能在于"紧紧围绕党和政府决策急需的重大课题，围绕全面建成小康社会、全面深化改革、全面推进依法治国的重大任务，开展前瞻性、针对性、储备性政策研究，提出专业化、建设性、切实管用的政策建议"。③ 可以说，新型智库的职能和功能定位都在发生重大变化，其核心内容就是要为决策提供建议、为政策提供参考。这样，新型智库的知识生产与政治权力之间形成一种强互动的契约关系，任何的一方都需要另一方的力量来获得自身存在的合法性。一方面，"全面进入小康社会进入决定性阶段，破解改革发展稳定难题和应对全球性问题的复杂性艰巨性前所未有，迫切需要健全中国特色决策支撑体系，大力加强智库建设，以科学咨询支撑科学决策，以科学决策引领科学发展"④。政府决策的科学性、合法性求助于智库专家，是现代社会"政治技术化"的要求。另一方面，智库专家从其知识生产对政府的效用中获得合法性。"知识作为一种行动的能力并不标志着特殊的知识主张始终传递或承载某种永恒不变的'价值'，以便使行动者们能够为了同样的目的和极其相似的结果而去转化和利用它们。由于知识的实现依赖于在特殊的社会条件范围内，对有关作为社会行动能力的知识进行积极详尽的阐述，所以知识和社会权力之间的联系也变得明显起来，因为对于相关条件的控制需要社会权力。"⑤ 通过经费资助、政策支持、公共事业计划以及利益团体的支持等多种方式，智库专家获得职业利益与磋商权力，赢得其他社会利益群体所无法获得的互惠资源。在这种互惠过

---

① 《关于加强中国特色新型智库建设的意见》，人民出版社2015年版，第4页。
② 同上书，第5页。
③ 同上。
④ 同上书，第2页。
⑤ 尼科·斯特尔：《知识社会》，殷晓蓉译，上海译文出版社1998年版，第145页。

程中，智库专家成为一种关键性的政治资源。

另一方面，政府与新型智库呈展出深刻交互作用的互动过程。政府对新型智库发展的方向、规模乃至活动方式都有着深刻影响，并主导着新型智库的资源配置。而新型智库则是政府进行科学决策、民主决策的重要支撑。考量政府与新型智库之间的关系及其互动机制就会发现，政府与新型智库之间有一块空旷地带值得去探究，这就是政府与新型智库交互作用的空间。新型智库与政府决策机构的空间距离"近"，智库的成果能快速被应用到政府决策中；但距离太近，就存在缺乏独立性、缺乏公信力、与公众距离"远"的风险。新型智库与政府的空间距离"远"，新型智库的影响力就会很弱，而影响力是新型智库的生命力和价值所在。因此，理想化的模式是寻求政府决策与智库知识生产的良性互动。这种互动是一个"去中心化"过程，它依赖于互动双方"外部限制"与"内部依赖"两种机能的相对平衡，因而是螺旋发展而不是直线上升的过程。党的十八届三中全会《决定》将建设"中国特色新型智库"的文字表述纳入"推进协商民主广泛多层制度化发展"总体框架下，也正是出于这样一种政治设计的需要。一言以蔽之，政府决策与新型智库知识生产之间的互动是一个由"单方主导"到"共享共赢"、由"抽象主体性"到"交互主体性"、由"外形化合作"到"实质性合作"的持续建构过程。

二 政府决策与智库知识生产良性互动的宏观策略

社会科学相关研究必须从整体出发才能获得科学的解释，尤其需要强调宏观层面的结构、功能、相互关系的重要性。吉登斯糅合韦伯社会行动论、符号互动理论和常人方法学，对社会的构成做了近乎建构主义的解释。吉登斯关注的核心问题是结构和行动的关系问题。在吉登斯看来，"社会不是一个预先给定的客观现实，而是由社会成员的行动创造的。结构具有制约人类行动和促进人类行动（为其提供资源）的双重能力。社会学考察的焦点就是结构化过程：通过行动构成结构而行动又被结构性地构成"。[1]

---

[1] Anthony Giddens, *Central Problems in Social Theory: Action, Structure, and Contradiction in Social Analysis*, Berkley: University of California Press, 1979, p. 64.

从吉登斯的"结构化"理论出发,考察政府决策与新型智库知识生产的互动机制,就会发现其中内含三个基本的结构性要素,即主我、客我以及二者互动的社会情境。主我是正在进行社会互动的主体。在符号互动论的奠基人米德看来,"主我是有机体对其他人的态度所做出的反应",是有机体"对照他自己的行为举止处于其中的社会情境所做出的行动"。①客我则是以一般化的他人的形式,根据各种社会价值限制、塑造社会有机体的思想和行为,使其能够实现内在的自我调节和社会控制。② 无论是主我和客我,都存在于社会情境中。社会情境不会因为某种内在的动力或系统的要求自动运行,而是因为行动者的行动,并且他们的行动是情境定义的结果。③ 在社会情境的制约或激励下,主我与客我的相互作用推动着主我、客我的连续建构和螺旋式发展。

作为社会互动中的主我,政府决策的建构需要政府承担并不断变换其角色,既表明政府是与其主我的不同部分参与社会互动的,也表明政府已经具备了从他人视角出发看待自我和承担、变换不同角色的能力。不可否认的是,在知识—权力建构的整体运作的联盟体制中,虽然智库的角色和功能得以强化,但由于缺乏政府内部的"隐性知识"和完备的即时数据,智库并没有获得"有效行动的空间和能力"。这样一来,智库专家的政策建议通常流于形式或"无的放矢",进而导致政府对智库专家能力的不信任。智库逐渐被挤至政府决策系统的外围,日益"边缘化"。这不仅隔断了智库专家与政府决策者之间互动的渠道,而且强化了政策制定权力中的原有配置。结果,政治系统变得封闭,尤其是政策问题建构过程变得更为封闭。封闭的首要特征就是保守秘密,结果就自然而然地走向对社会、对公众的统治。这就是韦伯所说的:"凡是越来越强调保守'官方机密'的地方,我们就可以认为那是统治者打算勒紧统治缰绳或者他们感觉统治受到了威胁的征兆。但是,任何支配,只要确立为一种持续性的支配,就必定会在某个关键环节上成为秘密统治。"④ 而打破权力对知识的垄断结构,

---

① 乔治·赫伯特·米德:《心灵、自我和社会》,霍桂桓译,译林出版社2012年版,第193—194页。
② 同上书,第47页。
③ Ritzer G., Goodmand, *Modern Sociological Theory* (6th edition),北京大学出版社2004年版,第231页。
④ 马克斯·韦伯:《经济与社会》(第二卷)(下册),阎克文译,上海人民出版社2010年版,第1091页。

使智库专家获得政府决策话语权并对政府决策权的行使进行理性化制约，形成智库专家的参与权与政府决策权之间的制衡，需要政府提升政策制定体系和过程的开放性，建构"共景政府"。

"共景政府"为智库专家参与政府决策提供了制度的衔接。"共景政府"的主要含义为，政府就像是一个透明的金鱼缸——具有信息网络的开放性和共享性，不仅政府内部能够看到，组织外部也能清楚看到鱼缸内部的情况，通过不断的增量信息和赋予均等的信息使用权，让各类主体之间的对话更加透明，强调信息与知识的对接、分享和重新阐释，建构和实施公共行政。①"共景政府"最重要的进步就在于政府决策的形成机制中所发生的巨大变化，这个变化，就是由过去政府绝对主导决策变为不同意向性的"我们"共同参与决策，并在公共生活形成的同场域中完成政策议题建构。"我们作为私人个体或公共行政人员的信仰系统是否'真实'还不如它们是'我们的'这么重要。"② 因此，共景政府不再单单是行政人员"我"的事情，而具有了"我们"含义，是社会建构过程中的主体，是能动、具有意向性的社会主体。

"共景政府"是建立在开放社会基础上，适应大数据时代要求，面对社会公共事务日益复杂化和治理环境日益动荡、不确定的状态，出现的新的政府治理典范，代表着政府与社会关系的发展趋势。在"共景政府"下，政府不仅要实行政务公开、信息公开，还要对政府提供决策咨询服务的智库专家的审议公开。后者甚至有更为重要的意义：一方面，便于社会公众了解智库专家的观点、顾虑和假设；另一方面，有助于形成政府官员与智库专家的创造性张力。需要注意的是，这里的公开需要按照法律规定，通过法定程序公开政务信息和政府行为过程，因而不是公开的无限化，而是理性上的最大化。在一个共享景观的组织中，政府决策的透明性是把分散的意志聚集到一起达成共识的前提，为新型智库多线条、多面立体参与政府决策提供了可能；政府决策的开放性则增强了政治系统对智库知识流入的接纳程度和包容性，为新型智库决策咨询功能的发挥提供宽松的制度环境。

---

① 何修良：《公共行政的生长——社会建构的公共行政理论研究》，中央民族大学出版社2014年版，第207页。

② 查尔斯·J. 福克斯、休·T. 米勒：《后现代公共行政——话语指向》，楚艳红等译，中国人民大学出版社2002年版，第7页（序）。

在社会建构主义者看来，与主我的能动性、创新性相对照，客我需要做适应性的调整，才能与主我构成整体自我。作为客我的新型智库，其所汇聚、整合的以个体化形式存在的知识资源、决策咨询服务及其在政府、市场、社会中的沟通渠道和平台的作用，都使推进新型智库建设、提升新型智库核心竞争力成为国家治理体系和治理能力现代化的重要组成部分。尽管"智库中的每个人都尝试发展与政策相关的学术理论和科学范例"，[1]然而，与各级政府的期待相比，当前中国智库发展仍相对滞后，主要表现为：智库全面参与公共政策形成过程的体制机制尚未健全，各级党政军智库和社会科学院智库的行政依赖色彩还十分浓重，民间智库赖以生存的资金筹措机制和信息共享机制相当欠缺，智库创新成果的评价考核机制缺乏激励性，公众利益表达渠道有失通畅。同时，标签化、边缘化和无实质内容的智库泛起，影响了整个智库的生存与竞争环境，这些因素都使中国智库的影响力和创新能力受到制约，也进一步影响了中国社会"智政"结合的程度。[2]

实际上，新型智库在公共场域中进行"意义竞争"，"获胜"的关键变量是自身的智力资本。智力资本不仅决定了其在政府决策体系中的角色，同时也构成其功能期待和实现的限度。智力资本主要由人才资本、结构资本和社会资本构成，三者相辅相成，共同构成了新型智库的核心竞争力。其中，人才资本是新型智库知识生产和创新的"发动机"，是提升其战略谋划和综合研判能力的重要支撑。在现有中国智库中，应重点扶持一批具有创新潜力的智库，通过吸纳一流人才，以及配备相应的资金和倾斜性政策使其"先富起来"。通过"先富"带动"后富"，带动智库的整体发展。除了人才资本外，还必须重视结构资本。在当前中国为数众多的智库机构中，体制内智库比重较大，无疑会在一定程度上限制体制外智库的发展，加剧从原来的行政体制对政策过程的垄断演变为强势精英联盟对政策议题垄断的可能性。在这种情况下，就需要保持智库的整体性、系统性和协同发展，充分整合党政部门、社科院、党校行政学院、高校、军队、科研院所和企业、社会智库协调发展，形成定位明晰、特色鲜明、规模适

---

[1] Diane Stone, "Think Tank Transnationalzation and Non – Profit Analysis Advice and Advocacy", Global Society 14. No. 2, 2000, pp. 153 – 172.

[2] 上海社会科学院智库研究中心项目组：《中国智库影响力的实证研究与政策建议》，《社会科学》2014 年第 4 期。

中、布局合理的中国特色新型智库体系。① 在重视人才资本和结构资本的同时，还要着力提升新型智库的社会资本。社会资本是建设性的，它使实现某种无它就不可能实现的目的成为可能。皮埃尔·布迪厄将社会资本定义为"实际或潜在的资源的集合，这些资源与由相互默认或承认的关系所组成的持久网络有关，而且这些关系或多或少是制度化的"②。"制度化的关系网络"通常与智库的会员制度相联系，获得这种身份就意味着智库专家赢得"声望"，拥有"声望"才能为那些寻求共享根本观念的人说话并获取他们的支持，从而获得最广泛意义的合法性。

除了提升新型智库的智力资本外，新型智库还需要保持独立性。独立性是几乎所有知名智库的特色。一个客观、独立的智库，由于不代表公共或私有部门，已经成为所有健康的民主制度的重要组成部分。在"独立性"的价值导向下，智库需要具备辩论、争论、批评，以及对公众领域的情感和道德的参与精神。这很重要，因为单凭实证社会科学的"一己之力"无法维持这样的机构，因为这种实证社会科学本身就承载着意识形态的议程。智库帮助政府思考的真正意义并不仅仅是让他们成为由技术辅助的官僚，而是让他们更具探索精神、批判精神和独立精神，这是政府对民主政策负责的一个方面。③ 需要指出的是，新型智库的"独立性"不是与党和政府的路线、方针相背离的，而是指在承接项目和建言献策中，秉持中立、公正、科学和客观的原则，避免为了经济利益成为某些利益集团的代言人。新型智库尤其要防止"附庸"政府与"迎合"民意两种不良倾向，保持智库在决策者和公众心目中的公信力。

社会建构主义强调行动者的"主观"诠释，但"主观"诠释并不意味着社会现实可以经由某个或某些人的大脑随意"杜撰"而出，它实质上是所有相关主体在一定社会条件与情境结构中意义诠释的交流与碰撞，从而所达至的共享理解。行动在大部分时候受到社会情境因素引导，社会情境才是行动的主要驱动和基本逻辑。因此，促成行动的基本要素不是理性，而是行动者的历史、文化和社会秩序的引导。其中，文化是最根本的

---

① 《关于加强中国特色新型智库建设的意见》，人民出版社2015年版，第5—6页。
② 皮埃尔·布迪厄：《文化资本与社会炼金术》，包亚明译，上海人民出版社1997年版，第202页。
③ 詹姆斯·麦甘恩、理查德·萨巴蒂尼：《全球智库：政策网络与治理》，韩雪、王小文译，上海交通大学出版社2015年版，第62页。

因素。社会建构主义者温特把文化理解为"共有知识"。共有知识指行为体在一个特定社会环境中共同具有的理解和期望。① 共有知识建构行为体的身份和利益，建构出来的身份和利益决定了行为体对客观物质性因素的理解和判断，进而决定了其可能采取的行动或政策。

在政治知识化过程中，理性参与型政治文化是智库参与存在和扩大所必需的软环境。哈贝马斯曾论述道："具有政治功能的公共领域不仅需要法治国家机制的保障，它也依赖于文化传统和社会化模式的合拍，依赖于习惯自由的民众的政治文化。"② 然而，传统政治文化中的"官本位"、"臣民意识"和"权力崇拜"在当今中国社会依然盛行。美国学者白鲁恂（Lucian W. Pye）指出："特殊关系网络转变成派系的过程清晰反映了中国文化关于权威、依附及其相互关系的态度。领导者与追随者彼此需要，这种需要对他们同等强烈。因而，领导者或追随者任一一方的紧张或焦虑情感倾向于使双方的关系获得强化和政治化而不是使之削弱。"③ 传统政治文化的惯性，以及中国当代知识分子身份和文化转型过渡性特征所形成的对权力的人格依附，一方面对智库专家的科学精神、大胆探索和积极建言献策构成深层次的障碍，另一方面使政府决策者缺乏主动寻求智库专业知识支撑的决策自觉和文化自醒。在这种情形下，知识就有可能沦为权力的附庸，智库及其中的专家则丧失主体性和独立性。相反，当参与型政治文化的理念深深地根植于智库专家的内心深处，智库参与政府决策就有了坚实、持久的深层驱动力。就中国目前的情况而言，有利于智库参与的参与型政治文化包含两个层面：一是政府层面。政府需要树立"谋"与"断"分离的科学决策理念，把现代政府的权力建立在一定的知识基础之上，把智库参与决策看成优化政府决策行为的必由途径，并构建"咨询先行"的决策法定程序予以保障。二是智库层面。从建构主义认识论的角度来看，智库的决策咨询服务过程不仅基于外部的意见，同时也基于智库自身的反省。进言之，智库专家不是决策规则的被动接受者，而是具有

---

① 亚历山大·温特：《国际政治的社会理论》，秦亚青译，上海人民出版社 2014 年版，第 19 页（译者前言）。
② 尤尔根·哈贝马斯：《公共领域的结构转型》，曹卫东译，学林出版社 1999 年版，第 35 页。
③ Lucian W. Pye, *The Dynamics of Chinese Politics*, Cambridge: Oelgeschlager, Gunn & Hain, 1981, p. 186.

认知能力、转化能力、资格条件的能动主体。

尽管政治文化为智库专家参与政府决策设置了条件和限制，但是其并不能直接决定行动，还必须有"接近"政府决策部门的稳定的制度性渠道。这个渠道就是"政策舆论场"。通常来说，智库决策咨询服务的目的是为政府决策提供"理性"的支持，而"理性"的达成则往往是不同观点和知识进行交流、辩论和竞争的结果。"政策舆论场"就是智库专家借助网络媒体（如微信、微博、官方QQ群或专业网站）表达社会话语的场所，囊括了众多声音、观点、参与者和专家意见，政策议题就在这里提出、修订、论辩甚至制定。在"政策舆论场"中，信息的充盈、公益与私益的权衡、自我知识的"不谦虚"偏好会很大程度上改变政府决策者的行动策略，会最大限度地形成理性知识及其处于决策"内核"部分的占优策略。新型智库的管理者尤须重视建立广泛而有效的"政策舆论场"。

建设"政策舆论场"需要具备四个条件：存在共同关心的政策议题、愿意了解和吸收他者的想法、以相近层次的"话语"进行互动、接受较佳论证的效力。如果这四个条件存在，"政策舆论场"中的成员就可以进行有意义的互动，并在互动过程中潜移默化地将其思想和知识"兜售"给政策形成过程中的有效干预人群。这一过程就是迈向"回应型规制"的建构秩序的过程，使政府决策不是通过服从而是通过协商、论辩而定。而且，智库专家本质上不需对其政治领导人和公众的政治偏好负责。

三 政府决策与智库知识生产良性互动的微观机制

政府决策与新型智库知识生产能否互动，以及采取何种策略互动并不完全由宏观环境决定，而是从行动者（Actor）和他们的行动（Action）中才能发现互动的本质。在社会建构主义的微观视域里，具体的政府决策目标及其各种替代方案的确立是基于不同领域的异质主体间互动的结果。持续的主体性要素之间的互动构成了政府决策问题视界的基础，不仅维系了咨询与决策互动合作的微观机制运行，而且在具有发生异议风险的同时，获得了商谈性辩护的可能性。

（一）中国特色"旋转门"机制

在社会建构论中，知识是由社会过程所维系并与之交织在一起的。没有哪个人独自拥有社会现实，社会现实是在不同主体之间通过沟通交往相互建构的过程。它是流动、变化的，而不是静止、固定的。在政府决策与新型智库知识生产的互动过程中，通过开启中国特色"旋转门"机制，推动新型智库与政府现任或离任官员之间形成人才流动机制，有助于形成有效的连接"智库知识生产"与"政府决策"的交融与共生机制。在这一过程中，智库知识得到了快速增长，而政府决策也日益科学、理性和高效。

"旋转门"机制是西方智库尤其是美国智库最具特色的现象之一。在美国，大选四年一度，卸任的官员大多会到智库从事政策研究，而智库的研究者也有不少到政府担任要职，从研究者变为执政者，这种学者和官员之间的流通就是美国的"旋转门"。"旋转门"机制所带来的政府官员与智库之间的人际关系网使智库虽然在政府之外，却与政府内部保持着密切的联系，智库的舆论影响力能渗透到政策制定的各个层面。从美国的政治实践来看，"旋转门"是一种非常有效的机制。"旋转门"机制的重要功能体现在三个方面：一是提高智库的质量和研究的可行性，便于智库成果推广；二是搭建知识与权力的桥梁，为智库专家提供与政策决策者进行紧密接触的舞台；三是发挥"第二轨道"的沟通作用，这是介于官方交往"第一轨道"与纯民间交流"第三轨道"之间的一种特殊渠道。

由于社会制度和政治体制的差异，全盘移植美国的"旋转门"机制可能会"水土不服"。然而，不可否认的是，美国的"旋转门"机制对于新型智库在政府决策中作用的发挥具有重要的借鉴意义。通过"党政机关与智库之间人才有序流动，推荐智库专家到党政部门挂职任职"[①] 等方式，构建智库与政府的交流互动机制，建立起新型智库与决策子系统的制度化联系。通过构建并运行中国特色的"旋转门"机制，新型智库研究人员能够经常进入政府部门积累实践经验，获取第一手的资料信息，使新型智库的知识生产更贴近决策实际，更具有针对性和应用性，并在一定程度上推动政策分析成为专业化的研究活动。同时，政府部门也可以派遣政府公务员以短期挂职或兼职形式进入新型智库进行交流，或定期、不定期

---

① 《关于加强中国特色新型智库建设的意见》，人民出版社 2015 年版，第 16 页。

就政策制定、执行情况开展座谈、研讨,从而有效解决当前新型智库与政府合作以及新型智库与社会脱节等问题。针对中国目前"旋转门"只开半扇的情况,通过建立并实施"干部能上能下"的机制,鼓励官员离职后进入准官方智库、高校智库或民间智库,成为研究人员,以增强体制外智库的活力,强化新型智库决策研究和决策咨询服务的针对性。

(二) 转化性领导机制

在哈贝马斯看来,行为体之间具有交互意义,两者互为主体性,即"你"与"我"的统一——主体间性。交往双方自始至终都应视对方为主体并相互尊重,提出并接受各自对对方的认识结果。就现代政治的知识建构而言,政府决策者与智库专家不再是传统意义上的主客体关系,而是具有共同建构社会现实的主体间交往关系。这种关系意味着,领导者与追随者不是绝对的支配关系,而是通过二者相互提升到更好的道德与动机层次而彼此接洽的时候出现的"转化性领导"关系。转化性领导机制的目标在于将咨询制度所预期的"专家理性"输入决策结果之中,核心的理念是政府决策者与智库专家之间分享愿景、共同面对挑战,调动所有成员尽可能地实现社会的公共利益。通过构建并运行"转化性领导"机制,双方的目标都得以提升;双方都得到了动员、激励和提高。在有些情况下,随着领导提高了领导者和追随者双方的道德激励和道德行为的水平,转化性领导甚至会发展成为道德领导。尽管道德领导可以导致符合追随者需要、利益和抱负的行动,但是这些行动也可以从根本上改变道德认识和社会环境。[1]

实现转化性领导机制的核心,其实是决策权的分配及其相互关系。在政府决策的过程中,政府部门对决策备选方案具有最终选择权。智库专家论证并不意味着要由专家来替代行政机关做出决策,智库决策咨询并不等于智库决策。因此,专家自身的中立性和理性并不必然产生决策"理性强化"的结果。为实现转化性领导机制,需要重新界定智库专家在政府决策过程中的角色,将专家由单纯的信息"输入者"改造为"对话者"、"讨论者"甚至"辩论者"。同时,充实智库专家的参与权利,形成智库

---

[1] 珍妮特·V. 登哈特、罗伯特·B. 登哈特:《新公共服务:服务,而不是掌舵》,丁煌译,中国人民大学出版社 2004 年版,第 142 页。

专家参与权与政府决策权之间的制衡结构。①在立法上明确需要引入智库咨政建言的情形,以保障智库的参与权;②为智库咨政建言提供充分的背景信息、即时数据以及可依法公开的"隐性知识",以保障智库专家的话语权有效;③强化决策机构对智库专家咨询意见的回应机制,政府应当为最终决策说明理由并公开对智库专家意见的处理情况。

(三) 组织学习机制

社会建构主义认为,知识的建构并非个体内在水平的建构,而是由社会互动、相互协商和共同意识决定的,结合个体已有的知识经验和理论观点积极建构的结果。正如格根所说:"有关世界的话语不是真实世界的反映或地图,而是通过集体互动而产生的人工制品……理解过程不是由自然的力量自动驱动的,而是出于一定关系中的人积极合作的结果。"① 知识的建构实际上是学习者主动、自主建构的过程,每个学习者都应基于自己与世界相互作用的独特经验和赋予这些经验的意识,去建构自己的知识。个人的思考与学习成为主体间性沟通的必要条件。

对于政府决策者和智库专家,更需要强调组织学习所具有的解释系统与再生产过程,以及两者间的相互渗透与高度依赖。政府决策者在决策制定过程中所涉及的专业问题范围广、涉及面宽、风险大,需要考虑的因素也非常复杂。面对纷繁复杂的社会问题,政府决策者在政策过程中需要大量的思想、知识和专业技术的支持与配合,否则,单纯依靠官员自身的知识储备难以保证决策制定的合理性与科学性。因此,在决策制定过程中,政府官员需要向智库"借力"。通过储备知识,能够整合智库不同问题的知识辩解和意见梳理,使智力能以合作的方式运用于解决社会问题。而且储备知识能够提高学习的实效性,"所有的组织均须开发的一种能力……学习得较好的组织更能侦测和纠正错误,并能发现他们在何时不能侦测和纠正错误"②。同时,作为政策分析的中心,新型智库需要保持它们专业上的可信度和作为政策知识储藏室的声誉,因此,智库的主要研究人员也必须经过持续不断的专业知识培训。

---

① K. J. Gergen, "The Social Constructionist Movement in Modern Psychology", *American Psychologist*, 1985, 40 (3).

② C. Argyris, *On Organizational Leaning* (2nd edition), Oxford: Blackwell Business, 1999, p. 1.

就政府与新型智库而言，交往式学习是两者良性互动的有效途径。交往式学习是指政府决策者跳出政府组织内部的环境，以智库专家作为自己的参考对象，通过与智库专家的对话、交流、沟通而展开学习的过程。交往式的学习有二：一是讨论式的学习，政府决策者与智库专家围绕共同的一个议题，通过对话、交流、辩护、辩论展开学习的过程；二是合作式的学习，政府决策者通过分工、协作组成学习团队和小组，共同完成某种任务的学习过程。通过组织学习机制，一方面，智库专家通过对政府内部的"隐性知识"和及时更新的数据信息的收集和消化吸收，设法将复杂的分析以适合现有信息处理能力并且符合政府决策者口味的形式呈现出来，再通过双向沟通进一步增进理解，从而在决策过程中形成优势互补的共赢局面。另一方面，帮助政府决策者提升对智库专家知识信息的理解和运用能力，以提升政策的理性化程度。启迪模型的倡导者威尔斯指出，通过研究获得的知识能够启迪或拓展政策制定者现有的知识基础，会逐渐引起思维观念的转换而导致支持这种观念的政策出现。[1] 此外，智库专家的思想观念、思维方式、行为方式、话语内容在组织学习过程中会不同程度地影响和被吸收到政府决策者头脑中，使政府决策者的社会性素质得以提升，如包容性发展、秩序理性、可持续生计、合作共治意识、发展伦理与社会正义、社会性情感等。相反，政府决策者不学习，只要有可能，就向社会公众隐藏它的知识和行为。学者全钟燮就曾经揭示了官僚制所显示的被动回应问题、被动变迁和学习的特质被看成组织制度化不可抵御的内在状态。[2] 这种状态对与智库知识合作解决社会问题构成了潜在障碍。

（作者王卓君，苏州大学党委书记、苏州大学政治与公共管理学院教授；余敏江，苏州大学人文社科院副院长、苏州政治与公共管理学院教授。苏州市姑苏区十梓街1号　215006）

---

[1] Weis C. H., "The Many Meanings of Research Utilization Public", *Administration Review*, 1979, 39 (5), pp. 426–431.

[2] 全钟燮：《公共行政：设计与问题解决》，黄曙曜译，台湾五南图书公司1994年版，第73页。

智库成果进决策进实践推送机制研究

刘建武

摘　要：顺畅智库成果进决策进实践的通道是中国特色新型智库建设取得切实成效的关键环节。近年来智库成果有效进决策进实践的状况日渐改观，但仍存在成果质量不高，决策和实践"帮不上"；制度执行不严，决策和实践"轮不上"；跟踪应用不力，决策和实践"用不上"；需求部门意识不强，决策和实践"看不上"的问题。要借鉴国外先进经验，结合我国实际建立智库成果进决策、进企业、进社会的推送机制。要把制度保障作为前提，把平台保障作为基础，把人才保障作为支撑，把学科保障作为关键，把激励保障作为动力，为智库成果进决策进实践营造宽松的内外环境，创造优越的工作条件，打造广阔的发展平台。

关键词：智库成果　国际经验　推送机制

中国特色新型智库是以战略问题和公共政策为主要研究对象、以服务党和政府科学民主依法决策为宗旨的非营利性研究咨询机构，是以研究成果直接应用于决策实践为导向的专业化咨政组织。中央两办《关于加强中国特色新型智库建设的意见》明确指出，智库要"紧紧围绕党和政府决策急需的重大课题，围绕全面建成小康社会、全面深化改革、全面推进依法治国的重大任务，开展前瞻性、针对性、储备性政策研究，提出专业化、建设性、切实管用的政策建议，着力提高综合研判和战略谋划能力"[1]。顺

---

[1]　中央办公厅、国务院办公厅：《关于加强中国特色新型智库建设的意见》，2015年1月，新华网（http://news.xinhuanet.com/zgjx/2015-01/21/c_133934292.htm）。

畅智库成果进决策进实践的通道是中国特色新型智库建设的关键环节与根本要求。当前中国智库成果进决策进实践的渠道总体上是畅通的，但也存在不容忽视的问题，需要进一步优化推送机制，更好地把智库的理论力转化为实践力，把思想力转化为生产力，把研究力转化为服务力。

一 智库成果进决策进实践的问题分析

成果生产者的智库与成果需求者的党委政府、企业、社会组织与公众这几类主体是双向互动的关系。虽然近年来智库成果有效进决策进实践的状况日渐改观，但仍存在"上不去"、"下不去"、"进不去"和"出不去"等问题。

第一，成果质量不高，决策和实践"帮不上"。当前一些智库研究成果还存在"七多七少"的现象，表现为浅尝辄止的多，深入研究的少；追逐热门的多，独树一帜的少；发现问题的多，破解问题的少；文字描述的多，量化分析的少；依据二手资料的多，直接深入调研的少；经验性的研究多，规范性的研究少；阐释性成果多，引领性成果少。为党委政府、企业、社会组织和公众提供高质量的智力产品还不够，成果有效供给能力还不强，对决策和实践的支撑价值不大。

第二，制度执行不严，决策和实践"轮不上"。自中央两办印发《关于加强中国特色新型智库建设的意见》以后，各地都相继出台了落实中央文件的"意见"和"办法"，不少文件都对如何实现智库成果进决策进实践做出了硬性规定，但在执行中仍不同程度地存在"雷声大雨点小"、"口惠而实不至"的问题，不少好的办法和措施还躺在文件里，没有转化为智库有力服务决策和实践的红利。

第三，跟踪应用不力，决策和实践"用不上"。一些智库缺乏智库成果进决策进实践的跟踪促进机制，不少智库和智库专家满足于成果获得领导批示、表扬与奖励，对后续进入决策、形成政策、转化为生产力的意识与动力不足，致使不少优秀的智库成果得不到深度应用，沦为束之高阁的"半成品"，造成智力资源的浪费。

第四，需求部门意识不强，决策和实践"看不上"。部分党政官员、企业家、社会公众对智库的重要作用认识不够到位，认为智库成果都是纸上谈兵，凭自己的经验与知识也一样能够很好地解决问题。一些地方，政策咨询往往被看作论证工具，甚至被用来"装门面"，没有完全树立起科学民主的现代决策理念，智库成果在决策实践中的作用可有可无、可大可小，随意性大。

二 智库成果进决策进实践的国际经验

智库成果进决策进实践的实质就是使智库研究的成果转变为政策实践的效果。美洲、欧洲、亚洲一些国家，虽然政体与我们不同，但它们探索出的一些有效做法值得我们认真借鉴。

第一，美国的经验。美国作为智库业最发达的国家和典型的总统制国家，其智库成果进决策进实践主要通过六种方式进行。一是用法律手段将专家咨询在重大决策的立项、信息公开化、分析评估、多方案比较、公众参与等程序中的角色做出了制度性安排，为专家咨政提供了强有力保障。二是智库专家通过"旋转门"模式直接进入决策者队伍，以参与执政的方式影响决策。三是智库研究人员通过发表专题论文、出版书籍、提交政策研究报告和到国会做证等多种方式说服决策者接受自己的思想和政策建议。四是采取"请进来"策略，邀请在位的政府高官和国会议员参加智库举办的论坛和研讨会，直接面对面地与决策者交换思想和看法，加强与决策者之间的人脉联系。五是接受政府委托，与政府部门合作完成研究评估项目。六是通过出版书刊，举办研讨会、纪念会、报告会、培训班、讲座、答谢午宴，媒体宣传等方式引导舆论和社会思潮，达到影响政府决策的目的。[①]

第二，英国的启示。英国作为欧洲最典型的议会制国家，其智库成果进决策进实践主要有五种方式。一是为执政的保守党或工党提供理论支持和解决方案。二是不少的智库都实行会员制，有政府官员、军界代表、大学、教会、科研和工业界人士，智库成果主要通过会员传播来扩大影响。三是智库专家经常通过电台、电视、报刊和其他媒体解读、评论社会政治、经济、军事事件，积极利用媒体平台针砭时弊，扩大影响。四是智库

---

① 褚鸣：《美欧智库比较研究》，中国社会科学出版社2013年版，第30页。

每年都会出版大量的研究报告、图书、期刊和通讯,除分发会员外也对外公开出售,有些还成立了商业性的咨询服务机构,① 通过提供信息和咨询服务发挥智库作用。五是智库非常重视维护与媒体的关系,不少智库还设立了"媒体每日报送"制度,将政策见解第一时间发给媒体。为了给媒体提供更多便利,一些被授权的媒体还能在智库网页上了解最新研究信息。②

第三,德国的做法。德国作为智库接受政府财政资金资助比例非常高的国家和实行多党制的国家,其研究成果进决策进实践除常规的通过媒体间接影响决策层,以及通过举办各类会议加强与政府部门交流外,还有两个比较有特色的途径:一是通过参加专家委员会影响决策。智库专家通过参与政府成立的处理特定问题的专家委员会来对政府的决策思路产生影响。二是通过参加党组织建设影响决策。一些智库性质的公益性政党基金会不仅依靠相关政党在联邦议会中的选举份额获取政府拨付的公共资金,而且通过本机构成员参与亲近政党关于社会政治经济问题的辩论,把自己的研究成果传递给政党或政府的领导人。③

第四,日韩的探索。日本、韩国作为亚洲具有代表性的国家,其智库成果进决策进实践也有其独到之处。如日本,一是实施了"派遣研究员"制度,由政府、大学和研究机构向智库派遣研究员,带薪工作一段时间后再返回原单位工作,这起到了密切智库与政府联系的作用,促进了智库研究成果更好地与实际工作结合。二是非常重视开展国际交流与合作,与不同的智库结成伙伴关系,组建国际化研究网络,很多智库每年邀请和派出很多智库专家学者开展交流,很好地发挥了"二轨外交"功能,对本国实施科学的国际战略起到了重要作用。④ 韩国智库的最大特点就是政府智库占绝对主导,其主要的研究活动与研究内容由国务调整室与青瓦台首席秘书室负责协调统筹,政府部门也经常直接委托课题给智库,智库研究成果具有很强的实践针对性与决策实用性。总统府和政府机构还经常举办各

---

① 褚鸣:《美欧智库比较研究》,中国社会科学出版社2013年版,第36—37页。
② 王佩亨、李国强等:《海外智库——世界主要国家智库考察报告》,中国财政经济出版社2014年版,第50页。
③ 褚鸣:《美欧智库比较研究》,中国社会科学出版社2013年版,第66页。
④ 王佩亨、李国强等:《海外智库——世界主要国家智库考察报告》,中国财政经济出版社2014年版,第180—183页。

种会议，邀请智库专家在会议上坦率发表意见。①

三 智库成果进决策进实践的推送路径

智库建设既要有高度的理论自觉，又要有高度的实践自觉。推动智库成果更好地进决策进实践，要按照实战、实用、实行的原则来设计和完善相应的推送渠道，使智库成果更好地实现价值。

第一，建立智库成果进决策的推送机制。智库要主动、精准把握决策需求，提供即时性、多元化、多样式服务，满足党政部门多层次、多方面的智力需求。一是通过开展领导点题研究来推送。结合智库学科专长，每年年初列出若干研究选题呈请党委政府领导圈阅，在此基础上开展有针对性的深入研究，使研究成果进党政决策、进工作举措、进一线实践。二是通过实施部门对接研究来推送。每年年初向党委政府相关职能部门发布征求选题意见函，对口开展专题研究，建立稳定的委托研究机制，切实提高服务的针对性、有效性。三是通过参与重要决策论证来推送。积极主动参与党政部门改革方案、政策措施、工程项目的可行性论证，提供高质量的决策论证支持。四是通过加强社情深度调研来推送。选择定点调查开展经济、社会、体制改革、生态文明、社会舆情等方面的长期跟踪研究，加强前沿信息收集和社情民意的深度调研，掌握信息主动权，为党委政府提供客观真实的公共决策第一手信息来源、思想来源、事实来源，成为党委政府不可替代的第三方信息源。五是通过开拓智库第三方评估来推送。积极参与区域内经济、社会、环境等方面的风险评估，加强对党委政府政策执行情况、实施效果和社会影响的评估。六是通过做好政策公众阐释来推送。在公共媒体、自媒体上就党委政府出台的公共政策，从专业的视角进行深入浅出的解读分析，既讲"怎么看"，又讲"怎么办"，帮助党委政府把政策有效传达给群众，有力促进公共政策的实施。七是通过协助引导社会舆论进决策进实践。对区域内发生的重大突发性公共事件，以专家身份在各类公共媒体、自媒体上进行理性解读，起到凝聚人心、教化公众的

---

① 王佩亨、李国强等：《海外智库——世界主要国家智库考察报告》，中国财政经济出版社2014年版，第194—196页。

独特作用。

第二，建立智库成果进企业的推送机制。智库要根据企业关心的问题设置相应的研究课题，主要通过为企业提供宏观政策环境最新发展动向的解读、咨询以及经营决策咨询。一是通过开展宏观政策解读来推送。通过现场政策宣讲、接受媒体采访、参加论坛、发表专题文章等形式帮助企业分析国际政治经济发展趋势，为企业提供宏观政策与环境最新发展动向的解读、咨询服务。二是通过开展经营决策咨询来推送。面向行业产业，围绕国有企业改革、产业调整、产业发展规划、产业技术方向、产业政策制定、重大工程项目提供经营决策咨询。三是通过提供参加各类研讨会机会来推送，帮助企业在广泛的交流中拓展自身发展的契机和出路。

第三，建立智库成果进社会的推送机制。智库要发挥自身优势，积极参与和介入社会公益服务，为社会组织及公众提供专业引导与服务，夯实智库的社会基础，扩大智库的社会影响。一是通过参与公益活动来推送。组织智库专家积极参与社区服务、公益慈善、学雷锋等领域的理论政策研究及社会活动，指导和帮助社会组织良性发展，促进社会活动的蓬勃开展。二是通过提供公共解读来推送。在公共媒体上就党委政府出台的重要政策、国际国内重大突发性事件和群众关注的社会问题进行背景阐释、内容解读、根源分析、对策点评，为群众解疑释惑，帮助群众熟悉政策、理解政策、用好政策、执行政策，帮助人们廓清思想迷雾，砥砺前行意志。三是通过进行公益呼吁来推送。对关涉全省百姓民生的环境、交通、社会治安、食品安全、医疗卫生等问题，与媒体及相关部门合作，形成公共议题，提出合理化建议，推动问题解决。四是通过强化观念引领来推送。发挥智库研究人员知识优势，通过多种方式传播先进的、科学的、正确的社会观念和核心价值观，推动社会观念转型，促进社会进步。

四　智库成果进决策进实践的保障措施

智库成果进决策进实践，制度是前提，平台是基础，人才是支撑，学科是关键，激励是动力。要进一步采取保障措施，为智库成果进决策进实践营造宽松的内外环境，创造优越的工作条件，打造广阔的发展平台。

第一，用完善的规章制度来保障。一是制度性赋予了智库更大的咨询决策知情权。各级党政部门要在不泄露国家秘密的前提下，依法主动向社会发布政府信息，增强信息发布的权威性和及时性。要进一步落实利用网站、微信、新闻媒体等形式加大信息发布力度，定期举行面向智库的专题发布会，改变智库信息收集不对称、不及时的问题。对智库研究成果的采纳应用情况，有关部门和单位要以书面形式将成果名称、应用后产生的效果等报智库管理部门，并反馈给有关智库。二是制度性赋予智库更大的重大决策介入权。要坚持把决策咨询作为党委政府重大决策的必经程序，凡涉及经济社会发展重大问题、公共利益和人民群众切身利益的决策事项，都要广泛听取智库的意见建议，进一步发挥好智库在决策中的参谋作用。涉及公共利益和人民群众切身利益的决策事项，要通过举行听证会、座谈会、论证会等多种形式，广泛听取智库的意见和建议，增强决策透明度和公众参与度。三是制度性赋予智库更大的重大政策评估权。要进一步落实除涉密及法律法规另有规定外，重大改革方案、重大政策措施、重大工程项目等决策出台前，都要进行风险评估。加强对政策执行情况、实施效果和社会影响的评估，建立有关部门对智库评估意见的反馈、公开、运用等制度，健全决策纠错改正机制。四是制度性赋予智库更大的智力资本报偿权。探索建立政府主导、社会力量参与的决策咨询服务供给体系，党委政府和企事业单位在决策重大项目前，可委托智库开展研究。建立按需购买、以事定费、公开择优、合同管理的购买机制，各地各部门对涉及面较广、研究难度较大的项目，可采取公开招标的方式邀请智库开展研究。要进一步落实凡属智库提供的战略研究、咨询报告、政策方案、调研数据等，均可纳入政府采购范围和政府购买服务指导性目录。

第二，用坚实的基础平台来保障。一是建好智库组织平台。要强化智库建设领导协调小组和专门机构的职能职责，落实相应的总体规划权、统筹协调权、整体推进权与督促落实权。二是建好智库经费平台。党委政府要设立智库建设专项经费，根据不同类型智库的性质和特点，分类制定支持办法。重点加大对智库体系部门实质工作、重点项目、关键环节的投入，财政要对各智库单位安排智库建设专项资金，切实提高智库单位工作积极性。三是建好硬件设施平台。要建设好开放式、枢纽型、公益性社会调查、统计分析、专题资料、实证案例专题数据库和实验室，搭建一个集信息采集、加工、传递、咨询、反馈为一体的信息服务平台，为智库机构开展研究提供基础数据与资料。四是建好课题研究平台。充分利用好社科基金课题、软科学课题、智库专项课题等在决策咨询基础理论研究中的重要作用,并相应增加经费投入。五是建好沟通交流平台。开办智库论坛,每年邀请党政官员、企业家、社会名流等到智库讲座、交流,针对特定主题开展深入讨论,广泛听取各方面意见。构建与国外智库及国际组织的机制化交流机制,每年组织召开智库联席会议,共商智库发展大计,交流总结智库建设经验,评选优秀智库成果。六是建好成果推介平台。组织各智库单位定期举办优秀研究成果专题发布会,及时推介发布阶段性研究成果。精心办好智库的网站、刊物,加强同媒体的常态化联系与整体联动合作,主动走近媒体、走近记者。打造高端的形象识别系统,有效彰显智库作为,展示智库风采。

第三,用优秀的人才队伍来保障。要设立智库人才专项培养计划,制定完善智库引才用人机制,支持挂职锻炼、学术交流、外出研修考察,开展研究报告、发展规划、应用文书、战略预测、数据模型分析专项培训,打造一批点子策划名家、决策咨询名家、报告撰写名家、理论宣讲名家、社科普及名家、知名特约评论员、知名博主、知名时政专栏作者。大力培养一批"捕捉变化、揭示趋势的预见型人才;洞察时势、设计顶层的战略型人才;知识多元、能力全面的复合型人才;深入调研、能接地气的田野型人才;思维新锐、方法上乘的工具型人才;国际视野、跨国交往的外向型人才;媒体关注、善于表达的传播型人才;精于管理、引领发展的掌舵型人才",[①] 为回答和解决好改革发展中的重大理论与实践问题提供坚强的人力资源支撑。

第四,用强大的学科体系来支撑。要根据决策咨询实际需要,做强一批有较强对策研究能力、对经济社会发展有重大影响的应用学科,建设一批具有地域特色、发展潜力和竞争优势的新兴学科与交叉学科,确定一批长期跟踪研究、持续滚动资助项目,形成一批特色鲜明、长期关注的决策咨询研究领域及其研究成果。通过学科建设,切实增强智库更加自觉地坚持以问题为导向的研究方法,为解决改革发展中那些"牵一发而动全身的战略问题、积累多年的老大难问题、各方面意见纷陈的疑难问题",[②]

[①] 周湘智:《智库建设急需高端人才》,《光明日报》2015年2月4日,第7版。
[②] 许又声:《努力为改革攻坚提供更大智力支持》,《光明日报》2015年1月24日,第8版。

提出适用、可用、管用的对策建议。

第五，用给力的激励机制来保障。要打破智库内部考核上重理论成果轻应用成果的壁垒，增加领导批示的对策建议、进入决策的研究报告等应用研究成果的奖励力度及在职称评审、荣誉授予等方面的权重，将应用对策成果作为相关专业人员参评职称的基本条件，防止研究人员把应用研究当"副业"对待的情况。要加大奖励和补贴力度，激励智库人员积极接受电视、网站、报纸、杂志、广播等媒体采访，积极参加公益性讲座、政策理论宣讲、科普活动、听证会、座谈会、研讨会、学术报告会、论坛、论证会，担任评委。对在应用对策中表现得"有声有色"的研究人员，要让其"有头有脸"、"有名有利"，激励他们在科学决策、区域发展、行业发展、服务群众中发挥更重要的作用，不断产出让领导满意、社会认同、群众高兴的成果。

（本文部分内容以《优化智库成果决策转化机制》为题，刊发于《中国社会科学报》2015年10月10日智库专版。作者刘建武，湖南省社会科学院党组书记、院长、教授。湖南省长沙市开福区浏河村7号湖南省社科院　410003）

中国特色社会主义理论智库建设路径思考

黄蓉生

摘　要：中国特色社会主义理论智库是服务于中国特色社会主义理论发展的专门机构，对中国特色社会主义理论的创新发展具有十分重要的意义。为此，需通过准确定位中国特色社会主义理论智库的基本功能、集力聚焦中国特色社会主义理论智库的主攻方向以及建立健全中国特色社会主义理论智库的运行机制等路径，来推进中国特色社会主义理论智库建设。

关键词：中国特色社会主义理论智库　马克思主义理论研究与建设　现实路径

智库，亦称"思想库"。党的十八大提出坚持科学决策、民主决策、依法决策，健全决策机制和程序，发挥思想库作用，就是指发挥智库作用。《中共中央关于全面深化改革若干重大问题的决定》（以下简称《决定》）首次在重大的改革决策中做出"加强中国特色新型智库建设"的决定并提出明确要求。2015年1月，中共中央办公厅、国务院办公厅印发《关于加强中国特色新型智库建设的意见》，从中国特色新型智库建设的重大意义、指导思想、基本原则、总体目标和深化管理体制改革、健全制度保障体系以及加强组织领导等方面对中国特色新型智库建设做出了总体部署，为推进中国特色社会主义理论智库建设规定了现实路径，其指导意义与价值显著。

一 中国特色社会主义理论智库基本功能的准确定位

中国特色新型智库的研究对象聚焦战略问题和公共政策，研究导向更加注重公共利益关切，研究目标定位于为党和政府科学民主依法决策服务，是以社会责任为研究准则的专业研究机构，承担着咨政建言、理论创新、舆论引导、社会服务、公共外交等重要功能，是党和政府科学民主依法决策的重要支撑，是国家治理体系和治理能力现代化的重要内容，是国家软实力的重要组成部分。中国特色社会主义理论智库是其重要构成，是专门服务于中国特色社会主义理论发展的机构，目前已初步形成党政军智库、社科院智库、高校智库与民间智库格局，在马克思主义理论研究和建设工程中致力于研究、宣传、咨政、服务等事务，体现出鲜明的研究、宣传、咨询、育人与打造等基本功能。推进中国特色社会主义理论智库建设，需对此有准确定位。

（一）理论研究

中国特色社会主义理论智库主要具有两大研究功能：一是巩固马克思主义理论基础，二是促进马克思主义理论创新发展。时代变迁、社会发展使每一时代的理论都呈现出不同的形式与内容，马克思主义理论必须同时代发展要求相结合，同中国具体实际相结合，才能永葆生机与活力，才能真正成为中国特色社会主义事业的思想武器与行动指南。中国特色社会主义理论智库要"开展前瞻性、根本性、储备性研究"，离不开扎实的基础理论。因而，智库首要是加强理论研究。一是研究马克思主义经典文献。列宁指出："马克思主义的全部精神，它的整个体系，要求人们对每一个原理都要历史地，都要同其他原理联系起来，都要同具体的历史经验联系起来加以考察。"[1] 对马克思主义理论的研究，要求以文本研究为基础，以读懂马克思主义理论的发展脉络为要义，以把握马克思主义的理论精髓与精神实质为核心，完整准确地理解马克思主义理论，继而创作出阐释、解读、分析马克思主义理论的成果。二是创新与发展马克思主义理论。研

---

[1]《列宁选集》第 2 卷，人民出版社 2012 年版，第 785 页。

究马克思主义要结合马克思主义与时俱进的理论品质，不断丰富马克思主义理论新的时代内涵。中国特色社会主义理论智库只有紧密结合时代发展特点，立足深厚的马克思主义理论学科背景，以缜密的研究思维、独特的研究视角、科学的研究方法，对国家民族面临的问题、前景做出理论论证，才能攻克马克思主义理论研究的时代难题，探究马克思主义中国化的实践规律，积极释疑解惑，为政策提供坚实支撑，推动马克思主义理论研究不断向纵深发展。

（二）思想宣传

中国特色社会主义理论智库发挥思想宣传功能的总体要求定位于"国家急需、世界一流、制度先进、贡献重大"。发挥思想宣传功能，思想宣传包含两层含义：一是宣讲马克思主义，推进马克思主义大众化，帮助社会大众认知、理解、认同马克思主义；二是向国际社会宣扬中国特色社会主义道路、理论体系、制度，塑造国际形象，形成中国话语，彰显中国气派。列宁指出："工人阶级本来也不可能有社会民主主义意识，这种意识只能从外面灌输进去，各国的历史证明，工人阶级单靠自身的力量，只能形成工联主义的意识。"[1] 社会大众不可能天然地具有马克思主义思想，这种思想只能依靠宣传教育从外面"灌输"进去，中国特色社会主义理论智库承担着这一重要职责。就国内而言，这种宣传是要推进马克思列宁主义、毛泽东思想和中国特色社会主义理论体系大众化、通俗化，用科学理论武装大众头脑，为实现中华民族伟大复兴"中国梦"提供强大思想保证与精神动力。马克思主义理论具有很强的理论性与学理性，社会大众在学习、领会的过程中容易感到难懂，这就需要智库人员运用正确的宣讲方法与朴实的语言风格，照顾不同社会群体的理解能力、接受特征与生活实际，以社会大众喜闻乐见的形式将马克思主义理论通俗易懂地表达出来。就国际而言，不同国家和民族形成了不同的思想观念与价值选择，共同创造了世界文明成果，需要在国际交往中相互学习、相互借鉴。中国倡导的"和平、发展、合作、共赢"既追求中国人民的福祉，也代表世界人民的福祉。中国特色社会主义理论智库要以这些先进价值观念对外发声，扩大中国在世界上的话语权，向世界人民展示社会主义中国的先进性

---

[1] 《列宁全集》第6卷，人民出版社1986年版，第76页。

与优越性，赢得更多更广泛的国际理解、认同与支持。

(三) 决策咨询

决策咨询功能表明中国特色社会主义理论智库很好地担当了"思想库"、"智囊团"角色，为马克思主义理论研究与建设提供具有针对性和操作性的决策建议与咨询参考。任何政策的出台都是集体智慧的结晶。基于马克思主义理论研究和建设的庞大性、复杂性特点，中国特色社会主义理论智库要充分发挥咨政功能，助力党和国家优质、高效地完成这一重点工程。中国特色社会主义理论智库人才济济，在围绕重大现实问题开展多学科综合研究、因应社会关切方面有独特优势，能够提供坚实的理论支撑。为更好地发挥决策咨询功能，智库专家要始终立足于马克思主义的立场、观点和方法，坚持理论联系实际的原则，积极关注马克思主义理论发展的时代要求，捕捉中国特色社会主义建设中出现或者潜在的实践问题，探究人民群众的利益诉求，适应社会大众的精神需求、接受习惯和思维方式新变化，积极建言献策，为政府部门决策的制定、实施、评估提出政策建议，多出务实管用的方案和对策。同时，中国特色社会主义理论智库还应树立战略思维、世界眼光，力求看准、看清、看透当今世界的风云变幻，从林林总总的表象中抓住本质，助力党和政府在激烈的国际竞争中获取更多有利信息，以思想力量和话语影响助推国际交往。

(四) 人才培养

人才培养是中国特色社会主义理论智库的又一基本功能，就是要通过大力培育青年马克思主义人才，确保马克思主义理论研究与建设能够薪火相传，确保中国特色社会主义事业的人才济济。知识经济时代的到来凸显人才在国际竞争中的价值，人才强国晋升为国家战略，人才素质的高低决定着国家民族未来实力的强弱。青年最富有朝气、最具有创造性，代表祖国的未来、民族的希望，是兴盛马克思主义理论研究与建设的骨干力量。历史与实践表明，中国共产党能够历经 90 多年风雨而依然保持昂扬向上的蓬勃生机，其重要保证就是在党的队伍中始终活跃着怀抱崇高理想、充满奋斗激情的青年人。马克思主义理论发展源于几代人的共同努力而一脉相承，更需要大量青年才俊发挥聪明才智续写辉煌。青年马克思主义人才应具备扎实的马克思主义理论基础，坚定社会主义信念，坚定中国特色社会主义的信心，坚决拥护中国共产党的领导，并且通过创造性劳动为马克思主义理论发展做出积极贡献。为此，中国特色社会主义理论智库要大力培育青年马克思主义人才，并建立起咨政研究核心人才库。通过多种渠道遴选确定一批立场坚定、理论深厚、视野开阔、熟悉情况、掌握政策、联系实际的理论专家，并在相应的人才计划、团队建设、科研立项、出国访学等政策层面予以重点支持，以培养一支骨干队伍，不断提高他们的理论修养、人格品性与政策水平，引导他们逐渐成长为马克思主义理论研究与建设事业发展的中流砥柱。

（五）高端打造

中国特色社会主义理论智库高端打造功能就是要不断提升马克思主义理论研究与建设的水平，将中国特色社会主义理论智库打造成党和政府信得过、用得上的新型高端智库。充分发挥打造功能是中国特色社会主义理论智库其他几大功能实现的重要保障，也是中国特色社会主义理论智库发展的内在要求。一是累积丰富的研究资料。中国特色社会主义理论智库应建立符合自身研究特点的资料室，为研究人员查阅文献资料提供方便，应当基于大量的社会调查、统计分析、经典案例建立起丰富多样的研究资源数据库，为研究人员进行科研活动提供现实数据支撑。二是提供高质量的研究成果。中国特色社会主义理论智库要始终具有强烈的问题意识，紧密结合马克思主义理论的深刻内在意蕴、马克思主义"三化"问题、中国特色社会主义建设事业、培育与践行社会主义核心价值观以及国外马克思主义发展动态等展开研究并产生优质成果，为提升智库的研究质量与咨政质量做好充分的理论准备。三是搭建高水平的研究平台。促进理论成果应用转化是中国特色社会主义理论智库研究的最终目的，也是解决问题的必然途径。中国特色社会主义理论智库应主动搜集、整理、分析、反馈由党和政府界定为有必要采取行动加以解决的客观实际问题，积极建言献策；同时以经济社会发展重大问题和涉及群众切身利益的实际问题为内容，通过学术会议、高端论坛、专门网站搭建成果发布平台，提高成果知名度，扩大成果影响力，真正做到党和政府"信得过、用得上"。

二 中国特色社会主义理论智库主攻方向的集力聚焦

事实表明,智库在今天越来越成为国家治理体系中不可缺少的重要构成,并体现着一国的国家治理能力,在整个国家治理过程中发挥着越来越重要的作用。推进中国特色社会主义理论智库建设的又一现实路径是围绕完善和发展中国特色社会主义制度,推进国家治理体系和治理能力现代化的总目标,集力聚焦主攻方向,力求在一些关键领域、关键环节以及亟待解决的问题上取得重大突破。

(一) 坚持马克思主义指导

马克思主义将科学性与革命性有机统一,深刻揭示了人类社会发展的一般规律,是人类社会发展至今逻辑最严密、生命力最旺盛的理论体系,历经实践反复检验而颠扑不破。马克思主义以实现人的自由而全面发展作为根本使命,坚决维护最广大人民的切实利益,引导人民由必然王国迈向自由王国。坚持以马克思主义为指导,是中国特色社会主义理论智库建设的重要遵循,能够确保中国特色社会主义理论智库建设始终沿着中国特色社会主义道路不断前进。坚持马克思主义指导,就要坚决捍卫马克思主义在国家意识形态领域中的领导地位,把握正确导向,旗帜鲜明地表达中国特色社会主义理论智库"提倡什么"、"准许什么"、"抵制什么"、"反对什么";就要用马克思主义中国化的最新理论成果指导中国特色社会主义理论智库建设,矢志不渝地坚持中国特色社会主义理论体系,学习贯彻习近平总书记系列重要讲话精神,解放思想、实事求是、与时俱进、求真务实,围绕大局,服务中心;坚持马克思主义的指导,要充分考量中国特色社会主义理论智库的特殊性与独立性,尊重智库的学术风格与文化偏好,坚持科学精神,鼓励大胆探索,开展学术争鸣,更好地服务党和国家工作大局,为实现中华民族伟大复兴的中国梦提供智力支撑。

(二) 彰显中国特色

彰显"中国特色"实乃中国特色社会主义理论智库的本色本分。自邓小平提出"把马克思主义的普遍真理同我国的具体实际结合起来,走自己的路，建设有中国特色社会主义"①以来，"中国特色"就成为中国发展壮大的标识、基准与指引。改革开放释放出生产力发展的强大能量，创造了发展中国家崛起的世界奇迹，"中国特色"被打造成一张响亮的国际名片。以"中国特色"为标识的中国特色社会主义理论智库，应将中国文化融入智库发展的全过程。中国文化反映了中华民族的独特风貌与民族特质，是其独异于世界其他民族的内在依据，也是最深厚的国家软实力。中国特色社会主义理论智库建设要充分体现中国文化海纳百川、博大精深的内在魅力，研究中国文化在悠久历史中形成的深厚底蕴，传承中国优秀文化。中国制度内容丰富、结构合理，包括人民代表大会制度的根本政治制度、中国共产党领导的多党合作与政治协商制度、民族区域自治制度以及基层群众自治制度等基本政治制度。它的建立以党的领导、人民当家做主和依法治国的有机统一为基础，从根本上区别于资本主义制度，从形式上区别于其他社会主义国家制度。中国特色社会主义理论智库应在制度允许范围内开展研究与咨政工作，遵循制度要求，维护制度权威。以"中国特色"为指引的中国特色社会主义理论智库，应将中国精神融入智库发展的全过程。中国精神是凝心聚力的兴国之魂、强国之魂，其主要由两大精神构成，即以爱国主义为核心的民族精神和以改革创新为核心的时代精神。中国特色社会主义理论智库应大力弘扬中国精神，激发中华民族的自尊心和自豪感，增强中华儿女团结一致的精神纽带和自强不息的精神动力，万众一心朝着更加美好的未来前行。

（三）编好重点教材

编好哲学社会科学重点教材是马克思主义理论研究与建设工程的一项基础性任务。2011年10月，党的十七届六中全会提出深入推进马克思主义理论研究与建设工程，加强重点学科和教材体系建设。2015年1月，中共中央办公厅、国务院办公厅《关于进一步加强和改进新形势下高校宣传思想工作的意见》强调，要统一使用马克思主义理论研究和建设工程重点教材，抓紧编写完成规划教材，及时充实修订已出版教材，不断完善以马克思主义为指导的高校哲学社会科学教材体系，切实推动中国特色社会主义理论体系"三进"工作。中央"马工程"教材体系是对马克思

---

① 《邓小平文选》第3卷，人民出版社1993年版，第3页。

主义理论知识体系的概括与表达，是传播马克思主义理论的知识载体，帮助社会大众全面深刻地理解马克思主义理论。目前，由中宣部、教育部牵头遴选全国社会科学理论界专家学者深入研讨、反复修改、共同打造出100多种高校哲学社会科学重点教材，重新编译了《马克思恩格斯文集》10卷本和《列宁专题文集》5卷本，《马列主义经典著作选编学习导读》、《科学发展观学习读本》、《中国特色社会主义理论体系学习读本》等理论读物与《干部群众关心的25个理论问题》、《理论热点面对面》等通俗性读物，编写了《法理学》、《科学社会主义概论》、《文学理论》、《史学概论》、《马克思主义哲学》等骨干教材，修订了《马克思主义基本原理概论》、《毛泽东思想、邓小平理论和"三个代表"重要思想概论》、《中国近现代史纲要》、《思想道德修养与法律基础》、《中国特色社会主义理论与实践研究》等高校思想政治理论课教材，作为大众学习经典著作与高校开展马克思主义理论教育的教材支撑，逐步形成了富有中国特色、民族风格、中国气派的哲学社会科学教材体系。编好马克思主义理论研究和建设工程重点教材需要中国特色社会主义理论智库以"守土有责、守土负责、守土尽责"的精神，以严谨的治学态度、开放的国际视野、求真的学术精神、担当的理论勇气不断创作学术精品，为"把统一使用工程重点教材纳入相关专业人才培养方案和教学计划，把工程重点教材作为国家级重点规划教材，把工程重点教材使用情况作为教学评价的重要内容"做出应有贡献。

（四）强化公众舆论引导

舆论是社会大众在探讨公共事务过程中形成的相对一致的态度、判断与情绪倾向，其既包含理性成分，也含有非理性因素。舆论一经形成，其影响便会呈几何倍数迅速放大。当前，国内外公众舆论形势十分复杂。从国际来看，各种思想文化同时共存，其交流交融交锋态势趋于常态，国际舆论领域斗争深刻复杂。从国内来看，伴随着人们思想活动的独立性、选择性、多变性的增强，在互联网舆论这一主战场，各种思想舆论集中呈现，给舆论引导工作提出了新任务新挑战。基于这样的国内外背景，中国特色社会主义理论智库要切实加强舆论引导，把握信息传播的主导权，传递社会正能量。要讲好"中国故事"、阐释好"中国道路"、传播好"中国价值"。马克思指出："批判的武器当然不能代替武器的批判，物质力量只能用物质力量来摧毁；但是理论一经群众掌握，也会变成物质力量。"① 中国特色社会主义理论智库要运用马克思主义中国化的时代眼光总结和阐释中国特色社会主义道路，有力反击新自由主义、宪政民主、历史虚无主义等各种不良思潮，坚决抵御敌对势力的渗透，建设具有中国特色、时代特征的学术理论体系和学术话语体系，扩大影响力，适时向公众发布研究观点，消解理论杂音，引导公众舆论。同时要树立良好的公众形象。公众形象是社会大众对中国特色社会主义理论智库的总体印象与评价，反映社会大众对中国特色社会主义理论智库了解与认可的程度，是中国特色社会主义理论智库十分重要的"无形资产"。中国特色社会主义理论智库只要建立起良好的公众形象，在研究、宣传、咨政等活动中建立起良好的信誉，就能够赢得大众的肯定与支持，增强舆论引导实效。要造就一批知名专家、时事评论员与宣传名嘴担当"意见领袖"，提升舆论引导的号召力、感染力与公信力，使"既不走封闭僵化的老路，又不走改旗易帜的邪路"走进社会大众的精神生活，坚定人民群众对中国特色社会主义的道路、理论、制度"三大自信"。

三 中国特色社会主义理论智库运行机制的建构健全

推进中国特色社会主义理论智库建设，需要集聚社会各界有识之士，在推进"四个全面"战略布局中，从不同视角对中国特色社会主义理论和现实问题进行研究和解答，为国家治理提出符合实际、符合需求的专业性、建设性、实用性的政策咨询，这是新形势下中国特色社会主义理论智库建设的重要使命。推进中国特色社会主义理论智库建设的又一现实路径，就是要整合优质资源，建立健全各方面的运行机制，以保障中国特色社会主义理论智库的科学运行与健康发展。

（一）建立健全协同合作交流机制

协同合作交流机制意指中国特色社会主义理论智库与政府研究机构、社科院、民间智库以及国外优秀智库组建协同创新战略联盟，构建优势互

---

① 《马克思恩格斯选集》第1卷，人民出版社2012年版，第9—10页。

补、深度融合的协作机制。毋庸置疑，每个智库都有自身的独特优势、专业领域和重点产品，但每个智库的研究范畴、研究精力与研究能力都有一定局限性，探索适应不同需求的协同创新模式，有利于形成研究合力。目前，由中国人民大学牵头的"马克思主义与中国道路协同创新中心"、由北京大学牵头的"马克思主义与中国文化协同创新中心"在理论创新、项目合作、成果转化、决策建言等方面取得了重要成绩。建立健全协同合作交流机制，应按照中国特色社会主义智库建设的总体要求，以与中国特色社会主义理论智库建设密切相关的重点研究基础为主要抓手，重点建设一批国家级理论新型智库，提升理论智库的实践服务能力。一是坚持"引进来"与"走出去"相结合，注重同国外一流智库建立实质性合作关系，在全球性和区域性问题上展开合作研究，举办创办高端国际学术会议；建立中国特色社会主义理论智库国外分支机构，以不断拓展中国特色社会主义理论智库的国际话语权和世界影响力。二是加强智库与地方政府、企事业单位的联系与交流，面向区域发展需要，有针对性地派出智库工作人员提供相应的政策咨询，让智库人才在实践中丰富经验、提升能力，也可将地方政府、企事业单位的杰出人才积极纳入智库人才库，形成智库人才流动的良好格局。

（二）建立健全决策咨询联席机制

决策咨询联席机制旨在由官方或智库发起，召集各方专家和权威人士共享思想、知识与经验，讨论、商议、研究某些重大决策问题的工作制度。国家治理决策议题具有鲜明的多元性、复杂性和综合性特征，建立决策咨询联席机制，吸纳不同类型、不同领域智库专家共同参与分析并提出各自独立又相互补充的观点，能起到博采众长、集思广益的作用，提高决策咨询水平。长期以来，党和国家大政方针出台前，都会邀请召开各界专家咨询会，反复论证政策内容的科学性与措施的可行性。如在党的十八大报告起草与修改过程中，中共中央就多次召开座谈会，广泛征集省部级主要领导干部、各民主党派中央、全国工商联领导人、无党派人士等社会各界精英的意见和建议，充分显现出决策咨询联席机制的聚智功能。建立健全这一机制，要将决策咨询联席会议召集人、会议组成人员、会议召开周期以制度的形式确定下来，组织智库人员对中国特色社会主义理论、道路和制度发展中的重大问题进行交流和探讨，吸纳集体智慧，形成自己的解释体系、论证体系和话语体系，并注重学习先进国家的成功做法，以减少盲目性，降低不必要的成本，避免可能的失误。

（三）建立健全评价考核激励机制

评价考核激励机制是检验中国特色社会主义理论智库运行实效的原则、制度与方法的总和。中国特色社会主义理论智库的建设与管理，需要在智库内部与智库之间形成"你追我赶、赶超先进、优胜劣汰"的浓郁竞争氛围，运用各种激励因素与激励手段充分调动智库人员的积极性与主动性，使研究人员与智库建立起同命运共荣辱的关系，全心全意为智库发展添砖加瓦。建立健全中国特色社会主义理论智库的评价考核激励机制，需要把解决国家重大需求的实际贡献作为核心标准，牢固确立"质量第一"的评价导向，不断完善以贡献和质量为导向的绩效评价办法，制定相应的评价标准与考核办法，以体现专家学者在建设中国特色社会主义理论智库中的主体地位和作用。与此同时，应组建一支专业能力强、业务水平高的考核评价队伍，坚持"公平、公开、透明"的原则，严格执行考核评价标准，考察智库基本工作完成情况，检验智库及其研究人员绩效，基于考评结果总结智库发展经验、发现问题、改进工作，给予研究成绩突出、咨政贡献大的智库及其研究人员以精神奖励和物质奖励，鼓励他们多出满足政府、企业、社会等用户需要的研究精品。还应遴选立场坚定、理论深厚、视野开阔、熟悉政策的智库专家，建立咨政研究核心人才库，给予长期稳定支持，树立典型，发挥榜样示范作用，激励研究人员积极参与智库建设。

（四）建立健全资金条件保障机制

资金条件保障机制是加强中国特色社会主义理论智库建设的坚实后盾，为中国特色社会主义理论智库建设提供切实可靠的物力与财力支持。正所谓"巧妇难为无米之炊"，若缺乏必要的资金与条件保障，推进中国特色社会主义理论智库建设便会举步维艰。建立健全资金条件保障机制着力于硬件条件与软件条件，从根本上改变影响中国特色社会主义理论智库建设的机制性束缚。在硬件条件上，国家财政要加大对智库的经费投入力度，根据智库级别与规模确定年度经费支持额度，保证智库日常开支；要为智库配置必需的办公用品、文献资料、仪器设备，创造良好的研究条件。在软件条件上，要加大科研项目支持力度，丰富项目申报种类、提高项目资助额度，完善科研资助模式，尤其应通过资助，激励和鼓励科研项目产出重大的决策咨询成果；打造软科学特色智库基地，如面向产业科技发展需要，组建国际国内重大科技战略问题研究智库，面向区域产业发展需要，培育区域型决策咨询研究中心；实施智库骨干研究人员研修培养计划，有目的、有计划、有意识地通过实践考察、社会调研、挂职锻炼等方式培养高质量的骨干人才队伍，并予以相应的重点支持，引导其发挥骨干作用；鼓励智库参与市场竞争，发挥自身优势，生产智力品牌，千方百计争取社会各界的支持，获得更大自主权，实现经济效益与社会效益的双赢。

参考文献：

[1]《列宁选集》第 2 卷，人民出版社 2012 年版。

[2]《列宁全集》第 6 卷，人民出版社 1986 年版。

[3]《邓小平文选》第 3 卷，人民出版社 1993 年版。

[4]《马克思恩格斯选集》第 1 卷，人民出版社 2012 年版。

（原载《西南大学学报》（社科版）2016 年第 1 期。作者黄蓉生，西南大学党委书记，西南大学马克思主义理论研究中心教授。重庆市北碚区天生路 2 号西南大学行署楼 A 楼党委办公室 400715）

明者因时而变：新型智库视域中的马克思主义话语权创新研究[*]

王 广

摘 要：创新马克思主义话语权研究，是当前建设中国特色新型智库的重要使命。立足新型智库平台开展这项研究，在研究方式上将催生重要变革，主要体现在：更加强调以应用对策研究为龙头；更加强调明确的问题导向；更加强调学科的融通；更加强调学术团队的协作；更加强调新媒体写作；更加强调将研究成果延伸到声光影视动漫等文化领域；更加强调对象性写作，影响海量"没有影响的人"；更加强调完整逻辑支撑下的"碎片式"回应；更加强调研究话语的清新可喜、喜闻乐见；在学术评价方面更加凸显网络影响力和社会反响。

关键词：新型智库 马克思主义话语权 创新

加强中国特色新型智库建设，是党和国家立足新的形势需要作出的一项重要决策。习近平总书记关于新型智库建设多次发表重要讲话，2015年伊始，中办、国办印发《关于加强中国特色新型智库建设的意见》，为建设好中国特色新型智库指明了根本的发展方向，也向哲学社会科学工作者提出了新的时代任务和历史使命。要建设好中国特色新型智库，必须把

---

* 此项目受中国社会科学院马克思主义理论学科建设与理论研究工程资助，项目序号2015mgchq018。

准方向，走对路子，将科研重点和主攻方向置于事关党和国家长治久安的重大理论和现实问题之上。

笔者认为，深化马克思主义话语权研究，不断巩固、持续提升意识形态和思想文化领域的话语权，是当前建设中国特色新型智库的一项重要使命。[①] 马克思主义话语权研究，是事关马克思主义思想指导和社会主义国家意识形态安全的重大课题。习近平总书记在全国宣传思想工作会议上强调："我们必须把意识形态工作的领导权、管理权、话语权牢牢掌握在手中，任何时候都不能旁落，否则就要犯无可挽回的历史性错误。"对马克思主义话语权的研究，核心和本质问题，就是进一步巩固马克思主义在中国意识形态领域的指导地位，进一步提高广大人民群众对马克思主义话语体系的认同感、归属感。"明者因时而变，知者随事而制"，对这样一项具有重要战略意义的课题开展创新性研究，应当超越传统的研究方式，以更广阔的理论视野，借助新型智库的思想合力和资源优势，推出更有效、更深刻、更富有创新精神的研究成果，更好地用主流思想舆论引领多样化的社会思潮，巩固全国人民团结奋斗的思想基础。

一　挑战与应战

当前，在新的时代条件下，由于主客观条件的多重复杂影响，马克思主义话语权的巩固和提升，确实正面临着一系列的问题与挑战。概括起来，主要可以分为以下三个方面。

第一，美国等西方发达国家的意识形态攻势，借助新的科技手段和传播方式不断改版升级。新科技革命和经济全球化浪潮使世界变得越来越小，信息、通信、交通和资源共享等更加丰富和快捷。美国等西方发达国家不断利用新的技术手段与优势，变更手法，翻新花样，广挖渠道，在各种外衣的掩盖下发动意识形态攻势，挑战马克思主义主流话语和我们党的执政合法性。

[①] 马克思主义话语权研究，得到了很多智库的高度重视，例如中国社会科学院于2015年5月26日启动了11个专业化新型智库，其中就包括马克思主义理论创新智库、意识形态研究智库等。

第二，思想意识和观念领域日益多元、多样、多变，那种简单的"定于一尊"的言说方式已经落后于时代。随着社会主义市场经济的深入发展、改革事业的全面深化，思想意识和观念领域也不可避免地变得更加开放、复杂，主流话语日益面对着众声喧哗、众口难调的局面。在这种态势下，如何以更加大众化、多样化、艺术化的手段提升马克思主义话语权，显得极其迫切。

第三，网络新媒体极大地改变了中国传媒格局，对主流话语权、意识形态安全提出了严峻的挑战。新的时代条件的重大变化之一，就是网络新媒体的飞速发展。网络技术和新媒体的扩张，人人都是自媒体，人人都有麦克风，人人都可以在非常大的"尺度"上进行言说，这一方面扩展了网民的思想和意见表达空间，但同时也向维护和提升马克思主义话语权提出了重要挑战。可以说，当今时代，不占领网络新媒体，就难以从根本上掌握话语权。

挑战就是命令。在马克思主义话语权研究问题上，必须积极应战，以创新性思维，补足短板，赢得胜利。就国内研究现状来说，近年来，马克思主义话语权研究取得了一系列成果，推出了一些有分量的作品。但总体而言，研究相对滞后，研究成果还不是很多，研究的指向性、针对性、对策性、应用性、创新性都有待加强。[①] 马克思主义话语权的研究与提升，应当借助建设中国特色新型智库的东风，乘势而上，积极创新，赶上中国经济社会快速发展的步伐，赶上科技发展的新浪潮和理论传播的新趋势，与西方发达国家的意识形态攻势开展既旗帜鲜明又富有战斗艺术性的话语权较量，在全世界范围内讲好中国故事，唱响中国声音，提升中国形象。

二 话语权研究的顶层设计

借助中国特色新型智库的平台，加强马克思主义话语权研究，应当是一项具有大视野、综合性、战略性的研究，必须做好顶层设计，保证研究的总体开展和协调推进。

---

① 笔者在中国知网以"马克思主义话语权"为篇名关键词进行检索，有308篇文章；分别以"智库"、"话语权"为篇名关键词进行二次检索，专业研究文章还极少。

第一，话语的历程。古人云，不忘初心，方得始终。要知道历史往何处去，首先须知历史是从哪里来的。研究如何提升马克思主义话语权，必须盘点家底，将我们有哪些话语，这些话语是如何建构起来的，在当今时代背景下又如何新陈代谢、推陈出新等问题搞清楚。这就需要我们以广阔的理论视野和扎实的学术功底，认真梳理马克思主义话语发展的历史资源和发展历程。主要包括四部分：首先，深入挖掘马克思主义经典作家关于话语权的思想，总结经典作家在创立马克思主义并夺取马克思主义话语权的艰辛历程和实践智慧。其次，考察马克思主义话语权在中国的历史进程与实践经验，总结话语权建设的特点、难点和重点。再次，探讨和吸取苏联马克思主义话语权建设的经验教训，尤其是全面、翔实、客观、准确地呈现西方发达国家对苏联实施的话语权争夺战。最后，考察当代中国马克思主义话语权建设的基本情况，认真梳理马克思主义话语权建设面临的挑战和问题。这一部分实际上就是以话语权为核心和主线，展示马克思主义沧桑百年、挺进中国并取得恢宏成就的伟大历史。

第二，概念的清厘。"工欲善其事，必先利其器"，科学、严密、清晰的概念，是一套话语体系的支点。马克思就曾指出："一门科学提出的每一种新见解，都包含着这门科学的术语的革命。"[①] 人们通过这些概念、术语，才能了解并进而认同一套理论体系。当前，我们的马克思主义话语权还有待加强，一个重要原因就在于，我们往往陷在很多西方提出的概念中"被动应战"，在西方的"主动出击"中难以放开手脚，例如"民主"、"人权"、"平等"等概念。这些概念，在某种意义上是对人类社会文明成果的总结，而不是资本主义社会的专属概念。从历史阶段来说，马克思主义的理论体系在现时代也还不能完全超越这些概念。因而，我们必须用马克思主义的立场观点方法，理直气壮地对这些概念进行界定、清厘、改造工作，赋予其更加科学的内涵，使之成为我们维护和提升马克思主义话语权的有力工具。例如，应当从自己的历史和国情出发，在积极参与国际人权领域的活动和对外人权斗争中，将人权的普遍性与中国历史、文化和现实的特殊性结合起来，形成了具有中国特色的社会主义人权观，强调生存权和发展权是基本人权，这就使旧的人权概念获得了崭新的时代内涵，带有鲜明的中国特色和民族特色。

---

① 马克思：《资本论》第1卷，人民出版社1975年版，第34页。

第三，议题的设置。主动设置、提出并引领具有全球视野的讨论议题，是掌握话语权的重要体现。客观而言，西方的思想界、舆论界、学术界乃至政界很早就在这一方面展示了强大的实力。从美国前总统尼克松的"不战而胜"、英国前首相撒切尔夫人的"别无选择"，到美国学者亨廷顿的"文明的冲突"、约瑟夫·奈的"软实力"，以及福山的"历史终结论"，无一不显现出其对资本主义话语体系的成熟驾驭能力。新中国成立以来，在马克思主义指导下，中国也先后提出了很多颇具影响的时代议题，如中共在万隆会议提出的"和平共处五项原则"、毛泽东关于"三个世界划分"理论，还有邓小平"和平与发展是当今时代主题"的重要判断，等等。[①] 放眼当下，面对复杂多变的国际形势和艰巨繁重的国内改革发展任务，中国依旧肩负着引导核心议题、展现大国风范、巩固马克思主义话语权的艰巨使命，比如"中国梦"与"世界梦"的融通、"一带一路"战略构想、"亚投行"的多元合作、"亚洲命运共同体"等。正是在这些议题的推动下，有中国特色的马克思主义理论体系正在积极地掌握话语权、抢占"制高点"，为认识人类社会的发展提供新的视野。

第四，学理的增强。马克思主义是科学的世界观和方法论，它继承和改造了人类思想和文化当中一切有价值的东西，揭示了自然界、人类社会和人类思维的客观规律，具有极强的学术性、理论性。它的学理性是马克思主义话语权能够取得影响的重要因素。随着时代的发展，马克思主义的学理性也理应体现在对新的实践经验的不断总结和深化之中。当前马克思主义话语权在某些领域不强的原因，部分在于其学理性不彻底、不明晰，没有做到与时俱进、开拓创新。马克思主义话语权要引领多元社会思潮，引导社会舆论，就在于其自身对于历史和实践具有高度的学理上的概括和总结。思想认识上的困惑疑难，只有靠讲道理，而且是讲深刻透彻的道理来解决。只有深刻的学理性才能真正解决在社会实践中出现的各种思想困惑和问题，才能更有效地为社会主义政权的合法性和合理性提供论证和说明，才能具有持久的感召力、吸引力和凝聚力。进一步提升马克思主义的话语权，就离不开增强马克思主义的学理性，通过马克思主义的道理、学理、真理，做到服人、得人、引人、聚人。

---

① 例如毛泽东关于"三个世界划分"理论迄今仍有宝贵的时代价值，可参见姜安《毛泽东"三个世界划分"理论的政治考量与时代价值》，载《中国社会科学》2012 年第 1 期。

第五，传播的拓展。对于话语权来说，传播力在很大程度上等于影响力。传播不出去，就谈不到有影响。西方话语权的强势，乃至国内一部分非马克思主义、反马克思主义话语兴起，就在于其拥有了较强的媒体传播力和影响力，尤其是在新媒体平台上抢占了很大空间。当前，西方发达国家为了继续把持话语的垄断权，发展中国家为了争得国际话语权，都在努力打造具有影响力的媒体，更新自己的传播方式，扩大自己的受众面，力求在国际舆论竞争中赢得主动。马克思主义话语权的发展，一直以来都十分注重运用广泛、便捷、有效的传播方式。在新的时代，在网络新媒体飞速发展的态势下，大力拓展马克思主义的传播方式，实现传统媒体与新兴媒体的有机融合，从媒介、方式、受众、语言风格等方面，进行传播的全方位延展，就成为深化马克思主义话语权研究、扩大马克思主义话语权的必然选择。

三　话语权研究方式的十大变革

在中国特色新型智库的意义上讨论深化马克思主义话语权研究，除了要做好顶层设计、开展宏观战略性研究之外，对于学者的治学方式而言还意味着什么呢？

新型智库建设要以服务党和政府决策为宗旨，以政策研究咨询为主攻方向，充分发挥其咨政建言、理论创新、舆论引导、社会服务、公共外交等重要功能。在现有的学科体系和学术分工状况下，加强新型智库建设，就需要深化科研体制改革，调整优化学科布局，加强资源统筹整合，重点围绕提高国家治理能力和经济社会发展中的重大现实问题开展国情调研和决策咨询研究。这就意味着，学者投身智库建设，依托智库的科研资源和思想合力开展马克思主义话语权研究，在研究方式上可能要产生一些比较大的变革趋势。主要体现在以下几个方面。

第一，更加强调以应用对策研究为龙头。加强马克思主义话语权研究，离不开对马克思主义基本原理的深入解读和阐释。原理研究是提升马克思主义话语权的源头活水和强大理论资源。而以新型智库为平台提升马克思主义话语权，就不仅强调原理研究，而且更加强调应用对策研究，强调如何将原理研究化为具有现实可操作性的、可以直接影响实践的政策咨询和行动指引。只有这样，才能真正让马克思主义话语权一头联结深邃的理论思考，另一头联结现实的实践安排。

第二，更加强调明确的问题导向。问题意识，是学术理论研究的准星。陷于文本的汪洋大海而没有现实的、紧迫的、明确的问题意识，学术理论研究就会失去方向，失去自己应有的境界。文本固然重要，固然应当成为学术研究的基础，但绝不意味着只有解决了所有文本问题我们才能够前进，绝不意味着只有弄清了所有文本疑问的理论才能指导实践。实际上，马克思主义的基本原理是明确的，并且已经在实践中得到了成功的检验。文本研究当然要做，但不能将其作为学术研究的全部。尤其是在新型智库研究中，更加重要的是明确问题导向，以马克思主义基本原理为指导，重点攻关党和政府关注的重大理论和现实问题。

第三，更加强调学科的融通。当今时代所面临的问题，都是综合性、复合型问题，很难通过单一学科来提供完整的解决方案。尤其是我们在经济社会发展中所遭遇的热点、焦点、难点问题，无一不是涉及多个领域、多个行业、多个社会层面。以马克思主义话语权研究而言，在现有的学术分工体系下，就可能至少涉及哲学、政治经济学、科学社会主义、政治学、社会学、新闻传播学、语言学、国际关系等多个学科。这就要求我们在新型智库的统一平台上，打破学科壁垒，促进学科之间的交流融通，借助多学科的理论合力来深化研究。

第四，更加强调学术团队的协作。当今学界一个颇值得玩味的现象是，专家很多而大家不多。从某种意义上说，这也许是学术研究走向深入但又深入不够的"夹层"过程中所遭遇的现象之一。现今从事学术研究的学者，在所谓的现代学术分工体系中，都大体上被固定在某一个学科领域之内，长期接受该学科的专业训练，所交往、交流的也都是本专业领域的学者，谙熟本学科，而对其他学科的关注和研究则相对欠缺。在这种现实的学术格局之下，要解决综合性问题，必然要更加突出学术团队的分工协作，借助不同学科学者的专业优长，发挥 $1+1>2$ 的功效，以最优方式深化马克思主义话语权研究。

第五，更加强调新媒体写作。网络新媒体的"燎原"式发展，已是不争的事实。马克思主义话语权的巩固、提升、扩大，一方面要牢牢立足于传统媒体，这块传统阵地不能丢；但更重要的是在网络新媒体守住阵地，夺回失地，并开疆拓土，拓展话语疆域的纵深。因此，新型智库的研究及研究成果的落地,就不能仅仅将视野局限在报纸、杂志、图书等传统媒体上,而必须突出强调新媒体写作,勇于并善于采用新的写作手法和传播方式,通过网站、论坛、博客、微博、微信、搜索引擎等扩大主流话语,提升话语权。忽视新媒体,就是在现时代找不到作战的战场,那么无论是对马克思主义话语权的研究,还是提升马克思主义话语权的具体对策,都将逃脱不了脱离时代、脱离实际的命运。

第六,更加强调将研究成果延伸到声光影视动漫等文化领域。以往的研究者基本上都是以文字或文字的口头表达为基本工具,所以往往被趣称为"文字匠"。但新型智库的研究方式要突破这一点,将马克思主义话语权的研究范围辐射到更加广阔的声光影视动漫等文化领域。现时代早已进入了读图时代、动漫时代、影像时代,受众越来越耐不住单纯的文字"轰炸",而更加青睐文字与图片、文字与影像、文字与其他艺术形式的互动。面对这一现实的显著变化,要创新马克思主义话语研究、提升马克思主义话语权,就要善于化盐于水,善于将严肃的学术成果进行大众化、平民化、通俗化的转化,在各种为大众所喜闻乐见的艺术形式中巧妙地融入主流话语和价值观念,以达到自己的宣传和教化目的。在这方面,美国好莱坞大片、日本动漫、韩剧等,在艺术手法和传播方式等方面都有很多可资借鉴之处。值得注意的是,在现时代,高头讲章是学问,而打造一部既能融贯主流话语和价值观念,又能票房飘红、吸金数亿元甚至数十亿元的影像作品更是学问,而且是盐与水交融的大学问。在当前全民娱乐的时代氛围中,学术研究不能再孤独而茫然地端坐在象牙塔中与现实世界隔离起来,而必须以更大的智慧投入人潮人海中,以富有艺术魅力和思想张力的好作品,推动时代稳健地行走在本应属于自己的轨道上。

第七,更加强调对象性写作,影响海量"没有影响的人"。按照传统看法,学术本应是"荒江野老屋中,二三素心人商量培养之事"(钱锺书先生语)。这一点在当今时代亦显宝贵,彰显了学术研究的渊雅高洁。但与此同时,随着大众传媒的兴起和全民化阅读的呈现,学术研究也需要逐渐适应这一转变,一方面孜孜兀兀于"旧时王谢堂前燕",另一方面也要让学问和思想的魅力"飞入寻常百姓家"。在笔者看来,现时代的学术研究成果,尤其是马克思主义话语权的研究成果,应该进一步细分读者和受众,在两个路向上加大传送力度:一是要黄钟大吕,振聋发聩,影响"有影响的人",从而影响决策;二是要嬉笑怒骂,行走坐卧,俯仰皆成文章，以此影响海量"没有影响的人"，并最终产生大"影响"。辩证法认为，量变可以引起质变，事物的不同性质之间可以相互转化。逐渐影响那些"没有影响的人"，积攒到了一定数量，就会形成质变，造成巨大影响。网络空间的所谓"大V"、"大咖"，走的正是这样的路子。要巩固、提升马克思主义话语权，也必须采取读者细分策略，从小入手，从微着力，从少做起，积小量为海量，以流量换影响。

第八，更加强调完整逻辑支撑下的"碎片式"回应。笔者注意到，这些年来那些削弱、否定、反制马克思主义话语权的言行，往往是以碎片化的形式出现的，攻其一点，不及其余。为何如此？这是因为这些人实际上很"聪明"，他们准确地抓住了现时代人们只有碎片化阅读时间、只能见缝插针式阅读的习惯——很多人的阅读不正是在地铁、公车、饭桌、睡前、卫生间进行的吗——以及移动终端日益普及的特点，从而大量提供"带毒"的信息碎片，让这些碎片准确而高效地侵占人们的碎片化阅读时间，并通过便捷的移动终端到处传播，对巩固马克思主义话语权造成极其巨大的危害。而且，这些碎片其实不是真正的碎片，在其背后，隐藏着一个完整的、隐秘的逻辑，这就是以抹黑党史国史、削弱共产党执政合法性、抢夺马克思主义话语权为核心。以往我们针对这种攻击，更多的是在传统媒体上发表正式论文，予以驳斥，虽然文章都是精心制作，摆事实，讲道理，也起到了一定宣传作用，但其总体而言收效甚微。面对变化了的形势，就要果断采取新办法，切实提出新对策。通过新型智库平台创新马克思主义话语权研究，同样可以采取严整逻辑之下的碎片式回应、回击和主动出击，将对错误观点的批驳、对正确话语的弘扬，都变成可供"悦"读、宜于传播的"正能量"信息碎片，密集抢占大众的碎片化阅读时空，并通过移动终端广为传播，最终积小为大，化零为整，拼碎片为全图，形成主流话语的强劲攻防。

第九，更加强调研究话语的清新可喜、喜闻乐见。当前有一些强调马克思主义话语权、宣传马克思主义的文章，立意和观点都是很好的，但传播效果并不尽如人意，原因之一就是其所使用的语言、概念、话语都过于陈旧，很难引起大众的阅读兴趣。就话语方式而言，一些研究表现出两种看似相反、实则同一的问题。一是学术话语的陈陈相因，理论文章的面目雷同，套话满篇，空洞无物；二是对西方学术话语的生硬模仿，生搬硬造，似通非通，半生不熟。这两种弊病看似相反，实则都是学术话语原创性不足、僵化落后的表现。在现时代，要真正争得并不断提升马克思主义话语权，就必须更加强调研究话语的清新可喜、喜闻乐见，用民众熟悉的、能够接受且乐于接受的语言和表达方式来传播主流话语和价值观念。毛泽东同志是语言大师、演讲大师，他就最善于用最通俗、形象、生动的语言，深入浅出地阐释马克思主义的深刻道理。土地革命战争初期，他向长期受封建迷信束缚的贫苦农民讲解革命道理时，就采用了农民能够听懂的"土"语言，他说："信八字望走好运，信风水望坟山贯气。今年几个月光景，土豪劣绅贪官污吏一齐倒台了。难道这几个月以前土豪劣绅贪官污吏还大家走好运，大家坟山都贯气，这几个月忽然大家走坏运，坟山也一齐不贯气了吗？土豪劣绅形容你们农会的话是：'巧得很啰，如今是委员世界呀，你看，屙尿都碰了委员。'的确不错，城里、乡里、工会、农会、国民党、共产党无一不有执行委员，确实是委员世界。但这也是八字坟山出的吗？巧得很！乡下穷光蛋八字忽然都好了！坟山也忽然都贯气了！神明吗？那是很可敬的。但不要农会，只要关圣帝君、观音大士，能够打倒土豪劣绅吗？那些帝君、大士们也可怜，敬了几百年，一个土豪劣绅不曾替你们打倒！现在你们想减租，我请问你们有什么法子？信神呀，还是信农民会？"[1] 毛泽东同志自己都说："我这些话，说得农民都笑起来。"[2] 做农民的工作，从农民那里获得话语权，赢得农民的拥护和支持，要使用农民的语言；现时代做网民的工作，要从网民那里获得话语权，赢得网民的拥护和支持，不同样要使用网民的语言吗？在话语方式上，"自绝于"网民，将难以取得积极进展。不是玩弄新潮的流行词句以"卖萌"、"装纯"，而是越正确的思想越需要有效的表达。创新马克思话语权研究，亟须一场表达方式、学术话语的革命。

第十，在学术评价方面更加凸显网络影响力和社会反响。学术评价是学术研究的重要环节之一，其考评品鉴对学术进步有极其重要的影响。学界对如今一些学术评价标准的过于量化、脱离实际、囿于规范等弊端已经进行了深刻的剖析。当前，改革学术评价，必须坚持以马克思主义为指导，以服务中国特色社会主义为旨归，以推动理论创新、学术繁荣为职

---

[1] 《毛泽东选集》第1卷，人民出版社1991年版，第33—34页。
[2] 同上书，第34页。

责，以增强中国学术话语权为追求。[①] 巩固、提升马克思主义话语权，是获得良好学术评价的题中应有之义。而有助于大众、有助于网民认同、接受并积极传播主流话语和价值观念的研究成果，必定具有高度的网络影响力，可以形成广泛的社会影响。对这部分文章的评价，将越来越挣脱外在的学术规范性要求，超越单纯为研究而研究的外部性学术生产，强调传播广度，注重受众感受，凸显文章实效，为不断巩固和提升马克思主义话语权书写新的学术气质、时代气息和中国气派。

（原载《南京政治学院学报》2016年第1期。作者王广，中国社会科学杂志社研究室副编审。北京市朝阳区光华路15号院1号楼泰达时代中心　100026）

[①] 高翔：《构建具有鲜明中国特色的社会科学评价体系》，《中国社会科学报》2014年4月18日。

加强民族文化软实力研究 推动中国特色新型智库建设

曾 明

摘 要： 我国是个多民族国家，各族人民在长期的交往交流交融中共同创造了光辉灿烂的文化，成为中华民族共有的精神财富。党的十八大指出，文化是民族的血脉，是人民的精神家园。当前，我国全面建成小康社会进入决定性阶段，建设中国特色新型智库，进一步增强民族文化软实力，意义重大。本文全面梳理了当前我国民族文化发展中存在的困难和问题，深入分析了民族文化软实力与建设新型智库的关系，提出了加强新型智库建设与提高民族文化软实力的路径。

关键词： 民族文化 文化软实力 新型智库

文化是一个国家和民族的精神和灵魂，任何国家和民族要立足于世界民族之林，都需要建设具有独特性和内聚力的文化体系。当今世界，随着全球化、信息化、市场化和多元化的推进和影响，文化软实力在综合国力竞争中的作用愈加凸显。各个国家和民族更加重视文化的建设以及文化软实力的塑造。与之相伴，其发展进程，既是经济等硬实力提高的进程，也是思想文化等软实力提高的进程。

中国是一个由56个民族构成的多民族国家，各少数民族文化是中华文化体系的重要组成部分。各族人民在长期的生产生活中凭其智慧和探索创造了独特的民族文化，并在各族的交往交流交融中共同创造了光辉灿烂的文化，形成了中华民族共有的精神财富。在新形势下，保护和发展各少数民族优秀传统文化，提升民族文化软实力，有着重大的现实意义和深远的历史影响。

文化的姿态决定了国家以怎样的态度面对国际国内环境。党的十八大指出，文化是民族的血脉，是人民的精神家园。全面建成小康社会，实现中华民族伟大复兴，必须推动社会主义文化大发展大繁荣，兴起社会主义文化建设新高潮，提高国家文化软实力。[1] 习近平总书记强调，提高国家文化软实力，要努力夯实国家文化软实力的根基，要努力展示中华文化独特魅力，要注重塑造中国的国家形象，重点展示中国历史底蕴深厚、各民族多元一体、文化多样和谐的文明大国形象，努力提高国际话语权。[2]

智库是文化的载体，也是国家"软实力"和"话语权"的重要组成部分，对政府决策、社会舆论与公共知识传播具有深刻影响。《中共中央关于全面深化改革若干重大问题的决定》和《关于加强中国特色新型智库建设的意见》明确指出，要重点建设一批具有较大影响和国际影响力的高端智库，这为建设中国特色新型智库指明了根本方向、提出了总体要求。要通过大力加强中国特色新型智库建设，以科学咨询支撑科学决策，以科学决策引领科学发展，全面提升文化软实力，树立社会主义中国的崭新形象。

当前，中国全面建成小康社会进入决定性阶段，建设中国特色新型智库与增强民族文化软实力都面临着重要的历史机遇与突出的发展难题，二者联系更加紧密，互为依托。正确处理两者的关系，能够进一步繁荣和发展社会主义文化事业，促进文化融合和文化发展，增进民族团结和国家认同，进而推动全面建成小康社会宏伟目标的顺利实现。

一 科学评估当前中国民族文化发展中存在的困难和问题

中国是个多民族国家，民族众多、文化多元是中国的基本国情，也是

---

[1] 胡锦涛：《坚定不移沿着中国特色社会主义道路前进 为全面建成小康社会而奋斗——在中国共产党第十八次全国代表大会上的报告》，2012 年 11 月 19 日，新华网，http://www.xj.xinhuanet.com/2012-11/19/c_113722546.htm。

[2] 习近平：《建设社会主义文化强国 着力提高国家文化软实力》，2013 年 12 月 31 日，新华网，http://news.xinhuanet.com/politics/2013-12/31/c_118788013.htm。

重要优势。当前，受全球化、市场化、信息化、工业化等因素的影响和冲击，新文化以及外来文化不断出现，人们的生产生活方式和思想价值观念正发生深刻变化，少数民族传统文化的可持续发展正面临着巨大的挑战，文化资源的保护与传承存在一些突出问题，集中体现在以下几个方面。

（一）传承方式古老单一，后继无人

在相当长的时间里，少数民族文字、古籍文献等过去一般为宗教从业人员、村寨长老等少数人掌握，当前这些宝贵的民族文化和古籍文献被视为"落后"或"封建迷信"的代表，加之现代各种潮流的侵袭，学习者甚少，随着掌握者的逝去，必然出现"人亡字失"，现在如水书、毕摩经典已经面临无人能读懂翻译的尴尬现实，一些民族的史诗、神话传说、古歌等大量口头传承文化也面临后继无人的现实困境，部分少数民族传统节日和传统工艺也出现加速消亡或异化的严峻局面。同时，中国民族教育体系中，仅有极个别的少数民族拥有从学前教育到大学的传承体系，如藏族、维吾尔族、蒙古族、朝鲜族，但这种传承体系依然脆弱，而大多民族还在延续过去的家庭、师徒传习方式，缺少学校教育的传承路径，这使一些少数民族语言文字以及其他文化资源的传承受到极大的影响。随着新技术的不断推广和市场经济的影响，少数民族群众的生产生活方式在发生深刻的变化，文化的传统受到较大冲击，可以说，综合自然因素、社会因素的影响及现代文明的冲击，中国少数民族传统文化资源正遭受严重损失，民族文化的保护传承步履维艰，困难重重，中国文化的多样性、丰富性正受到冲击，亟须加以保护和开发。许多宝贵的民族文化已经处于后继无人的尴尬境地，基层少数民族文化人才队伍建设尤为薄弱，那些人民喜爱、国内外知名的名家大师和民族文化代表人物更是缺乏，文化断层或消失的现状应该引起高度的重视，特别需要加快建设少数民族文化人才队伍培养体系。

（二）物力资源投入不足，毁损严重

改革开放以来，特别是 21 世纪以来，中国对于少数民族文化资源的保护更加关注，在文化资源保护中采取了一些积极措施，也产生了一些标志性成果，但整体而言，一些地方、部门重视程度还严重不够，对文化资源的保护与开发投入不足且不均衡，特别是一些边疆地区公共文化设施十

分薄弱。目前，民族地区还有相当数量的县市没有文化馆、图书馆，很多乡镇还没有建设文化站，或者作用发挥不充分，甚至还有一些行政村未通广播电视，当地群众能够享受到的公共文化服务还很有限。政府对于加强文化资源的研究和保护的意义还没有认识到位，开展保护、研究的力量分散，保护成效并不显著，一些少数民族语言文化由于缺乏必要的物力投入进行有效的保护，已经濒临消亡；一些珍贵的民族古籍文献缺乏收集、整理和保护的有效支持，已经消亡。更令人担忧的是，近年来，国际上一些机构和个人乘虚而入，大量采集收购民间古籍文献、工艺品等文化资源，其流失海外的情况日趋严重。这种状况，与传承保护民族文化的迫切需要，与国家繁荣发展民族文化事业的要求有较大的差距，形势严峻。

（三）技术措施缺乏创新，开发不足

当今世界范围内，随着科学技术的发展和先进技术的应用，特别是技术自主创新对文化资源的保护正发挥着巨大的推动作用。改革开放以来，中国经济总体实力得到明显提升，但毕竟还是发展中国家，总体实力依然不强，而且区域发展严重不平衡，大部分民族地区还属于贫困地区，群众的生产生活依然是工作的重点，在民族文化及民间资源的保护开发中，技术创新尚未得到应有的关注和重视，能够利用的资金有限，先进技术的利用更是少之又少。从思想观念上看，一些文化部门和文化艺术工作者没有与时俱进，而是因循守旧，被动开展工作。由于民族地区生活环境艰苦，工作条件落后，难以吸纳优秀人才，民族文化资源保护与开发人才奇缺，同时由于投入不足、经费短缺，加之人才缺乏等因素，民族地区文化资源开发与利用不足，有的开发创新性不够，开发的效果不够理想，断档严重，与文化资源保护与开发的要求相差甚远，严重妨碍了对少数民族文化资源传承与开发的顺利实施。而高等学校虽然承担着文化传承创新的重要办学职能，由于与政府部门、社会各界缺乏顺畅的文化资源共享机制，不能充分发挥自身优势，无法为民族文化资源的保护传承提供足够的人才支持和智力支持，导致民族文化资源开发长期局限于材料收集整理阶段，缺乏理性归纳和创新性开发。

这些问题的长期存在，已经成为一个涉及文化保护、国家认同、民族凝聚力以及经济社会可持续发展的不容忽视的战略性问题，必须引起高度重视，从理论、技术、对策、保障等方面开展系统性的研究，既要研究如何传承、弘扬少数民族文化，能使优秀的传统文化在现代发展过程中不落伍或不被抛弃，在不断创新中增强活力，转化为可持续发展的新动力；又要积极适应文化发展的形势需要，加强关于民族文化资源保护与文化产业开发关系的战略思考，整合各种社会资源，开展协同攻关，促进文化产业发展，提高文化再造能力，这对于提高国家文化软实力具有重要的意义和价值。

二　正确认识提升民族文化软实力与建设新型智库的关系

综观当今世界各国现代化发展历程，智库在国家治理体系建设、文化软实力的挖掘提升中的作用日益突出。作为重要的智慧和知识的生产创造机构，现代智库在各国经济社会文化发展和国际事务的处理中发挥越来越重要的作用，在文化资源的保护传承中有着较为突出的位置，已经成为一个国家和民族思想创新的源泉。就智库自身而言，智库文化是智库建设中最核心、最本质的成分，体现为智库的目标、信念、哲学伦理及价值观，发挥着导向、约束、凝聚、激励、调适与辐射等核心功能。可以说，智库也是一个国家软实力和国际话语权的重要标志，其发展程度正成为一个国家或地区治理能力的重要体现。为此，建设高水平、国际化、有影响的智库已经成为一个全球化趋势。

（一）加强智库建设是提高中国文化软实力的应有之义

当今中国，智库的数量、质量、影响力和参政能力都有大幅度提升，成为影响决策过程的重要因素。习近平总书记强调，要从推动科学决策、民主决策，推进国家治理体系和治理能力现代化、增强国家软实力的战略高度，把中国特色新型智库建设作为一项重大而紧迫的任务切实抓好。基于当前中国智库的发展现状和长远需要，特别是文化资源保护传承发展的现实需要，中国特色新型高校智库的建设理应把提升国家文化软实力作为自身的重要任务，能够理论联系实际，探讨文化发展规律，提出一大批影响大、水平高的研究成果和咨询建议，切实为党和政府科学决策提供高水平智力支持，从而打造一批在国内外具有重要影响的高端智库，真正成为建设中国特色新型智库的重要力量，成为展示中国文化软实力的重要窗口。

《中国特色新型高校智库建设推进计划》明确指出，要推进文化是一个社会的重要精神支柱，在知识经济时代和全球化进程中，世界各国的文化也呈现出交流与交锋、合作与较量的新格局。文化软实力成为一个国家和民族的凝聚力、创造力和生命力之源，是世界各国制定文化战略和国家战略的一个重要参照系。中国丰富多彩的少数民族文化为中国特色新型智库的发展提供了更为广阔的研究空间，民族文化的多样性进一步丰富了新型智库的建设内涵。可以说，文化是智库的灵魂，文化视角影响着智库的发展方向，智库的文化在很大程度上决定和影响着智库自身的软实力。

建设中国特色新型智库是向世界呈现中国民族文化软实力的重要渠道。当今世界，作为一种更高层次上的竞争，文化软实力对内要解决凝聚力和创造力的问题，对外要解决阐释力参与力问题，在综合国力竞争中的作用越来越凸显。现代中国文化走向世界，不仅要成为世界文化百花齐放中争奇斗艳的一朵奇葩，更要成为世界文化演进中大有作为的参与者。中国特色新型智库的建设就是要发挥其在公共外交和文化互鉴中的重要作用，让世界人民更加深入地了解中国博大精深的民族文化，为世界文化注入"中国元素"，提供"中国理念"，在国际舞台上发出中国声音，努力推动中华文化和当代中国价值观念走向世界，不断增强中国的国际影响力和国际话语权。

（二）民族文化软实力的提升需要高水平智库的支撑

中国是个多民族国家，民族众多、文化多元是中国的基本国情，也是重要优势。但随着新文化以及外来文化不断出现，加之信息化、市场经济和现代潮流的侵袭，中国对文化资源的保护与开发投入不足，许多独特的民族文化面临后继无人的困境，一些民族文化资源受损严重或者处于消亡的边缘……这些问题的长期存在，已经成为一个涉及国家文化认同、民族凝聚力以及经济社会可持续发展的不容忽视的战略性问题。建设新型智库，要有明确的"问题意识"，迫切在理论、技术、对策、保障等方面开展系统性的研究。

增加文化认同的艰巨性进一步强化了建设中国新型智库的历史使命和社会责任。全球化进程在便利人类交往的同时，也在一定程度上激活了民族主义，悄无声息地改变着人们的文化认同、民族认同和国家认同。而民族认同和国家认同的基础是文化认同。中国是一个多民族国家，我们既要尊重少数民族的文化特性，又要建设社会主义核心价值体系，构建中华民族共同精神文化家园，任务相当沉重。建设中国特色新型智库就应该把增进文化认同作为一个必须时刻思考和做出选择的重大课题，以文化认同为纽带，促进民族认同与国家认同相统一。

智库是理论创新的主体力量，能够为党和政府科学决策提供有力的智力支持。在历史进程中，中国各族群众共同创造许多独特性、丰富性、不可替代性兼具的文化和文化资源，成为中华民族文化宝库中不可或缺的重要内容，为中国特色新型智库开展研究提出了许多重大课题。打造服务于民族文化软实力的中国特色新型智库，就是作为智库的科研院所、政府职能部门等，要以解决民族文化软实力建设中存在重大现实问题为着力点和突破点，坚持立足前沿，把握文化软实力发展规律和趋势，充分利用各种智力资源，对机遇与挑战、问题和前景进行科学研判，为加强既多元发展又紧密联系的中华文化"多元一体"的发展格局、增进文化认同、提高文化软实力做出应有的贡献。可以说，中国特色新型智库建设是提高民族文化软实力的应尽之责。

（三）创造性地发挥智库在提升文化软实力中的作用

中国智库要成为在民族文化传承保护、提升文化软实力方面有决策影响力的研究机构，还有赖于多渠道、多形式提升政策影响力，在关于文化的重大公共政策的制定上，能够提供独立、专业、可操作、富有建设性的解决方案。要建设这样一批以此为使命的高端智库，必须首先明确智库在文化传承、保护发展与社会进步，尤其是提升文化软实力中所应担当的发展使命、指导思想、原则方向、重点任务等，为智库在文化保护中高效发挥作用提供基本依据。

智库在文化保护创新中发挥应有的作用，必须注重创新。首先要注重理论上的创新。只有理论创新，才能推动实践活动的层次、质量不断提高和更新，为民族文化发展创造出更多更有价值的成果。在调查研究过程中，必须紧跟时代步伐，多参与社会实践，不故步自封，才能完成更符合客观规律的研究成果，进而更好地服务于文化的保护发展有关活动。其次，要注重研究方法的创新。在少数民族文化保护创新的研究过程中，要注意吸收人类学、民族学、历史学、经济学、社会学、管理学、统计学以及其他学科的研究方法和成果,发挥交叉学科、边缘学科的研究优势,提高研究成果的科学性和系统性。再者,重视知识的创新。在新常态和新形势下,在提升中国文化软实力的新征程中,致力于服务文化发展的中国特色新型智库必须明确研究方向,坚持走专业化路子,着力在提升研究质量上下功夫,追求新发现,探索新规律,创新新学说,积累新知识,在对外交流、公共外交、舆论引导中展现更大作为,深化拓展与国际智库的交流合作,在国际舞台上积极发声、善于发声,增强国际话语权,多出优秀成果才能为中国少数民族文化的保护创新提供不竭的动力。

三 全面加强新型智库建设,推动民族文化的传承发展

面对民族文化软实力建设中存在的突出问题和困难,中国特色新型智库的建设必须从战略和政治高度正确认识少数民族文化价值,发掘同源文化、地缘文化的独特魅力,建构一种更具生命力的良性循环的文化环境,以一流的重大理论和政策研究成果为党和政府提供决策咨询服务。

(一) 服务国家文化发展战略,保障民族地区长治久安

实现民族地区的长治久安是全面建成小康社会的重要保障。维护民族地区的社会稳定和持续发展,既要着力发展经济、不断改善民生,也要用先进文化凝聚民心。中国特色新型智库是党和政府科学民主依法决策的重要支撑,必须将民族文化软实力建设上升到国家文化战略层面,"在事关根本、基础、长远的问题上发力",把推进文化交往交流交融作为一项战略性、基础性工作,以推动中华文化和当代中国价值观念走向世界、不断增强中国的国际影响力和国际话语权为目标,既要大力加强民族文化特别是少数民族优秀文化的研究、整理、保护和传承工作,又要通过多种渠道向广大人民群众开展宣传教育,引导他们对少数民族文化的形成过程及彼此间的联系有一个科学的认识和理解,满足少数民族群众精神生活需要,从根本上维护国家文化安全,建设牢固的中华民族共有精神家园。在推进民族文化的交往、交流、交融和先进文化的引领中发挥积极作用,为实现民族地区长治久安做出应有贡献。

(二) 顺应民族文化发展趋势，促进民族文化保护传承

中国少数民族文化资源富集，种类繁多，有古代历史文化（历史文物、历史文化建筑、特色宗教建筑等）、自然人文景观、民间文学、工艺美术和民俗风情等。在现代化和经济全球化的背景下，优秀的少数民族文化的保护传承在维护民族文化的多样性、促进经济社会的持续发展和推动社会主义文化繁荣发展中的作用和意义更加突出。但在此进程中，这些根植于农牧业文明的传统优秀民族文化，正遭受着工业化、城镇化、全球化、信息化发展带来的负面侵袭，已经日渐式微，诸多少数民族文化资源毁损严重，一些文化资源已经处于断代和灭绝的危险。若再不采取有力措施加以保护，在造成文化资源损毁消失的同时，还会导致民族文化的庸俗化、民族文化认同感失落以及文化价值降低等一系列严重后果。少数民族文化资源的保护、传承和繁荣，既关系到传统文化的延续发展，又是经济社会发展的基础和前提。因此，中国特色新型智库的建设要进一步加强对民族文化传承重要性的认识，更加注重对少数民族文化资源的保护性开发，坚持走可持续发展道路，在发展经济与传承保护民族文化之间找到平衡点和契合点，致力于建立社会、家庭、学校和文化机构联动保护发展机制，为系统研究各少数民族的社会历史和文化发展提供平台和服务社会的智力基础，以推动少数民族地区社会经济健康稳定发展。

(三) 推动民族地区经济发展，促进民族文化发展繁荣

各族人民在长期的生产生活中，形成了独具特色、丰富灿烂的民族文化和地域文化。这些文化资源成为中国文化宝库中的珍宝。少数民族文化是一笔宝贵的资源财富，对这些资源进行全方位的保护和开发利用，既是文化可持续发展的前提条件，也是推动民族地区经济社会结构调整、转化发展方式的重要资源基础。但受制于自然环境、思想观念、发展机制、规章制度等因素的影响和制约，加快发展文化产业，挖掘民族文化资源，打造特色文化品牌，把文化资源发展成为让群众致富的文化财富还面临一些障碍，尚需破解几大难题。因此，智库建设要科学地推动文化产业化，在做好文化资源传承保护中带领各族群众全面实现小康，一方面有利于推动当地的经济社会发展，另一方面可以形成民族文化资源保护传承、繁荣发展的长效动力。加强中国特色新型智库建设，就是要站在历史发展和国家

文化安全的高度，立足于民族地区的经济社会可持续发展，以促进文化资源保护与文化产业发展相促进为着力点，积极开展少数民族文化资源保护传承问题研究，为地方政府制定符合本地区文化资源传承的规划措施提供优质智力支持，确保文化产业发展有目标、有重点、有秩序。通过大力发展民族文化产业，促进民族地区经济发展方式的转型，引导群众自觉承担起传承本民族优秀文化资源的重任，促进少数民族文化资源的传承发展。进一步解放思想，充分发挥政策优势、科教优势和先导区、示范区方面的优势，深入研究，大胆探索，走出一条加快科技创新的新路。要在推动重点产业跃升上实现新突破，继续做大做强支柱产业，培育发展优势特色产业，全面提升产业综合实力。

中国少数民族传统文化是中国文化软实力的首要资源和重要基础，进一步丰富了中国特色新型智库建设的内涵。这些文化博大精深，不仅体现了其民族在岁月沉淀中生存、发展的历史力、思想力，以及在当代前进中的现实力，也是未来发展中的发源力和传播力，蕴含着丰富的正能量。在新的历史条件下，只有不断从包括少数民族文化在内的中国传统优秀文化中汲取养分，深刻理解中国文化软实力的本质特征，全面拓展中国特色新型智库的建设内涵，才能走出一条"又新又特又专"的新型智库建设之路，进而全面提升中国文化软实力，促进民族文化的繁荣发展。

（作者曾明，西南民族大学校长、教授。四川省成都市一环路南四段16号西南民族大学610041）

反腐廉政智库建设的抓手

——实现标本兼治的计量反腐原理[*]

李后强　李贤彬

摘　要：习近平总书记关于新型智库建设的论述，为国家反腐廉政智库的设立提出了新的要求，各反腐廉政智库的建设，必须协同创新，助力国家实现反腐败工作的标本兼治。反腐败工作中事后惩戒是治标，事中防治与事前免疫是治本。急则治标，缓则治本；标本兼治方可治疗危害社会的腐败毒瘤。随着社会生活与科学技术的发展，反腐措施与反腐手段呈现出由治标向治本转变、由定性分析向定量解析过渡的态势。基于腐败与反腐领域数据与模型的积累，计量方法与模型逐渐被反腐研究与实务领域所吸收。计量模型与方法、数理模型与方法、大数据模型与方法的发展与丰富，逐渐勾画出了一幅标本兼治的计量反腐原理图景。本文阐述了实现标本兼治的计量反腐原理体系，给出了标本兼治的计量反腐新概念：计量反腐、腐败免疫、"数据铁笼"；标本兼治计量反腐新原理：腐败与反腐败可计量原理、腐败动态演化原理、反腐大数据社会透视镜原理；标本兼治计量反腐新方法：反腐面板数据分析方法、数量化反腐法、大数据反腐法。

关键词：标本兼治　计量反腐　机制创新

---

[*] 四川省科技厅应用基础计划"服务于决策支持的社会舆情大数据集的高阶 NARMAX 理论系统研究"基金项目，项目编号："2015JY0086"。

一 引言

"中国智库担负何种角色,如何建设有中国特色的新型智库"是实现习近平同志关于"新型智库建设"必须回答的问题。为国家反腐倡廉工作提供智库服务的机构必须协同创新,服务于党和国家廉政政治建设的重大战略需求,寻求反腐廉政智库建设的重要抓手,将国内各种优势资源整合起来,以期实现反腐败工作的标本兼治。

腐败是公权私用,包括权钱交易、权色交易、权权交易等多种实现形式。腐败的危害林林总总,不胜枚举。反腐就是预防、阻止和惩处公权私用,目标是形成不敢腐、不能腐、不想腐的局面。反腐败是国家民族发展稳定的基础;实现不敢腐的事后惩处是治标之计,达到不能腐与不想腐的事中防治与事前免疫是治本之策。

腐败、反腐败的研究与实务工作,需要由治标向治本进而实现标本兼治转变,这一过程将引导相关工作由定性描述走向定量乃至计量研究与实务运用;社会网络的发展及大数据的成熟,促使腐败行为研究与反腐败行动有了数据资源基础;计量理论与方法的储备为计量反腐原理的构建提供了方法论基础;实现标本兼治的计量反腐原理应运而生。

计量反腐原理的构建是在从严治党和廉政建设理论指导下,在党纪国法框架内,运用数学方法和计算机技术对收集的统计数据进行整理分析寻找腐败发展趋势与活动规律,从而提出对策的一系列原理体系。

标本兼治的计量反腐原理包括如下几点。一是相关性原理:任何腐败都有内外关联性,可以用时间序列和大数据分析;二是传导性原理:腐败具有传染性,可以扩散;三是隐蔽性原理:腐败具有极强隐蔽性,不能见光;四是可量化原理:腐败程度和速度可以用数据表征;五是自组织原理:腐败在利益驱动下自发形成,到了临界值就崩溃,形成窝案、串案,以及系统性、区域性、塌陷式腐败;六是树干性原理:腐败有主干、分支、树叶,大中小层次,具有类似榕树一样的一木成林特点。

本篇阐述了实现标本兼治的计量反腐原理体系,给出了标本兼治计量反腐新概念:计量反腐、腐败免疫、"数据铁笼";标本兼治计量反腐新原理:腐败与反腐败可计量原理、腐败动态演化原理、反腐大数据社会透视镜原理；标本兼治计量反腐新方法：反腐面板数据分析方法、数量化反腐法、大数据反腐法。

二 实现标本兼治的计量反腐原理介绍

（一）计量反腐原理定义

计量反腐原理（Anti‐corrupt‐metric principles）就是综合运用概率统计等数量化方法、现代数理模型、大数据技术等计量理论与技术对腐败与反腐败变量之间的相关或因果关系进行定量分析的科学原理。

治标之计在于应对腐败困局，多用事后描述与逻辑阐述为主。治本之策在于防治与设计免疫系统，从根源上铲除与治理腐败，需用定量乃至计量原理，采取系统思维加以综合规划。

（二）计量反腐新概念

反腐败工作与组织的三个核心功能是：调查与执行、腐败防治、意识与教育；反腐策略激励结构本质在于：事前消除腐败机会、事后增加处罚风险；腐败治理网络体系包括督察、调查与处罚。在传统腐败与反腐败领域的基本概念之外，标本兼治的计量反腐原理创新概念包括以下三种。

一是计量反腐：综合运用概率统计等数量化方法、现代数理模型、大数据技术等计量理论与技术，对反腐败工作理论体系与实践应用进行指导的腐败治理体系。

二是腐败免疫：是指构建一套体制机制，让资源、权力、决策在有效的体系内合规运行，官员在进入行政体系后就像打了免疫针一样对腐败行为有着天然的防护能力，实现不想腐的战略目标。

三是数据铁笼：指运用大数据技术，围绕资源、权力、决策的三角关系设定系统触角、反馈、控制等综合防控体制机制，形成以包裹权力为核心的大数据笼子，实现人在干、云在算，最终构建权为民所用的数据铁笼。

（三）计量反腐原理构建原则

计量反腐原理是本体学科中的基础原理，即是运用计量方法研究腐败与反腐败相关原理，亦即基于反腐败规律的研究，创新研究手段与方法，以构建标本兼治的计量反腐原理。计量反腐原理建设，应该遵循一般学科建设的基本学术原则，[①] 包括基本原则、参考原则、科学性原则、客观性原则、理论性原则、制度性原则、方法性原则。

（四）计量反腐原理构建思路

计量反腐原理构建思路包括：厘清腐败、反腐败、惩治腐败、预防腐败、腐败免疫等学科基本概念，推演腐败发生、演化、暴露的核心规律，归纳计量反腐基本原理，推导计量反腐基础定理，衍生计量反腐实操基本原则，创新反腐体制机制研究。

计量反腐原理的研究主题包括：腐败行为的计量经济学模型、腐败案例数据的统计回归分析、腐败行为发展演化的动力学模型构建、腐败与反腐败大数据应用、腐败行为惩治—预防—免疫的博弈模式构建。

（五）计量反腐创新原理

腐败与反腐败可计量原理：随着社会的进步及各种度量手段与工具的发展，人类社会进入了"一切皆可度量"的时代，腐败与反腐败领域亦无例外地可度量。基于计量技术、现代数理模型、大数据技术的发展，本文创新性地提出腐败与反腐败可计量原理。

腐败动态演化原理：随着社会的变迁、技术的进步，腐败行为与反腐败工作呈现动态演化的性状，腐败描述与反腐败工作需要适应研究对象动态变迁的现状，因此本文创新性地提出腐败动态演化原理。

反腐大数据社会透视镜原理：类似于显微镜之于细胞生物学的发展、望远镜之于天文学的发展，大数据之于社会科学的发展而言，可以对社会透视镜加以描述。因此大数据之于反腐工作而言即可创新性地提出反腐大数据社会透视镜原理。

（六）计量反腐创新方法

反腐面板数据分析方法：传统的反腐败定量分析主要基于横截面数据分析、时间序列分析，缺乏关联数据的调用。现代反腐败实践发现，众多

[①] 史天社：《新方志学概念及其学科架构》，《西部学刊》2013年第5期。

腐败案例涉及面板数据，需要创新性地运用面板数据分析法指导反腐工作。

数量模型反腐法：腐败行为的暴露只是表现，其内部存在一定的特殊规律，如何由表及里地分析腐败行为发生的原因、腐败行为演化的动态规律等内在逻辑规律，需要创新性地运用现代数理模型加以分析研究。

大数据反腐法：围绕资源、权力、决策等主客体存在大量实时数据流，传统的小样本数据分析难以全面客观地概括与分析相关行为，反腐败工作需要借助大数据技术与方法对主客体表征出的大容量、动态实时、多样化、准确的数据流进行分析处理。

三　实现标本兼治的计量反腐原理体系

（一）计量反腐之反腐计量原理

基于腐败与反腐败的横截面数据、时间序列数据、面板数据，通过计量方法加以分析应用，普适的计量方法包括如下几类。①

（1）小样本 OLS、大样本 OLS、最大似然估计法、异方差与 GLS、自相关、模型设定与数据问题、工具变量、2SLS 与 GMM 等，该类工具与方法适用于腐败相关横向与纵向数据的分析，基于腐败计量模型，实现对腐败模型的参数估计、假设检验及预测。

（2）二维选择模型、多值选择模型、排序与计数模型、受限被解释变量模型等，该类模型适用于腐败行为的因果分析。

（3）短面板、长面板与动态面板、非线性面板数据分析方法等，该类分析方法适用于腐败行为的联动性分析。

（4）随机试验与自然试验、蒙特卡洛法与自然法、平稳时间序列、单位根与协整等，该类试验方法适用于腐败行为发展规律的分析。

（5）自回归条件异方差模型、似不相关回归、联立方程模型、非线性回归与门限回归、分位数回归等，该类分析方法适用于腐败行为关联性分析。

（6）非参数与半参数估计、处理效应、空间计量反腐、久期分析、

---

①　陈强编著：《高级计量经济学及 Stata 应用》（第二版），高等教育出版社 2014 年版。

贝叶斯估计等，该类方法适用于腐败行为模型参数或非参数估计及模式预测。

（二）计量反腐之数理原理

腐败与反腐败内在发展规律的分析需要运用现代数理模型加以实现，应用于反腐败决策与研究领域较适用的数理模型包括以下几类。

（1）腐败发生原因分析；

（2）腐败行为表现特征：莫比乌斯分析；

（3）国家、地区或组织腐败程度度量：腐败感知指数（CPI）、组织腐败程度度量（分维）、模糊值、泊松分布等；

（4）预防腐败：腐败行为演化特征的量子跃迁、腐败集团的扩散限制凝聚 DLA 模型、集体腐败坍塌的自组织临界现象分析（SOC）、传染病扩散模型等；

（5）腐败免疫：动态免疫设计（DI）等；

（6）博弈论方法反腐败；

（7）腐败行为判别：0 – 1 布尔代数等。

（三）计量反腐之大数据原理

现代信息技术的发展为腐败与反腐败研究提供了海量的数据与实时的数据，反腐败工作需要运用大数据容量与基础加以实现，大数据运用于计量反腐领域的方法包括以下几类。

（1）惩治腐败：聚类与回归，腐败行为判别；

（2）有指导学习与无指导学习：腐败严重程度聚类，违纪、严重违纪、违纪违法、严重违纪违法行为分类；

（3）腐败集团挖掘：社交图谱关系分析；

（4）腐败预防机制设计：大数据治理；

（5）群体腐败情势研判：大数据挖掘；

（6）决策树：制度笼子的大数据设计。

四 实现标本兼治的计量反腐原理展望

（一）社会发展为计量反腐原理发展奠定了环境基础

随着经济社会的发展与人民对清廉政府与商业组织诉求的提升，中国乃至全球各国及地区政府与非政府组织高度重视反腐败工作，有利于计量反腐原理的构建与发展。

（二）计量基础学科的发展为计量反腐原理发展提供了理论与技术基础

量化思维已日益深入社会科学与行为科学研究领域，计量技术的大众化运用、大数据技术的普及应用等客观基础的具备，为计量反腐原理提供了基础环境。计量技术的发展、数理模型的积聚与广泛运用、大数据技术的发展与实践应用，这三项基础的奠定为计量反腐原理的破壳而出提供了理论与技术基础。

（三）信息技术的发展与广泛应用为计量反腐原理的使用环境提供了应用基础

社交网络的日益兴盛与人类活动的适时网络化，为反腐工作借助信息技术提供了应用基础。腐败行为的可感知、腐败成因分析的全域性、腐败干预活动的前瞻性、腐败免疫的动态特性等创新学科体系环境的形成，为计量反腐原理的使用环境提供了运用基础。

五 初步结论与讨论

（一）发展计量反腐原理的意义

1. 计量反腐原理推动反腐工作由表及里，为精确定量反腐提供强力支撑

随着国家反腐败力度的加大，腐败主体的行为更加隐蔽且更难以认定，因信息时代来临应运而生的移动互联、互联网金融手段的使用使腐败

行为呈现高科技化和隐秘化，因此需要革新反腐败机制加以应对。计量反腐创新原理的诞生以及其运用的创新思维与理论技术体系，将使"埋得更深、隐得更秘"的腐败行为被发掘出来并受到惩治，由此推动反腐工作由表及里、由浅入深，为精确定量反腐提供强有力支撑，进而实现反腐败工作的标本兼治。

2. 计量反腐原理推动反腐工作由定性描述走向定量分析

传统的反腐工作对腐败与否的分类、腐败严重程度的认定等关键问题，多数采用定性的方法和原理加以确定，反腐败工作宽严程度随政治气氛的变化而变化，难免对当事人与社会带来"人治"反腐的不良印象。从世界反腐败工作的历史和现状来看，反腐败工作需要一套系统且能够量化的工作标尺与评价标准，来实现科学反腐、制度化反腐、量化反腐的目标。

3. 计量反腐原理支持反腐工作由事后惩戒向事前预防干预转变

反腐败工作是一项长期且需要远景规划的国家事业，惩治腐败是事后治病救人，是反腐败工作的初级阶段，达到的目的是"不敢腐"，很难发挥行政体系人员与制度体系的反腐倡廉主观能动性。古语云"防患于未然"、"谋定而后动"，当期在惩治腐败的同时还需要设计预防腐败的制度与系统体系，在资源分配、权力运行等领域，运用系统化的理论设计运行机制实现腐败免疫。

4. 计量反腐原理的发展促进反腐工作由政治性反腐向制度性反腐转变

由于滋生腐败的环境在于权力，而反腐败工作的推动也必须来源于强力部门，由此历朝历代、世界范围的反腐败工作或多或少存在一定的政治性因素，这难免为政治竞争对手所诟病。计量反腐原理的产生与发展将能在一定程度上剥离反腐败工作中的政治因素，而从国家和民族健康发展的视角来规划与设计制度性反腐工作体系。

5. 计量反腐原理的应用使反腐工作由区域反腐向国际联动过渡

定性的反腐工作因不同政治体制、民族意识及经济发展水平而呈现差异化的区域反腐制度与文明，随着经济全球化时代的来临、人口迁徙与企业经营活动日益跨国化，区域各自为政的反腐败工作难以有效发挥相关作用。计量反腐原理的出现将实现反腐工作的定量客观化，有利于反腐工作的国际与区域合作，为反腐败工作的国际联动提供了"共同语言"。

(二) 计量反腐原理发展路径

1. 实现标本兼治的计量反腐原理存在理论创新基础

反腐败社会实践过程中出现了新的情况、新的问题，需要给出理性分析与理性解答，对反腐败工作的本质、规律与发展变化的趋势需要做出新的揭示和预见，需要对反腐败工作历史经验和现实经验做出理性升华，对反腐败工作原有理论体系或框架实现新的突破，对原有理论和方法给出新修正与新发展，以及对理论禁区和未知领域开展新的探索，这些领域的创新拓展就构成了计量反腐原理理论创新的基础。

2. 实现标本兼治的计量反腐原理存在广阔应用前景

从腐败行为识别、腐败发生原因分析、腐败严重程度度量、腐败发展规律、区域或国家腐败个案发生规律到腐败行为反演、腐败防治与腐败免疫等反腐体制机制创新领域的分析与实现都需要从定性走向定量来看，计量反腐原理具备广阔的应用前景。

3. 实现标本兼治的计量反腐原理存在系统实现储备

计量技术的发展、数理模型的广泛应用、大数据实现技术的落地为计量反腐原理提供了学科发展理论基础，移动互联网、社交网络、云计算的普及与应用，为 PC 端、移动手机端应用开发提供了技术实现基础，计量反腐原理在学科研究与实践应用领域已经具备系统实现的相关储备。

4. 实现标本兼治的计量反腐原理存在实践探索空间

新常态下反腐工作具备更深更广的实践内涵，面对日益复杂的反腐形势，传统的定性分析加人工判断与人工处罚的反腐败工作机制严重制约着反腐败工作的深入开展。计量反腐原理引导下的自动化、信息化、实时化技术的运用为反腐实践探索提供了更大的空间。

（作者李后强，四川省社会科学院党委书记、教授；李贤彬，四川省社会科学院金融与财贸经济研究所副教授。成都市一环路西一段 155 号　610071）

从反恐怖主义问题研究谈新型智库建设

贾 宇

党的十八届三中全会《关于全面深化改革若干重大问题的决定》中提出,"加强中国特色新型智库建设,建立健全决策咨询制度"。中国特色新型智库将在全面深化改革、维护社会稳定和可持续发展的过程中扮演着越来越重要的角色。结合西北政法大学反恐怖主义研究院、反恐怖主义法学院建设历程及其研究,我谈几点新型智库建设的体会。

一 组建反恐怖主义研究院、反恐怖主义法学院,反恐研究与人才培养并重

我们西北政法大学几十年来长期扎根西北,前身是1937年中国共产党在延安创办的陕北公学。后历经延安大学、西北人民革命大学、西北政法干部学校、西北政法学院、西北政法大学等时期。新中国成立后,就承担着为西北地区培养政权干部、政法干部、民族干部的国家任务,学校始终有着关注西北问题、关注稳定问题、关注民族问题、关注宗教问题的历史使命感和自觉。

我们从20世纪90年代开始接触恐怖主义犯罪问题,通过进一步了解、研究,意识到恐怖主义问题必将是危害中国新疆乃至全国安全稳定的心头大患。2004年以来,我们先后承担了"建设高素质法治工作队伍研究"国家重点课题,承担了"个人极端暴力犯罪的防控与治理研究"、"兵团调犯与异地改造研究"、"西北地区危害国家安全犯罪研究"(该课

题结项后获优秀鉴定结论）等国家课题，承担了"国际反恐法律问题研究"、"个人极端恐怖犯罪活动分析"、"中国反恐怖主义法的实施问题研究"、"国际反恐怖主义法律、政策及其借鉴"等中央政法委、公安部、司法部课题。

2006 年，西北政法大学成立反恐怖主义研究所。2012 年，经过国务院学位委员会讨论，我校申请的"服务国家特殊需求博士人才培养项目"获批，成为全国首家招录反恐方向博士的大学。

2014 年，学校汇聚资源，积极打造新型智库，组建了反恐怖主义研究院和民族宗教研究院，建立起一支由 20 多名来自不同民族的专家教授组成的专职研究队伍，聘请了相关研究领域的一批高水平的客座教授和特邀研究员，带动校内一批相关学科教师从事反恐怖主义方向的交叉研究，在承担反恐怖主义方向的博士培养任务的同时，招收和培养反恐怖主义方向的法学硕士。

2015 年 4 月 8 日，由中共中央对外联络部联合国内外涉"一带一路"50 多家研究机构组建的非法人学术团体——"一带一路智库合作联盟"在北京成立。西北政法大学反恐怖主义研究院和民族宗教研究院获邀为理事单位，校长兼反恐怖主义研究院院长贾宇教授为特邀理事，民族宗教研究院院长穆兴天教授为理事。

西北政法大学反恐怖主义研究院于 2015 年 9 月 16 日正式开通"反恐怖主义信息网"，旨在向社会提供全面客观的全球恐怖行为动向、国际反恐舆论、国际社会反恐行动与政策法规，以及国内外反恐研究动态等前沿信息。"反恐怖主义信息网"是致力于研究反恐活动及数据信息的专业交流展示平台。网站主要包括四大栏目："全球恐怖活动"、"学术动态分析"、"政策法规推介"、"研究院工作"，对网站信息注重真实性、及时性、权威性、专业性。反恐怖主义信息网除对全球恐怖活动、反恐行动、研究动态进行及时报道外，还将推出系列专业分析报告。

2015 年 11 月，西北政法大学反恐研究院入选中国法学会首批法治研究基地。

2016 年 1 月 16 日，西北政法大学反恐怖主义法学院正式成立。反恐怖主义法学院共有专职教师 22 名，教授 6 名，副教授 8 名，校内兼职教授 12 名。反恐法学院将培养反恐怖主义方向本科、硕士及博士人才，注重法学、民族学、宗教学、国际关系、新疆史地与政治学等多学科的交叉支撑和知识结构的复合。从 2016 年起，面向全国招生。3 月，招收了第一批反恐法律硕士。9 月，将招收第一批本科学生。

反恐怖主义法学院在人才培养的目标、层次方面，本科阶段设置法学专业反恐怖主义方向，学习期限 4 年，着力培养具有系统扎实的法学专业知识和反恐怖主义专门知识，实践能力强、综合素质高，能够从事防范与打击恐怖主义工作的应用型、复合型专门人才；硕士阶段，依托法律硕士专业学位，在法学和非法学两个类型法硕当中设置反恐怖主义方向，学习期限分别为 2 年、3 年，突出培养具有复合知识结构，具备系统扎实的法学专业知识和反恐怖主义知识，熟悉和掌握反恐怖主义政策和相关法律、法规，具有敏锐的反恐怖主义意识和相应工作能力和素质的高素质人才；博士阶段，继续招收和培养"西北地区反恐怖活动法律问题研究"、"西北地区民族、宗教法律问题研究"等方向的博士研究生，主要是为中央政法机关、各地党政机关、政法部门和教学研究机构培养能够专门研究和解决反恐怖主义工作的重大问题、维护国家稳定安全的高级法律人才。

反恐怖主义法学院在人才培养特色方面，注重法学与政治学、民族学、宗教学、社会学、管理学多学科的交叉支撑和知识结构的复合。硕士研究生注重招收具有相关语种或少数民族语言、信息安全技术等专业知识背景的优秀本科生。

在学生来源和选拔方面，反恐怖主义法学院本科生培养已从校内相关专业本科学生中遴选组建 4 个班，220 名学生。反恐怖主义法学院硕士生包括 2015 年招收的 6 名硕士生以及 2016 年遴选的 25 名硕士生，共 31 名。从 2016 年起，面向全国招生，已录取 60 名硕士研究生。硕士研究生培养按照择优、自愿的原则，在入学后第二学期确定研究方向。

反恐怖主义法学院所培养的学生主要面向司法、执法、民族宗教事务、涉外部门和其他党政机关，公共组织、大型企业、高校和科研院所、智库组织，积极满足不同领域对反恐怖主义法治人才的需求。

目前，西北政法大学与西安外国语大学、西安邮电大学等高校磋商，共同发起成立了陕西高校界的"长安联盟"，在师资共享、资源开放、联合培养、协同创新等方面开展全方位合作。合作的一项重要内容就是发挥各自的专业优势，协同培养反恐怖主义实践急需的熟悉相关语种、网络信息安全技术、法学和反恐怖主义知识的复合型高素质人才。

严格来说，西北政法大学在 2013 年之前的反恐怖主义研究所，不是

"实体智库",而是"虚拟智库",对策建议与决策层沟通渠道不足。2013年之后,西北政法大学反恐研究院才从"虚拟智库"转变为"实体智库"。其最重要的产品,就是每年不定期报送《反恐要报》、《反恐研究综合简报》。有些要报,比如"打击三股势力的法律对策",先后获得习近平、俞正声、孟建柱等党和国家领导人批示、批阅,相关内容体现在《刑法修正案(九)》以及《反恐怖主义法》中。我自己长期从事反恐方面的研究,也长期亲手建设反恐智库,至今已有20多年,有一些心得体会,与大家共享。

二 关于智库建设的思考——以反恐研究为视角

(一)新型智库必须以"中国问题"为导向,以服务决策为指针,将国家全局性、前瞻性、战略性、综合性、长期性问题研究以及当前热点、难点问题研究有机结合,力争为国家决策提供管用的政策建议

2009年"7·5"事件以来,暴恐犯罪在新疆频繁发生,愈演愈烈,2009年、2010年、2011年均在百起以上,2012年、2013年均在200起以上,2014年数量又有增加,发生了莎车"7·28"大规模的暴力恐怖事件,2015年发生了拜城"9·18"煤矿袭击等暴恐事件。而且2013年北京金水桥"10·28"暴恐事件,2014年昆明"3·1"暴恐事件,2015年沈阳、温州、广州、桂林等地的暴恐事件,表明暴恐犯罪已经外溢至全国,大有山雨欲来风满楼之势,暴恐犯罪已经成为一个战略性、全局性的稳定问题。我们反恐研究院通过甄选前沿课题,组成团队进行研究,在反恐法律、政策问题上,例如,反恐怖单行立法、恐怖主义犯罪刑事立法、反恐高层级内部会议上,不断提供重要信息和建议,持续发出、增强我们在高层决策界的声音,取得了一定的决策影响力和社会影响力。

(二)新型智库必须以"中国实践"为基础,加强协同研究,重调查研究,坚持求真务实

1. 要加强协同研究,改变单兵作战的研究方法,打破部门、学科壁垒,组建跨部门、跨学科的研究团队,进行综合研究、协同攻关

首先是外部协同。在反恐研究方面,我们与中央政法委、公安部、司

法部，陕西省公安厅、西安市公安局，新疆维吾尔自治区、地市、县区政法委、司法、公安、检察院、法院、国安、文保、民宗、新疆生产建设兵团等单位、部门建立了紧密的联系，广泛合作，密切配合。

其次是内部协同。应对反恐维稳需求，西北政法大学积极搭建科研和人才培养平台。近两年，设立了六个研究院——中华法系与法治文明研究院、民族宗教研究院、反恐怖主义研究院、丝绸之路区域合作与发展法律研究院、传统文化研究院。六个研究机构合作研究、共同攻关，已经在我们研究重大问题中发挥了作用。比如，我们在组织撰写《"新疆问题"的对策与建议》大型调研报告上，就组织相关法律、民族、宗教、历史、文化等专家、教授十余人，讨论十余次，共同会诊，出谋划策，最后成稿。

2. 要加强调查研究

没有调研，就没有发言权；没有调研就不能发现真问题、解决真问题。信息数据的采集积累离不开社会调查，符合实际、好用管用的对策建议更离不开社会调查。2005年以来，我们反恐研究团队几乎每年都要深入新疆南疆反恐一线，深入暴恐多发的喀什、和田、阿克苏地区，走访政法委、公、检、法、司、国安、监狱、看守所、公证处以及政府相关部门，深入社区、农村，进行实地调研；携手兵团，共同探讨、研究维护新疆长治久安、和谐发展的重大问题、基础问题。

一是了解现实中的情况。比如，在南疆重点市县，已经有装甲车、武装巡逻车巡逻，防控暴恐；个别暴恐重点县市、乡镇，已经开始不定期驻扎武装工作队，协助基层组织、驻村工作组展开工作。又比如，南疆地区少数民族，几乎全民信教，老百姓"信教不信法"现象严重。再比如，经过内地广东、浙江、上海、山东、深圳等发达省份、城市的大力援建，南疆城市建设日新月异，已经有了翻天覆地的变化，但农村地区、边远地区的基础设施不够完善，老百姓人多地少，仍然较为贫困，基数庞大。

二是跟踪变动中的情况。比如，2009年之前，新疆的暴恐多是以民族分裂为诉求，以新疆独立为目标；2010年以后则有新的变化，新疆暴恐基本都以极端宗教为旗帜，宣扬"圣战、殉教、上天堂"，鼓吹煽动"杀异教徒"，明显呈现宗教因素大于民族因素的倾向。又比如，经过近两年的严打，新疆南疆街面治安形势有明显好转，干部开展各种治理管理行政工作有底气了，宗教氛围有所降温，但"严打"的数量很大，南疆四地州数以万计，涉及的家属、亲属范围更广，高危人群基数大，转化教育的难度大，需要认真对待，才能解决后顾之忧。2007 年，我们在乌鲁木齐召开了一个危害国家安全犯罪研究的课题研讨会，当时有安全、司法机关的人说，新疆监狱、看守所关了数以千计的"危安嫌疑犯"。2008 年我们再去调研，因为清理超期羁押，相当一部分危安嫌疑犯被释放了，结果这些人在 2009 年"7·5"事件都出来了，成了破坏的骨干。

三是比较分析变化了的情况。比如，2010—2014 年严打前，南疆四地州，宗教氛围日益浓厚，婚礼不笑、葬礼不哭、不准唱歌跳舞、商店不卖烟酒、不穿民族服装，区分清真非清真现象严重，穿"吉里巴甫"、"里切克"等奇装异服，戴面纱，年轻男子留大胡子，已成普遍现象。2014 年严打之后，上述现象有所收敛。又比如，南疆地区，2014 年严打之前，老百姓不愿意送孩子上学，不愿意接受正规的教育，上学就跟旅游、儿戏一样，他们反而愿意送孩子到地下经文学校、地下经文培训点，接受野阿訇的极端宗教教育，严打之后，上学情况有好转。但是否有实质的变化，能否持续，值得跟踪和研究。

（三）新型智库必须建立与需求对接的新模式，突出研究的应用价值和服务意识，做实对策，接地气才能有底气

因此，在研究过程中，需要邀请实际工作部门直接参与、共同确定智库的重点任务，联合组建研究团队，从源头上解决科学研究与决策需求脱节的问题。例如，我们反恐研究院要报送的"打击三股势力的法律对策"，就是中共中央办公厅调研局 2013 年交给我们调研组的"命题作业"，我们受领任务后，深入和田地区、喀什地区调研，倾听反恐一线的声音，回西安后又进行认真的协同研究，形成成果报送，后转发国家有关部门，为《刑法修正案（九）》、反恐法立法、打击暴恐犯罪提供了理论参考。

与需求对接，除了完成"命题作业"外，也要加强"自主选题"，积极开展多维度、宽领域的自主研究，拓展决策者的思维空间。比如说，说到底，暴恐问题是政治问题、是意识形态问题、是政治伊斯兰的问题，那么，经济问题是不是暴恐发生的主要原因之一？"7·5"事件是近年暴恐频发、民族关系恶化的原因，还是民族关系紧张的结果？2015 年 8 月，新疆针对居民护照申领放开，是利还是弊？反恐斗争中为何群众不够积极？如何发动群众？新疆干部任命的双轨制，基础的原因是什么，能否改变？现在的援疆思维能否过渡到建疆思维？如何解决危险暴恐分子的教育改造问题？如何界定合法宗教、非法宗教与极端宗教？如何区分民族习俗与宗教规范的问题？某些少数民族在内地有时受到不公平对待，如何解决？内地少数民族大学生如何管理？如何协调预防暴恐犯罪与保障人权的关系？如何在严打中贯彻宽严相济的刑事政策？如何理解惩罚与改造的关系？以上这些，不一定是命题作文，不一定能解打击暴恐的燃眉之急，但都是接地气的问题，是长期的问题，是我们绕不过的需要认真应对的真问题。

三 关于中国新疆暴恐问题的对策

（一）惩治暴恐法治化

党的十八大报告提出，要提高领导干部运用法治思维和法治方式深化改革、推动发展、化解矛盾、维护稳定能力。让法律的归法律，一切以法律为准绳。树立法律尊严，加强法治建设，是目前最紧迫的工作。这就要求我们在法治框架内推进反恐工作。

如果不讲法治反恐，类似美国的中东反恐、阿富汗反恐，片面强调军事打击，有可能进一步弱化发展与民生，而将反恐问题民族化，会伤害许多与此无涉的少数民族同胞，把更多人推向对立面，客观上只会扩大极端主义人群的基础，出现"亲者痛、仇者快"的不利局面。

不讲法治反恐的另外一种极端情况是"法外施恩"。内地人经常将穆斯林日常生活的习惯和宗教文化的要求混为一谈，将执行民族政策凌驾于执行国家法律之上，但凡遇到涉及少数民族事情时，不敢管、不愿管、不会管，一定程度上助长了一些别有用心者的戾气。如果因为肇事者的族群背景而忽视法律的公平性，只会增添民族隔阂，适得其反。现在东部个别地方出现的非法实际形成的"民族村"、"民族社区"，成为"法外群体"，也值得我们警醒。

在任何国家，触犯法律、残害生命都要受到法律制裁，这是国际社会普遍认同的基本价值观。在中国，惩治暴恐的法治化主要包括以下几点。

首先，就是坚持法律面前人人平等，树立法治观念，推动法治实践，把促进民族团结和宗教和谐、打击暴恐活动、遏制宗教极端思想渗透作为立法重点，完善刑事立法、司法解释工作，打击"三股势力"侵犯民族风俗习惯、破坏法律实施的行为；尽快出台《反恐法实施细则》；提高地方立法的针对性和有效性，使之更加符合新疆的实际需要，让民众享受到更多的"法治红利"。

其次，司法层面，要贯彻宽严相济的刑事政策，依法严厉打击"三股势力"。区分不同情况，采取相应处罚措施，适度控制打击面。对犯罪团伙中的首要分子和核心骨干，主观恶性极深且罪行重大的犯罪分子，坚决打击，绝不犹豫。对另一部分仅仅参与过非法宗教活动而无犯罪行为的人群，要注重帮教转化工作，使这部分人有重新回归社会的可能性及现实性。这样，一方面打击犯罪分子的嚣张气焰，赢得国内民众与舆论支持；另一方面高举"反恐"大旗以赢得国际社会的认可，减少人权组织施加的压力。

再次，法治反恐，关键在落实，尤其是各级党政官员要带头学法、模范守法、不越法律红线、不碰法律底线，不得违法行使权力，更不能以言代法、以权压法、徇私枉法，以增强对法律的信仰和敬畏，力求形成"反暴力、讲法治、讲秩序"的法治态势。

（二）宗教管理去极端化

宗教极端分子不一定是暴恐分子，但据实证调研表明，暴恐分子都是有极端宗教思想的人。必须要采取一系列措施将极端宗教升温的社会氛围扭转过来，恢复正常的社会秩序、传统的民族风俗习惯。

1. 扎实落实去极端化的各种措施

首先，需要开展去极端化大讨论，不回避"迁徙"、"圣战"等敏感词汇，进行全面讨论与分析，认清极端宗教的荒谬性，增强免疫力，明确宗教极端化的影响，有哪些表现，该如何去极端化。

其次，抓好党员干部的对宗教工作的"三不管"（不敢管、不愿管、不会管）问题、宗教人士的经常性去极端教育工作，积极推行去极端化宣传教育，宣传年轻人不留大胡须、不蒙面、不穿奇装异服、不参与非法宗教活动，净化社会风气，还原正常民族风俗。

再次，结合日常生活，抓好去极端化工作。一要全面开展"走亲人"活动，把人民当亲人、当朋友，群众家中凡是婚礼、葬礼、起名、割礼等日常活动，乡村干部要主动接触，喜事祝贺、丧事安抚、大事帮忙、小事参与，寓服务于管理之中，在和谐中防止非法宗教渗透。二要加强对婚丧嫁娶等带有宗教元素活动（寺外民俗活动）的管理，推行免费婚庆乐队为民送欢乐，开展群众喜闻乐见的文体活动，草根宣讲队进行宣讲，实施"靓丽工程"，戳穿"圣战，殉教，进天堂"谬论，扭转宗教氛围升温态势。对于主动上交"吉里巴甫"服饰的妇女，可以考虑免费制作发放女性传统民族服饰。三要严格落实"四有"，有宗教活动就有报告备案，有宗教活动就有乡村干部在场，有宗教活动就有全过程掌控，有宗教活动按规定内容进行活动，及时沟通，及时反馈，不留死角。四要坚决杜绝超市、商店、宾馆等经营场所出现悬挂宗教色彩挂图、广告，蒙面，非法宗教活动，禁烟禁酒，从业人员穿宗教极端服饰等行为，防止宗教升温助推宗教狂热。

2. 坚持教育为先、帮助为主、化解矛盾、增加基础，切实做好重点人员和特殊群体帮教、管理工作

要推动重点人员、特殊群体基础调查常态化、流动化和信息化，掌握底数、纳入视线，做好实时、动态管控。要高度重视，切实加强重点人员、特殊群体、帮教转化工作。

3. 切实抓好宗教场所管理，依法加强对清真寺活动的管理，做好清真寺安全防范工作，推进"平安清真寺"建设

以轮台县为例，该县有清真寺 100 多个，有 200 多名宗教人士。现有宗教人士中，初中及以上文化程度的有 1 万多人，占 50% 左右；小学及以下文化程度有 1 万多人，也占 50% 左右；宗教人士文化水平和宗教学识水平普遍偏低，难以满足信教群众的正常宗教需求，也难以正确处理信教群众的一些宗教问题。文化水平和宗教学识水平亟待提高。正如我们调研过程中有一位宗教人士说："太阳出来了，星星就没有光辉了。"说的就是爱国宗教人士敢管、愿管、会管宗教事务，合法宗教大行其道，非法宗教、极端宗教势力就得靠边站，成不了气候。因此，抓住了清真寺，就抓住了宗教人士，就抓住了基本群众，也可谓抓住了处理问题的"牛鼻子"。

这些问题的解决很难，但必须做，一点点地去做。

（三）经济发展注重民生去贫困化

在新疆，暴恐当然与宗教极端、民族分裂有关，原因很复杂，需要综合施策，但经济问题可能也是重要的诱因之一。而新疆的经济发展需要结合其自身优势探索出一条适合的道路，不能在GDP的引诱下、数字的要求下去做一些急功近利的事情。

根据有关数据，新疆还有数百万贫困人口，南疆地区贫困尤甚。这意味着新疆有数百万贫困人口的问题挥之不去。诚然，贫困不会直接导致产生暴力恐怖活动。即使在贫困人口中，从事暴恐的也仅是极少数的人。但毋庸讳言，它可能也是一个不稳定的因素，应该引起我们的重视。经济的欠发达也为"三股势力"借机煽动提供了口实。经济搞好了，"三股势力"的小恩小惠也就不那么吸引人了，暴恐的人员基础也就削弱了，外国指责的口实就不那么振振有词、理直气壮了。

因此，围绕援疆和民生，要加快落实中央新疆工作座谈会精神，把实施中央财政转移支付机制、生态环境补偿机制、资源开发补偿机制等旨在使当地各民族群众得到实惠的政策落实到位，坚决打击援疆过程中权力寻租、腐败行为，坚决制止援疆过程中损害当地少数民族利益的急功近利的做法，在政策上向边远地区倾斜；向弱势群体倾斜，实现定点扶贫、精准脱贫；将更重视农牧业、副业等更易普及、当地人受益更多的小项目，将更重视为当地创造"生财点"和就业机会；尽快改善新疆各民族人民的生活，完善社会保障、社会救助、救济等配套措施，关系人民群众切身利益的问题，要让广大老百姓得到看得见、摸得着的实惠。要通过发展，惠及民生，"争取民心"，要在留住人才和留住人心上下功夫，把老百姓的心抓住，从根本上增强凝聚力和向心力，达到新疆经济社会稳定发展和长治久安的目的。正如习总书记所说："办民生实事要循序渐进、量力而行、说到做到，使民生工程成为民心工程。"在疆央企要主动承担政治责任和社会责任，利用央企强大的教育系统，培养民族现代产业工人和管理者，更要鼓励民族劳动者创业，在企业创业和就业的少数民族，国家承担其社保金。同时，大力扶持当地大中型先进企业，培养维吾尔族产业工人队伍，推动城镇化建设，促进维吾尔族社会趋于开放，也是抵御原教旨主义思潮的根本途径。

这些举措将成为新疆政府争取民心、压缩暴力恐怖分子生存空间的最好注解，也标志着党和国家在新疆维稳思路的更新。

（四）社会建设去封闭化

新疆内部各民族、新疆各民族与全国其他各民族的交流、交融，于新疆的长治久安，仍是非常必要的。措施主要是要鼓励交流、交融，新疆人到内地上学、就业、旅游、做生意，内地人到新疆旅游、上学、工作等，要加大交流，绝不能采取极端措施排斥维吾尔族人甚至新疆的其他各族民众，例如针对其诸如住店、安检、乘坐出租车等制造障碍，有形无形地要将新疆各族人赶回新疆，做到了"三股势力"想做又做不到的事情。

俞正声主席第四次援疆工作就提出，新疆人可去内地工作，提的还不够彻底，可让新疆人到内地落户。新疆人也是国家的主人，在哪儿都行，要大交流、大流动、大团结，别动辄就想着把新疆各族民众挤回新疆。仅新疆的汉族与少数民族团结是小团结，不是大团结。任何交往，团结都必须双向，以平等为基础。团结的目的是祖国的统一，团结是手段与目的的统一。

民族人口的流动为东部带来劳动力、带来西部文化，同时也增加了包括维吾尔族在内的少数民族的经济收入，缩小了经济差距，为西部带回财富和市场经济的种种新观念，促进了经济发展，增加了各民族相互学习、了解的机会，增强了民族信任、国家认同，应该大力鼓励和提倡。绝不能因为在这个过程中发生的一些社会问题，比如东部多了一些带有民族因素的矛盾和纠纷，加大了城市管理、民族宗教工作的难度；一些极端思想、势力借机向东部渗透，甚至发生了暴恐案件，而因噎废食歧视少数民族，甚至针对维吾尔族等少数民族采取诸如"拒住"、"拒载"、"拒卖"以及在安检时"特殊照顾"等伤害民族感情的极端措施来限制民族交流。为了更好地推动和保障内地和新疆的民族交流，鼓励新疆青年到内地就学、就业，我们建议：一方面，人口输出地政府要加强对外出务工人员的行前培训，加强协调服务，必要时派出干部配合输入地政府的工作。另一方面，输入地政府要树立民族平等思想，要向干部群众宣讲民族知识、民族政策，尊重少数民族风俗习惯与文化传统，并从劳动就业、子女入学、医疗保障、法律援助等方面逐步实现流入人口的市民待遇，保护他们的合法权益，照顾他们的合理要求；同时也要加强法律、政策的宣传教育和依法管理，不能消极应付、放任自流，不能对违法行为采取"息事宁人"态度，不能允许任何人以"民族"身份规避或抗拒法律的实施。要把外来人的社会活动引入城市现有的社团、社区中来，防止形成体制外的所谓"民族村"、"民族社区"、"民族团体"。

不但要促进内地和新疆的民众交流，还要鼓励新疆干部特别是少数民族领导干部去内地挂职、任职，这可能带动一大批人的就业、就学。为了淡化宗教氛围，营造良好改造环境，甚至服刑人员也可到对口支援的地方服刑，环境有利于教育、转化。

（五）文化教育去愚昧化

蒙面、不唱歌跳舞、不抽烟喝酒、婚礼不笑、葬礼不哭，不是新疆的特色，也不是维吾尔族的特色，是中世纪的东西，是落后的东西，要针对信教群众动之以情，晓之以理，做扎实的，深入田间地头、葡萄架下的说服工作，要理直气壮、旗帜鲜明地主张宗教的与时俱进，与文明接轨。为什么有的年轻人被"三股势力"煽动、蛊惑、洗脑几小时就能变成恶魔，因为有的年轻人是单纯的，是一张白纸，而我们在上面没有画过一条线，没有施加过影响。我们工作的缺失可能也正在此，在意识形态、科学技术方面，可能都做得还不够。"三股势力"可没有闲着，不断提出"儿童工程、母亲计划"等规划，与我抗衡，此消彼长，结果不难想见。这是争取下一代的重大问题，暴恐分子"打而不绝"是因为根子没打掉，土壤也还在，教育的发展、去愚昧化是对暴恐犯罪斩草除根的必然要求。

思想和意识形态方面的教育工作是遏制恐怖犯罪的有效之策；在反对分裂主义思想与意识形态方面的任何收效，都会削弱或压缩恐怖犯罪的空间。虽然全疆各地都发生了一些暴恐案件和骚乱，但少数民族群体中，真正把这些问题看透的不多，还是听信谣言与同情暴恐分子的居多。这就要求：首先，加强青少年在校的国民教育，循序渐进地推行双语教育，将双语教育提高到反恐维稳、维护安定团结和改善新疆各族人民切实利益的战略高度，推动科技、文化知识教育，推动就业培训教育，以科技文化知识入脑入心对付"三股势力"邪恶、愚昧的"洗脑"。其次，对群众的经常性教育要在各项工作中居于重要位置。要使广大群众真正认识到搞分裂的人实际上是一小撮为了谋求个人权利的政治投机分子。他们打着"为民族"、"为宗教"的旗号，其实是为了欺骗蒙蔽群众、获得群众支持，让群众成为他们搞恐怖活动、实现他们政治目的的工具。在调研中，不少干部群众认为,"有暴恐分子看了一夜光碟就成了杀人犯"。我们认为,暴恐分子的"一夜形成"是违反认知常理的。恐怖犯罪的思想不是看了几次录像视频就形成的,而是经历了相当长时间的"洗脑"、潜移默化的思想渗透。最后,对自治区高校少数民族知识分子、宗教人士,要加强教育,扶持正气,培养一大批有国家意识、法治意识、公民意识、民族团结意识、良好专业知识、人格魅力,在关键时刻能站稳立场的少数民族高级知识分子和宗教人士,并且通过电视、网络等平台,为他们建立社会影响力,通过他们引领维吾尔族社会思潮,倡导现代观念、文化,澄清消除民间谣言,在发生突发事件或重大事件时,传递正确信息,引导民众舆论。

四 结语

作为以高校为平台的新型智库,我们必须做到决策咨询与教书育人相结合,就是研究成果不仅要出书、成文或报告,还要服务政府决策、促进发展,传播知识,教育学生。我们的"反恐研究"不仅广泛吸纳知名学者参与其中,还以此成为"教书育人"的大课堂,让硕士生、博士生、博士后和青年教师在接触真知识、真问题、真方法的过程中得到锻炼,增长本领,提升才干。要建设一支老、中、青相结合的研究骨干队伍,充分动员和训练硕士生、博士生和博士后,形成师生互动互补、教学相长的良好局面,使智库带头人的经验和智慧、研究骨干的知识和能力、学术新秀的才干和冲劲之间相互补充,相互激发,实现整个团队知识贡献最大化,实现理论研究与国家需求紧密结合的国家智库建设的终极目标。

(作者贾宇,西北政法大学校长、反恐怖主义研究院院长、教授、法学博士。西安市长安南路300号西北政法大学710063)

高校智库：优势、困境及未来发展

曹旭东　李　萍

摘　要：智库是知识与政策之间的桥梁，是国家软实力的体现。高校智库在智库体系中具有独特的优势和价值。优势和价值的实现有赖于良好的外部政策、内部管理制度和学者自身角色的转变。高校智库发展须在顶层设计、观念革新、全流程管理、实体化建设、政治可靠、智库人才培养及学者自身发展方面着力。

关键词：智库　高校智库　政策研究　智库人才

2013年4月，习近平总书记关于加强中国特色新型智库建设的重要批示中指出："智库是国家软实力的重要组成部分，随着形势的发展，智库的作用会越来越大。要高度重视、积极探索中国特色新型智库的组织形式和管理形式。"十八届三中全会提出，"加强中国特色新型智库建设，建立健全决策咨询智库"。2014年，教育部贯彻中央精神，发布《中国特色新型高校智库建设推进计划》。2015年，中办和国办联合发布《关于加强中国特色新型智库建设的意见》，其中明确要求，"推动高校智库发展完善"。高校智库在国家发展中有何独特的优势和功能，高校智库发展面临什么障碍和难题，未来如何破解困境、发展完善，这些问题值得认真思考。

一 智库与高校智库

国家发展根本上依赖人的思想和智慧,大国崛起需要深厚的知识储备。从世界经验来看,大国崛起均需储备丰厚的智力资本。智力资本除了基础性、以探索未知世界为目的的学术研究之外,还包括更具实用性的、以现实问题为导向的政策性研究。英、美、德、日等发达国家的发展经验显示,高度重视政策、战略研究及有关政策人才的储备均是其崛起的重要措施。[1] 而承担政策研究和政策人才储备的核心力量便是智库(Think Tank)。智库能力是国家实力的重要支撑。宾夕法尼亚大学《2013年全球智库报告》中认定的全球智库共6826个,其中美国拥有1828个,且世界排名前10位的智库中美国占了6个,遥遥领先于世界上其他国家。可以说,今天美国的强大与它拥有世界上最顶尖的智库是分不开的。[2]

智库是以研究政策为己任,以影响公共政策和舆论为目的的组织。智库的主要业务内容是政策研究,或者是以学术研究为支撑的决策咨询研究,而不是纯学术研究。[3] 智库的功能定位也正是智库存在的价值,正如宾夕法尼亚大学专注于全球智库研究的詹姆斯·麦甘(James McGann)所说,"智库是沟通知识和政策的桥梁"。[4] 智库是决策者的"外脑"。智库存在的任务正在于填充知识和政策之间或宽或窄的鸿沟,使学术研究转化为有价值的决策成果,进而直接推动社会进步。

根据不同的标准,智库可以有不同的分类。麦甘将智库分为六大类型:政党党派所属;政府所属;准政府机构所属(接受政府补贴和合同,但不属于政府机构);自治和独立型(独立于任何一个利益集团和捐赠者,独立运作);准独立型(独立于政府但是由一个利益集团或捐赠者控

---

[1] 王莉丽:《智力资本:中国智库核心竞争力》,中国人民大学出版社2015年版,第17—28页。
[2] 《大学加油,国家需要你的智慧——教育部社科司司长张东刚谈高校智库建设计划》,《中国教育报》2014年3月24日。
[3] 上海社会科学院智库研究中心:《智库报告:2013年中国智库报告(影响力排名与政策建议)》,上海社会科学院出版社2014年版,第5页。
[4] 《智库是沟通知识与政策的桥梁》,《中国社会科学报》2013年3月15日,第A03版。

制);大学所属。[①] 专注于中国智库研究的上海社会科学院智库研究中心将中国智库分为四大类别:党政军智库;社会科学院智库;高校智库;民间智库。有学者提出了更为简洁的分类标准:官方智库;大学智库;民间智库。[②] 从这几个比较有影响力的分类可以看出,高校智库或大学智库在智库体系中占有一席之地。

高校智库可以定义为:附属于研究型大学的研究机构,其核心研究人员是大学教授,其研究内容既包括基础研究,也包括政策研究和战略研究;其既承担研究生培养任务,又负担思想创新、服务国家决策的重任。[③] 大学的基本任务是人才培养、科学研究和社会服务,而当今时代大学社会服务中的最主要角色正是智库。有调查显示,美国有75%的智库附属于大学,澳大利亚也有50%以上的智库设立在大学,[④] 其中不乏斯坦福大学胡佛研究所、哈佛大学贝尔弗科学与国际事务中心这样的知名智库。从全球前40高校智库排名(2010—2013)来看,欧美地区的大学智库占了3/4,而中国的高校智库仅有2个。[⑤] 有学者认为,从整体发展规划来看,中国智库没有形成官方、大学、民间三种类型的互补机制,存在严重的发展不平衡。[⑥] 中国的高校智库在决策影响力方面无法与官方智库比肩,在公共影响力和国际影响力方面与欧美著名智库相比也存在显著差距。

二 高校智库的潜力与优势

虽然目前高校智库整体偏弱,但是应当看到高校智库的潜力和优势。正如李卫红副部长指出的:"我国高校聚集了80%以上的社科力量、近半数的两院院士、60%的'千人计划'入选者,以及规模庞大的研究生本

[①] James McGann, *Think Tanks and the Transnationalization of Foreign Policy*, December 16, 2002. 转引自胡光宇《大学智库》,清华大学出版社2015年版,第32—33页。
[②] 王莉丽:《智力资本:中国智库核心竞争力》,中国人民大学出版社2015年版,第165页。
[③] 同上。
[④] 胡光宇:《大学智库》,清华大学出版社2015年版,第104页。
[⑤] 同上书,第87—89页。
[⑥] 《中国智库的"成长逻辑"》,《国际先驱导报》2015年3月16日。

科生队伍,研究实力雄厚、信息资料丰富、对外交流广泛,是新型智库建设的重要力量。"① 与官方智库和民间智库不同,高校智库发展具有独特的优势,也具有特别的价值。

(一) 高校智库的独特优势

高校智库的优势可以概括为以下几个方面:第一,人才资源和学术资源。充足的人才资源是大学智库生产力的根本保证。② 大学是高层次人才和知识最集中的地方,这保证了高校智库的核心竞争力。置身全球化、信息化、多元化的时代,政府决策所面临的往往是综合性极强的复杂课题,所以,其需要的政策必须依赖于多学科资源的综合配置才能实现。③ 而大学学科门类齐全、学术基础扎实,无论是思想、政策、科学与技术,还是综合性的应对方案,都可以在大学找到多学科的支撑。④ 2015 年国家首批高端智库试点单位中依托大学的 7 个智库均建基于其所在高校的优势学科。胡佛研究所在经济、环境领域的优异表现也是依托斯坦福大学在这些领域中的雄厚实力。第二,相对独立性。相对独立性在中国情境下构成高校智库的独特优势。高校智库既不像官方智库(包括准官方智库)那样需要依赖于体制,又不同于纯粹的民间智库与决策者之间存在天然的沟壑。高校智库并未脱离体制,又具有超然性,因此既能够基于其体制身份在信息沟通、业务往来、人脉关系上与决策者之间形成良好关系,又可以有更自由、更深入的探讨空间,同时不必揣摩领导的喜好。因此,相对独立性既有助于研究成果的效用,也有助于研究成果的质量提升。第三,系统的人才培养。高校智库除了能够承担政策研究的任务,还有其他智库无法比拟的优势,那便是培养政策型人才。"授之以鱼不如授之以渔",政策与政策型人才便是"鱼"和"渔"的关系,具有全局眼光、多学科研究能力的人才可能比某个单独的政策报告更具价值。兰德公司早在 1970 年就成立了帕迪兰德研究生院(The Pardee Rand Graduate School),并且

---

① 李卫红:《高校在新型智库建设中的使命担当》,《人民日报》2014 年 2 月 16 日,第 005 版。
② 王莉丽:《智力资本:中国智库核心竞争力》,中国人民大学出版社 2015 年版,第 172 页。
③ 秦惠民、解水青:《我国高校智库建设相关问题及研究对策》,《中国高校科技》2014 年第 4 期。
④ 杨玉良:《大学智库的使命》,《复旦学报》2012 年第 1 期。

部分与加州大学合作，主要教学领域为政策分析和政策研究。后辈人才的充沛是兰德发展的持续动力。在政策人才培养方面，高校智库具有得天独厚的优势，高校第一要务便是人才培养，将传统教学与政策研究教学相结合是培养政策人才的捷径。第四，基础研究与应用研究相结合。创新对于政策研究极其重要，正如约翰·桑顿（John Thornton）所说，"创新思想是智库的核心竞争力"。[1] 政策研究的创新根本上源于基础研究的创新，而基础研究恰恰是大学的优势所在。应用研究往往具有太强的指向性，可能忽视对未知领域的探索，进而丧失创新的机会，但基础研究却能够穷尽性地捕捉到重要的研究问题。有影响力的政策研究须以基础研究为后盾，例如，"普林斯顿报告"之所以引起高度关注，根本上在于其雄厚基础研究的支撑。第五，国际化。国际化的交流主要存在于学术和人的交流两个方面。政策研究本身的交流价值较弱，但是学术问题则具有充分的可交流性，此外，学者之间、学生之间的国际化交流也不存在任何障碍。高校智库的政策研究与学术研究之间具有更紧密的关系，因此也更容易国际化。第六，精神气质。大学最大的优势在于长期的办学历程中形成、积淀并不断发扬光大的学术传统和自由精神。[2] 这种精神气质使得高校智库获得了与生俱来的"公众形象"，社会公众对高校智库有天然的信赖感和好感，因此，高校智库在社会舆论领域具有相对的话语优势。[3]

（二）高校智库的独特价值

高校智库基于其独特的优势能够产生独特的价值。笔者认为主要表现在如下方面：第一，更具有理论深度和创新性。以基础研究和多学科为依托的高校智库，在政策创新方面具有天然优势，以致有学者认为，"中国发展还得靠大学智库"，[4] 这种说法或许有些过于自信，但也有一定道理。第二，更具客观性的成果。党政军智库由于受到相应行政指令和需求的局部限制，往往指向性强，超越性受制；社科院系统具有一定独立性，但与

---

[1] 转引自王莉丽《智力资本：中国智库核心竞争力》，中国人民大学出版社2015年版，第1页。

[2] 杨玉良：《大学智库的使命》，《复旦学报》2012年第1期。

[3] 秦惠民、解水青：《我国高校智库建设相关问题及研究对策》，《中国高校科技》2014年第4期。

[4] 高连奎：《中国发展还得靠大学智库》，《企业家日报》2014年6月9日，第002版。

高校相比仍不充分；民间智库是最具有独立性的，但是可能受制于利益相关者，特别是捐赠人的价值立场。高校智库则既能够保证不受制于资本命令，同时与行政指令保持足够距离，这种状态下的独立性更充分。第三，产生更好的舆论效果。高校的独立性和利益上的超然使其更容易获得社会舆论的接纳，因而在舆论引导方面具有特殊价值。第四，高校智库能够反向促进学科发展，形成基础研究与应用研究的良性互动。众所周知，大学的任务是人才培养、科学研究和社会服务，智库是社会服务功能的核心部分，但社会服务终究是大学的第三角色，因此有人担心大学的过分"智库化"。这种担心绝对是有必要的，特别是在目前急功近利的发展模式之下，应防止高校智库建设可能沦为政绩工具的取向。但是，高校智库与大学发展之间也具有相互促进的正相关关系。智库研究的是具体问题、特殊问题，学科研究的是基础问题、系统问题，学科与智库之间是一般与特殊的关系。智库需要学科的支撑，而同时智库也是检验学科研究漏洞的利器，当实践中出现了某个带有理论价值的实践问题时，完全可能给学术研究带来灵感。学科与智库之间存在一种类似于理论与"临床"实践之间的关系。这种智库与学科之间的互动对于学科发展大有裨益。哈佛大学的费正清东亚研究中心、肯尼迪政府管理学院之所以享誉全球，直接受益于理论与政策的互动。

三 高校智库的现状及面临的困境

（一）高校智库的现状

尽管高校智库具有独特的优势和价值，但不意味着这些优势和价值能够完全体现出来，目前来看，高校智库的发展现状并不尽如人意。时任教育部副部长李卫红指出，高校智库建设与中央的要求和经济社会发展需求相比，仍存在不容忽视的问题。[1] 这也正是高校智库的现实状态：一是小、散、弱，高校智库型研究机构众多，但力量分散、定位不准、研究水平良莠不齐；二是高质量成果少，部分研究存在针对性实践性不强、过于

---

[1] 李卫红：《高校在新型智库建设中的使命担当》，《人民日报》2014年2月16日，第5版。

学术化的问题；三是智库建设所需的高端人才和创新团队严重不足。① 社科司司长张东刚也认为："目前中国高校研究机构虽然很多，但堪称高水平智库的还不多，在数量上和质量上都与世界一流大学智库有较大差距。"② 有学者估计，中国有 700—800 家的高校智库，占智库总数的 1/3。③这个数量看似不小，但实际上很多智库达不到标准，从宾夕法尼亚大学智库与公民社会计划（TTCSP）的报告来看，其认可的中国智库的数量近几年都是 400 多家，如果按照 1/3 是高校智库的标准来计算，TTCSP 认可的中国高校智库仅有 140 家左右，这远低于上述 700—800 家的数字，可以推测，我们统计的高校智库中很大部分都达不到智库的国际标准。有学者统计，2010—2014 年，高校人文社会科学领域出版著作约 15 万部，发表论文 158 万篇，其中在国际期刊上发表约 2 万篇。但这些数量巨大的科研成果中，对决策具有积极影响、真正转化为中央及地方的咨询报告、决策建议的仅 6 万余份，得到中央领导批示或者被省部级以上部门采纳的仅千余份。④ 从这组数据可以看出，高校研究对决策的影响力十分有限。

（二）高校智库面临的困境

我们认为，目前高校智库整体功能不彰、作用有限，受制于外部政策、内部制度和学者自身角色三大方面的限制。

1. 外部政策

所谓外部政策是指中央层面在推进高校智库建设方面采取的措施或制度。实际上，中央明确加强新型智库建设的要求并不久远，2013 年 11 月召开的十八届三中全会审议通过的《中共中央关于全面深化改革若干重大问题的决定》提出，加强中国特色新型智库建设，建立健全决策咨询制度。这是中央文件首次明确提出"智库"概念。而后，2014 年 2 月教育部发布《中国特色新型高校智库建设推进计划》。中央和教育部文件的发布不过两年有余，虽然有不少体制机制上的创新设想，但是具体落地尚

---

① 李卫红：《高校在新型智库建设中的使命担当》，《人民日报》2014 年 2 月 16 日，第 5 版。
② 《大学加油，国家需要你的智慧——教育部社科司司长张东刚谈高校智库建设计划》，《中国教育报》2014 年 3 月 24 日。
③ 徐晓虎、陈圻：《中国智库的基本问题研究》，《学术论坛》2012 年第 11 期。
④ 秦惠民、解水青：《我国高校智库建设相关问题及研究对策》，《中国高校科技》2014 年第 4 期。

需时日。这主要体现在具体决策部门的观念认识、高校智库与实际决策部门的对接机制、资金使用制度等方面。

第一，部门及地方决策者对智库功能的认识尚不充分。各决策部门意识到智库的重要性是智库与决策形成良性互动的前提，而中央精神转化为具体决策者的正确认识尚需要时间。从既有经验来看，决策部门从高校借调研究人员很大程度上是找人"干活"，分担他们的日常工作压力。借调人员一般处于边缘地位，并不能有效参与到决策中为决策提供建议；而借调部门由于没有多少这方面的用人经验，也不知道该如何使用智库学者。有学者指出，很多地方政府及官员缺乏相应的治理理念和治理思维，没有真正认识到智库对于政府科学施政的重要意义，仍然满足于凭个人好恶自觉不自觉地干预智库成果的形成。[①] 这种心理导致的结果要么是让智库来为政策"背书"，要么就是将智库建设作为一项"政绩"。

第二，高校智库与决策部门对接机制尚未健全。欧美智库之所以有巨大的影响力，最关键的原因在于畅通的信息沟通机制，其中最重要的是"旋转门"制度。旋转门制度能够真正让智库的政策研究者参与到政策制定过程中，将自己的智慧贡献给政策制度过程；在退出决策部门之后，也可以将实务过程中遇到的问题带回政策研究中，使政策研究更具有现实针对性。比如说，在奥巴马当选总统的第一年，布鲁金斯学会大概有32人进入奥巴马政府，这些人本身都是经验丰富、担任要职的精英，如安全局局长、副国务卿、驻联合国大使等。[②] 这种良性互动非常必要。

中国智库影响力不足，很大程度上与"旋转门"制度缺位或者不完善有关。中央方面也意识到了"旋转门"制度的重要价值，并提出制度设想。例如，中办和国办的《关于加强中国特色新型智库建设的意见》提出，"推动党政机关与智库之间人才有序流动，推荐智库专家到党政部门挂职任职"；教育部的《中国特色新型高校智库建设推进计划》中也提出，"与有关部门密切配合，有计划地推荐高校智库核心专家到政府部门和国际组织挂职任职"，但是宏观构想被全面理解和贯彻需要时间，转化为具有操作性的制度和具体措施更待时日。正所谓细节决定成败，"旋转

[①] 秦惠民、解水青：《我国高校智库建设相关问题及研究对策》，《中国高校科技》2014年第4期。
[②] 王莉丽：《智力资本：中国智库核心竞争力》，中国人民大学出版社2015年版，第2页。

门"真正能够旋转起来,关键在于匹配性、对接性制度设计得是否合理、科学。目前来看,有关制度还很不完善。例如,借调时最关键的职级对应问题目前尚没有统一的标准,借调人员基本的生活待遇标准也没有基础性要求,这影响了智库学者的积极性和人员流动的顺畅性,特别是制度落实的可行性。加强高校智库与党政机关之间的人才流动需要依靠中央的顶层设计和统一部署,需要与教育部作为主管教育的部门沟通、协调、对接的工作。

第三,资金管理方面未突破课题制管理模式的旧思路,过于僵化。高校教师的工作任务由三部分构成:教学、科研和社会服务(咨询、行政等),对应人才培养、科学研究和社会服务三大任务。传统上来看,教学和科研是高校教师的主业,社会服务比重很小。但是在智库建设的背景下,社会服务的比重大幅增加。新增的社会服务基本通过承担课题的方式进行。表面上看课题费已经为多余的劳动支付了对价,但是实际上并不一定。目前来看,横向课题经费管理有改进,允许从课题费中支出劳务费用;但纵向课题经费依然非常严格,课题承担者并不能从中获得劳动报酬。而智库更重要的任务——为中央服务,正是通过完成纵向课题实现。因此,智库研究者相当于在做额外的工作,这影响了研究者的积极性。所以需从顶层设计上做出安排:或者是调整教学、科研和社会服务的工作比例,使之总量基本不变;或者将智库研究者社会服务部分单列,使其能根据贡献获得应有的劳动回报。

2. 内部制度

内部管理制度直接影响到学者的研究倾向、时间安排和职业选择。影响智库发展的内部机制主要涉及成果认定、职称晋升、任务分配、荣誉奖励等方面。

第一,成果认定方面,评价机制单一,对智库成果缺乏科学、灵活的评价机制。高校的科研评价体系关乎智库发展的命脉。目前来看,不少学校在科研评价体系方面做出了改革,但是整体上还不完善。高校科研的核心内容仍然是核心(权威)期刊、纵向(国家或省部级)课题、著作。智库的核心成果是咨询报告或研究报告,这些成果多发表于内刊或内参,但传统评价体系往往没有涵盖。即使是中办的《观点摘编》、国家社科基金《成果要报》、教育部《智库专刊》等高级别的内参,也都处于科研评价体系的边缘。

第二，职称晋升方面尚未给智库研究人员合理对待。职称晋升与成果认定相关联。最有助于智库发展的措施是，职称晋升与成果认定相统一，被认定的成果可以作为职称评审的成果。但是实践中可能出现两种情况：一是智库成果仅作为职称评定的辅助成果；二是职称评定时并不承认智库成果，智库成果仅作为日常考核之用。这两种处理方式都会损害智库研究的积极性，尤其是第二种。

第三，任务分配方面不合理，导致教学科研人员只能将智库当作"副业"。高校的教学科研人员比较自由，但绝对不是"闲"。尤其是青年教师承担繁重的教学及科研任务，经常没有上下班的概念和界限。在这种情况下，如果不是调整教学、科研和智库三者之间的比例，使劳动总量保持原状；而是在繁重的教学科研之外，再增加智库研究的任务，这必将透支研究者的精力或将智库研究当作副业应对。

第四，荣誉奖励方面尚未覆盖到智库研究者。由于智库建设处于起步阶段，智库研究者在高校学者的心目中仍然处于"二等公民"的地位，有关的荣誉称号、人才计划尚未给予智库研究者相应的对待。

3. 学者自身角色

有学者指出，高校在智库建设方面却容易陷入某些困境，难以切合国家智库的要求。其中最常见、突出的问题有二。其一，高校研究报告选题缺乏时效性和针对性，不能切合决策需求；其二，高校忽视公共关系及研究成果的影响。[1] 这两个方面的问题除了与信息沟通机制、旋转门机制欠缺有关，很大程度上也与学者的角色选择有关。

高校的学术研究已经有一套成熟的体系，尤其是社会科学领域，近代以来受西方理性主义影响，讲求规范和方法。这某种意义上已经形成了一套相当具有规范效力的"软规则"，每一个研究者都会遵循这套规则。这套学术话语细致、柔和，强调描述和说理，探寻的是规律和关系，对策并不在考虑范围之内。[2] 因此，学术论文有独立的研究方法、思维方法和写作方法。而智库报告和学术论文（尤其是能够发表在优秀学科刊物的论文）基本上属于两种文体、两种语言，甚至两种思路；高校学者在进行

---

[1] 黎熙元、李萍：《发挥高校智库的独特功能与优势》，《中国社会科学报》2015年10月9日第819期。

[2] 当然，法律学科由于其独特的弱社会科学性特征，仍然会考虑对策研究。

智库主题的研究或者撰写报告时不容易转换思路，出现脱离实际的问题，难以满足政府决策的需要。[①] 学者撰写的研究报告质量参差不齐，不少报告都需要经过多次修改，才能剔除学术论文的影子。

学者角色的另外一个重要表现是普遍不重视对公共舆论的影响，当然公共知识分子除外。学者的任务就是沉浸在一个安静的环境中思考，是否与媒体、企业、政府建立良好的关系全凭个人喜好，喜欢走公共路线的学者在同行眼中未必会得到尊重，因为在学者看来这属于不务正业。

四　高校智库发展完善展望

在中央精神的指引下，高校智库近两年有较快发展，舆论显示度和政策影响力均有提升，但对于核心决策和重大舆论的影响力仍然有限，要进一步提升高校智库在国家发展中的作用需要做以下方面的努力。

第一，决策者要加强顶层设计、合理布局，同时转变对智库的认识，尽快完善相关具体制度，破除隐蔽性障碍。中央有巨大的动员能力，这是好事，但有时也会出现不良的效果。《关于加强中国特色新型智库建设的意见》中明确要求："避免重复建设，防止一哄而上和无序发展。"实际上，这几种情况都是现实中特别容易出现的，甚至在高层次智库布局中也可能出现。知名高校的智库可能对接不同的中央部门，因为中央部门都有向最高决策层建议的义务，谁都想将自己的决策建议做得更好，但是其对接的高校智库，可能牌子不同，但核心学者可能几乎是同一群人，这意味着同一批人需要承担来自若干不同的中央部门的任务以及相应的行政事务，有时会有分身乏术的疲劳感，影响研究质量。较为低层次的智库建设则更可能出现蜂拥而上的无序情况，低级重复的情况这两年已经有些苗头，需要引起重视，因此顶层布局十分重要。除了总体布局之外，决策部门的观念转变也十分重要，决策部门需要真正意识到智库的价值以及高校智库的独特作用，改变传统上借来"干活"的认知观念，提升与智库学者之间的信任度，吸纳智库学者逐渐进入核心决策领域。此外，在具体制

---

① 黎熙元、李萍：《发挥高校智库的独特功能与优势》，《中国社会科学报》2015年10月9日第819期。

度设计上要尽快完善,特别是中国特色的"旋转门"制度——借调或挂职、经费管理制度等,防止出现"大门开了小门没开的现象",如此才能形成深度良性互动。

第二,大学需要建立"全流程"的智库管理制度。在成果认定、职称评定、教学科研工作量调配、人才激励等关键领域出台能够促进高校智库发展的、全面的、细致的、科学合理的制度规范,激发智库学者积极性,让智库学者能够全心全意投入工作。例如,笔者所在中山大学在这个方面的努力走在全国前列。2014年中山大学出台《关于加强决策研究的实施办法》,将被政府采纳和领导批示的决策咨询报告,参与立法条文的撰写等按照层级分类对应公开发表的论文;也将对各级领导的专题讲座、接受中央媒体的采访等影响决策和舆论的活动给予定级。这些成果均可纳入业绩考核之中。此外,《中山大学高端智库建设方案》中也对不同层次的成果按照是否入选《高端智库报告》、是否获得领导人批示等规定了相应的奖励措施。协同创新中心也制定了《重大成果绩效奖励办法》,对于涉及港澳研究的重要论文、研究报告、专著、获奖、课题等进行奖励。研究报告的成果认定大大提高了学者参与智库研究的积极性。此外,中山大学在职称评定方面做了突破性尝试。从2015年职称评定开始,设置"基础研究型"职称和"应用研究型"职称,同样都是副教授和教授。不同的是,基础研究型职称的成果应当以论文、专著等成果为主;应用研究型职称应当以研究报告、专利等为主,同时要求有基础研究的成果。"应用研究型"职称的确立可以说基本扫清了智库学者升等的障碍,对于高校智库建设具有重大意义。当然,在一些细节问题上尚有完善的空间,例如教学科研工作量的分配,以及决策咨询报告是否适用同行评审,人才激励是否配置到位等问题,但总体上,这种全流程的管理模式已经成型。

第三,支持优势智库的实体化建设。实体化建设是解决智库无力存续的基础途径,没有实体支持,发展是空谈。北京大学国家发展研究院的成功,关键在于从其前身中国经济研究中心开始就是实体化建制。胡佛研究所之所以蜚声海外、做大做强,根本上也在于其实体建制。胡佛研究所与其他学院之间是平级关系,胡佛研究所的主任与其他学院的院长一样属于斯坦福大学内阁成员。其组成人员分为三类:一是以知名学者为主体的常驻研究人员;二是多类型的访问研究人员;三是以项目管理、技术支持、媒体联络、图书档案管理为主体的辅助人员。三类人员的比例为1∶1∶1。[①] 我们的高校智库大多数都是虚体，有学校层级的，也有学院层级的，即便有庞大的阵容，也未必有强大的战斗力，因为虚体智库中的学者首先需要听从其所在实体机构的指挥和命令，不会首先考虑智库的要求，这就必然导致虚体智库处于边缘弱势的状态。未来可以考虑整合优势智库，支持其实体化建设。

第四，高校智库要处理好政治可靠与政策研究的关系。《关于加强中国特色新型智库建设的意见》中指出，高校智库应当让党和政府信得过，这实际上提出了政治上的要求。信得过才能用得上。高校智库首先要做到在政治上可靠，做到政策研究的出发点是更好地改进、加强和完善党的领导、实现善治，但这绝不意味着政策建议不能尖锐、不能批判，正所谓忠言逆耳利于行，保证政治可靠的前提下，政策研究必须是客观的、实事求是的，否则智库便失去了存在的价值。

第五，智库人才的培养需要深入研究。没有高端的智库成果，就没有高端的智库，没有高端的智库型人才，就没有高端的智库成果。[②] 从某种程度上讲，智库高端人才的影响力就是智库的影响力。[③] 智库型高端人才，并非书斋式的学术型人才，而是一些具有深厚专业学识，同时善于捕捉发展趋势的预见型人才，善于提供全局性、方向性、顶层设计的战略型人才，具有国际视野、善于国际交往、与媒体打交道、善于公共传播的复合型人才，以及善于管理、开拓创新的智库掌舵型人才。[④] 目前尚未有专门针对政策人才进行培养的机制，作为重要的应用型人才，智库人才如何培养需要系统性的深入研究。

第六，智库学者需要尽快适应角色转变，平衡学术研究与政策研究，兼顾教书育人与公共关系建设。智库学者并非低人一等，例如，著名的政治学者弗朗西斯·福山便就职于高校智库。学校应当鼓励有能力有潜质的

[①] 陈英霞、刘昊：《美国一流高校智库人员配置与管理模式研究——以斯坦福大学胡佛研究所为例》，《比较教育研究》2014年第2期。

[②] 黎熙元、李萍：《发挥高校智库的独特功能与优势》，《中国社会科学报》2015年10月9日第819期。

[③] 孙涛：《国家治理体系中的智库建设研讨会综述》，《中国人民大学学报》2014年第4期。

[④] 黎熙元、李萍：《发挥高校智库的独特功能与优势》，《中国社会科学报》2015年10月9日第819期。

学者进入智库，学者自己也应尽快适应角色的转换。掌握两种文体写作风格和论述方式，打通学术研究和政策研究，实现二者良性互动。智库不是纯粹的学术研究机构，除了教书育人和研究，智库及其学者必须要与政府、媒体、其他研究机构和智库等建立起良好的合作与互动渠道。[①]

（作者曹旭东，中山大学港澳珠江三角洲研究中心、中山大学粤港澳发展研究院、港澳与内地合作发展协同创新中心副教授；李萍，中山大学党委副书记，中山大学马克思主义学院、粤港澳发展研究院、港澳与内地合作发展协同创新中心教授。广州市新港西路135号中山大学　510000）

[①] 黎熙元、李萍：《发挥高校智库的独特功能与优势》，《中国社会科学报》2015年10月9日第819期。

新型高校智库建设的若干问题

丁立群　冯　光

党的十八届三中全会提出要加强中国特色新型智库建设，建立健全决策咨询制度，新型智库建设由此成为哲学社会科学研究的新的时代课题，高等院校作为哲学社会科学领域的重要阵地之一，建设新型高校智库既是推进哲学社会科学繁荣发展的新使命，也是强化社会服务职能、提升办学实力和水平的直接体现，更是服务国家战略、增强国家文化软实力的重要支撑。高校面对新型智库建设这一热点，应当以哲学社会科学繁荣发展为依托，立足办学实际、对接社会需求，加强智库差异化建设，特别是加快解决任务来源和成果去向问题，进一步提升中国智库整体发展质量和专业水平，为国家治理提供更多更有力的智力支持和文化支撑。

一　新型智库建设与高校哲学社会科学发展的相互促进作用

在经济全球化、世界多极化、社会信息化深入发展的大背景下，智库要以服务公共决策为核心，兼顾传播知识文化、引导公众舆论，从而在服务国家战略决策、扩大国际影响力、巩固党的执政地位等方面发挥思想支撑作用和文化引领作用，成为国家治理体系的组成部分。智库的这一定位和角色不仅成为高校哲学社会科学繁荣发展的突破口，也是发挥高校哲学社会科学独特优势的有效途径，可以说，二者统一于国家治理能力和治理体系现代化的进程中。

首先，新型智库建设有利于高校科研的转向，进一步实现高校的社会服务功能。历经长期的积淀和发展，高校的哲学社会科学研究具有深厚的学术传统，但有一种纯学术化、书斋化倾向。这种纯学术化、书斋化倾向使高校的哲学社会科学钻进象牙塔中而与现实生活和社会需求脱节，切断了学术研究的现实动力和源泉，进而也极大地影响了高校社会服务功能的实现。新型高校智库通过着眼和研究社会现实问题，提出相应对策，一定程度上打破了高校与经济社会发展的界限，成为连接高校科研和社会现实的重要载体，其发展建设促使高校哲学社会科学研究在科研方向、学术视野、团队建设、科研成果等方面实现一个整体转向，走出书斋，由纯学术型转向现实问题研究，从而为经济社会发展提供更多的智力支撑。

其次，新型智库以问题为牵引，有利于克服高校学科的固化现象。学科交叉融合是学科发展的一个重要创新点，也是科研发展推动社会变革的规律性体现，特别是依托强势学科、实现强势学科与弱势学科的融合，有利于产生新的知识、新的思想文化和新的发明创造。目前，高校人文社会科学学科经过多年发展，学科之间的协调发展仍显不足，有的学科存在固化现象，不利于知识创新和思想文化创新。新型智库研究要求以社会需求为动力，以重大问题为指引，这种规定性要求新型智库必须是诸多学科专业的协同创新，围绕同一个重大问题，从不同学科角度提出不同的学术见解或思想，乃至综合性的学术成果。推进协同创新，进行学科专业之间的联合攻关，有利于打破高校学科专业分割固化的弊端，促进学科的交叉融合，培育产生新学科的生长点，为学科发展建设开辟新的方向和领域。同时，协同创新作为高校科研的新机制也会在高校综合改革中得到确定，从而推动高校社科领域的体制机制改革，为高校学科的创新发展提供有利的条件和支撑。

再次，高校哲学社会科学具备独特优势，有利于中国新型智库体系的完善和整体实力的提升。智库发展的核心领域是哲学社会科学。近年来，高校哲学社会科学形成了布局较为合理、结构不断优化的学科体系，一批学术领军人物、高水平学科带头人和中青年骨干不断涌现，哲学社会科学研究力量的80%以上集中在高校系统，同时产生了一批具有较大理论意义、影响较广的优秀成果，对外学术交流合作不断拓展，呈现出良好的发展局面和态势，可以说，高校哲学社会科学具有人才集聚、学科综合、基础研究传统深厚、国际交流合作广泛等优势。多年来，高校开展智库建设，决策咨询效果日益凸显，作用和功能也日益强化，专家学者的研究成果获得越来越多的重视，实践证明，高校智库已成为中国智库的组成部分，成为一支提供决策咨询服务的重要力量。因此，发挥高校哲学社会科学优势，构建高水平的新型智库，聚焦重大问题，提供高质量解决方案，理应成为高校内涵发展、提升社会服务职能的重要着力点，理应成为中国新型智库体系的重要组成部分，从而不断提升中国智库的创新力和影响力。

二 新型高校智库建设的现实困境

当前，作为高校面临的新生事物，高校新型智库建设的探索取得了实质进展和有效成果，参与马克思主义理论研究和建设工程成效明显，一批高校人文社会科学重点研究基地正在积极转型发展，高校每年承担大量省部级以上重大委托项目，向中央、国务院各部委和地方政府提供咨询报告、政策建议数以万计，在国内外重大问题的发声上，在国内和区域经济社会发展规划的制定中，在多个领域发展的政策咨询研讨中，都可以看到中国高校学者的积极参与，展现了高校专家的学术智慧和力量。同时也应该看到，高校新型智库建设客观上存在着一些弊端和不足。

比如在总体上，新型高校智库建设尚缺乏合理的规划布局，发展特色不突出。一些高校脱离自身实际特点，缺乏国内的深入调研，"一窝蜂"式建设智库，智库定位和特色不明确，同质化倾向已有所表现；有的高校缺少顶层设计和统筹，对内设科研机构向智库的转型发展指导不足，这既造成了巨大的经费、人力等资源浪费，也不利于智库的研究水平和社会服务水平的提高，使大批高校智库在低水平上徘徊。

再如，高校发挥自身科研优势存在误区，未能正确处理基础研究与应用研究的关系。高校智库建设应当扬长避短、以长补短，即以基础研究之所长，补现实研究之所短，但有些高校的智库建设不是利用基础研究的优势研究和把握现实问题，而是彻底丢掉了基础学科之根，让研究人员转向单纯的现实研究。这种弃其所长、用其所短的做法，既无法对现实问题形成深刻的认识，又动摇了自己的学术基础，由此，高校智库不仅不能产生积极作用，也可能影响高校既有的科研实力，丧失自身的科研优势。

再如，目前高校的主要任务仍然是教学和科研，其社会服务的功能没有得到充分的发挥，高校与社会的联系还远远不够，因此，高校智库建设的需求导向不突出，具体研究任务不够明确，表现为较强的盲目性，容易形成孤立的研究，这就出现了高校智库研究的"进口"和"出口"的问题，即任务的来源和成果的去向问题，这也容易导致科研资源利用效率低、效果不明显的问题，同样不利于高校智库的可持续发展。

总而言之，这些问题和不足的出现，导致中国新型高校智库的整体发展水平还不适应国家发展需要；发挥的决策咨询作用距离决策者的需求仍有较大差距；与国际高水平智库相比，在研究视野、创新力和影响力等方面仍需加快提升。探究问题和不足产生的原因，有政府决策机制的因素，有社会参与意识和行为的因素，更有高校自身的因素，迫切需要综合施策，共同破解新型高校智库建设的一系列认识和实践问题。从高校角度看，就需要对新型高校智库有准确的定位和契合高校实际的建设方略。

三　新型高校智库建设的主要特点和类型

综观国内外著名智库实际，智库是多种功能的集合体，决策咨询始终是其核心功能。新型高校智库建设的"新"，一方面在于根据国际智库发展经验和趋势的多功能发展，要开展政策研究和评估、政策解读和舆论引导、智库人才培养和输出、国内外学术交流等，其核心竞争力是高水平的决策咨询；另一方面也在于要建立适合于中国高校的组织形式、管理方式和研究原则，这既是中国发展对智库的客观要求，也是中国高校现状的必然选择。只有建立在中国国情和高校实际的基础上，新型高校智库才能实现自身创新发展和可持续发展，才能对高校哲学社会科学发展和高校办学实力产生积极的促进作用，才能不断强化决策咨询功能，在国家经济社会发展中发挥应有的理论、文化和思想的支撑作用。

围绕决策咨询这一智库核心功能，高校要进行差异化建设。所谓差异化建设，也可称为特色建设，就是要根据高校自身条件，整合多方资源和力量，对接不同社会需求，打造研究方向集中、成果突出、人才集聚的不同定位的高水平新型智库，形成错位发展、优势互补的智库建设格局。在这一过程中，要主要考虑高校自身的学科条件和社会需要两个方面。一方面，高校学科特点主要有：多学科性，尤其是综合性大学学科专业门类齐全，能够从多学科角度研究现实问题，这对智库建设是一个较大优势；基础性学科、理论性学科较为发达，基础研究实力雄厚，可以为智库建设提供战略性研究基础；人才培养优势，为智库发展有针对性地储备和输送人才，形成智库人才梯队；国际交流合作优势，高校的智库与国外多所高校和科研机构建立了广泛的交流合作关系，既可以为智库发展提供有益借鉴，也可以提供科研合作和成果交流渠道。另一方面，社会需要也是多方面、多层次的。横向上，有国家亟须解决的问题，有地区亟须解决的问题，有企业亟须解决的问题；纵向上，有各个行业、各个领域亟须解决的问题。这些多方面和多层次性的问题，都可以成为高校智库发展的着眼和着力之处，从而为不同类型智库提供生存和发展的现实基础。因此，高校学科条件和社会需要构成了新型高校智库建设的两大基点，决定了高校新型智库建设要以自身条件为内在根据，以社会需要为外部动力，进行多种模式智库的差异化建设。

第一，对应于学科专业的综合优势性，形成多学科协同创新。协同创新是胡锦涛同志在庆祝清华大学建校100周年大会上的讲话中提出的，教育部据此实施"高等学校创新能力提升计划"，即"2011计划"，之后又提出了新型高校智库推进计划。联系两者的实际，"2011计划"中的许多协同创新项目符合现代智库的特点，从发展目标到建设理念，从组织架构到运行机制，从任务来源到成果产出，具有现代高水平智库的发展印记，所以，协同创新应当是新型高校智库的一个重要特点。协同创新有两个层次，一是不同单位的协同创新。不同单位有各自的人才和科研优势，能够为重大现实问题的解决提供不同的智力支撑，因此不同单位需要协同，实现强强联合、优势互补，产出高质量的决策咨询成果。二是不同学科的协同创新，单个学科是理解问题的一个方面，而实际问题是由多方面多种因素构成的，因此，综合理解实际问题就有学科之间的协同要求。高校智库就要发挥办学特色和优势，与其他高校、科研机构等实现扬长避短、优势互补，同时要发挥学科专业的综合优势，开展多学科协同创新，对同一个重大问题提供多学科视野和角度。

第二，对应于问题层次以及学科专业的综合性，形成国家和区域以及行业多类型智库。智库面向和服务的对象是社会实际需求，新型高校智库也必须直面社会实际,适应实际需求的需要。从中国国情来看,国情的复杂性决定了社会实际需求的多元性,既有国家、地方和企业等层面的需求,也有不同领域、不同行业等方面的需要。解决这些不同层次的问题,建设一种类型智库既非高校的必要,也因同一类型智库的局限性而无法包办。因此,高校智库的多类型是适应复杂多元的社会需求的客观要求和必然选择。从高校来看,中国高等教育规模居于世界第一,研究型、行业型、部属省属型等高校办学层次多样,特别是学科专业门类齐全,具有学科专业的综合性,能够为现实问题的解决提供多学科思维和视角,这就为多类型智库建设奠定了坚实基础。如此,既能够避免高校学术资源在社会应用上的闲置,也能够避免决策咨询的单一性甚至片面性。综合上述两方面,多类型高校智库建设是现实的,也是可能的,是最大程度发挥高校整体资源优势、强化社会功能的重要路径。对此,具有不同特点和优势的高校可以根据自身实际,面向不同社会需求,着眼不同方面不同层次的国家和社会问题,逐步建立特色鲜明的高水平高校智库。

第三,对应于基础学科以及学术传统深厚,形成战略研究型智库。推进中国特色新型智库建设,战略研究型智库应该是中国智库不可或缺的组成部分和重要着力点。这种智库依托高校雄厚的基础研究力量,核心职能定位于提供具有全局性、长远性、前瞻性的对策和谋划,提供学理支撑。战略研究是决策咨询的重要学理基础,特别是对于战略决策的科学性和可行性具有较强的支撑作用。战略研究需要扎实的理论根基、深厚的学术积淀、宽广的学术视野,站在学术前沿敏锐地探寻和把握发展趋势,其专业性、思想性、周期长较为突出,需要严谨求实、埋头苦干的优良学术风气和传统。这一要求正与高校基础学科以及学术传统深厚的优势相统一。高校在哲学、文学、历史等基础学科上人才密集、成果丰富,已成为基础研究原始创新的主力军之一,也是知识创新、思想和文化创新的重要策源地。因此,高校基于基础学科以及丰厚的学术底蕴,形成战略研究型智库是大有可为的。

第四,对应于高校人才培养和聚集优势,形成高校智库的可持续发展的优势。新型智库要求的是新型人才,即学科复合型人才,这种人才具有两大基本特征:知识面广与知识融会贯通;能力的综合性和创新性决定了复合型人才是由通才转向专才,进而由专才转型而来的。因此,复合型人才培养既不同于通才培养,也不同于专才培养。可以说,依托传统的学科专业平台是很难培养出复合型人才的，而在智库这种多学科复合的平台上培养则比较适合。多学科融合的智库平台能够赋予跨学科、跨专业的知识，形成复合型的知识结构，同时通过参与智库研究课题等途径，培养人才的社会实践能力和创新能力。在人才培养上，高校拥有在中国高层次人才中占据主体地位的高水平师资力量、数量庞大的本科生研究生、丰富的人才培养经验和巨大成就，具备了人力资源集中、良好教育条件等人才培养优势。高校发挥人才培养优势，特别是搭建学科复合型人才培养平台，完善培养模式和机制，成为新型高校智库的人才培养和储备基地，可以形成智库的可持续发展优势。

四 新型高校智库的"入口"和"出口"问题

高校智库的"入口"、"出口"问题，即任务来源和成果去向问题是高校智库建设面临的紧迫而重要的瓶颈问题。从一定意义上说，智库研究不论是涉及重大国际性议题，还是国内经济社会发展课题，其面向必然是高校外部。智库研究在过程上虽然要求专家学者独立思考，具有一定的独立性，但在研究任务来源上，缺少实践部门或者社会参与，会导致研究的针对性、现实性乃至前瞻性不足；在研究成果上，无论是提出正面对策还是反面预测，都要求具有鲜明的国家立场，研究作用的发挥仍然依赖于政治价值取向，因此，智库研究的任务和成效也就突出地表现为高校与决策层和社会需求的有效连接，要求产生良好的外部效应，从而彰显应有的价值和定位。现实中，当前高校智库获得科研任务更多地依赖学者自身兴趣、经验和水平，缺少社会主动提出的直接需求，同时智库成果的应用转化渠道不畅，成果报送机制不完善，智库与政府之间人才互动缺乏，导致智库研究和人才培养与社会需求脱节，处于"自说自话"的境地，制约了高校智库产生更大的实际效益。其中一个重要原因就在于，虽然"2011计划"和高校智库的顶层设计已经出台，但仍然缺少具体的配套措施，在实际中主要依靠教育部和财政部在教育领域的推动，智库建设缺少行业部门等社会配合机制，影响了高校智库的顺利发展。这也反映出高校智库发展未能获得财力、评价等方面的有效保障，高校智库与官方智库失衡，特别是其重要地位还没有得到普遍重视。

因此，笔者认为，中国特色新型智库建设要明确智库相应的社会地位，建立相互补充、协调发展的体制内和体制外两种智库。现代决策已发展为一门科学，其专业性不断增强，体制内的智库应当成为政府和行业的参谋部门，而不仅仅是决策时征求意见的对象。在实际决策中，迫切需要将"议"和"定"两个重要环节区别开来，这涉及政府和行业管理部门决策机制的改变。体制内智库在受到中国体制机制约束的同时，能够提供有深度的理论成果、政策建议和咨询意见，也是全面深化改革、促进科学发展的重要理论和思想力量。因此，要在决策过程中引入智库，建立透明化、开放式的公共决策机制，以此破解决策权力集中、决策系统封闭、社会参与不足的问题，更好地发挥体制内智库的积极作用。

体制外的智库可以定位于民间智库。中国坚持和发展中国特色社会主义、提升国家软实力，特别是决策现实的复杂性和综合性，客观要求在发展体制内智库的同时，也要建立和发展体制外智库，作为体制内智库的有益补充，形成多层次多元化智库体系，以促进决策科学化和民主化。这一类智库在中国起步晚，但由于具有多元社会主体的不同视角、独特的研究优势和领域、研究的相对独立性等特点，蕴藏着丰富的思想和学术资源，发展潜力大，发展空间广阔。同时体制外智库通过参与国际智库交流合作，发布研究成果，既有利于提升智库研究水平和能力，也有利于发出中国民间声音，与官方声音形成互补，提升中国话语权。

发展体制外智库，开放利用这些社会资源为决策服务，可以是商业运作，采取课题委托、成果购买等形式。商业运作模式有利于产生优胜劣汰、合作竞争，为决策提供多项理性的建议和方案并进行比较权衡，这既是高水平智库较多的国家的实践经验，也是形成良性的智库公共竞争机制、提升智库的公信力和影响力的需要。在商业运作模式中，政府制定公平竞争规则，建立重大课题选题的公开竞争机制和智库评估机制，明确评估体系和客观评价标准，鼓励和推动各类智库之间的良性竞争，从而为智库提供任务需求和经费支持，体制外智库的研究将更加注重原创性和实用性，为政府决策提供高质量的理论成果、咨询建议等服务，也使自身发展走上良性轨道。新型高校智库作为体制外智库的重要组成部分，通过参与商业运作模式，能够解决智库研究的"入口"和"出口"问题，在发挥其他体制外智库功能的同时，还可以培养和输送高水平的智库人才，通过与政府部门的人才互动，形成人才"旋转门"机制，从而强化政府人员的理论水准和学术思维，增强智库研究和咨询服务的针对性与实效性。

（作者丁立群，黑龙江大学副校长、教授；冯光，黑龙江大学学校办公室。哈尔滨市南岗区学府路74号黑龙江大学 150080）

坚持问题导向　推进新型高校智库建设

杜向民　黎开谊

摘　要：在全面建成小康社会、全面深化改革、全面依法治国、全面从严治党的新时期，加强中国特色新型智库建设成为完善国家治理体系、推进治理能力现代化的重要举措，高校智库作为中国特色新型智库的重要组成部分，在战略研究、政策建言、人才培养、舆论引导和公共外交等方面的作用日益凸显。在新的起点上，推进新型高校智库建设，需要切实增强问题意识、协同意识、国际意识、品牌意识和传播意识，积极关注并解决与此相关的几个问题，充分发挥高校服务国家、服务社会的职能。

关键词：高等学校　新型智库建设　问题导向　推进路径

中国特色新型智库既是党和政府科学决策、民主决策、依法决策的重要支撑，也是推进国家治理体系和治理能力现代化的重要举措，高校智库建设恰逢其时。当前，国家和教育行政部门、高等学校都在积极推进新型高校智库建设，对将智库建设作为繁荣发展哲学社会科学、实施"2011协同创新"计划、推进一流学科和一流大学建设的重要"切入口"和"聚合点"给予高度重视并大力支持。推进新型高校智库建设，充分发挥其战略研究、政策建言、人才培养、舆论引导和公共外交的作用，需要切实增强"五个意识"，着力解决"五个问题"。

一 增强问题意识,聚焦政府和社会重大需求

(一) 聚焦政府和社会重大需求是党和国家的战略部署

建设中国特色新型智库是服务党和政府科学民主决策、破解发展难题的迫切需要。党的十八大提出"坚持科学决策、民主决策,健全决策机制和程序,发挥思想库作用",十八届三中全会进一步强调"要加强中国特色新型智库建设,建立健全决策咨询制度"。2015 年 1 月中办、国办印发《关于加强中国特色新型智库建设的意见》,阐明了加强中国特色新型智库建设的重大意义、指导思想、基本原则和总体目标,部署了加强中国特色新型智库建设的主要任务和具体措施,明确提出要大力加强智库建设,形成"定位明晰、特色鲜明、规模适度、布局合理的中国特色新型智库体系";并把高校智库作为构建中国特色新型智库体系的重要组成部分,强调要"深入实施中国特色新型高校智库建设推进计划,推动高校智力服务能力整体提升",深化高校智库管理体制改革,"着力打造一批党和政府信得过、用得上的新型智库,建设一批社会科学专题数据库和实验室、软科学研究基地"。[①] 2014 年 2 月教育部出台《中国特色新型高校智库建设推进计划》,明确了新型高校智库的建设目标,确定了高校智库建设的主攻方向,就建设新型智库机构、打造高校智库队伍、拓展成果应用平台、创新组织管理形式、提供支持保障条件等进行安排部署,旨在大力推进中国特色新型高校智库建设,提高高校创新能力和社会服务能力。这些为正在蓬勃发展的高校智库指明了方向、提出了任务。

(二) 聚焦政府和社会重大需求是哲学社会科学发展的现实选择

当今时代,政府决策的范围日益宽广,决策的问题日益复杂,决策的难度日益增加,决策的影响日益深远,需要跨领域、跨学科与综合化、专业化的知识及基于深入持久研究的科学决策,这为新时期哲学社会科学的发展提供了新的契机,也提出了新的要求。党的十七届六中全会做出了实

[①] 中共中央办公厅、国务院办公厅:《关于加强中国特色新型智库建设的意见》,人民网,http://politics.people.com.cn/n/2015/0120/c1001-26419175.html。

施哲学社会科学创新工程,建设具有中国特色、中国风格、中国气派的哲学社会科学的战略决策,指出坚持和发展中国特色社会主义,必须大力发展哲学社会科学,使之更好地发挥认识世界、传承文明、创新理论、咨政育人、服务社会的重要功能。党的十八大站在历史和时代的高度,着眼中国特色社会主义事业长远发展,进一步强调发展哲学社会科学,建设哲学社会科学创新体系。2013年5月"繁荣发展高校哲学社会科学 推动中国特色新型智库建设座谈会"召开,刘延东副总理强调高校作为中国哲学社会科学事业的生力军和各学科人才聚集的高地,要以服务决策为导向,以提升能力为核心,以改革创新为动力,以哲学社会科学繁荣发展为依托,努力打造一批在国内外具有重要影响的高端智库。要求高校要聚焦重大问题,服务国家战略,多出具有前瞻性战略性和针对性可操作性的研究成果,为党和政府科学决策提供高质量的智力支持,努力做改革发展决策方案的建言者、政策效果的评估者、社会舆论的引导者。[1]

(三) 聚焦政府和社会重大需求是高校智库建设的题中之义

高校智库建设的总目标是服务于完善和发展中国特色社会主义制度,推进国家治理体系和治理能力现代化。这就要求高校智库必须坚持国家需求和问题导向,聚焦党和政府关注的重大问题,聚焦改革发展中的重点难点问题,选择重大理论和现实问题作为主攻方向。因此,一方面,高校智库要加强基础理论研究,围绕基础理论和重大理论问题,突出中国特色社会主义理论、道路和实践的研究,突出马克思主义中国化、时代化、大众化的最新成果研究,突出社会主义核心价值体系的主要内容、内在联系与实现路径的研究,深化研究新常态下的经济可持续发展问题,深化研究社会转型时期加强和创新社会管理问题,深化研究新形势下加强党的执政能力建设、提高党建科学化水平问题等,进一步拓展中国道路,完善中国制度,概括中国理论,凝练中国特色。另一方面,高校智库要加强重点领域研究。高校智库研究的问题应当是从中国的实践中提炼出来,又对中国实践有重大现实和长远意义的问题,应该按照国家重大需求与高校能力相匹配的原则,结合高校自身的优势和特色,力求在经济建设、政治建设、文

---

[1] 刘延东:《发挥高校独特优势 为建设中国特色新型智库贡献力量》,新华网,http://news.xinhuanet.com/2013-05/30/c_115976353.htm。

化建设、社会建设、生态文明建设、党的建设、外交与国际问题、"一国两制"实践与推进祖国统一八大领域,[①] 将自己的研究方向、研究任务与现实社会问题高度契合、深度关联,凝练出亟待解决的重大问题和关乎长远发展的重要课题开展研究,提出战略性、宏观性与前瞻性、针对性的决策建议,为党和政府科学决策贡献智慧和力量。

二 增强协同意识,构建良好运行机制

(一) 构建良好运行机制需要政府发挥主导作用

当前,中国正处于全面深化改革、全面建成小康社会的关键阶段,社会建设发展面临的问题都是复杂问题、综合问题和深层问题,仅靠某一部门、某一单位、某一智库、某一团队,很难提供科学合理、完善有效的决策方案,应对国内外环境挑战、破解发展难题都迫切需要强而有力的智库支持。这就需要高校智库大力推动协同,强化学校与政府、学校与学校、学校与社会、智库与智库、国内与国际的密切合作,改变互相隔离、各自为政的局面,组织跨学科、跨领域、跨时空的研究,建立优势互补、各取所需、深度融合、协同攻关的良好运行机制。在这一过程中,政府的作用至关重要,需要政府制定政策法规,科学布局大学智库,发布研究选题,公开公共信息,提供资金支持,加强人员交流,建立发布平台,购买智库成果,保护知识产权,奖励优秀成果,为大学智库的发展创造良好的制度环境和外部环境。

(二) 构建良好运行机制需要完善人才选用机制

人才是社会生产力中最为活跃的要素,是决定智库水平最为核心的因素。大学智库应当建立灵活的人才招聘、任用和流动机制,吸纳不同领域、不同学科、不同背景的专家,围绕政策问题和现实问题,开展综合性研究。国外高水平大学智库的成功经验表明,建立运转顺畅的人才"旋转门"制度是智库发挥重要作用的关键。一是要建立"外部旋转门"制

[①] 教育部:《中国特色新型高校智库建设推进计划》,教育部网站,http://www.moe.edu.cn/publicfiles/business/htmlfiles/moe/s7915/201402/164598.html。

度，即在政府、社会与高校智库之间搭建来去自由的人员交流机制，坚持"引进来"与"走出去"相结合，会聚各类研究精英，凝聚高端智库人才。通过聘请富有经验的政府工作人员、社会研究人员参加高校智库研究，推荐智库核心人才到政府部门、社会单位挂职锻炼等重点举措，推动智库人才交流。这种人事制度设计，一方面可以加强高校智库和政府相关部门的联系，使智库研究因需而为、顺势而为，更加有的放矢；另一方面也可以使智库成果找到合适的用武之地，有利于研究成果的实际运用推广，提高社会影响力。如美国国防部部长阿什顿·卡特曾长期在哈佛大学肯尼迪学院贝尔富中心任教，并在斯坦福大学国际安全与合作中心（CISAC）担任访问学者；克林顿时期的国防部部长威廉·佩里卸职后长期在 CISAC 担任高级研究员；乔治·沃克·布什总统时期的国家安全顾问赖斯曾在 CISAC 工作，现在斯坦福大学的胡佛研究所担任高级研究员。[①] 二是要建立"内部旋转门"制度，即在大学与高校智库之间搭建互通有无的人员交流机制，打造高校智库队伍，培养高水平创新团队。如在美国高水平智库胡佛研究所常驻的 100 多位研究人员中，80% 以上为高级研究人员，有 105 人次是美国各类院士和各类奖章的获得者。这些研究人员中又有 80% 以上由胡佛研究所和斯坦福大学其他院系联合聘任，由胡佛研究所和其他院系分别支付相应的聘任费用，这些研究人员可以在胡佛研究所和斯坦福大学其他院校之间相互转换。[②]

（三）构建良好运行机制需要大力加强学科协同

学科众多是高水平大学的特点之一，跨学科配置研究人员是大学智库的优势之一。高水平大学智库往往设在综合性大学，原因在于有诸多学科的支撑和学科交叉的优势，更有利于提高成果质量。2013 年，教育部首批认定设立了 14 个国家协同创新中心，各地各高校也建立了一批自己的协同创新中心，这些协同创新中心大都建立在历史悠久、学科众多、实力较强的综合性高校，为推进高校智库建设、发挥高校智库作用奠定了良好基础。跨学科配置研究人员也是国外高水平大学智库的成功经验。久负盛

---

① 于铁军：《世界一流大学智库的经验与借鉴》，《光明日报》2015 年 7 月 7 日。
② 张东刚：《发挥高校优势 打造新型智库》，中国教育新闻网，http://www.jyb.cn/talk/ftjb/201403/t20140324_575221.html。

名的斯坦福大学国际安全与合作中心（CISAC）就是依托斯坦福大学雄厚的科技实力和人才储备进行跨学科综合性研究的。该中心主要研究军控与核裁军、反恐、全球治理与解决冲突等项目。为了应对复杂挑战、研究复杂问题，该中心每个项目的研究团队都是跨学科配置，由政治学者、各社会科学学者和科学家、工程师联合完成。这种人才资源的配置被称为矩阵式机制，矩阵的纵向是将所有的研究人员按照他们所学知识的学科类别分组，横向是按照研究课题成立研究小组。在研究课题时，从按学科划分的各小组中抽调研究人员组成研究队伍，既有利于整个智库的有效操作，又符合智库需要多学科专家共同协作的特点。[①]

三 增强特色意识，打造服务品牌

（一）高校智库具有打造高水平智库的良好条件

与政府智库、社会智库、民间智库相比，高校智库具有打造高水平智库的优越条件。一是高校人才密集，具有人力资源丰富的优势。高校聚集了80%以上的社科力量、近半数的两院院士、60%的"千人计划"入选者，[②] 以及规模庞大的研究生队伍，可以为智库建设提供源源不断的人才支撑。二是高校研究基础扎实，学术积累深厚，可以为理论研究、战略研究、政策研究提供学术支撑，保持研究创新的持久活力。三是高校学科门类齐全，具有学科综合的优势，有利于基础研究与应用研究相结合，用理论成果解决实际问题，有利于学科交叉融合，产生新的知识和思想，有利于多学科研究方法的应用，解决横跨学科的综合问题。四是高校对外交流活跃，国际交往广泛，有利于开阔国际视野，发挥各方优势，联合开展攻关，提高研究水平，传播"中国声音"。五是高校历史悠久，学术独立，思想自由，有利于形成学术传统和学术精神，有利于研究观点的"客观中立"，有利于思想文化的兼容并蓄，这是大学智库最为独特的优势所在。全球著名的布鲁金斯学会的座右铭就是"高质量、独立性和影响力"

[①] 沈固朝：《中国需要什么样的大学智库》，《中国社会科学报》2014年8月18日。
[②] 张东刚：《发挥高校优势 打造新型智库》，中国教育新闻网，http://www.jyb.cn/talk/ftjb/201403/t20140324_575221.html。

(Quality, Independence and Impact)，这被称为智库的核心价值，其中独立性被看作是最核心的。

(二) 打造服务品牌需要大力加强新型高校智库建设

当前，以 2011 协同创新中心、人文社科重点研究基地、社科专题数据库和实验室、软科学研究基地等为代表的高校新型智库建设，发挥的作用越来越突出。但是，真正有特色、高水平、有影响力的中国高校智库不多，需要进一步增强特色意识，凝聚研究力量，提高研究能力，扩大传播能力，打造智库品牌。教育部出台的《中国特色新型高校智库建设推进计划》，确定了中国特色新型高校智库建设的总体思路，亦即紧紧围绕"五位一体"总布局和"四化同步"新要求，聚焦国家急需，明确建设目标，立足高校特点，以学者为核心，以机构建设为重点，以项目为抓手，以成果转化平台为基础，创新体制机制，整合优质资源，打造高校智库品牌。[1] 加强中国特色高校新型智库建设，一是要体现鲜明的中国特色，强化中国立场、中国利益的忠诚意识，把握正确方向，服务于中国特色社会主义的伟大实践；二是要具有国际视野，秉持立足中国、放眼世界的开放意识，借鉴各国智库建设的成功经验，积极创造条件"走出去"，既讲"中国故事"，又做"世界文章"；三是发挥高校优势，树立国家急需、自己能为的服务意识，明确主攻方向，充分挖掘潜力，打造研究高地；四是提升研究能力，坚持深入调研、解决问题的对策意识，多出既有前瞻性、战略性，又有针对性、操作性的研究成果，真正成为服务党和国家决策的"外脑"。在此方面，中国高校有成功的先例可循，如北京大学国际战略研究中心于 2007 年成立，2013 年组建为北京大学国际战略研究院。该院紧密结合国家发展大局，积极主动服务外交工作，充分发挥学科综合优势，广泛整合校内外学术力量，促进世界政治、国际安全、国家战略等领域的学术研究和政策研究，很快成长为世界一流的新型智库。2015 年 1 月美国宾夕法尼亚大学"智库与公民社会项目"发布《全球智库报告 2014》，7 家中国智库入围"全球顶级智库"前 150 位，其中中国高校智库 2 家，北大国际战略研究院排名全球高校智库第十，是中国高校中唯一

---

[1] 张东刚：《发挥高校优势 打造新型智库》，中国教育新闻网，http://www.jyb.cn/talk/ftjb/201403/t20140324_575221.html。

进入世界前十名的智库。① 在上海社会科学院出版的《智库报告：2013 年中国智库报告（影响力排名与政策建议）》中，依据智库成长与营销能力、决策（核心）影响力、学术（中心）影响力和公众（边缘）影响力四个维度对中国智库进行了评价，在综合影响力前 10 名中，高校智库占了 4 位，分别是北京大学、清华大学、中共中央党校和复旦大学。②

（三）打造服务品牌需要高校智库差异化发展

中国高校数量众多，研究机构林立，智库发展迅速，政府机构对高校智库的实际需求也是多样化、差异化，因此，高校智库需要科学定位、强化特色、差异发展，形成各安其位、共同发展的良好格局。一是要增强"中国意识"，打造全国智库品牌。优势学科是高校智库的深厚根基，高校智库大多是在充分利用优势学科进行知识创新和转化的基础上逐步形成的，智库的强势研究领域与大学的优势学科互为倚重。综合性研究型大学拥有为数众多的高水平研究机构，拥有多个优势学科和优势研究领域，也拥有为数最多的高水平研究人才，这是打造全国知名智库品牌的重要依托。这些研究优势明显、研究基础扎实的高校智库，应该把基础型研究与应用型研究紧密结合，增加战略性、政策性研究，增强研究项目的现实针对性，提高研究成果的前瞻性和应用性，有理由有条件率先成长为全国知名智库。如清华大学国情研究中心是 2000 年由中国科学院和清华大学合作组建的智库机构，智库坚持中国特色、高校品牌、世界一流的定位。在强化"中国特色"方面，以"中国实践"为基础，以"中国问题"为导向，以"中国风格"为特征，以形成"中国学派"为使命，以"重大矛盾与关系"为主题，以专业化研究为手段，以综合集成为方法。③ 成立近 10 年来，其先后参与多项国家重大决策的研究与建议工作，出版的《国情报告》成为中央和地方政府决策的重要参考资料，很多研究成果被采纳，已经成为国家高层决策的科学思想库和具有重要影响的公共政策研究中心。二是要增强"特色意识"，打造区域智库品牌。中国拥有为数众多的多科型大学和行业特色型大学，这些高校或者对某个区域、某个行业的

---

① 于铁军：《世界一流大学智库的经验与借鉴》，《光明日报》2015 年 7 月 7 日。
② 上海社会科学院智库研究中心：《智库报告：2013 年中国智库报告（影响力排名与政策建议）》，上海社会科学院出版社 2014 年版，第 24 页。
③ 胡鞍钢：《中国特色新型智库》，北京大学出版社 2014 年版，第 37 页。

研究历史悠久,积累深厚,深具影响,或者对某个领域、某个问题的研究坚持"打深井",独树一帜,应用性强,依托于这些高校组建的高校智库,就应该结合学校的学科优势和学术传统,精心选择研究题目,主攻应用对策研究,积极承接委托项目,开展有针对性的研究,形成自己的学术特色与研究风格,建成"小而精"、"特而精"的主要服务于地方和行业的特色智库。

四 增强国际意识,把握国际话语权

(一) 把握国际话语权是全球化语境下的客观要求

在全球化时代,世界各国面临着经济、能源、气候、环境、生态、战争、反恐、疾病等全球性问题,综合国力竞争中文化的地位更加重要、作用更加凸显,智库成为各国决策者在处理重大问题时所倚重的一支重要力量,为各国政府提出研究报告、咨询建议以及发展规划、预测分析,发挥着越来越大的功能和作用。高水平、国际化的智库,已经成为一个国家软实力和国际话语权的重要象征。美国是当今世界国际组织的主要策划者和国际规则的主要制定者,也是全球议题的主要倡导者和全球问题解决的主要引领者,体现了美国的国际话语权,凸显了美国的国家软实力,为美国带来了巨大的国家利益,这与美国拥有世界最多也是最好的智库机构休戚相关。据美国宾夕法尼亚大学推出的《全球智库报告2013》,美国拥有全球最多的智库机构,高达1828个,其中不少设在高校,且世界排名前10位的智库中美国占了6个,遥遥领先世界其他国家。[1] 中国高校智库要想在把握国际话语权方面有所作为,就必须具有"全球意识":一是政府相关部门要科学谋篇布局,加大政策引导,积极扶持智库;二是高校智库要站在全球的视角谋划长远发展,组建研究机构,选择研究问题;三是高校智库要加强国际合作,联合开展攻关,共同应对问题,扩大世界影响。

---

[1] 张东刚:《发挥高校优势 打造新型智库》,中国教育新闻网,http://www.jyb.cn/talk/ftjb/201403/t20140324_575221.html。

（二）把握国际话语权是提升中国"软实力"的紧迫要求

随着全球化、信息化的快速推进，世界各国间的竞争已不仅仅是以政治、经济、军事等为基础的"硬实力"比拼，以思想、制度、文化为核心的"软实力"较量也已成为竞争的新常态，而智库作为国家思想创新的源泉和文化创新的基地，是"软实力"竞争的重要支撑。经过30多年的改革开放，中国经济规模已稳居世界第二、贸易规模跃居世界第一，是全球最为重要的制造业基地，诸多产品产量居世界首位，是名副其实的世界政治大国和经济大国。但客观而言，中国还不是文化强国，在制定国际规则、维护世界秩序、主动设置议题、引导国际舆论、掌控国际话语权方面，与欧美等主要发达国家相比尚有差距，呈现出"硬实力比较硬、软实力比较软"的不对称局面。党的十七届六中全会明确提出了"增强国家文化软实力，弘扬中华文化，努力建设社会主义文化强国"的战略任务。迫切需要中国智库机构进一步开阔国际视野，加强国际问题研究，提高文化传播能力，为中国政府提供世界认可的全球问题解决方案，更多发出"中国声音"，进一步提升中国的文化软实力，提高中国的国际话语权。为此，中国高校智库要与世界各国智库建立起密切的合作交流机制，共同研究全球性问题，积极影响全球性事务，同时为国家大外交战略建立重要通道，呼应公共外交，影响国际公众舆论和国外政策决策。从全球范围看，世界主流的高校智库活动都体现出明显的国际化导向，这些研究机构或者在海外建立分支机构，或者设立区域性的专题研究项目，或者与其他国家的政府和智库部门建立合作关系，在全球范围内网罗人力资源，在安全、环境、资源、经济、健康、贫困等带有全球意义的领域收集数据，开展研究，提供政策建议。[①] 这些都是中国高校智库可资借鉴的做法和经验。

（三）把握国际话语权是提升高校智库水平的必然要求

提升高校智库水平，把握国际话语权，必须推进高校智库国际化，让中国学者"走出去"，关注研究国外问题，把外国学者"请进来"，关注研究中国问题，让中外学者共同研究世界问题，展开对话、共同探讨，形

---

① 侯定凯：《国外高校智库已开始全球扩张》，《光明日报》2015年7月7日。

成共识、产生影响。首先，高校智库国际化最直接的目的就是让中国了解世界、让世界认识中国。今天，中国与世界各国之间的关系空前紧密，中国的可持续发展更加需要对国际环境、各国局势、发展走势做出正确研判。同时，越来越多的外国学者对中国充满兴趣，他们加深对中国的研究有助于增进理解、合作共赢。高校具有国际交往合作的悠久传统和良好基础，加强高校智库的国际交往和民间互动，有助于提高中国对世界的认识，增进国外学者对中国的认知，为中国的发展创造良好的外部环境。其次，高校智库国际化有利于尽快提升智库水准。国外高水平大学智库拥有悠久的历史和丰富的运作经验，在智库的组织机构、运行模式、研究选题、成果转化等方面各具特色，中国高校智库作为后来者，要想赶上世界先进水平，就必须采取"拿来主义"，向国外成熟智库学习取经，走向国际。再次，繁荣发展高校哲学社会科学也需要走国际化之路。哲学社会科学是支撑智库的主要力量。建设具有中国特色、中国风格、中国气派的哲学社会科学必须走国际化发展之路，中国特色、中国风格、中国气派是相比较而产生的概念，是特色化发展的结果。推进哲学社会科学创新工程，走国际化发展战略，对于进一步增强理论自觉和理论自信，培养出国际水准的思想家、战略家和社会活动家具有重要的现实意义。

五 增强传播意识，增强社会影响力

高校智库的影响力辐射可分为"向上"与"向下"、"对内"与"对外"四个维度。"向上"指的是高校智库对政策决策的影响力，"向下"指的是高校智库对社会公众的影响力；"对内"是指在国内的影响力，"对外"则是指国际影响力。[1] 高校智库要增强传播意识，充分利用现有平台，扩展转化渠道，提高传播能力，发挥影响能力。

（一）增强社会影响力需要充分发挥咨政献策作用

高校智库的首要目的就是要影响政策，服务于政府决策。首先，高校

---

[1] 王莉丽：《大学智库建设——提升国家软实力的基础》，《中国教育报》2012年5月25日，第5版。

智库要成为政策咨询的"思想库",产生智慧,创造理论,储备政策,提供方案。大学智库可以发挥其基础研究能力强、学术综合能力强、可持续研究能力强的优势,针对经济社会发展、社会治理体系和国家安全具有长远影响的重大问题,开展基础性、理论性、长期性的跟踪研究,创制新的政策理论和政策思想,帮助决策者拓展视野,形成新的政策思路。其次,高校智库要成为政府决策的"影子内阁",提供咨询,解读政策,改变观念,引导舆论。通过完善集中报送专家建议的工作机制,建立咨询报告数据库,跟踪汇总分析相关信息,加大智库成果报送政府相关部门的力度。大学智库影响政策的方式多种多样,如通过直接承担政府委托课题项目,参与政府组织的政策咨询,提交咨政报告,发行出版刊物,召开专题会议,公开授课培训,出版学术专著,发表学术论文,建立相关网站,利用大众传媒等,"渗透"政府决策,营造政策环境。再次,高校智库要提高建言献策的质量。成果质量是高校智库发挥咨政献策作用的关键性要素。要坚持基础研究和应用研究并举并重,促进哲学社会科学与自然科学的交叉渗透,着力推动跨学科研究,推进新兴学科发展,为对策研究提供更为有力的学科支撑。要大力推动科研方法创新,吸收国际前沿的研究方法,借鉴自然科学的研究方法,充分利用现代信息技术,加强文科实验室和数据库建设,加强定量、实证性的调查研究,更多提供基于事实和数据基础之上的政策建议和解决方案。

(二) 增强社会影响力需要着力拓展应用推广渠道

成果应用转化渠道是制约哲学社会科学发展的瓶颈问题,也是制约高校智库发挥作用的瓶颈问题,推动智库建设,必须着力拓展成果发布平台和渠道。首先,高校智库要创办研究刊物、建立专题网站、创设网络论坛,这是国内外各类智库的通用做法,也是行之有效的简便做法。如美国对外关系委员会主办的《外交》、卡内基国际和平基金会的《外交政策》、战略与国际研究中心的《华盛顿季刊》、布鲁金斯学会的《布鲁金斯评论》、兰德公司的《兰德评论》等,在世界上均具有极为广泛的影响。[①]国内智库也把出版刊物、提供内参和政策报告作为政策建言的重要方式,如中央党校的《思想理论参考》、中国社会科学院的《中国社会科学要

---

① 沈固朝:《中国需要什么样的大学智库》,《中国社会科学报》2014 年 8 月 18 日。

报》、国家行政学院的《咨询与研究》、中国国际问题研究所的《国际问题调研》、新华社世界问题研究中心的《世界问题研究》、上海国际问题研究院的《情况与建议》，在国内深具影响。[1] 其次，举办国际论坛、学术会议、主题研讨等，汇聚各类研究机构，集中国内外专家学者，就重大议题、重点问题进行交流研讨，集中展示发布最新研究成果。再次，要充分利用公共出版发行系统，出版成果论著，发表学术论文，提高成果传播力和影响力。大学智库的研究成果对于本国政府、对于国际社会产生广泛影响的例子不胜枚举，如美国哈佛大学著名学者塞缪尔·亨廷顿发表的《文明冲突论》，虽然饱受国际政界和学术界的争论，但是已经深深影响了美国自20世纪90年代以来的国际战略和国家外交，也间接影响到国际局势的深刻变迁。最后，要充分利用公共传媒和自媒体，传播研究成果，发布政策建议，解读政策效果，引导公众舆论。公共传媒具有传播面广、时效性强、影响力大的显著特点，自媒体具有自主性强、普及面宽、分众传播的显著特点，都是高校智库应该借重的成果传播渠道。

（作者杜向民，长安大学党委书记、教授；黎开谊，长安大学党委办公室主任、教授。陕西省西安市南二环路中段长安大学党办　710064）

---

[1] 任晓：《第五权力——论智库》，北京大学出版社2015年版，第291页。

中国特色新型高校智库建设的新路径

朱庆葆

摘　要：建设中国特色新型高校智库（以下简称"高校智库"），是中国高等教育内涵式发展的重要课题。高校智库存在若干问题，如研究力量分散，高质量成果少，综合性不足；高端人才与创新团队匮乏；基础与应用研究之间的联系不够紧密；从研究到决策之间的机制不够畅通等。要建设中国特色新型智库，应以协同创新为机制，才能发挥智库更大的功能：以问题为导向，以任务为牵引进行研究；实现基础研究、应用研究和战略决策的三位一体，实现高校智库与实际部门的协同研究。

关键词：新型高校智库　协同创新　建设路径

智库，又称"思想库"或"智慧库"，英文称"think tank"。是指由专家组成，多学科的，为决策者在处理社会、经济、科技、军事、外交等各方面问题出谋划策，提供最佳理论、策略、方法、思想等的公共研究机构，是影响政府决策和推动社会发展的一支重要力量。近几十年，智库在各国内政外交政策的制定中发挥着日益重要的作用，它以精准全面的分析研判、与政界广泛深入的联系以及在社会公众中的影响力，左右着国家政治、经济、社会、军事、外交、科技等方面的重大决策，以致有学者将智库视为继立法、行政和司法之后的"第四部门"。

习近平总书记关于加强智库建设的重要批示和刘延东副总理在"繁荣发展高校哲学社会科学　推动中国特色新型智库建设"座谈会上的重要讲话精神，充分说明了当前建设好中国特色新型智库，特别是高校智库的重要性。对于一直以来谋求哲学社会科学发展繁荣振兴的高校而言，这既指明了新的前行方向，也提出了新的挑战。中国高校应当乘势而上，以协同创新为突破口，克服弱势与缺陷，突出自身在科学研究和服务社会经济发展方面的学科优势与人才优势，建设好符合中国高校实情、具有中国高校特色的新型智库。

一 当前高校智库建设面临的问题

随着对智库认识的逐步深化，中国智库在数量上已赶超西方国家，但其实力和影响力仍相对弱小，国际话语权也相对缺失。究其原因，是中国在智库发展上的不专业；高端人才与创新团队匮乏；基础与应用研究之间的联系不够紧密；高校哲学社会科学智库存在研究力量分散、高质量成果少、综合性差、从研究到决策之间的机制不够畅通等不足。

（一）建设目标与国家战略需求之间差距较大

智库的建设目标应以国家需求为导向，但从现实情况看，在传统评价方式的制约下，高校智库的建设过多地受到研究人员知识结构和研究兴趣的制约，在对于国家和社会的现实需求的把握和参与上，问题意识不强，主动性不足，参与热情不高，与国家战略需求有较大的差距，高校丰富的智力资源不能得到有效利用。

（二）基础与应用研究之间的联系不够紧密

理论与实践结合不够，是长期制约哲学社会科学服务功能发挥的根本性问题。高校的哲学社会科学研究具有基础研究的明显优势，但过度依赖基础研究，与发挥智库功能的要求并不相符。提高高校智库的影响力，必须加强智库的专业化建设，使研究人员的研究方法和产出的研究成果与实践要求紧密联系。

（三）研究力量分散，综合性不足

高校智库拥有众多的学科资源和人才优势。但是，在现实的智库建设中，这种优势并没有得到有效的发挥，反而面临学科建设分散化、专业领域细分化、考核机制单一化、高端人才不足等问题。决策研究"散兵游勇"者居多,力量较为分散,缺乏协同攻关优势,影响了智库的国际竞争力和整体发展水平。

(四)研究到决策之间的机制不够畅通

多年来,中国一直存在着研究成果向现实生产力转化不力、不顺、不畅的痼疾,其中一个重要症结就在于协同创新链条上存在诸多体制机制关卡,创新和转化各个环节衔接不够紧密。研究成果如何更好更快地为决策部门服务,是高校智库建设的关键问题。当前,政府部门决策研究的封闭性较强,高校的智库研究的主动性不够,缺乏前沿问题意识和必要的资料数据,致使高校的应用研究不能有效地转化为决策咨询成果。

二 高校智库的协同创新路径

高校智库建设要克服上述问题,亟须解放思想,协同创新,通过体制机制创新,使高校丰富的学科和人才优势潜能得到充分发挥。

(一)以问题为导向,注重协同是高水平智库建设的基础

智库的一个本质特征是突出问题意识,以决策服务为导向,善于敏锐地发现社会热点难点、重大现实问题,开展有效的前瞻性的研究。坚持问题导向、需求牵引,能够发现问题、提出问题、直面问题、研究问题、回答问题,并能够针对问题聚集起一流的专家队伍,开展全局性、战略性、前瞻性的研究,提出有效的对策建议,在国际国内发出"中国声音",这是高水平的高校智库建设最基本的要求。问题导向是协同创新的基础,只有明确亟须解决的问题,才能制定智库发展目标,进而明确需要协同的资源、创新的机制体制等。与国家战略需求相关的重大理论和现实问题往往涉及社会科学的方方面面,不是靠某个学者、一个学科甚至一所学校的力量就能够真正解决的,需要开展多个研究机构的协同攻关,凝聚多方智慧,开展多学科的交叉研究,才能取得高水平的成果。因此,中国特色新型高校智库建设必须在体制机制上有所突破,一切从问题出发,提高优质研究资源的汇聚能力和各个研究主体之间的专业分工的协同能力,建设跨学科、多主体的研究平台，实现文理之间、高校之间、校府之间的有机协同，使不同的研究主体围绕共同研究的问题开展高水平的研究。

以南京大学主持建设的中国南海研究协同创新中心为例，该中心紧密围绕国家开发南海和实施"一带一路"战略的重大需求，抓牢在中国南海领域资源能源利用、主权维护、区域和平发展等重要战略机遇，承担各级各类政府部门委托的重大任务开展政策建言及战略研判，以应对南海局势变化。三年来，中心已提交各级各类部门信息专报、决策咨询报告100余份，图集50余份，有力地支持了相关部门制定和实施政策。2015年1月，中心成功入选由外交部选聘的涉海咨询机构，同年3月成为中联部"一带一路"智库网络首批成员。由中心团队合作完成的"南海及周边地区遥感综合监测与决策支持分析"成果荣获2014年国家科学技术进步奖二等奖。发挥在南海维权斗争中的舆论引导作用也是中心高度重视的环节，为此举办的多场涉海国际学术讨论会，成功完成了外交史学会、外交部提出的"发声"任务。中心组建了由海峡两岸多位学者构成的专家团队，聚焦菲律宾仲裁案等问题热点，开展对策研讨，筹划专题专刊，在国内外期刊发表论文、专访报道100余篇，成功应对了国际舆论的挑战。同时，中心积极探索中国特色新型智库建设的"走出去"模式，在华盛顿设立中心分支机构——"中美研究中心"，开辟出争夺南海问题国际话语权的海外重要舆论战场。

作为国家首批"2011协同创新中心"和首批两个文化传承类创新中心之一，南海中心发挥学校原有的海洋科学、信息科学、边疆史地、法学、传播学、遥感学等优势学科特长，在南海问题研究上抢得先机，已成为集高端复合南海研究人才培养、南海研究国际影响力提升、南海研究学科建设等功能为一身的多学科南海研究协同创新体和国际合作交流对话平台。中心以机制体制创新改革为保障，大力推进相关学科的融合交叉，在原有优势学科基础上，新增"海疆与海洋安全"交叉学科点。该学科点以文理学科的交叉协同为特色，面向基础研究和应用研究两大方向，着力解决单一学科无法完成的现实问题，为国家的海洋与外交战略服务。

（二）实现基础研究、应用研究和战略决策的三位一体是高水平智库建设的重要支撑

在科学研究中，理论研究、应用研究与战略决策三者之间是相辅相成、缺一不可的，在一定的条件下，三者又是可以互相转化的。理论创新对实践创新具有重大先导作用。国家应对国际国内重大问题的对策研究同样离不开基础理论研究的支撑。高校智库在基础研究方面具有得天独厚的优势，有利于独立、公正、客观地开展中长期前瞻性应用研究。坚持基础研究和应用研究并重，瞄准国家战略决策，实现基础、应用与决策的三位一体，既发挥了高校的优势，又补充了政府部门政策研究的不足，更能促进高校智库的科学研究与人才培养。

建设新型高校智库必须充分发挥高校现有科研机构的作用。科学研究、人才培养、服务社会构成了现代大学的基本功能，但其中最本质的功能还是在于对知识的发现、传播和保存。建好智库仅仅是高校发挥社会服务功能的一个方面。在目前的"智库热"下，中国高校智库建设声势浩大、如火如荼，智库机构层出不穷。在此大潮中，如果不顾实际条件强行上马，或者把智库建设置于学科建设之上，不仅不符合大学的办学规律，更是对有限的教育资源的一种浪费。相比于一哄而上、另起炉灶，充分挖掘既有阵地，发挥已有科研机构的基础，释放潜能，提高活力，不失为高校新型智库建设的适合之路。中国高校特别是综合性大学，科研机构范围广、数量多，拥有较为完善成熟的层次与布局，其中尤以教育部"2011协同创新中心"和人文社会科学重点研究基地最为突出。凭借较强的人才队伍、较好的研究基础和一定的决策咨询经验，利用它们开展智库工作，可取得事半功倍之效。

南京大学教育部人文社科重点研究基地"中华民国史研究中心"在探索处理三者关系方面走在前列。中心首先具备极强的基础研究实力，其学科创建于 1974 年，经过 40 年的不断坚持和提高，已经成为海内外公认的中华民国史研究重镇，出品一批有重大影响的科研成果，形成了大师加团队、中青年学者实力较为雄厚的科研队伍。以张宪文教授领衔的团队主编的海内外第一部中华民国史著作《中华民国史纲》，奠定了南京大学中华民国史学科的领先地位。由中心联合国内外 100 余位学者共同编纂的《南京大屠杀史料集》（72 卷），2009 年获教育部人文社科优秀成果一等奖；在此基础上撰写的《南京大屠杀全史》（3 卷），又于 2015 年获教育部人文社科优秀成果一等奖。

作为国内最早开始抗日战争研究的单位，该中心重视开展服务于国家战略决策和民族利益的研究，先后出版了在海内外产生重大影响的《中国抗日战争史（1931—1945）》、《抗日战争的正面战场》、《抗日战争的敌后战场》、《南京大屠杀史料集》（72卷本）、《南京大屠杀全史》（3卷本）、《日本侵华图志》（25卷本）、《宋美龄文集》（5卷本）等标志性学术成果。特别是72卷本《南京大屠杀史料集》出版后，被教育部"211"工程验收专家组誉为"继《实践是检验真理的唯一标准》之后，南京大学在哲学社会科学领域内的又一大贡献"。中央外宣办和国务院新闻办向全国各省委宣传部发布专门文件，高度肯定《南京大屠杀史料集》的学术贡献和重大政治意义。日本政府外务省也不得不承认："根据截至目前公开的文献等进行综合判断"，"不能否定日军进入南京后，对城内非战斗人员进行的杀害或掠夺行为"。

面对智库建设的新形势，面对习近平总书记关于加强抗战研究的新要求，该中心在原有理论研究的基础上，积极开展转型建设。2016年1月，以中心为主体，协同北京大学、南开大学、武汉大学、中央档案馆、中国社会科学院近代史研究所、中国第二历史档案馆等单位的中国抗日战争研究协同创新中心正式挂牌运行。2016年3月，由该中心与南京市社会科学院、南京大屠杀纪念馆合作建设的"南京大屠杀史与国际和平研究院"成功入选江苏省首批高端智库。以这两个机构为载体，中心将面向和平发展和中华民族伟大复兴的国家需求，以抗战记忆、大屠杀记忆、民族记忆、人类战争记忆和国际和平学研究为主攻方向，致力于历史真相、战争记忆、和平理念、人类和解、公众认知、国际交流等方面的研究和公共实务，打造一个集决策支持、学科建设、人才培养、科学研究和社会服务于一体的高端智库，服务于"南京大屠杀死难者国家公祭日"、"中国人民抗日战争胜利日"等政府相关活动，及时监测中日各界对于相关议题的价值判断与表述方式，以便制定及时和正确的舆情引导策略，并在应对日本右翼不断挑起的中日历史遗留问题争端等方面提供咨询报告和决策建议，通过教学、培训、大众读本编写、外文著述出版、影视创作、媒体网络宣传等，深化中外民众对南京大屠杀的历史认知和中国和平发展理念的认识，树立中国和平崛起的"世界形象"。

（三）创新体制机制是建设高水平高校智库的制度保障

现代科学研究的多学科交叉特性和解决重大战略需求问题的复杂性决定了"单兵作战"、"作坊式"的科研模式无法满足智库建设的需求，必须建立多个研究机构协同开展全方位、多维度、多层次研究的平台，既有不同机构间的横向协同，也包括基础研究、应用研究、决策支持间的纵向协同，同时还包括资源协同、队伍协同、人才培养协同等。高校智库建设必须与国家教育、科技改革紧密结合，建立与一流智库建设相匹配的评价机制，努力探索建立以研究项目为纽带、以决策服务为导向的互动合作机制，构建有利于智库创新发展的长效机制。

创新体制机制建设首先是要打破人才壁垒。高校智库建设仅仅依靠原有的高校教师队伍无法满足其基本要求，需要广泛吸纳政府、社会乃至海外的智力资源形成合力。一是可以通过"旋转门"制度实现人才在政府、企业、高校间的自由流转；二是以"驻院学者"的形式吸引海外专家长期在库；三是引导专职科研人员积极投入智库建设；四是返聘合适的高水平退休专家、人员补充人力资源不足。

创新体制机制建设其次是要拓宽资金来源渠道和改进资金分配方式。原有单一的国家财政经费支撑的模式已不适合智库建设需要，应当积极鼓励新型高校智库接受社会化捐助，盘活资金，并在智库形成一定规模和影响力后，依托智库产品实现自我造血功能。与此同时，原有科研项目形式的资金分配办法与智库激励机制格格不入，应当充分尊重高校智库人员在参与决策咨询研究中所付出的智力劳动，允许智库从业人员合理支取劳务报酬。

创新体制机制建设再次是要改革评价体系。在评价高校的既有体系中，学科建设、人才培养一直占据主要地位。在对高校教师的评价标准上，无论是绩效考核还是职称评定，论文、论著始终是重中之重，而决策咨询成果或参与决策活动则长期受到忽视。应当尽快建立较为完善的分类评价标准，给予论文、论著之外的决策咨询成果和活动以相称的地位和认可，从而激发高校教师参与智库建设的热情。

创新体制机制建设还要注意拓展信息来源与成果发布渠道。高校科研与实际部门联系不紧密，导致研究成果、建议与国家实际需求相差甚远。因此，高校应主动与实际部门建立一种常态沟通机制，了解掌握需求。同时，随着政府职能的转变，引导高校教师关注政府公开发布的决策信息、数据等，通过建立多样化信息沟通渠道使高校研究人员能够及时全面地掌握信息，增强研究和建议的准确性和可信度。另一方面，随着大数据和"互联网＋"的概念发展迅速，知识理念的传播、优秀传统文化的传承乃至价值观、意识形态领域的博弈都在逐渐向新媒体转移。新型高校智库除了要关注传统媒介发声，还应当积极应对新媒体的挑战，拓展自身的宣传渠道，以更好地实现公共外交、舆论引导等功能。

南京大学紫金传媒智库汇聚南大社会、新传、法学、信管、政管等院系力量，以舆论与社会心态为研究重点，以"互联网＋"的创新思维和大数据分析等技术为依托，聚焦国际国内重大事件及重要政策发生或出台前后政府、社会与公众的反应与应变，以及可能由此带来的对经济、社会和文化诸方面的影响，建言政府决策，服务国家战略。该智库获得了江苏省委宣传部及省内各大媒体的大力支持，能够汇集政府、媒体和学界三方力量，成为中国特色新型高校智库建设中有关体制机制改革的一种新尝试。

该智库性质为经省民政厅备案独立运行的民办非企业机构，但同时又属南京大学校内科研机构，资金来源主要为"紫金传媒基金"。智库初创期的日常运营和研究开展成为资金的两个主要用途，出资方作为理事单位，可委派人员加入理事会，参与智库的日常运作。待2—3年智库逐步运行成熟后，通过承接各级各类企事业单位、政府机构、社会团体或个人的相关调查和咨询业务，实现自我造血功能，同时开放接受财团、企业或个人合法捐赠，力争按照全球知名智库模式开展运营。

在运营初期，该智库研究团队主要由南京大学社会科学相关院系的教授与科研人员组成，待具备相当影响力后，将以年度或项目形式聘请专、兼职研究员，确保每年有10—20位常任研究员（含专职博士后）在库。自2015年9月开始，紫金智库已正式启动"旋转门"机制，陆续吸收了来自省内各大媒介的4位专职研究人员加盟。智库实行院长负责制，在理事会的领导下分设学术委员会和院务委员会，分别负责学术规划和日常行政，同时设立的还有多学科的社会科学博士后工作站。

紫金传媒智库在成立伊始就抢抓机遇，及时发布了《2015中国股市风暴调查——中期报告》，获得了上级领导的好评和各大媒体的广泛关注。2014年以来，同样由智库专家撰写的有关"普遍二孩"的政策评述以及"大数据、社会科学与智库构建"关系报告等成果也得到了中央两办及"理论之光"的认可，呈现出良好的发展势头和活力。

（四）坚持"双力驱动"，反对一哄而上，致力持之以恒

目前，中国特色新型智库建设在国内已经成为重要课题，各级各类智库应运而起。在这样的热潮中，我们也应当意识到，高校毕竟是教学科研单位，如果一味迎合潮流而忽视了正常的教学科研，可能会在今后的工作中陷入被动。

国家需求固然是高校科研工作者开展科学研究的重要导向，但我们也不应该忽视学科自身发展规律的要求和科研人员学术兴趣的指引。从时间维度上来看，国家需求的研究导向毕竟是短期的、暂时的、多变的，而学科发展规律与自身学术兴趣的导向才是长期的、稳定的、可持续性的。不依据实际情况具体问题具体分析，"一刀切"地要求所有科研工作者参与智库建设，不利于高校的长远健康发展。

以南京大学为例，我们坚持有所为有所不为，分析自身优势和基础，重点在长三角经济社会发展、大屠杀与和平学研究、风险危机管理、海洋权益维护、东亚文明与中华传统文化传承创新等领域打造智库，发挥现有基地的智库作用。同时，我们提出了"双力驱动战略"，不仅鼓励贴近国家战略规划进行科学研究，也鼓励由学者兴趣驱动的研究，鼓励自由探索。

建设新型高校智库还应当注意长期发展，持之以恒。综观全球，我们发现有影响力的国际知名智库，无一不是有一个长期积累和发展成长的过程，能够获得长期稳定的资助，并能够持续关注某一个方面或某一个领域的问题，从而形成较为稳定的研究方向、稳定的团队甚至稳定的风格气质，进而打造成智库领域的知名品牌。高校发展新型智库，不能过分依赖国家政策的指引和导向，也不能以国家支持与否来片面决定智库机构的存废，以避免陷入"其兴也勃焉，其亡也忽焉"的怪圈。

南京大学一直以来重视对科研人员自由探索的保护和对科研机构的持续支持。近年来，学校设立"人文研究贡献奖"和"青年教师人文科研原创奖"，以鼓励教师特别是年轻教师开展基础性、原创性研究。而在可持续发展方面，以南京大学长江三角洲经济社会发展研究中心为例，该机构2001年2月获批教育部人文社会科学重点研究基地。十余年来，学校充分发挥南京大学文理科综合的优势，全面挖掘经济学科实力，从人才、经费、场地、政策等各方面为中心发展提供持续性的支持和服务。中心利

用学校政治经济学国家重点学科、理论经济学和应用经济学博士点、理论经济学和应用经济学博士后流动站等稳定资源，长期聚焦长三角经济社会发展中的重大问题，凝练学术方向，统筹基础研究和应用研究，总体设计并组织实施重大研究项目，产出了一批代表国家水准、具有世界影响的标志性成果，已发展成为国内长三角研究的重镇。特别是中心与江苏省委省政府合作举办的"江苏发展高层论坛"，自1997年创建以来，已成功举办了34次会议，成为江苏省内最具影响力的"智库"机构，被称为政府决策的重要思想库、智囊团。

习近平总书记最欣赏"滴水穿石"精神，这个精神的本质就是持之以恒、甘于寂寞。我们认为加强中国智库建设战略完全正确，完全必要。但是世界大多数知名智库的历史都很悠久，都经历了长期的、艰苦的资料积累、数据积累、成果积累和人才积累的过程。大浪淘沙后站住脚跟的智库，才是未来真正能担当中华民族复兴使命的高端智库。

（作者朱庆葆，南京大学党委副书记、教育部人文社会科学重点研究基地"中华民国史研究中心"主任、历史学院教授。南京市汉口路22号　210093）

中国新型高校智库建设的可能性路径

何勤华　袁　也

2015年伊始，中共中央办公厅、国务院办公厅印发了《关于加强中国特色新型智库建设的意见》（以下简称《意见》）。而在此之前，习近平总书记就已经强调，我们需要重点建设一批高端智库。

而在名目众多的智库机构中，高校智库作为依托高校生存发展的智库机构，由于有着学者众多、研究氛围深厚等得天独厚的条件，理应在这一建设过程中承担更为重要的角色。相比以往的高校智库，探索中国的高校智库应如何建设为"新型"高校智库是当前的切实问题。笔者将在本文中，通过借鉴国外优秀高校智库的经验，来探讨中国新型高校智库建设的可能路径。

一　中国高校智库的现状

部分学者认为，智库的出现自古有之。而如果着重于考察近代意义上的智库，我们可以看到，现代性质智库的诞生滥觞于英国，却成熟于美国。[1] 作为针对公共政策、重要时政问题进行研究，并提出建议的一种专门机构，智库在现代公共生活中所发挥的作用十分重要。

在《意见》当中，智库被定义为"以战略问题和公共政策为主要研

---

[1] 刘宁：《智库的历史演技、基本特征及走向》，《重庆社会科学》2012年第3期；陈振明：《政策科学与智库建设》，《中国行政管理》2014年第5期。

究对象、以服务党和政府科学民主依法决策为宗旨的非营利性研究咨询机构"。而在数量繁多的智库机构中,不同类别智库的发展与建设也存在着显著的差别。亦或许正是由于智库作用的趋同化,过往学者在对智库建设进行研究的同时,也容易忽略不同类别智库的分野。

根据美国宾夕法尼亚大学"智库与公民社会项目"所发布的智库报告,截至2013年,全球共有智库6826家。其中,美国以1828家位列第一,中国则以426家位居第二,并有6家智库进入百强。至2014年,这一组数字也仅仅提升为美国1829家,中国429家,并有7家进入百强,整体情况并未改变。[①] 这一组数据被许多学者所引用。但是,却少有学者注意这一组数据之下的差异。根据统计结果,进入全球百强的7家中国智库按照排名先后分别是中国社会科学院、中国国际问题研究中心、中国现代国际关系研究院、国务院发展研究中心、国际战略研究中心、上海国际问题研究院、北京天则经济研究所。其中除北京天则经济研究所属民间智库外,其余均属官方智库。相比之下,美国75%的智库设立于高校,其影响力亦领先全世界。[②] 此外,自2010年宾夕法尼亚大学便根据资源投入、对专家的吸引力、与决策精英和媒体的互动、完成重大项目的能力、产出的数量和质量、社会影响力等评估指标,列举出全球25家最佳大学智库(Best University – Affiliated Think Tanks),其中有11家智库来自美国,其余的智库则分布在英国、法国、德国、新加坡等诸发达国家之中。[③] 显而易见,中国的高校智库发展较之全球最高水平的美国落后许多。

目前,中国高校智库大致呈现出三种类型:第一类是国内知名院校成立的国家社会发展的战略型大学智库,并且与国际著名智库相衔接。如清华大学非政府管理(NGO)研究所(1998年10月)、清华大学中美关系研究中心(2007年9月)、北京大学国际发展(NSD)研究院

[①] 吴瑛:《从大数据看中国智库的国际话语权》,《社会观察》2015年第6期;覃莹、郭寿良:《新型高校智库建设需要把握的几个问题》,《教师教育学报》2015年第1期;燕玉叶:《如何建设中国高校智库——美国加州大学21世纪中国研究中心光磊主任访谈与启示》,《高校教育管理》2015年第2期。

[②] 燕玉叶:《如何建设中国高校智库——美国加州大学21世纪中国研究中心光磊主任访谈与启示》,《高校教育管理》2015年第2期。

[③] 侯定凯:《人文社会科学的知识转化机制探析——兼论优质大学智库的培育》,《复旦教育论坛》2011年第5期。

(2010年10月)、清华大学国情研究院（2012年1月）等。此外，一些高校还建立起一批具有较大社会影响力的外交、经济政策的研究机构，并开始与世界顶级智库建立合作关系，如清华大学与美国"布鲁金斯学会"合作建立的公共政策研究中心（2006年）、清华大学的清华—卡内基全球政策研究中心（2010年4月）等。第二类是具有"地缘政治"研究特点的大学智库，例如厦门大学台湾研究院（1980年7月）、四川大学中国藏学研究院（1999年）、中山大学港澳珠江三角洲研究中心（2000年）、云南大学东南亚研究所（2002年4月）、云南大学大湄公河区域（GMS）研究中心（2006年10月）。第三类是服务地方政府的智囊型大学智库。这类大学智库主要集中在地方性大学，通过与地方政府或企业建立战略合作关系，着力打造极具地方特色的智库"品牌"。① 但无论何种智库，我们从上述的数据可以看出，中国高校智库的建设都与国际一流水平有着相当的距离。

造成这一境况的原因是多方面的。例如，知识转化机制的不完善、人文社会科学研究成果受到科研立项等管理环节的掣肘等诸多因素，均对中国高校智库的发展形成了不同程度的阻碍。② 此外，高校的专家学者对于政策或制度的影响也还停留在运动式的专家社会运动模式，未能形成稳定的或制度性的建言献策方式，例如在孙志刚事件发生之后，几位法学专家两次联名向全国人大常委会建议对收容遣送制度进行违宪审查，最终使国家废除了收容遣送制度。③

此外，中国高校智库的发展由于缺乏相对稳定与科学的组织架构与管理机制，其建设也尚处于起步阶段。④ 综上所述，在目前的情势之下，如何为高校新型智库的建设铺设一条可能性的路径成为响应《意见》及习近平总书记呼吁的一个切实问题。

---

① 江胜尧：《中国大学智库的发展现状及转型之策》，《中国高校科技》2014年第10期。
② 侯定凯：《人文社会科学的知识转化机制探析——兼论优质大学智库的培育》，《复旦教育论坛》2011年第5期。
③ 郭华桥：《研究性大学智库建设模式与困境突围——基于"学者"使命的视角》，《中国高教研究》2014年第5期。
④ 江胜尧：《中国大学智库的发展现状及转型之策》，《中国高校科技》2014年第10期。

二 美国高校智库建设的经验——以胡佛研究所为中心

在10家全球顶尖的高校智库中，美国智库独占了4席，其中哈佛大学贝尔弗科学与国际事务研究中心高居全球顶尖高校智库首位，此外还包括斯坦福大学胡佛研究所、哥伦比亚大学地球研究所、斯坦福大学国际安全与合作中心。[1] 而斯坦福大学的胡佛研究所作为美国乃至世界领先的智库，与布鲁金斯学会、兰德公司并称为美国最大的三家思想库，更在全球智库排行中连续三年居前两位。以胡佛研究所的建设经验为观照，应对中国的高校智库建设有所裨益。

回顾学术史，以往学者们对于胡佛研究所的研究已颇为丰富。概言之，胡佛研究所得以保持顶级智库地位的优点主要集中在如下几点。

在机构设置尤其是人员配置上，胡佛研究所主要由工作人员、行政人员和研究人员组成，并以常驻研究员和访问学者为核心，建造了一支卓越的研究队伍。[2] 研究队伍中除了包括里根政府时期的国务卿乔治·舒尔茨外，还包括国家研究员、国家安全事务研究员、媒体研究员。[3] 而对于加入其中的研究人员，研究所给予了优厚的待遇以及一系列潜在的回报。[4] 这使机构能够维持稳定的团队进行长期高效的研究。

在项目管理上，胡佛研究所始终以政府政策为研究对象，"心无旁骛"，并且充分利用了所掌握的大量珍稀史料，进行跨学科的研究。[5] 在具体议题的研究组中，研究人员会从政治、经济、法律和历史等多个维度

---

[1] 燕玉叶：《如何建设中国高校智库——美国加州大学21世纪中国研究中心光磊主任访谈与启示》，《高校教育管理》2015年第2期。

[2] 方婷婷：《美国大学智库影响力和运行机制研究——以斯坦福大学胡佛研究所为例》，《高校教育管理》2014年第4期。

[3] Hoover Fellow In Action, 2015 - 8 - 3, http://www.hoover.org/fellows? fellow - type = 90.

[4] Laura E. Cressey, Barrett J. Helmer, Jennifer E. Steffensen edited, Chapter 9 University, Research Institutes, and Think Tanks, Careers in International Affairs, Georgetown University Press, July 2014, 246.

[5] Donald E. Abelson and Christine M. Carberry, Following Suit or Falling Behind? A Comparative Analysis of Think Tanks in Canada and the United States, Canadian Journal of Political Science, Vol. 31, No. 3, Sep., 1998, 532.

对议题做出分析与评判，力求达到对相关议题的全面解读。

在成果转化上，胡佛研究所采用的方式也与一般智库有所区别。除普通转化方式如学术期刊发表外，胡佛研究所还往往通过塑造和影响公共舆论，进而影响公共政策的方式来达到转化研究成果的目的。在日常的工作中，专门的媒体关系项目组常常通过聘任专业媒体人士担任研究员，并以此扩大研究所的媒体关系网络。其不仅加强与地方媒体的沟通，还注重与国会等有关部门的联络。此外，研究所中的研究员也积极参与电视节目等大众媒体的采访，增加研究所的参与度，并通过各种社交媒体传播转化成果。①

在资金来源上，胡佛研究所的资金所得十分多元。研究所的主要资金来自机构建设的拨款、个人的捐赠、基金会捐赠与成果发表带来的收入。其中尤其值得注意的是基金会的捐赠一项。相当一部分基金会，尤其是保守派色彩浓厚的基金会是高校智库资金的重要来源，如克莱斯勒公司基金会、迪恩·维特基金会、埃克森教育基金会、福特汽车公司基金会和泛美基金会等著名基金会都常向胡佛研究所捐赠资金。这一项下的捐赠数额往往高达数亿美元。② 此外，校友、企业等主体捐赠的比重也在不断变化中，都是胡佛研究所的重要资金来源。但仍需要指出的是，政府资金对于研究所的日常支持长期以来均是众多智库机构的"顶梁柱"，胡佛研究所、布鲁金斯研究所等顶级智库也概莫能外。③

从以上几点归纳来看，胡佛研究所对于国内高校智库建设的经验主要集中在人员配置、项目管理、成果转化及资金来源上。在这四项中，又以项目管理和资金来源尤为研究所所重视。

三 中国高校新型智库建设的可能路径

他山之石，可以攻玉。根据上文所述的中国高校智库发展的现状，以

---

① 江胜尧：《中国大学智库的发展现状及转型之策》，《中国高校科技》2014 年第 10 期。
② Program Founders, 2015 - 8 - 3, http：//china. uscd. edu/support/founding - members. html.
③ Donald E. Abelson and Christine M. Carberry, Following Suit or Falling Behind? A Comparative Analysis of Think Tanks in Canada and the United States, Canadian Journal of Political Science, Vol. 31, No. 3, Sep. , 1998, 551.

胡佛研究所为代表的国际顶尖高校智库的发展优点可对中国的高校智库建设提出些许建议。从这些建议中，我们或许能够探寻出一条建设高校新型智库的可能路径。

目前，在建设高校智库的路径上，我们应对以下几点加以重视。

（一）围绕优秀学者建造新型智库团队

综观包括胡佛研究所在内的国际顶级高校智库，虽然智库的关注领域、建设方向等诸多方面或不尽相同，但对于智库团队的倾力却无二致。在众多高校智库中，需要以优秀学者为核心，建造核心团队，确定智库的研究面向，才有可能从众多的智库机构中脱颖而出。

在胡佛研究所常驻的100多位研究人员中，80%以上为高级研究人员，有105人次是美国各类院士和各类奖章获得者。这些研究人员中又有80%以上由胡佛研究所和斯坦福大学其他院系联合聘任，由胡佛研究所和其他院系分别支付相应的聘任费用，使这些研究人员可以在胡佛研究所和斯坦福大学其他院系之间相互转换。[1]

为此，中国高校在智库建设中对于研究人员要采取不拘一格的开放式选拔，对于不同学科背景、不同年龄结构、不同工作背景的个体要进行合理配置。除此之外，开展相应的访问学者项目，促进研究人员与不同国家地区的学者交流，会给智库建设提供良好的信息来源，提高研究项目的时效性和针对性。对于研究人员、科研辅助人员以及行政管理人员要进行合理分配，不应出现特定工作人员的冗余或稀缺。[2]

在这一过程中，确定合适的基石学者是首要的目标。以政法院校为例，在政法院校智库的建设过程中，选择各学科具有学科代表性的学者，并以这些学者为核心，建立相应的团队是发展高校智库的可能路径。在此基础上，可以进一步将民法、刑法、行政法等各法律学科的优秀学者凝聚起来，共同对研究项目进行研究，拓宽研究的广度。

---

[1] 陈英霞、刘昊：《美国一流高校智库人员配置与管理模式研究——以斯坦福大学胡佛研究所为例》，《比较教育研究》2014年第2期。

[2] 方婷婷：《美国大学智库影响力和运行机制研究——以斯坦福大学胡佛研究所为例》，《高校教育管理》2014年第4期。

（二）构建多元的研究项目

以胡佛研究所为参照，胡佛研究所的研究组织模式在传统的个人研究、优先主题研究的基础上，设计了工作小组的研究组织模式，在研究所长期关心的领域设立了工作小组。通过工作小组，研究所聚集了相关领域内外不同学科背景的专家共同研究，所内外专家的比例接近1:1，大大增强了研究所的实际研究能力。[①]

由于自研究所建立伊始便确立了以国家政策为主要研究对象的基点，胡佛研究所在长期的研究中都以此为定位，招揽不同领域的学者，坚持跨学科、跨部门的研究，将传统的研究项目拓展到了新的境地。相比之下，中国高校智库的建设中，鲜有跨学科或跨部门的智库机构，单独的研究项目纵使偶有出现也未能成为具有启发意义的引导项目。在此情形下，不同学科、部门之间的交流便成了这一过程的基础。

学科与部门的交流在于学者的交流。只有将智库的建设落实到学者的身上才有可能使智库的发展出现跨越。在一校之中，应采取灵活的聘任制度，将不同人文学科的学者集中到智库机构中来，并通过研究项目加强学者间的交流。

（三）建立学术期刊外的成果转化渠道

优秀的学术期刊往往依托于优秀高校，仰赖众多学者的深厚土壤。学术期刊作为传统的研究成果转化渠道固然能够保证研究的质量，并增加刊物在本领域内的权威性，但在成果的传播性上，学术期刊的能力颇为有限。

对此，学术期刊可与本校的智库机构建立常态化的合作机制。学术期刊可邀请智库的专家学者共同开辟《专家视点》等栏目，根据本校或智库的学科优势，对社会广泛关注的热点问题进行选题，并由不同学科的优秀学者进行问题的写稿、组稿等工作，最终通过栏目将研究成果发布。此类合作机制还可以拓展为共同承接相关课题的形式。这些合作方式有利于

[①] 陈英霞、刘昊：《美国一流高校智库人员配置与管理模式研究——以斯坦福大学胡佛研究所为例》，《比较教育研究》2014年第2期。

智库扩展学术资源，对于把握社会动态的能力提升也具有相当的作用。[①]

除了学术期刊与智库机构的常态化合作机制外，高校尤其是传媒类高校还可以充分利用媒体的资源优势进行成果转化的尝试。由于学术期刊的受众存在着诸多专业性的限制，故而利用媒体甚至是新兴媒体将严肃的学术研究成果向大众普及，成了一个可能的选择。正是由于长期以来许多高校自成一体，结果往往导致成果不出校园，理论脱离实际，从而使高校与以政府为代表的各类社会部门越走越远，其智库的角色更加黯淡。中国特色新型智库建设要求"推动高校智力服务能力整体提升"，突出了"服务能力"和"整体"两个核心概念。因此，要在两个方面实现"多层次对外交往"的转型：首先是研究成果积极走出校园，与相关政府部门建立资源和成果共享、工作联动机制；与社科院智库系统、其他民间智库建立经常性联系，互通有无；与各类互联网企业和融合媒体机构保持频繁往来。其次，积极参与国际交流，与国外智库保持沟通。[②] 将国外智库的优秀经验转移至自身进行培育对于中国高校新型智库而言也是十分重要的一个建设面向。

(四) 拓宽资金的来源渠道

中国国内的高校目前多为公立院校，资金来源多为政府财政补贴以及学生学费。这种简单的经费来源很难满足高校研究的发展需要。相比之下，胡佛研究所的研究经费，除斯坦福大学的拨款外还包含各基金会的资助、社会个体的捐赠以及研究成果的收入。充足的资金保证了研究的完善和高效。为此，中国高校要加快资金来源的多样性，增强其自我发展的能力。高校可以通过参与政府或公司委托的课题研究、接受个人捐赠、研究者研究成果的发行等方式来获得研究资金，并通过奖学金及助学金等形式加大对学生研究项目的投入。[③]

在资金这一项目上，除了上述提到的方法外，高校自行设立基金会也

[①] 曾荣平、温优华：《学术期刊促进智库建设的策略选择——以经济类期刊为例》，《出版发行研究》2015年第6期。

[②] 胡正荣、姬德强：《媒体融合时代传媒类高校智库的角色转型》，《中国高等教育》2015年第7期。

[③] 方婷婷：《美国大学智库影响力和运行机制研究——以斯坦福大学胡佛研究所为例》，《高校教育管理》2014年第4期。

是值得部分高校尝试的选择之一。包括胡佛研究所在内的众多国际智库都拥有稳定的基金会支持，定期或定额地享受到资金上的便利。国内目前既无完善的基金会与高校智库的对接机制，那么，高校自行设立基金会，通过妥善管理、投资基金会的资金，以达到扩大基金会的资金基础、反哺智库机构的作用也未为不可。甚至在这一尝试过程中，适时引入政府资金，协同设立基金会也不失为一个可能的选项。

四 结语

综上而言，中国高校智库的发展在人员配置、项目管理、成果转化和资金来源四个方面面临着相当大的挑战，这也是中国高校智库与国际顶级智库存在差距的重要因素。如何弥合这四个方面的差距还需要各高校积极吸取国外智库的经验，进行大胆的尝试。

笔者相信，成立优秀的智库团队、优化现有的项目管理，使智库从传统的学术研究型智库向政策提供型智库转化，并扩宽研究成果的转化渠道，积极吸收各方面的资金来源，这对于建成中央所指示的中国特色新型智库必然具有举足轻重的作用。唯其如此，才能使中国高校智库摆脱话语权孱弱、存在感薄弱的传统境地。

总体上看，中国高校智库可以根据国家战略重点选择议题、发出声音，在公众广泛关注的领域发出学者之声，将严谨的学术思维通过现代媒体传递给公众。在目前国内的部分著名高校内，已有见到一些学者在尝试通过微博、报纸等媒体向公众传递最新的研究成果，并鼓舞同行参与其中。对此，应当肯定这些先行学者做出的努力，但也需要在利用新兴媒体的同时保持学者的严谨态度，而不能出现利用媒体而耽误了研究质量的舍本逐末之举。

根据中央以及习近平总书记的指示，既然要统筹推进党政部门、社科院、党校行政学院、高校、军队、科技和企业、社会智库协调发展，形成定位明晰、特色鲜明、规模适度、布局合理的中国特色新型智库体系，重点建设一批具有较大影响和国际影响力的高端智库，重视专业化智库建设，就必须在保证专业性的基础上追求影响力。因此，加大科研投入力度，保证研究成果的质量是高校智库发展的先决条件。

在中国高校中，可以通过选择一批重点学科作为智库建设基础的方式来发展现阶段的高校智库。以往的高校智库发展没有行之有效的制度可资参照，有鉴于此，选择一批优秀重点学科或具有权威性的学科领头人，以之为基础，构建新型智库，可能正是发展中的一个突破口。

所谓新型智库，应当在建设方式、发展方式和运作机制等各方面都做到有所进步。以此标准衡量，自然应当努力寻找突破口，大胆进行尝试。而高校智库的"新"，就在于要敢于挑选优秀的学者，让优秀的学者成为高校智库的基石，并在这一基石上进行投入，增加科研项目，扩大资金投入。一切的机构最终都应落实到人，而对于高校智库而言，无论是项目还是资金，研究的关注领域还是成果，都无不以学者这一生命体为基础。尽可能地焕发学者的研究能力，将这种研究能力转化成对政府的辅助能力并制度化，将是建设中国特色新型高校智库的重心所在。

参考文献：

[1] 刘宁：《智库的历史演技、基本特征及走向》，《重庆社会科学》2012年第3期。陈振明：《政策科学与智库建设》，《中国行政管理》2014年第5期。

[2] 吴瑛：《从大数据看中国智库的国际话语权》，《社会观察》2015年第6期。

[3] 覃莹、郭寿良：《新型高校智库建设需要把握的几个问题》，《教师教育学报》2015年第1期。

[4] 燕玉叶：《如何建设中国高校智库——美国加州大学21世纪中国研究中心光磊主任访谈与启示》，《高校教育管理》2015年第2期。

[5] 侯定凯：《人文社会科学的知识转化机制探析——兼论优质大学智库的培育》，《复旦教育论坛》2011年第5期。

[6] 江胜尧：《中国大学智库的发展现状及转型之策》，《中国高校科技》2014年第10期。

[7] 郭华桥：《研究性大学智库建设模式与困境突围——基于"学者"使命的视角》，《中国高教研究》2014年第5期。

[8] 方婷婷：《美国大学智库影响力和运行机制研究——以斯坦福大学胡佛研究所为例》，《高校教育管理》2014年第4期。

[9] 陈英霞、刘昊：《美国一流高校智库人员配置与管理模式研究——以斯坦福大学胡佛研究所为例》，《比较教育研究》2014年第2期。

[10] 曾荣平、温优华：《学术期刊促进智库建设的策略选择——以经济类期刊为例》，《出版发行研究》2015年第6期。

[11] 胡正荣、姬德强：《媒体融合时代传媒类高校智库的角色转型》，《中国高

等教育》2015 年第 7 期。

[12] Hoover Fellow In Action, 2015 - 8 - 3, http://www.hoover.org/fellows?fellow-type=90.

[13] Laura E. Cressey, Barrett J. Helmer, Jennifer E. Steffensen edited, *Chapter 9 University, Research Institutes, and Think Tanks, Careers in International Affairs*, Georgetown University Press, July 2014, 246.

[14] Donald E. Abelson and Christine M. Carberry, "Following Suit or Falling Behind? A Comparative Analysis of Think Tanks in Canada and the United States", *Canadian Journal of Political Science*, Vol. 31, No. 3, Sep., 1998.

[15] Program Founders, 2015 - 8 - 3, http://china.uscd.edu/support/founding-members.html.

（作者何勤华，华东政法大学原校长、教授，上海市松江大学园区龙源路 555 号华东政法大学　201620；袁也，华东政法大学法律史专业硕士研究生，上海市长宁区万航渡路 1575 号华东政法大学 5 号楼　200042）

高校哲学社会科学在中国新型智库建设中的作用和地位

张艳国

摘　要：哲学社会科学在人们认识世界、改造世界活动中具有重要地位和作用。高校新型智库建设立足于我国哲学社会科学创新发展，是我国新型智库建设的有机组成部分。目前，高校新型智库建设取得了一些成绩，积累了一定经验，但也存在突出问题。因此，要立足国情，放眼世界，学习世界先进经验，对接国家战略，服务改革总任务总目标，打造高校新型智库建设升级版。

哲学社会科学，是人们认识世界、改造世界的重要工具，是推动历史发展和社会进步的重要力量，也是党和政府决策的重要支撑。总结中国共产党90多年的历史，可以得出一个重要的结论：正确的理论积极地指导着实践，[①] 正是有了马克思主义和中国特色社会主义理论的正确指导，党才能团结和领导全国各族人民在一次次关键的历史转折时刻，做出正确选择，取得革命和社会主义建设事业的伟大胜利。

党和政府历来重视哲学社会科学的发展，哲学社会科学的发展也一直有效地为公共政策分析，公民社会建设，文化产业发展以及农业、经济、商业管理提供服务。江泽民同志在北戴河同国防科技和社会科学专家座谈时的讲话中就谈道，"哲学社会科学工作者要坚持理论联系实际，注重研

[①] 《毛泽东哲学批注集》，中央文献出版社1988年版，第143页。

究全局性、前瞻性、战略性的重大课题，促进理论创新、制度创新、科技创新的蓬勃进行"，"要在促进改革开放和现代化建设的实践中，在为党和政府科学决策的服务中，推进哲学社会科学"。2014年1月，《中共中央关于进一步繁荣发展哲学社会科学的意见》明确指出："要使哲学社会科学界成为党和政府工作的'思想库'和'智囊团'。"

近年来，习近平同志多次对智库建设做出重要批示，指出智库是国家软实力的重要组成部分，要高度重视、积极探索中国特色新型智库的组织形式和管理方式等。这些重要论述既表明智库建设是推进国家治理体系和治理能力现代化的重要内容，又为建设中国特色新型智库指明了根本方向、提出了总体要求。十八届三中全会通过的《中共中央关于全面深化改革若干重大问题的决定》作为中央文件首次提出"智库建设"概念，表明党和政府越来越重视中国特色新型智库的建设，越来越重视哲学社会科学通过智库载体对党和政府决策的服务与支撑作用。

高等学校作为哲学社会科学研究的主力军，在国家新型智库建设中的作用日趋明显。《国家中长期教育改革和发展规划纲要（2010—2020年）》中指出，高校要"积极参与决策咨询，主动开展前瞻性、对策性研究，充分发挥智囊团、思想库作用"。2015年1月，中办、国办联合印发的《关于加强中国特色新型智库建设的意见》中也明确提出，要"发挥高校学科齐全、人才密集和对外交流广泛的优势，深入实施中国特色新型高校智库建设推进计划，推动高校智力服务能力整体提升"。

一　中国哲学社会科学服务党和政府决策的现状

邓小平同志曾指出："理论要为政治服务。"智库建设的最重要作用就是为党和政府决策提供服务与支撑。数十年来，中国哲学社会科学不论是在政治、经济、文化，还是在社会、人口、法制、生态等各领域，都为党和政府决策提供了大量理论支撑与策略参考，使中国共产党能够做出正确决策，领导全国人民坚持走正确道路，逐步实现国家治理体系和治理能力的现代化。当前，国家提出成立"亚投行"和"一带一路"战略，就是哲学社会科学为党和政府决策服务的典型体现。总的来说，中国哲学社会科学服务党和政府决策主要体现在如下方面。

（一）明确目标，引领方向

马克思主义的世界观和方法论，是科学分析和把握中国的实际和国情，深刻认识中国社会主义建设规律、共产党执政规律以及人类社会发展规律的根本方法，同样是社会主义新型智库的世界观和方法论。坚持用中国特色社会主义理论体系指导新型智库建设，是我们必须始终坚持的正确方向。[①] 任凭形势怎么变，党的指导思想不能变，中国特色社会主义道路不能变，改革发展目标不能变。哲学社会科学服务党和政府决策的首要任务，就是坚决以马克思主义理论为指导，结合中国改革实践，坚定中国特色社会主义道路。尤其在当前的改革攻坚期，哲学社会科学在明确"两个一百年"的宏伟目标、指引社会主义改革方向等方面起着主要作用。2015年4月15日，由中国人民大学国家发展与战略研究院、深圳创新发展研究院共同完成的《中国创新报告2014》在北京发布。这份以"国家治理现代化元年"为主题的报告，从国家治理、顶层设计、党的建设、惩治腐败、依法治国和国家秩序等方面作了详细论述，是国内首部从国家治理角度系统反映2014年中国改革创新成就与挑战的白皮书，对国家进一步明确改革目标、坚定社会主义道路方向有积极的借鉴作用。吴敬琏等人所著《改革是最大的政策》围绕十八届三中全会之后国家的改革方向、改革面临的困难、改革政策的演变等方面作了分析和预判，为坚定改革发展目标和道路做了深入解读。

（二）分析形势，判断走势

当前国内外政治、经济形势风云变幻，稍有不慎，便会受人所制、错失先机甚至措手不及、大伤元气。正确分析时事，预测发展态势，是中国哲学社会科学服务政府决策的一项重要本领。北京天则经济研究所学者吴敬琏所参著的《小趋势：中国经济的关键变数》（2014年出版）一书，就务实理性地对未来中国经济走向、新一轮改革将面临的挑战、国内是否将会爆发经济危机、消费能否扭转增速放缓、货币政策会收紧还是放松等一系列问题进行了分析预判，对政府和全社会看清形势、把握经济发展走

[①] 吕余生：《坚持用马克思主义指导智库建设》，《光明日报》2009年9月1日，第009版。

势有积极的作用。"中国生产率问题研究"课题组所做的《我国未来生产率提升潜力与经济增长前景》研究报告，通过文献梳理、实证研究和国际比较，对中国生产率提升的历史贡献和未来潜力进行了分析，并提出了战略性的政策建议。

（三）研究对策，提供方法

国家在改革发展进程中，必定会遇到各种阻力和难题。能否迅速找准对策、及时提出有效的解决办法，是有效推进改革的关键。近年来，哲学社会科学研究者在国家改革发展的方方面面做了大量研究，取得了许多优秀的成果。国务院发展研究中心王慧炯所著《社会系统工程方法论》将自然科学与社会科学有机结合，囊括国内外的经验和元素，阐述了社会系统工程发展的必然性和复杂性，并对其方法论做了较系统的探索，这份研究成果对国家经济体制改革、政策设计和大型企业规划等方面均有一定的启示，具有重要的学术探索和现实意义。陈小洪等人所著《中小企业发展：新环境、新问题、新对策》通过对中小微企业的实地调查，分析了它们发展问题产生的深层次原因，通过借鉴国际经验，提出了具有可行性和实用性的政策建议。

（四）问计于民，献计为民

哲学社会科学研究者大都是扎根群众，从群众中来。对于涉及国计民生的重大问题，群众最有发言权。与民生息息相关的社会问题、公共服务问题和民生问题，是中国哲学社会科学向政府决策提供智力支持的重要组成部分。中国社会科学院 2015 年 4 月发布的《中国社会发展年度报告（2014）》就从老百姓关注的社会景气、社会包容、公众参与、公共服务、城市居民生活质量和工作环境、政府信任等 12 个方面做了深入调查和分析，对政府进一步开展民生工程建设、提升公共服务水平、改善居民生活质量、提升政府公信力都有十分重要的现实意义。国务院发展研究中心课题组所著《民生为本——中国基本公共服务改善路径》立足群众，对改革完善就业、教育、医疗卫生、社会保障、住房等各领域的基本公共服务提出了大量建议。

(五）立足亚太，放眼世界

步入 21 世纪之后，"地球村"的概念越来越明显，中国与周边国家的贸易合作越来越密切，世界各国也日益重视与中国的双边关系。在这个难得的发展机遇期，我们必须放眼全球，把握世界发展脉搏，积极在全球发展浪潮中激流勇进、独占鳌头。国务院办公厅某课题组 2014 年发布的《我国跨境电子商务的发展形态面对的主要挑战与政策建议》指出，跨境电子商务作为中国外贸的重要增长点，将会面临通关服务不足、市场监管体系不够完善、结汇方式不够优化、物流企业相对薄弱等挑战，并就此提出了一些列有针对性的政策建议。程国强所著《全球农业战略：基于全球视野的中国粮食安全框架》提出了"立足国内、全球供应"的粮食安全新战略，并在粮食贸易、境外农业投资、国际农业合作以及物流、营销、产业链建设等方面提供了政策建议。

二 高校哲学社会科学服务党和政府决策取得的经验和存在的问题

（一）取得的优势经验

一是相对独立、成果客观。与官方哲学社会科学研究机构相比，高校哲学社会科学在经费来源、人员配备等方面不完全依赖于政府，具有相对独立性。高校哲社学科的经费不仅仅依靠政府拨款，同时还通过纵向资助、横向支持以及社会捐赠等途径获得；其对研究人员的吸纳也几乎是自主完成，不需要政府的过多干预。正是这种相对独立性，使高校在开展政策调查和研究时相对客观，不会因为依赖而使成果产生偏向性。这种"敢说真话、敢说实话"的独立个性，是高校哲学社会科学服务党和政府决策的身份优势。

二是学科齐全、人员充足。中国高校学科涵盖面很广，聚集了 80% 以上的社科力量、近半数的两院院士、60% 的"千人计划"入选者，以及规模庞大的研究生本科生队伍，研究实力雄厚、信息资料丰富、对外交流广泛，是新型智库建设的重要力量。[1] 广泛齐全的学科覆盖面，不仅使

---

[1] 李卫红：《高校在新型智库建设中的使命担当》，《人民日报》2014 年 2 月 16 日，第 005 版。

高校能够对各学科领域开展研究，而且能够十分便捷地开展学科交叉和学科互补合作，使高校更有能力研究和解决更复杂的综合性问题；充足齐备的研究人员，不仅使高校能够开足马力，提高研究成果的产量，而且能够形成合力，提高研究成果的质量。这种"范围广泛、梯队完备"的学科结构，是高校哲学社会科学服务党和政府决策的力量优势。

三是交流广泛，影响面广。高校哲学社会科学的一大特点就是多重层面的交流汇聚一体，它可以与政府、机关以及官方智库等机构进行官方合作，也可以与企业、个人以及社会团体开展民间合作，还可以与国内外高校开展学术交流。在这些合作与交流中，高校哲学社会科学充分了解政府决策需求、企事业发展诉求以及国内外发展形势，对开展政策研究具有十分重要的价值。这种"往来频繁、相互合作"的交流状态，是高校哲学社会科学服务党和政府决策的渠道优势。

四是渠道畅通，传承有致。高校不仅开展科学研究，同时还培养学生。一方面学校围绕社会发展和学科前沿，开展研究并为政府决策提供服务，另一方面学校又将与政府决策和社会发展研究的成果传授给学生，影响学生的研究思维，传播学校的研究果实，对高校人才培养起到极大的推动作用。这种桥梁式的双向影响是其他类型智库所没有的，不仅对理论研究成果的传播有很大价值，而且对政策研究成果的传播有巨大作用。这种"承上启下、研以致用"的教学传承，是高校哲学社会科学服务党和政府决策的资源优势。

（二）存在的问题

一是作用认识和智库观念不到位。高校部分科研人员开展基础研究较多，针对社会形势的应用研究和政策研究较少。由于学习经历和学科发展历史等原因，他们往往会在基础理论研究上花费大量精力，不注意或者不愿意把注意力放在国家建设新形势和改革发展新问题上，对哲学社会科学研究的地位、功能和作用的看法存在着不同程度的偏差，哲学社会科学作为党和政府决策"思想库"的作用还未被足够认识，科研人员以智库功能进行研究的观念还未全面到位。

二是话语权不足，地位和政治影响力不够。虽然高校的研究成果产量很高，对国家建设和社会改革发展也能发出不同看法的声音，但大部分成果的质量不高，所发出的声音在党和国家决策过程中被重视的程度不高。

这与高校智库的角色定位是有关系的。相对于国家官方智库研究而言，高校哲学社会科学的研究更多地充当辅助作用和配角作用，虽然有"百家争鸣、百花齐放"的良好形势，但对党和政府决策的影响力并不理想。

三是与学科建设的关系不好平衡。学科建设是高校发展的"龙头"，关系到学校学科结构布局、招生专业建设甚至是学校实力排名和社会声誉等各个方面。当前，国家对高校学科质量评估和问责制影响太大，使学校被迫关注"质量指标"。由于历史发展等种种原因，许多高校把研究力量分配到许多方向上，这使开展政策研究的方向力量薄弱。但如果把力量全部集中在某些政策研究方向上，则学科建设会受到影响，人才培养质量也会受到影响，在诸如学科评估、高校综合实力排名等方面将处于不利状态。

四是科研手段有局限性。当前很多哲学社会科学研究人员的研究手段仍然处于手工操作、个人生产的"小作坊"状态，没有综合性的社科研究基地。研究人员获取研究资料和数据的渠道也停留在传统的"跑腿"阶段，尤其在掌握国内外第一手材料上非常困难，没有非常权威的社科研究资料网和数据库。研究人员的研究方法也总是"老三样"，缺乏对现代化研究技术的吸纳和采用。

五是经费支持欠缺，激励机制不够。一方面，哲学社会科学的研究经费相比自然科学明显投入不足；另一方面，对有助于党和政府决策的建设性成果，并没有完善的激励机制，没有充足的奖励措施。面向社会发展实际的研究要比其他研究更具有挑战性、艰巨性和一定的风险性，在科研经费相差无几、奖励机制不完善的情形下，研究人员会更趋向于选择其他更"顺手"的研究领域而回避这些更有风险的政策研究。

三　智库发展走向

（一）国外的智库发展情况

智库也称为思想库、智囊团、智囊机构等。现代意义上的智库于20世纪初诞生在美国，20世纪七八十年代迎来发展的高峰，如今已经遍布全球，智库的研究范围也从传统的内政、外交、军事扩展到经济、文化、生态、科技、社会、人口等诸多方面。2015年发布的《全球智库报告

2014》指出，目前全球共有 6681 家智库，其中美国 1830 家，中国 429 家，英国 287 家，是世界智库数量最多的三大国家。同上年相比，中国智库增加了 3 家。

美国作为传统的智库强国，在智库建设中有丰富的经验值得借鉴。2014 年全球十大智库中，美国就有 6 家入选，分别是：布鲁金斯学会（Brookings Institution）、卡内基和平基金会（CEP）、美国战略与国际研究中心（CSIS）、兰德公司（LAND）、美国外交关系委员会（CFR）和伍德罗·威尔逊国际中心（WWICS）。美国智库坚持独立性、非营利性的发展方向，既依托政府的财税政策资助与法律政策支持，又独立于政府开展研究，不隶属某一个政府部门。美国智库影响美国公共政策的途径和方法，主要是通过咨询的法定程序开展，美国法律规定，政府项目的运作与论证等各个阶段都必须要有不同的咨询报告为参考。同时，各大智库都会在权威刊物上发表相关领域的研究成果，以确保自己的核心竞争力，因此大部分智库都十分重视学术期刊的建设，努力打造学术精品和"思想载体"，如《华盛顿季刊》、《布鲁金斯评论》、《外交政策》、《国家利益》和《外交》等。此外，美国智库不断吸收美国名人、高级官员加入，同时又将智库领袖输送到政府担任领导，形成一个人员流动循环。如美国前副国务卿佐利克在就职前是战略与国际研究中心的学者，离职后又加盟高盛公司。这种"旋转门"式的运转模式，是美国智库迅速发展壮大的重要原因之一。

英国也是一个十分重视智库建设的强国，其皇家国际事务研究所（Chatham House）就进入了 2014 年全球最好智库前三名，其他知名的智库还有国际战略研究所（IISS）、亚当·斯密研究所（ASI）、欧洲改革中心（CER）、政策研究中心（CPS）和费边社（The Fabian Society）等。英国智库主要通过承接资助项目，使开展的调查研究成果以建言献策等方式参与政府决策，因此它们为了捍卫研究的独立性和公正性、防止按照资助方意图提出研究报告，保护自身话语权，不惜严格限制项目委托条件、研究成果使用权限，甚至设置资金资助上限来避免"一枝独秀"导致研究结果有失公正。英国智库的主要目标也不是直接影响政府决策，而是更加重视研究成果在社会公众间的宣传，通过提高社会舆论的影响来提升智库话语权。

新加坡作为亚洲国家，在智库建设上也有十分成功的经验，近年来，依靠优秀的本地人才和外来引进人才，其迅速形成了一批有国际影响力的智库，如南洋理工大学拉惹勒南国际问题研究院、东南亚研究院、新加坡国立大学李光耀公共政策学院下属的政策研究所和东亚研究所等。新加坡智库的性质与美英不同，不管是资金来源，还是人员配备，都受到政府的资助和支持，没有多少独立性。在政府的强力支持下，新加坡智库得到长足的发展；而在这些智库优秀的研究成果协助下，新加坡政府在国内发展和国际事务上都取得了不错的成绩。

除此以外，国际知名的国家智库还有比利时布勒哲尔国际经济研究所、瑞典斯德哥尔摩国际和平研究所、法国国家科学研究中心、日本综合研究开发机构等。各国智库性质和发展路线都不完全相同，但它们有着相同的发展趋势：一是研究领域全球化，各国智库都越来越重视在全球领域问题的研究，争相在政治、经济、军事、文化、国际关系等领域抢夺话语权，从政府决策的"随从"逐渐转变为政策制定的"指挥"；二是研究方法多样化，各国智库为了提升知名度和影响力，必然在研究方法和手段上推陈出新，以期一方面能够提高研究效率和准确率，另一方面能够提出新观点和新思想；三是智库发展产业化，国际智库大部分都要求独立于政府，这就导致其资金来源不得不与市场接轨，优秀智库会通过决策咨询成功的有利条件，加速其成果转化为资金，并且通过不断的扩张追求自身最大价值。

（二）国内智库的发展趋势

中国智库起步于20世纪50年代，经过几十年的丰富和发展，逐渐形成了以官方智库为主、非官方智库为辅的多层次智库结构，智库水平也有很大提升。《全球智库报告2014》中显示，中国共7家智库入围全球顶级智库前150位，分别为中国社会科学院、中国国际问题研究院、中国现代国际关系研究院、国务院发展研究中心、北京大学国际战略研究院、上海国际问题研究所和中国人民大学重阳金融研究院。与上年相比，新增中国人民大学重阳金融研究院一家，排名最高的中国社会科学院位列全球第27位。以上信息表明，一方面中国智库实力在全球崛起和提升，另一方面高校智库也开始崭露头角，体现出独有的能力与价值。

当前国内智库的发展正迎来一个难得的机遇期。党的十八届三中全会提出"加强中国特色新型智库建设，建立健全决策咨询制度"的要求，表明中国新型智库将在全面深化改革的过程中扮演越来越重要的角色。建设有中国特色的新型智库，是国内智库的发展趋势。

什么是有中国特色的新型智库呢？2015年1月，中共中央办公厅、国务院办公厅印发的《关于加强中国特色新型智库建设的意见》指出，中国特色新型智库是以战略问题和公共政策为主要研究对象、以服务党和政府科学民主依法决策为宗旨的非营利性研究咨询机构，它必须遵守四个基本原则，即坚持党的领导，把握正确导向；坚持围绕大局，服务中心工作；坚持科学精神，鼓励大胆探索；坚持改革创新，规范有序发展。中国特色新型智库有其独特性：一是政治立场鲜明，即坚持以马克思主义为指导，坚持中国特色社会主义道路，坚持党的领导；二是研究目标明确，即始终围绕党和国家发展的中心工作和改革发展面临的国内外新形势、新问题开展研究；三是开展理论创新，即不断发展和完善中国特色社会主义理论体系，创新理论和方法，为党和政府决策服务。

由此可见，国内智库的发展将有新的趋势。一是研究对象细分化。任何一家研究机构，其研究力量终归是有限的，不可能触及党和国家发展的每一个方面；发挥自身优势、研究擅长领域、成为某方面的"头牌"，是国内智库必将选择的路径。二是研究领域国际化。随着全球化进程加快，国家发展的方方面面日益受到国际因素的影响，要研究国内改革建设，就必须研究国际相关领域的情况，否则就是闭门造车，研究结果必然不符合国家发展所需，就会惨遭淘汰。三是组织机构多元化。国家政治、经济、文化和生态文明建设发展迅速，需要越来越多的社会力量参与决策服务，原有的智库明显不能满足需求，新兴智库将会层出不穷，其多元化的组织机构能够发挥各自所长，优势互补，各自提出不同层面、不同倾向、不同立场的观点，供党和政府决策参考和选择。

（三）高校智库的发展方向

如前所述，随着国家智库整体实力的提升，中国高校智库也逐渐发展起来，有的甚至堪比官方智库。除了中国人民大学外，清华大学国情研究院、当代国际关系研究院、复旦大学美国研究中心、中国国防大学等，都是2014年中国智库综合影响力前20强的高校智库。[①] 但是，总体而言，

---

① 零点国际发展研究院、中国互联网新闻中心：《2014中国智库影响力报告》，2015年1月15日。

中国高校智库的整体发展还比较落后，高层次的智库数量还比较少，有影响力的高质量成果还不够多，在党和政府决策服务中的话语权还相对不足。产生这些劣势与不足的因素有很多，除了高校自身研究能力不够以外，有的是在高校发展历史中形成的，有的是政府意志主导决定的，这些因素决定了高校智库不可能完全按照官方智库的模式发展，而必须有自己的发展道路。笔者认为，在未来的发展中，高校智库必须立足自身实际，利用自身优势，发挥所长，做专做精，探寻更符合高校实情的发展方向。

一是利用积累，开展专长研究。高校多年积累的理论研究成果和经验，是高校智库的思想源泉，也是将来高校智库"赖以为生"的研究基础。高校智库不可能抛弃这些理论研究基础，独辟蹊径，从头开始。反之，将来的高校智库必须更加依赖积累，做强做专。在这些深厚底蕴的理论研究基础上开展有针对性的政策研究，是高校智库发挥所长、提升竞争力的必然途径。

二是准确定位，辅助官方智库。当前党和政府决策主要依靠官方智库，在将来的很长一段时间里，也依然主要依靠官方智库。官方智库在决策咨询上有绝对的优势，这是高校智库和民间智库所不可比的。高校智库必须明确自身在政府决策中的定位，做好官方智库的"帮手"，开展官方智库研究之余的"补充研究"，共同充实研究成果，全面为政府决策服务。

三是利用交流，汇集各方思想。高校与外界的交流是多方面、多层次的，不仅与政府、企业和国内外其他高校有官方交流，而且与社会各界甚至普通大众都有频繁的民间交流。频繁的交流给高校带来巨大的信息流通和思想交流，高校智库将会充分利用这个"集约式"平台，汇集国内外、各层面的思想，掌握最新动向，了解最大需求，学习最佳经验，探寻最优方案，充分保证高校智库在理论界和思想界的开放、前沿地位。

四是发挥职能，培养智库人才。人才培养是高校的基本职能之一。在人才培养过程中，挖掘优秀人才苗子，有意识地培养智库"接班人"，是高校智库履行基本职能过程中将会采取的手段。在未来的发展中，高校智库将会更倾向于培养智库接班人才，一方面能够提升高校人才的培养质量，提升高校综合实力和影响力，另一方面能够充实智库研究队伍，源源不断地输入新的力量，保证高校智库的整体水平。

四 高校哲学社会科学的建设路径

（一）新形势下国家对哲学社会科学社会服务提出的要求

一是要求哲学社会科学站稳立场，坚持正确的政治方向。江泽民说："社会科学工作者要运用马克思主义的世界观和方法论进行科学研究，从理论上进一步概括有中国特色的社会主义道路的具体内涵，探讨建设有中国特色的社会主义经济、政治、文化过程中提出的种种重大理论问题和实际问题，研究分析复杂多变的世界形势下的国际问题，为社会主义现代化建设和改革服务。"[①] 党的十八大提出夺取中国特色社会主义新胜利的目标，就是要求我们进一步深入研究"什么是中国特色社会主义"、"怎样建设中国特色社会主义"，要进一步把马克思主义理论同中国建设的实际相结合，坚持正确的政治方向，坚持理论自信、制度自信、道路自信，站稳脚跟，稳扎稳打，一步一个脚印地实现"中国梦"。

二是要求哲学社会科学积极创新，推动哲学社会科学发展。建设中国特色新型智库是在全面深化改革的大背景下提出的，整体上还是着眼为全面深化改革，为实现国家治理体系和治理能力现代化提供有效的智力支持。[②] 要开展学术观点创新，敢于挑战传统，敢于挑战权威，敢于在新问题上解放思想，提出新观点；要开展学科体系创新，推动跨学科研究，促进哲学社会科学之间不同学科的合作，鼓励哲学社会科学与自然科学之间的学科交叉，推进新兴学科的发展，构建全新的学科体系；要开展科研方法创新，不拘泥于传统的研究方法，吸收借鉴其他学科和领域的研究方法，充分利用高科技和现代化技术，建设文科实验室和数据库，探索"互联网+"和大数据处理等新方法。

三是要求哲学社会科学"咨政启民"，为"四个全面"服务。智库不仅可以起到"咨政启民"的作用，还能反映社会各个方面的心声和诉求，反映可以预见的和不可预见的风险。[③] 在国家发展新形势下，哲学社会科

[①] 《江泽民论社会主义精神文明建设》，中央文献出版社1999年版，第57—58页。
[②] 孙蔚：《智库建设须更好服务国家发展》，《光明日报》2014年5月30日，第011版。
[③] "世界智库比较与中国智库的发展建设"课题组：《中国特色新型智库如何建》，《光明日报》2014年8月8日，第011版。

学应当进一步发挥其"咨政"的作用,将社会大众的普遍诉求向政府反映,还应当进一步发挥其"启民"的作用,将政府决策向社会大众宣传普及。哲学社会科学应当时刻起到"桥梁"和"纽带"的作用,积极推进国家治理体系和治理能力现代化,为"四个全面"服务。

四是要求哲学社会科学面向国际,为国家在处理世界问题中提供智力支持。"高等学校哲学社会科学'走出去'计划"特别提出要通过政策引导、项目资助,有计划地支持高校建设一批国际问题研究机构,着力打造有重要影响的国际问题研究"智库"。[①] 哲学社会科学"走出去",一方面是多看、多学,将其他国家在治理国家发展问题中的宝贵经验和先进方法学为己用;另一方面是多想、多用,积极参与国际发展事务的调查与研究,研判国际形势,研析国际关系,提出科学合理的政策建议,提升国家在国际事务处理中的能力,提高国家的国际影响力。

(二) 加强高校哲学社会科学建设的途径

第一,加强学科建设,明确主攻方向。任何一所高校的哲学社会科学都不可能擅长所有领域的研究。高校哲学社会科学要立足于自身所长和历史发展,结合党和政府发展战略,定位发展前景,找准主攻领域,凝练出更符合形势发展和政策指向的学科方向。一要围绕国家改革发展形势,凝练具有前瞻性、政策性和针对性的研究方向,找准主攻目标,有的放矢;二要引进和培养专门型研究人才,充实研究队伍,组建研究团队,围绕凝练的研究方向组织开展政策研究,集中力量出一批成果;三要改革这些学科的评估机制,围绕服务党和政府决策效果制定评价标准,摆脱传统的学科评估体系,给哲学社会科学更大发展空间。

第二,加大对研究成果的宣传力度,提升社会影响力,提升话语权。高校要利用自身研究相对独立的身份优势,进一步客观公正地开展社会调查与研究,提升研究成果的独立性和公正性;要利用自身学科齐全研究人员密集的资源优势,结合当前改革和社会发展实际,切实推出一批高质量的研究成果,保障高校研究的代表性和权威性;要利用自身面向社会交流频繁的渠道优势,加大研究成果在社会公众面前的宣传和推广力度,产生

---

① 郭华桥:《研究型大学智库建设模式与困境突围》,《中国高教研究》2014 年第 5 期,第 52 页。

较大的社会影响力，从而争取党和政府的关注，赢得决策服务话语权。

第三，增进跨界合作，形成"智库联盟"。要充分发挥高校哲学社会科学和政府、企业之间的交流合作，推进血统创新，探索开放、集成、高效的新模式。加强校政合作，需要政府进一步共享数据资源，允许高校开展研究并参与政府调研；加强校际合作，需要高校之间互补优势，互通有无，开展学科交流、人员交流，促进高校间哲学社会科学共同繁荣；加强校企合作，需要把企业的实践与高校的理论有益结合，开展联合攻关，推进研究成果转化，提高企业创新力和生产力。

第四，完善激励机制，激励高质量成果的产出。一直以来，高校哲学社会科学在建设经费、科研资助经费、奖励经费等方面，相比自然科学都有所不足，这就难以激发哲学社会科学研究者的积极性，难以产出高质量成果。因此，一方面要加大经费投入，提高高校哲学社会科学的建设资金，提高各级别哲社项目资助经费；另一方面要加大哲学社会科学成果的奖励力度，完善奖励机制，加大哲社研究成果对政府决策服务的奖励力度，鼓励高校哲学社会科学多出成果，尤其要加大被政府采纳并实践证明正确的优秀成果的奖励力度，鼓励高校哲学社会科学出高质量、高水平的精品成果。此外，还要将其与社会上其他智库一同纳入评价体系，以提高高校智库竞争力，提升高校科学水平。

（作者张艳国，江西师范大学副校长、教授。江西省南昌市紫阳大道99号江西师范大学　330022）

中国意识形态安全建设与高校智库的功能及其实现

郑永扣　寇东亮

摘　要：中国意识形态建设存在两个"脱离"，一是"思想"与"现实"的双重脱离，即"思想"脱离"现实"与"现实"脱离"思想"；二是"主体脱离"，即理论工作者与实务工作者、专家学者与党政领导、知识精英与政治精英之间的脱离。意识形态建设是"思想"与"现实"、"知识"与"权力"的统一，高校智库是勾连意识形态建设中"思想"与"现实"、知识精英与政治精英的重要通道。在国家意识形态安全建设中，高校智库在彰显意识形态建设理性权威模式、建构马克思主义学术话语权、培养意识形态智库人才等方面可以发挥独特功能。专业化、国际化、独立性，是高校智库有效发挥自身功能的三个关键环节。

关键词：国家意识形态　安全　智库　高校

意识形态安全是国家安全的重要内容。《中国国家安全研究报告(2014)》指出，中国意识形态安全总体上是稳定的，但在复杂的国际国内环境下，中国意识形态安全也面临严峻挑战，特别是西方国家民主输出、文化霸权、网络信息舆论多元传播、宗教渗透等，对中国意识形态安全构成严重威胁。近年来，在中国意识形态领域出现的新自由主义、历史虚无主义、民主社会主义、普世价值等思潮，以及与这些思潮密切关联的意识形态过时论、意识形态中立论、意识形态虚假论、意识形态终结论等论调，都旨在解构中国社会主义意识形态的主导地位。因此，我们必须加强意识形态安全建设工作。

一 意识形态建设中"思想"与"现实"的双重脱离和"主体脱离"

中国意识形态建设存在着"思想"与"现实"的脱离，这一脱离是双重的。

其一，"思想"脱离"现实"。当前中国意识形态理论研究总体上滞后于社会现实发展，不能及时反映社会生活发生的新变化，意识形态理论研究创新不足，难以充分阐明意识形态领域出现的新矛盾、新问题。意识形态理论研究缺乏足够的现实导向性，存在从概念到概念、从原理到原理的偏向，不少研究只是简单套用马克思主义经典作家的文本话语和表述，或简单复述党和国家领导人及相关文件的内容，研究成果虽然没有错误，但也谈不上创新，其在现实中的实践操作性和可行性都较为有限；在马克思主义研究中，重"文本"而轻实际，忽视或无视中国国情和中国问题，把解读"文本"尤其是西方马克思主义意识形态"文本"，视为推进意识形态研究的主导方法，一味步西方意识形态研究的后尘，简单照搬西方意识形态理论的概念范畴和话语体系。另外，在意识形态理论研究中，一些人误解甚至曲解学术性与政治性的关系，把意识形态的学术研究和现实回应割裂甚至对立起来，导致意识形态的学术研究脱离中国实践和中国经验，不能很好地反映中国问题。

其二，"现实"脱离"思想"。主要表现在两个方面：一是意识形态建设的"权力崇拜"，表现为片面理解马克思恩格斯关于"统治阶级的思想在每一时代都是占统治地位的思想"[①]的观点，认为政治权力在维护社会主义意识形态主导地位中起着决定性作用，只要掌控了政治权力，就不必担心丧失意识形态领导权和主导权；或者一厢情愿地力图仅仅凭借政治权力，独占或垄断意识形态的解释权和发展权。二是意识形态建设的"自发性崇拜"，表现为片面理解马克思主义经典作家关于社会存在决定

---

① 《马克思恩格斯文集》第1卷，人民出版社2009年版，第550页。

社会意识的观点，认为意识形态会随着物质经济的发展而自行生成，轻视或忽视意识形态的相对独立性、自主性和能动性。有的人迷恋过去意识形态建设的经验，忽视新常态下意识形态建设的发展变化。有的人误解马克思关于意识形态"虚幻性"和"虚假性"的特定内涵，把马克思对资产阶级意识形态的批判"转译"为对社会主义意识形态宣传教育的质疑，把一切意识形态都理解为脱离实际、于实践无益的空谈。由此，只重视业务工作而忽视思想教育，疏离社会主义意识形态建设，使意识形态工作处于"说起来重要、做起来次要、忙起来不要"的境地。一些领导干部将马克思主义仅仅变成会议、讲话、文件中的口号或修饰语，在实际工作中常常忘记或背离马克思主义的立场、观点和方法，损害了社会主义意识形态的形象。

中国意识形态建设存在的另一个脱离是"主体脱离"，这个"脱离"与上述第一个"脱离"是内在关联的，是第一个"脱离"的主体表现。在中国意识形态建设中，由于体制机制等原因，思想家与实践家、理论工作者与实务工作者、专家学者与党政领导、知识精英与政治精英等之间还存在不同程度的脱离，彼此之间的协同合作机制尚不健全，影响了意识形态建设的整体水平和实践效应。所以，有学者提出，必须建立"政治精英—知识精英"意识形态战略联盟，在理论、话语和意识形态诸方面长远谋划中国意识形态发展的理念与战略，共同捍卫国家意识形态安全。①

二 意识形态安全高校智库是克服两个"脱离"的重要通道

哲学社会科学的知识生产及其配置，既是意识形态安全的重要内容，也是意识形态安全建设的前提和基础。发挥哲学社会科学在意识形态建设中的"思想库"作用，是国家意识形态安全建设的重要内容。在现代社会，智库已经成为哲学社会科学的重要载体，成为哲学社会科学的发动机之一。现代社会科学尤其是经济学、社会学、政治学以及历史学中的许多重要研究成果都来自智库。更为重要的是，智库已经成为连接哲学社会科学与社会决策、知识与权力的最有效通道之一。

---

① 樊浩：《伦理道德问题影响意识形态安全》，《中国教育报》2014年3月14日。

高校是生产新知识、新思想的"母体",是一个国家哲学社会科学的主阵地,是思想交流和观点交锋的中心舞台,是一个国家意识形态的"晴雨表"。高校聚集了中国80%以上的社科力量,影响了高校这个思想"母体"和意识形态"晴雨表",就在很大程度上影响了整个国家和社会的思想走向。中国高校具有人才资源集中、学科门类齐全、基础研究力量雄厚、国际学术交流广泛、馆藏资料丰富、经费来源渠道多等优势,可以为智库建设提供有力的人才支撑、丰富的学科依托、扎实的学术底蕴。高校理应成为中国特色新型智库的排头兵,成为新兴智库发展的主力军。

但是,现实地看,在中国,"高校智库建设仍明显滞后,与国家经济社会发展需求相比还存在很大不足,有分量、有影响的智库很少,结构也不尽合理,每年提交的咨询报告对重大决策产生影响也较少。根本原因是问题意识不强、联系实际不足、改革力度不够"。[①] 中国高校普遍缺乏足够的智库意识和智库能力,高校哲学社会科学研究总体上未完全摆脱"象牙塔"模式,更多遵循传统的学术研究逻辑。哲学社会科学科研课题的遴选、科研人员的组织、科研经费的筹措、科研任务的开展、科研目标的指向等,更多遵循单一的、封闭的学术逻辑,其评价体系是自设的,是"学术圈子"内部的自我评价,往往脱离社会现实,更注重自设的学术标准。按照这种逻辑,只有学术论著才可纳入评价体系,决策咨询和政策建议则不算科研成果,由此导致多数学者热衷单纯的学术研究,对社会现实问题淡漠甚至刻意疏离。事实上,高校不仅要传承和创新知识,更要生产思想和研究政策。中国亟须加快新型高校智库建设。

国家意识形态安全高校智库能够更好促进意识形态建设中"思想"与"现实"的有机统一。具体说,其一,国家意识形态安全高校智库能够凸显实践意识、问题意识、创新意识,注重研究全局性、前瞻性、战略性重大理论和现实问题,推动高校哲学社会科学转型发展,构建有效支撑国家意识形态安全的哲学社会科学知识体系;其二,国家意识形态安全高校智库以马克思主义理论学科为支撑,整合相关学科,促进学科交叉和融合,拓展和深化意识形态理论研究的广度和深度,推动国家意识形态理论创新;其三,国家意识形态安全高校智库着力衔接意识形态的基础研究与

[①] 袁贵仁:《努力建设一批新型高校智库 服务党和政府科学民主决策》,《人民日报》2015年1月23日。

应用对策研究，把意识形态基础研究和应用对策研究紧密结合起来，以应用对策研究促进基础研究，以基础研究带动应用对策研究，搭建起将意识形态研究成果传输到政府、企业、社会和公众等领域的管道。

从主体层面看，国家意识形态安全高校智库是"知识精英—政治精英"意识形态战略联盟的重要载体。在西方，智库是高级官员和专家的人才库和蓄水池。思想者与行动者、学者与官员通过"旋转门"实现身份转换，沟通学界与政界、思想与权力，增强智库对国家政策的影响力。美国最具国际知名度和世界影响力的兰德公司，其人员除少量来自大学、企业外，其余主要来自政府部门的离职高官和专家、名校出身的年轻博士以及其他智库的专家。

在中国，由于领导体制和决策机制不健全、专家学者参与决策咨询缺乏制度性安排、学术研究体系和评价机制不完善等，理论工作者与实务工作者、知识精英与政治精英、专家学者与党政领导等之间的协商合作还有很多障碍，更难有西方那种经"旋转门"机制实现彼此角色转换的实质性融通。既有的一些民主协商、决策咨询、专家论证等，许多处于偶发的、不确定的、形式化的层面。诸如此类的问题，都严重制约了社会各界参与国家意识形态建设的主动性和积极性，最终影响了意识形态建设的整体效果。应推动党政机关与智库之间人才有序流动，推荐智库专家到党政部门挂职任职，这对于意识形态安全智库建设来说具有实质性和迫切性意义。

三 意识形态安全高校智库"三位一体"功能

意识形态的一般功能在于，对政治合理性的辩护、批判与建构世界、思想整合与思想控制等。意识形态泛指不同社会群体共同拥有或信仰的一整套观念系统，包括社会理想、价值观念、政治原则、行动纲领和实践战略等。在一个社会思想领域，必然会存在多种意识形态，意识形态的主体也是多元的，可以是任何一个有共同利益的群体，如阶级、政党、职业群体、产业群体等。国家意识形态建设，旨在用主流意识形态把多元的、离散的各种社会意识形态统一起来，使自己成为全社会意愿和要求的最大公约数，成为居主导地位的意识形态。主流意识形态如何有效整合多样、多元、多变的诸社会意识形态，最大化反映和表达"社会全体成员的共同利益"，是新时期国家意识形态安全建设的核心任务。

主流意识形态有效整合多元社会意识形态的方式可分为两种，一是政治权威方式，二是理性权威方式。前者多诉诸政治权力，更具强制性；后者多诉诸理性力量，更具柔性特质。在意识形态理论发展史上，葛兰西强调"意识形态领导权"。他所谓的领导权，并非政治意义的权力，而主要是指文化意义的权力，所以，他把教会、学校、文化团体等视为意识形态实现自己领导权的主要物质载体。中国传统意识形态工作总体上是一种政治（权力）权威主导的意识形态理论研究和实践探索模式，它适应革命和计划时代的社会思想状况。但在今天这个和平发展成为主题、人们利益诉求不断增强、自主参与意识不断高涨、理性判断能力不断提升的时代，单纯沿用传统的政治权威主导意识形态建设模式，已不完全适宜，也难以完全奏效。意识形态的领导权、管理权、话语权，归根结底，体现为"思想"对"思想"的引导。而"思想"对"思想"的领导权、管理权、话语权，虽然可以而且应该以"权力"的形式表现出来，但这种"权力"更多的应是柔性的而非刚性的。同时，意识形态反映特定阶级或社会集团的利益和要求，是特定阶级或社会集团利益的观念表达形式。意识形态是社会各阶层利益表达的最重要的观念途径之一。在利益多元和分化的社会，主流意识形态要想发挥凝聚各种社会思想的作用，就必须具有最大的柔性和包容性，能够更广泛地反映社会各群体的正当利益。为此，在国家意识形态建设中，必须使各种不同利益群体的不同利益诉求都有特定的表达平台和表达渠道，能够反映到决策层。各种利益交叉博弈，正是智库发挥作用的必要节点和良好时机。智库为各种利益的充分诉求和理性表达提供了一个公共平台，为不同利益主体平衡分歧提供了一个通道，能够降低社会不和谐因素，为国家意识形态建设创造良好公众环境。从智库角度来说，国家意识形态建设可以更多采用理性权威的方式，通过新的理论创新、理论观念、理论话语，来辨别、引领、掌控各种社会意识形态和社会思潮，增强主流意识形态的理论彻底性、说服感召力和社会认同度。

由于高校智库具有智力密集、理性为上、学理为本、思想创新等禀赋，与国家意识形态安全建设的理性权威模式具有更高的契合性，高校智库可以为国家意识形态建设提供一个更适宜、更有效的理性权威方式。高校崇尚理性，追求真理，生产知识。智库是智者聚集地，但作为智库成员的智者与作为一般知识分子的智者不同。作为一般知识分子的智者注目于发现问题、批判现实，多止步于批判；而作为智库成员的智者，则在发现问题、批判现实的基础上，更致力于提出建设性的解决方案。而且，智库具有明确的价值指向性和强烈的现实超越性，它在批判现实中超越当下，在评判当下中指向未来，探讨将来的问题和各种可能性。所以，智库研究成果必须要有超越现实的应然判断、理念设计和实践设想。

毋庸讳言，当今时代在整体上仍是资本主义"占统治地位"的时代，社会主义总体上尚处于低潮，中国的改革开放是在这一时代境遇中展开和推进的。但是，中国在融入世界谋求发展的进程中又不能把自己变成资本主义的附庸，而必须坚持中国特色社会主义，建构中国道路、中国制度和中国理论。因此，对于中国意识形态建设来说，超越世界范围整体上居于"统治地位的统治思想"即资产阶级意识形态，就显得尤为重要，且颇为艰巨。而要超越世界范围整体上居"统治地位"的资产阶级意识形态，中国就必须坚持在当今世界唯一从整体上批判和超越了资产阶级意识形态的马克思主义，坚持马克思主义在中国意识形态领域的指导地位，坚持马克思主义的话语权。通过学术话语权消解思想话语权，是西方发达资本主义国家对中国进行意识形态渗透的重要策略和方法。西方学者蓄意把意识形态与学术对立起来，通过把马克思主义归入意识形态而架空马克思主义的学术话语权。同时，现代社会科学是西方现代化的产物，中国哲学社会科学的主要概念和理论也大多从西方移植而来，知识与理论体系的原创性不足。一个时期以来，中国高校哲学社会科学研究存在着一定程度的"西化"倾向，高校哲学社会科学研究"言必称欧美"，经济学、法学、政治学、新闻学等中国社会科学诸多领域存在神化、迷信西方理论的"洋八股"现象，一些学科和研究领域成为西方资本主义意识形态的"跑马场"。这也是中国意识形态建设面临的一大障碍。立足中国实践，面向中国问题，总结中国经验，建设体现中国特色、中国风格、中国气派的哲学社会科学体系，建构中国化马克思主义学术话语权，是中国意识形态安全建设的最重要理论任务。意识形态安全高校智库在这方面能够发挥独特作用。

人才培养是高校的主要功能，也是意识形态安全高校智库的基本功能。意识形态安全高校智库不仅要出思想、出成果，更要出人才。这里的"出人才"，主要指集聚人才、培养人才和影响人才。所谓集聚人才，就是意识形态安全高校智库要汇聚高校哲学社会科学研究力量，发挥相关学科领域专家学者的特长，集中优势力量攻关意识形态安全建设中的重大理论和实践难题。所谓培养人才，就是意识形态安全高校智库要为国家意识形态安全建设培养一大批"智库型人才"，这些人既具有马克思主义意识形态理论功底和国家意识形态安全专业知识，又具有高超的意识形态政策思维能力，是中国意识形态安全建设的生力军。所谓影响人才，就是意识形态安全高校智库要在高校师生思想政治教育，尤其是在提升国家意识形态认同、立德树人、培养社会主义事业接班人等方面，发挥应有的作用。

四　专业化、国际化、独立性与意识形态安全高校智库功能的实现

尽管高校智库在中国智库总量、综合影响力排名、专业影响力排名中占据一定席位，但与官方智库相比可谓差距悬殊，且高校智库高度集中于一些国内顶尖高校，高校作为重要的社会组织没有显示出整体的力量，因而对政府决策和社会发展的影响程度也远远低于官方智库，这与高校作为社会"轴心组织"的地位极不相称。从智库及其发展规律来说，高校智库要有效发挥和切实实现自己的功能，使自己成为"活跃智库"，就必须进一步提升智库的专业化水准，拓展智库的国际化空间，凸显智库的独立性特征。

（一）专业化

智库长期从事某一领域的专门研究，应具备显著的专业性。专业化是智库的根本特征。专业化即智库及其研究人员运用专属研究方法、研究技术与手段，持续从事某一专门领域或某一专门问题的深度研究和咨询，系统掌握有关某一专门领域或专门问题的知识。专业化能够保证智库的思想、观点、对策的可信性。智库以战略问题和公共政策为主要研究对象，现代公共政策的专业性越来越强，人们仅凭经验是无法做出正确的公共决策的，公共政策研究与咨询越来越趋于专业化，成为一种以专业知识与技能为根据，建立在系统调研、经验积累、信息反馈与评估等基础之上的专业性研究。智库的专业化主要包括专业队伍、专业特色、专业咨询等。

智库是一个独立从事公共政策研究并提出决策建议的专家组织，是"思想工厂"，专门制造思想产品。智库成员必须具有高度的专业能力，他不仅能生产思想，而且更要能够把思想转化成思想产品，并把思想产品推向政府、企业和社会，"让智库的'文章'变为政府的文件，让智库的'谋划'变为组织的规划，让智库的'言论'变为社会的舆论，让智库的'对策'变为党和政府的决策"，①让智库的思想在公共政策的制定或社会舆论的走向中产生影响。在中国，与党政部门智库、社科院智库等相比，高校智库人员主要来自高校教师，结构比较单一，缺乏专业研究人员。高校教师主要从事教学和科研工作，其科研工作更具学术性，即以研究知识及其发展为主，而不是以研究现实问题为主。同时，这些教师由于受单一学科背景的限制，观察和考虑问题的视野不够全面，他们也缺乏政府工作或社会工作经验，对政策体系与决策过程不够熟悉。中国高校智库建设，亟须在整合高校专家学者和相关实务部门人员的基础上，造就一支富于创新精神的公共政策研究和决策咨询的专业人才队伍。

20世纪后期以来，由于智库之间的激烈竞争，全球新成立的智库很少是综合性智库，大多数智库都是通过专业化定位，即通过围绕某一专业领域提供针对性的政策建议来提高自己的核心竞争力的，所以如何做大做强自己的专长研究项目与特色成果就成为智库竞争的重点。在欧美发达国家，几乎每一家有影响的智库，都有自己的专门研究领域和专业研究方向，形成了为同行公认的专业特色和专业权威性。中国智库的专业化程度低，以意识形态为专题的智库更少。目前，在中国智库中，党政部门、社科院、党校行政学院、高校、军队等各类智库，都或直接或间接、或多或少地涉及国家意识形态安全问题。2015年5月，中国社会科学院启动11个专业化新型智库建设，其中有意识形态研究智库。作为中国意识形态重要阵地且拥有中国80%以上哲学社会科学研究力量的高校，应率先建设高度专业化的意识形态安全智库，对有关意识形态安全的基本问题进行专题性、系统性、跟踪性、持久性的研究，不断拓展研究的广度和深度，形成自己的特色和品牌。

---

① 袁贵仁：《努力建设一批新型高校智库　服务党和政府科学民主决策》，《人民日报》2015年1月23日。

（二）国际化

国际化是当代智库发展的重要特点之一。智库的国际化主要表现为智库的研究主题、研究视角、研究方法、研究经费、人才队伍、传播方式、影响力等方面。在当代，意识形态问题无论从研究主题、研究视角和研究方法，还是从传播方式和影响力来说，都更具国际化色彩。中国意识形态安全问题是在改革开放和全球化背景下产生和日趋严峻的，中国意识形态安全面临的挑战主要来自西方发达资本主义国家。因此，维护中国国家意识形态安全，首先必须有效应对西方资产阶级意识形态的挑战。

国际化是现代大学的基本特征。高校对外学术交流广泛深入，在世界文化交流融合中发挥着独特优势，具有开展国际合作交流的悠久传统和良好条件，能够为开展意识形态安全问题的战略研究和政策研究提供广阔的国际视野和国际学术网络。意识形态安全高校智库要有国际视野，努力占领国际意识形态领域的制高点，发出中国声音，传递中国的思想主张和价值理念，让世界认识和了解中国。意识形态安全高校智库要以教育部实施的高校哲学社会科学"走出去"计划为依托，建立与国际知名智库交流合作的机制，开展国际合作项目研究，积极参与意识形态安全国际智库平台对话，推动高水平、原创性研究成果走出去，扩大中国意识形态安全高校智库的对外传播能力、国际学术话语权和影响力，提升中国意识形态安全高校智库的国际竞争力和国际影响力。

（三）独立性

智库的独立性关乎智库的自主性、创造性等，以及智库自我发展的能力。智库的独立性体现在多方面，如机构的独立性、研究的独立性、思想的独立性、经费的独立性等。

智库是一个相对稳定的、非营利性政策研究咨询机构，它可以有多种组织形态，如学会、研究所、基金会、研究中心等。现实地看，中国既有智库的绝大多数都隶属各级行政部门，其主体是各级党政部门主办的研究机构。在实际运行中，由于不少行政部门的决策者常常按照自己的利益去要求智库，甚至把智库变成了自己的幕僚、下属机构，使智库变成了决策机构的秘书处或延伸部分。这样的智库其实已难副其名。正是在这个意义上，我们才提出要建设"中国特色新型智库"。高校智库即大学从事政策研究和决策咨询的各种研究院、研究所或研究中心等，这类智库是由大学单独或在其他机构、团体协助下创建的。与党政军智库、社科院智库等相比，高校智库因不附属于党政机关而具有较大的独立性；与民间智库相比，由于与政府有着千丝万缕的联系，高校智库在经费来源、科研条件等方面又具有民间智库所无法比拟的优势。但由于大多数高校属于事业单位，附属于大学的高校智库不可能独立于大学而存在，不具备法人地位上的独立性。中国高校智库大多具有明显的准官方或半官方色彩。"身份困境"是高校智库进一步发展的最大障碍。[①] 同时，智库独立性与经费关系密切，经费来源不同对于智库的独立性具有较大影响。多元化、多渠道的资金来源，是确保智库独立性的重要基础。中国绝大多数智库对政府的依附性较大，经费来源渠道较为单一，经费多依赖财政。新型高校智库建设需要拓宽资金筹措渠道，建立多元化资金筹措机制，建立政府购买决策咨询服务制度，加大减免税支持力度。

但是，智库的独立性，不仅是从智库的组织属性和经费来源的意义上说的，更是从智库的禀赋和精神属性意义上说的。思想创新是智库的根本，智库必须秉持独立精神，追求独立思想。智库的思想独立性表现在智库研究人员具备专业知识和职业操守，能坚持客观性和科学精神，独立自主开展相关研究，表达独立的政策主张。在现代社会，公共政策是在不同意见的博弈中最终形成的。智库只有客观、理性、不受干扰地独立进行研究和判断，才能贡献出公正、公平、科学的研究成果。智库相对于决策者的优势在于，智库能跳出当下实际工作的局限，从更深更广的范围洞察现实问题，提出前瞻性、创新性的政策建议。智库的思想独立性彰显了智库的开放性、专业性和创新精神等，智库研究成果的前瞻性和创新性来自它的思想的独立性。

智库丧失独立性，从根本上是说智库被某些利益集团收买，成为特定利益集团的代言者。智库独立性的丧失，意味着智库活力、创造力的丧失。思想创新是中国智库的最大短板。中国大多数智库对政府的依附性较强，"附属性"大于"主动性"，智库研究具有很强的政策导向性，更多停留于对政策的解读和对政策合理性的证明，提出的建议大部分是应对的、被动的。许多智库的思想产品缺乏独立性，在利益驱动下常常主动揣

---

① 王辉耀等：《大国智库》，人民出版社2014年版，第266—267页。

摩和迎合决策者的喜好，缺乏前瞻性和创新性，智库变成了政府的一条腿，而不是一个真正思考的"大脑"。在现有体制下，决策咨询往往成为"专家秀"，专家"为论证而论证"，为决策的科学性、合理性"背书"，出现专家决策咨询的"空洞化"和"符号化"。①

独立性不等于中立性，不意味着智库不能公开支持某种倾向性观点。智库总是具有特定的意识形态倾向的。中国国家意识形态安全高校智库的独立性有其特有内涵。一是科学性。马克思主义是中国国家意识形态的根和魂，马克思主义体现了真理性与价值性、科学性与阶级性的高度统一。在资产阶级意识形态整体上居统治地位且其"和平演变"日趋扩展的当今世界，高校智库必须坚持科学精神，用马克思主义的立场、观点和方法，正确回应意识形态建设中的重大理论和现实问题。二是人民性。社会主义意识形态反映最广大人民的根本利益，高校智库必须坚持以人民为本，抵制和超越各种狭隘个人利益、特殊利益集团、特权等，把维护人民利益作为智库的根本出发点和落脚点。三是本土性。面对西方发达国家智库及其发展模式的强势影响，中国高校智库必须立足中国国情，坚持中国特色社会主义方向，充分体现中国特色、中国风格、中国气派。

（原载《河南社会科学》2016年第1期。作者郑永扣，郑州大学原党委书记、马克思主义学院教授，河南省意识形态安全研究中心主任；寇东亮，郑州大学马克思主义学院副院长、教授。河南省郑州市高新区科学大道100号郑州大学马克思主义学院 450001）

---

① 王佩享等：《海外智库——世界主要国家智库考察报告》，中国财政经济出版社2014年版，第115页。

新型智库建设与高校哲学社会科学研究模式的流变

岑 红

高校哲学社会科学研究，是高校自身使命的重要组成部分，也是高校水准的重要标志。三十余年来，历经了发展、整合、调适，伴随着高等教育自身的改革发展，中国各类高校的哲学社会科学研究逐渐形成一种在原则上具有共性的模式。这种模式在其运作过程中，在不断彰显其有效性、支撑着高校哲学社会科学研究繁荣的同时，其与社会需求、高等教育综合改革等方面的不适应性和运作弊端也时有显露。因而，已有诸多学者从管理方式、评价机制等不同角度，研究并试图提出破解方略。

近年来，适逢高校新型智库建设如火如荼，既有中央文件精神的要求，教育部等有关部委政策的推进和支持，也有各级地方政府、各大行业的需求及高校自身科研和学科发展的需求。这种新的研究平台的建设，不但为高校的哲学社会科学研究开拓出一番新的天地、新的样貌，而且其建设本身，对于高校哲学社会科学研究而言，势必成为一种新的参照物、新的契机和引领，从而加速高校哲学社会科学研究模式的变化。本文拟探究这种变化，并于此使用模式流变的概念，是因为该变化既会因主动的创新变革而实现，也会由新型智库建设的过程和成果而客观拉动及呈现，是一种立体的、动态的、具有方向性的变化。本文将从以下三方面予以论述。

一　高校哲学社会科学研究模式之现状

（一）高校哲学社会科学研究模式的概念和内涵

1. 概念

国内高校哲学社会科学研究模式，主要是指各高校依托自身学科和人才优势，按照创新理论、咨政育人、服务社会、传承文明等使命，所进行的科研活动、科研管理、科研评价等方面的系统行为方式。它在一定程度上影响和制约着高等学校哲学社会科学科研创新能力和成果转化应用水平，因而在提高高校哲学社会科学研究的国内外学术影响力和话语权方面具有重要意义。

该模式具有以下三大特性。

其一，**制度和意识形态的规定性**。这是高校哲学社会科学研究同自然科学或工程研究较大差别之处。特别是意识形态的规定性，非常直接地规定和描述着哲学社会科学研究的方法论特质和学术范式。

其二，**模式的自我调适和创新性**。该模式的几大组成部分，具有与生俱来的求新、求变、敏感、自适应等特征，是高校的几种行为系统中最具活力的系统，但也受所在高校的体制机制、实力、价值取向等方面的制约。

其三，**走向趋同的动态流变性**。这是由中国国情特色、政策导向、管理方式、科研活动习惯、价值取向和评判的同一性决定的。

将高校哲学社会科学研究作为一种系统模式来考量，能够使我们以更加宏观的、有机联系的、发展的及可比较的视野，探究其现状、发展、价值及问题。

2. 内涵

高校哲学社会科学研究模式的内涵大致可分为四个方面。

其一，**研究对象和研究方法的选择**。最为关键的有三：一是课题的选择，不但表现了学科基础、学术实力，也表现了科学敏锐性和社会敏感性；二是研究范式的设定，包括对理论、方法、技术手段等的选择，这种选择同样也显示着学术水准、创新和突破的能力，不断绘制和更新着学术图谱；三是各级各类项目的获取（或课题资助），这已经成为当今高校科研活动中一项很重要的工作，各类国家、省部级社科基金的获取，各类横向课题资助的获取，已成为评价高校社科研究水准的重要指标。

其二，研究平台的架构。研究平台的架构不仅为高校的哲学社会科学研究提供支撑，而且研究平台的获取和建设，本身也标注着高校的学科、科研水平和影响力（如教育部高校人文社会科学重点研究基地，共151个，高校是否拥有，已是一种经常性出现的评价指标）。作为哲学社会科学研究，其平台大致分两类：一是依托项目架构小型课题组，一般根据课题需要组建，在项目申请过程中已依据要求搭建分工完毕；二是各级各类研究院、研究基地，一般需经各级各类组织机构批准设置，拥有常规研究经费及各类项目经费和政策支持。

其三，研究工作的管理。主要也包括三个方面：一是研究工作的专属管理机构，一般均为社科处、社科院。实际因工作需要还会有交叉：如管意识形态、思政教育的宣传部，管国际交流的外事部门等。二是研究工作的管理体制机制，如人、财、物划拨归属的相关规定等。三是研究工作的各项激励、保障、考核、奖惩政策规章。研究工作的管理虽然最为常规，不像研究工作本身有极高的学术价值和科技含量，但管理体制机制的调适创新，管理理念、政策的突破等，都直接影响着研究活动和研究质量本身。

其四，研究成果的呈现及评价。成果的呈现形式主要有以下四类：一是以出版和发表的形式呈现。当今越来越值得关注的是，大量成果已开始在纸质媒体、出版物以外的各类网络媒体上发表，或兼跨纸媒和网媒。二是以各类调研报告、情况分析评判、咨政建议等形式对口呈现。三是以规划、设计、策划方案等形式呈现。四是以课题研究结题报告等形式呈现。

成果的评价方式大致有五种：一是同行专家的评价；二是被不同级别刊物发表和检索、他引；三是获评各类奖项；四是成果服务社会所获得的直接和间接价值，包括经济效益和社会效益；五是基于上述方面各高校不同的认定和评价制度。应该注意的是，尽管各类高校评价指标的权重选择有所差异，但价值取向趋同。

（二）高校哲学社会科学研究模式的存在和运行依据

该模式存在和运行的依据，主要有以下四个方面。

其一，高校章程等法规规章所规范的科研行为规制。这是决定模式样态的最基本依据。学风、学术道德规范等也包含其中。

其二，主流意识形态的框定和支撑。如教育部的"高校哲学社会科学繁荣计划"就明确要求"巩固马克思主义在高校意识形态领域的指导地位"。这一框定和支撑，描绘了中外高校哲学社会科学研究的异质之处。

其三，国家、社会或学科发展的重大或特殊需求。面对时需已经成为必然趋势，越来越多的研究对象、目标、支持资助，都来自时需，无以回避。需要解决的是现有的模式该如何真正应对时需。

其四，高校的发展定位、学科支撑、人才集聚。这是一个动态的依据，却是各高校永恒的追求。

（三）高校哲学社会科学研究模式面对的挑战和自身问题

当前高校哲学社会科学研究模式主要受到来自以下五方面的挑战。

其一，高等教育综合改革任务的挑战。从 2014 年开始，先是直属高校，然后是省部共建和省属高校，都被要求制定综合改革方案。有论者认为，中国高等教育改革已经进入更为关键的深水区。其中，科研运转方式、管理方式、评价方式都是各高校聚焦考量，力求有所改革突破之处。

其二，世界一流大学和一流学科建设的挑战。当各高校面对世界一流大学和一流学科建设的新要求、新机遇时，哲学社会科学研究不但责无旁贷，而且要面对诸多新状况。如现在大家越来越看重 ESI 排名、SSCI 论文的发表及高他引等指标，这对哲学社会科学成果提出了新的要求。

其三，服务国家发展的需求。随着国家改革的深入，包括发展方式的转变，不但需要大智慧的引领，也需要正确理论的支撑、诠释，需要各种类型的决策依据。这也正是中办、国办出台《关于加强中国特色新型智库建设的意见》的重要初衷。不但新型智库，高校其他哲学社会科学研究同样也要有所担当。

其四，国际化战略的挑战。随着中国国力的增强，以及面对更为复杂的世界格局，对哲学社会科学研究模式的国际化要求越来越高，我们面对的是在坚持中国特色的同时，要能够在国际上发出中国声音，说出中国话语，讲好中国故事，打造具有国际影响力的中国学派。

其五，文化软实力建设的挑战。哲学社会科学的研究成果直接创造和标志着国家的文化软实力的水平。同时，立足、发掘、传承和弘扬中华文化，也是文化软实力建设的题中之义。以往我们的研究较多聚焦发掘整理，而现在更要求在此基础上的中华文化精华的大众展示和海外展示的有效性实现。

面对上述挑战，现有的研究模式有以下四方面较为突出的问题：其一，科研组织和平台整合度低，表现为众所周知的小、散、弱，仍有一部分在单打独斗；其二，作为现有科研模式支撑的体制机制障碍仍有所存在，如人员的整合、经费的使用、成果的转化等；其三，评价标准的单一和价值取向的单一，无法正确引领科研行为的多元化和时需性；其四，浮躁、浅薄、雷同、急功近利的现象不但存在，而且缺乏抑制机制。

二 高校新型智库建设与启迪

（一）新型智库建设的使命与特质

1. 使命

智库又称思想库、智囊团，最早是个军事用语，用来指称第二次世界大战期间防务专家和军事战略家们讨论作战计划和制定战略的保密室。如今，智库是指以公共政策为研究对象，以影响政府决策和改进政策制定为目标，独立于政府和企业之外的非营利性研究机构。

在《关于加强中国特色新型智库建设的意见》中，对新型智库的意义有三方面的表述，即党和政府科学民主依法决策的重要支撑；国家治理体系和治理能力现代化的重要内容；国家软实力的重要组成。这三大意义，实际上规定了新型智库的使命：**一是咨政和服务于决策的使命**。新型智库不但应该是思想库、智慧库、信息库，而且要善于将纷繁复杂的意见建议、各类信息、智慧思路专门化、整体化、全面化，为决策提供科学依据。**二是凝练、升华各种思想、观点、智慧的使命**。新型智库必须在广开言路、集中民智的治理时境下，能够掌控多方智慧见解，并集思广益、求同存异、凝聚共识，切实提升国家的协调治理能力。**三是打造文化影响力、传承弘扬中华文化的使命**。新型智库要以思想力量和学术力量、话语力量，彰显国家的文化影响力。

2. 特质

新型智库因其使命、因其所立足的时境，有以下三点特质：一是应对时势之新。它拥有着动态的新目标，必须站在使命赋予的新高度，以新的运作范式，不断建构新的理论体系，不断提出新的决策依据、新的筹措方略。二是**依托国情政情之特**。中国新型智库有特有的恪守与坚持，有自己的中国风格和中国气派，有自己的对独立性、科学性的诠释。三是**立地立需之实**。与其他类型的研究机构相比，新型智库更关注并立足于现实的课题、应对现实的需要。在研究和应用之间，铺设的是能够对接的实际通道，如智库与党政机关的对接、与企业的对接、与媒体的对接、与民意的对接，等等。

（二）高校新型智库建设实践之分类考量

教育部启动《中国特色新型高校智库建设推进计划》（以下简称《推进计划》），明确了高校在新型智库建设过程中的职责使命、原则样态和行动方略，高校出现了智库建设的热潮。我们可将各高校的新型智库建设实践分为以下三类，以考量其建设的特色及规律。

其一，以北京大学国际战略研究院、清华大学国情研究院等国内顶级高校所建设的在国内外已具有知名度、影响力的智库。它们的目标直指"中国特色—流高校智库"。这个目标中有三个关键点：中国特色、世界一流、做足顶级高校的品牌效应。它们大致已经建构了彰显影响力的路径、国际文化互鉴的平台（如清华胡鞍钢先生著、由美国布鲁金斯学会出版社出版的《中国2020：一个新型的超级大国》一书的影响）。这类智库的建设理念给我们以榜样和启迪，但亦有诸多不可复制之处。

其二，通过国家、省级"2011协同创新中心"这类新型研究平台建构而成的高校新型智库。如南京大学的"中国南海研究协同创新中心"、厦门大学的"两岸关系和平发展协同创新中心"等。这类智库，一是适应《推进计划》中比较宽泛的研究方向，而且都是以国家急需的热点焦点（令人寝食难安之点）问题为导向，如南海中心的"南海资源环境与海疆权益"、"南海舆情监测与国际交流对话"，两岸中心的"两岸关系和平发展重大理论创新"；二是以新的协同机制整合学科和科研力量，不再局限于一院一校的壁垒；三是已经初步打造形成政、产、学、研、用部门的有效合作范式。这类新型智库的建设，具有较强的引领性。

其三，各高校根据国家战略和所在区域、行业社会经济文化发展需求，与地方政府和行业主管部门建立的新型智库。如江苏师范大学和徐州市人民政府合作建立的"徐州一带一路研究院"。江苏徐州是国家"一带一路"战略规划确定的"新亚欧大陆桥经济走廊重要节点城市",并肩负着比较特殊的使命。江苏师范大学根据徐州市需求,依托学科优势,为其提供沿线国家国情研究,投资及产业发展情况咨询,各类专项政治、经济课题研究,各国语言及法律法规服务以及各类相关培训等;政府为研究院提供每年600万元的常规运转经费,专项咨询、研究、培训等服务采用政府购买的方式,人才则按需灵活整合,突破旧有的用人机制。

(三) 高校新型智库建设的启示

其一,**高校的各类研究人才具备研究范式创新的适应性**。面对新的选题方式、研究目标,新的研究平台架构,尽管大家熟稔、习惯传统的研究模式,但需要变革转换、面对所有"新型"之时,高校的学者和各类研究人员表现出较好的适应性,也说明现有研究模式的调适确有必要和可能。

其二,**接地、立地、益地的服务型研究具有显著的可操作性**。新型智库的问题导向、服务需求的研究范式,是对高校哲学社会科学研究直面现实、有的放矢的一种有益尝试,也是对科研价值取向的一种调整。坚持理论研究的高度、深度,与谋求实际应用的有效度、贡献度、影响力,应该相辅相成。

其三,**各类高校在新型智库建设过程中,必须找准定位,依托并彰显自身优势,保有中国特色的自主性和独特性**。各高校情况、优势各不相同,所面对的国家、社会需求,研究任务也纷繁多样,能否建成新型智库、切实发挥作用,必须有实事求是的选择、运作。缺乏相对的自主性,就难有科学健康的研究样态;缺乏独特性,则难免被淹没和忽略,丧失生命力。

三 新型智库建设所激活的研究模式流变

新型智库建设无论是从研究范式的角度,还是从研究架构的角度,都仅是高校哲学社会科学研究模式中的一个部分。但实践已经证明,这是充满活力、充满创意、充满引领和带动作用的一部分,其建设本身主观上对应中央政策的支持，客观上所形成的影响对激活现有哲学社会科学研究模式的流变，有着重要的作用。

（一）新型智库建设给哲学社会科学研究模式的流变所提供之条件

这主要有四个方面。

其一，动力源。新型智库建设，既是高校哲学社会科学研究模式的新的组成部分，也是高校科研发展和改革的关键任务，因此它是促进研究模式变革的重要动力。

其二，突破口。新型智库建设，以其使命和特质，正在和将要形成体制机制、运作方式、研究范式上的创新、突破，客观上形成现有研究模式变革的突破口。

其三，参照系。新型智库建设，以其新、特，建立和呈现出诸多新的样态，可为其他各类研究行为和平台提供借鉴和参照。

其四，工具库。新型智库建设，运用大量新的研究手段，建立数据模型、数据库、理论框架，可为研究模式提供一系列新的有效工具。

（二）新型智库建设激活研究模式三个方位之流变

高校哲学社会科学研究模式本身，特别是其中一些关键环节，是具有惰性和固化度的。新型智库建设提供了一种不可忽视和不可拒绝的范式，从而有效激活了高校哲学社会科学研究模式在三个关键方位的流变。

其一，研究方向性的流变。研究的方向性是研究模式的重要构成，也是研究者的自主性和偏好较集中的体现之处，于是靠行政命令或一般宣传倡导很难有效更改。我们看到的科研状况中"散"、"弱"、"浅"等的问题，都与之有直接关系。新型智库建设，正如教育部《推进计划》所要求的，"聚焦国家急需，明确主攻方向"，以明晰的选题指向性带动了大家把研究的着力点进一步聚焦国家、地方的需求，聚焦社会热点和前沿问题，从而使课题的选择、理论的应用、目标的设置等都在发生变化。而研究方向性的流变，会直接改变学科的学术谱系的样貌。

其二，研究架构性的流变。研究的架构，既指承载研究的实体平台，也指支撑科研活动的体制机制，以及相关的理念。由于研究架构涉及人、财、物的配置机制和规定，亦属模式中较难突破之处。而新型智库建设则带来了契机。如协同创新中心类的智库，已经是在协同创新的新机制、新框架下聚集研究队伍，整合学术力量。"不为所有，但求所用"的理念逐渐被接受，所有一切正撬动了模式中体制屏障、学科壁垒的痼疾。而按照《推进计划》的要求，新型智库建设必须重在制度建设，重视新型研究平台的设置，如重点建设一批社会调查、统计分析、案例集成等专题数据库，建设一批全球和区域问题研究基地，建立海外中国学术中心等，对模式原有的基地会起到示范和带动作用。

其三，**研究评价体系的流变**。在高校哲学社会科学研究模式中，评价体系单一，一直是被诟病且尚未得到很好更改的部分。教育部社科司的领导曾指出，评价体系的单一，表现为评价手段、指标的单一，评价方式标准化，评价体制机制缺乏弹性和多元。而这些，恰恰与哲学社会科学研究的特点不相适应。新型智库建设要求"牢固树立质量第一的评价导向，把解决国家重大需求的实际贡献作为科研评价的核心标准，完善以贡献和质量为导向的绩效评估办法，建立以政府、企业、社会等用户为主的评价机制，并以此来协调推进高校科研体制机制综合改革"。这些充满新意的评价方法和机制，必将成为现有哲学社会科学研究模式中最具活力和引领度的部分，带动整个评价体系的变革。

（作者岑红，江苏师范大学党委副书记、教授。江苏省徐州市铜山新区上海路 101 号　221116）

内容+连接：提升高校智库传播力和影响力[*]

李凤亮　车　达

摘　要：智库能够为国家公共政策的制定提供专业意见和实践方案。在全面深化改革的今天，智库作为一个连接器，是智慧生态中的重要环节，是由思想价值到社会价值的转化器、放大器。高校智库不同于官方智库和民间智库，理应建立其独有的政策研究视角及倡导方式。作为社会与政府的载体，高校智库在保持与国家主流价值观一致的基础上，应积极推进学术型话语向应用型话语、政策型话语和公众型话语的转变，以提升学术话语的影响力和传播力。然而高校智库的"内容"和"连接"往往受观念性、地域性、学科性、价值性和技术性的限制，"话语"的影响力和传播力仍显不足。应该清楚地认识到，新型高校智库建设是发展内容、发展价值和发展技术的三重选择。内容产生价值，价值连接社会。本文从高校智库的"内容"和"连接"两个维度出发，探讨在信息社会如何提升高校智库学术话语体系的社会传播力和影响力。

关键词：高校智库　传播力　影响力

加强高校新型智库建设，是推进人文社会科学繁荣发展的题中之义，是服务党和政府科学民主决策的迫切需要，也是拓展人文社会科学研究社会影响力的重要渠道。党的十八大以来，国家层面多次强调加强中国特色

---

[*] 项目基金：广东省哲学社会科学"十二五"规划2014年度学科共建项目"高校智库数字化平台研究"（GD14XGL02）。

新型智库建设，繁荣人文社会科学发展，为国家与社会发展建言献策。如今智库建设从幕后走到台前，成为社会各界交流碰撞的一个聚焦点。但是，中国智库建设的发展现状滞后于中国政治、经济和社会高速发展的需求。这种现实困境，激发了各界对新型智库建设路径的深入探讨。其中，"如何有效提升智库内容的传播力和影响力"成为探讨的重点之一。

一 完善保障体系，提升智库"内容"的公信力

无论是哪种形式的智库，其本质都应该是"工具理性"和"价值理性"的结合体。工具理性是基础，它首先应该服务于国家发展的政治目标、社会发展的政策目标、经济发展的指数目标；同时，智库又是价值理性的体现，它的研究必须体现宪法的原则和价值。进一步讲，中国新型智库的建设必须遵循社会主义核心价值观，在党的领导下，以服务国家和人民为根本目的。在此基础上，智库所开展的研究内容必须具有公信力，即独立、客观、实效的价值品格。公信力是智库连接社会的基础。

高校智库作为政府和社会的纽带，应该在坚守上述原则的基础上，发挥更大的决策咨询作用，即向社会解读国家和地方政策、凝聚共识；对内助力社会健康发展，对外履行战略对话；增强学术和人才的吸附能力，聚合社会价值等。总之，高校智库应该以"价值"属性作为其追求的重要内容特点。要实现上述目标，首先需要建立有利于新型智库建设和长远发展的保障体系。

（一）以政策保障资金供给和人才吸附

1. 资金保障

高校智库的运行资金多来源于财政补贴、各级政府的纵向课题经费、企事业机构委托的横向课题经费。虽然支持力度逐年递增，但是资金缺口较大、分配失衡，制约了高校智库建设的发展速度。造成这种困境的原因是多方面且复杂的。在改革开放三十余年的发展进程中，政府较多地关注经济增长速度，对哲学社会科学的社会功能不够重视，忽视其在国民思想体系建构中的重要影响力，从而导致政府对智库建设资金投入不足。这也反映在中国很多高校对人文社会科学领域的投入比例远远低于自然科学

上。同时，始终未形成完善的多渠道筹集经费机制，特别是还比较少见社会资本以公益形式进入高校智库建设领域。

在欧美国家，智库资金的社会化属性既是一种准则，也是一种文化习俗。公众对智库资助意识的建立，是因其清楚地认识到维持智库独立性对整个国家和社会的进步裨益良多。智库基金会的建立，无疑为社会资本的注入提供了有效的途径，不但保障了智库的运行，而且促使智库在研究方向上能够更加自主和独立，进而推进智库建设的民主化发展。中国自2004年颁布了《基金会管理条例》以来，基金会呈现快速增长的态势，但智库基金会依然十分稀少，高校智库基金会更是凤毛麟角。所以完善和加强高校智库基金会的建设应该成为新时期高校智库建设，甚至是整个中国智库建设的重要任务之一。2011年10月，华南理工大学校友莫道明向母校捐资5000万元，创建了华南理工大学公共政策研究院，这成为社会资本支持高校智库的重要标志。

2. 人才吸附

什么样的人才政策才能保障智力的吸附？怎样才能建立国家智力资本的生态环境？"智力资本是人力资本、结构资本、关系资本的总和，是兼顾软硬实力、当前与长远的体现。"[①] 如果没有智力资本支撑，一个国家很难做到大而强，而智力资本同样也是连接世界的核心动力，决定国家未来的竞争力。习近平总书记强调："我们进行治国理政，必须善于集中各方智慧、凝聚最广泛力量。"[②] 从发现人力资本价值到塑造国家智力资本，推进智慧民生，是国家振兴的一个重要保障。所以，在政策上为人力资本建设保驾护航，尊重创新劳动力、重视知识产权的价值，必然会给创新驱动发展带来有效的支撑。所以高校智库理应加速人力资源的创造性解放，形成极具吸附能力的"群体智能"平台，创造"更具独创性和重要性的、高质量的知识贡献和思想贡献"。[③] 高校智库的每一个智力个体、智力团体都具备自身的"专长、积淀、经验、智慧、资源和关系"，只有使其建

[①] 马化腾：《"互联网+"国家战略行动路线图》，中信出版集团2015年版，第41页。

[②] 朱书缘等：《习近平为何特别强调"新型智库建设"？中国智库担负何种角色，如何建设有中国特色的新型智库》，2014年10月29日，人民网，http://theory.people.com.cn/n/2014/1029/c148980-25928251.html。

[③] 胡鞍钢：《建设中国特色新型智库的实践与总结》，2014年7月10日，人民网，http://theory.people.com.cn/n/2014/0709/c40531-25258112.html。

立"自身的思考方式和行为模式",才能激发智库的创意、创新和创造。以"尊重人性、激活创造力和解放生产力"为主旨的智力保障政策的实施和落实,才是智库人才资源聚集的根本所在。

以深圳大学当代中国政治研究所为例,该所以研究人员的自由、自愿组合为基本形式,凝聚了一个以学术志趣为导向的"自由人的联合体",形成了具有研究问题前沿性、研究方法实证性、研究重点本土性、研究活动开放性等特点的智库型"群体智能"平台。自2002年至2015年,该平台依靠其扎实的团队核心竞争力和凝聚力,参与承担了中共中央组织部年度重点调研课题和自选课题16项,获得中组部领导的高度评价。

(二) 以立法保障智库管理和研究独立

1. 管理独立

如果说以政府为主导的官方智库是传统智库的话,那么新型智库应该形成政府、高校、社会多元主导、协同创新的格局。相比之下,社会主导的智库,自由度比较大,智库"内容"往往也更具灵活性和竞争性。目前,高校智库的架构越来越趋于多元化,这是一个积极的发展趋势,因为它削弱了政治权力在课题选择上的干预。以深圳大学为例,人文社科研究基地是学校智库建设的重要依托平台。近几年,科研平台建设稳步推进,已形成了国家、省部、市校等级多层次结构。2014年3月学校出台《深圳大学人文社会科学繁荣发展实施意见(2013—2020)》、5月召开新型智库建设工作会议,都明确了智库建设的思路与方向;随后又出台了《深圳大学新型智库建设推进计划》、《深圳大学科研机构管理办法》,均对科研机构管理的独立性做了翔实的说明,为深圳大学智库建设营造了良好的发展氛围。

然而不可否认的是,在中国高校发展的进程中,虽然行政管理相对独立,但是行政化依然扮演着隐形控制者的角色。诸如,相应管理办法内容的模糊或缺失,导致领导权等利益之争的出现,给整个高校智库公共服务能力带来很大的负面影响,在智库建设发展的过程中,很容易与官方智库界限不明。另外,从现有的高校智库来看,一些原政府官员以不同身份进入智库发挥余热。不可否认,退休官员与政府联系的渠道畅通,影响力大,在课题申请上能力较强,这有利于智库的维持和发展。但是,如果以退休官员为主导建立新型智库,尤其是高校智库,往往也会让运行机制发生扭曲，自主性降低，从而导致高校智库的行政化问题加剧。无论是在历史还是现实中，知识分子的作用很大程度上影响着国家的发展速度和质量。因此要激发高校知识分子参与国家和地方发展的热情，就不能将高校智库变成官僚化、行政化的机构。所以去行政化，建立高校智库的社会化属性，以社会需求为导向，从课题选择到日常运行方式上强化自主性，才能实现智库咨政启民的作用。

2. 研究独立

高校智库的多元性和独立性，不仅是资金和管理上的，还应该是学术和经验层面的问题。智库所开展的研究内容不仅应该聚焦国家战略，还应该围绕地方决策；不但要回应现实需求，还应该具有前瞻性、先导性，面向未来；不局限于解读政策，更要发挥引领作用。然而，目前高校智库还未能从"划桨者"转变为"领航者"。一方面是一些地方政府缺乏接纳社会不同声音的包容性，执政观念相对落后；另一方面由于经费来源决定研究方向，在政策研究方向选择上并没有完全独立。

所谓独立，就是指政策研究的客观性、科学性和时效性，要实事求是，敢说真话，真正认识到"问题域"的边界和范围。同时，还要对现实有精准的把握，对未来的改革方向、发展趋势有比较精准的预测。然而"独立"的实现，在外部受制于资金来源和管理体制，在内部受制于研究标准、职业标准和人才标准。这些标准决定了智库内容的质量，理应建立自我调节机制。如同职业道德准则，要避免公式化和形式化，以确保在充分尊重公共服务为主要目的的前提下，发展智库内容研究的多元化。而智库内容的独立性还取决于智力的整体水平，如学术水平以及从业人员服务于大众的信念。这就意味着必须把研究课题分配给有能力的专业人员，能够对社会现实、社会问题有深度研究和敏感度的人，能够全身心投入的人。

以深圳大学"中国经济特区研究中心"、"港澳基本法研究中心"、"国家文化创新研究中心"三个国家级平台，以及"当代中国政治研究所"、"传媒与文化发展研究中心"、"文化产业研究院"三个省级重点基地为例，这些平台围绕着中央国家机关有关部门和地方政府的重要决策独立开展研究，提出了特区经济建设、港澳基本法、文化与科技、政府创新、新闻传媒、文化创意等若干特色鲜明、影响广泛的独立意见，建立了深圳大学"顶天立地"的咨政服务模式，即"顶天"为中央提供咨政服务,"立地"为地方政府创新服务。

通过以上两个方面的论述,可以得出这样的结论:资金和人才、管理和研究,四个元素相互关联,决定了智库的"内容"价值,即政策研究是否具备前瞻性、针对性、储备性;政策建议是否是专业化、建设性、切实管用的。而"内容"的公信力,直接影响社会公共服务的水平。当然在政策和法规的保障上,依然离不开知识产权保护、购买决策咨询服务的制度、经费使用与管理监督等内容。但是从智库本身主动发展性角度来说,只有建立多源资金来源渠道,才能保障智库真正为政府和社会服务;必须制定以人为本的人才政策,才能提高人才吸附力和学术聚合力;只有降低公共决策机构的权力干预,强化高校智库知识分子主导作用,才能确保高校新型智库健康生态的建立;只有让高校智库社会化,增强智库科研方向的独立性,才能实现更高质量的咨政要求。以上种种的实现,就是新型高校智库"内容""走出去"("连接")的根本所在。特别需要强调的是,在强调以纵向课题、论文、著作数量为主导的现有科研评价体系中,智库成果的评价问题一直未能得到较好的解决,这在一定程度上制约着高校智库的发展。促进高校智库的良性发展,应该着力解决智库成果评价这一"指挥棒"问题。

二 加强数据化"连接",提升智库传播力和影响力

如果说政策法规的保障奠定智库"内容"的基本价值,那么大数据、互联网、移动互联等新"技术元素"[①] 的介入,则可为智库"内容"的社会化连接提供新的条件。

纵观20世纪,信息科学和网络技术始终按照摩尔定律和梅特卡夫定律"有规律性的加速发展"影响和改变着我们的认知世界。然而自21世

---

① "技术元素"是凯文·凯利专门创造出来的词语。不仅包括一些具象的技术(例如汽车、雷达和计算机等)、抽象技术(如数据化、数字化、互联网、大数据、人工智能等),它还包括文化、法律、社会机构和所有的智能创造物。简而言之,技术元素就是从人的意识中涌现出来的一切。这种科技的延伸面可以看成一个能产生自我动力的整体。参见 Kevin Kelly, *Out of Control: The New Biology of Machines, Social Systems, and the Economic World*, New York: WIRED, 2010, pp. 1 – 80。

纪伊始，这种规律性的"阈"被释放。自此，以信息技术为核心的新一轮科技革命孕育兴起，技术元素日益成为创新驱动发展的先导力量，世界被新变革牵引至一个新的经济和社会秩序之中。在这样的背景下，人类活动的空间中每时每刻都产生大量的信息。根据非官方统计，自20世纪80年代以来，全世界人均信息存储量每40个月增加1倍，每天创建约2.5亿字节的数据。伴随着技术革新，这一增长仍有进一步加速的趋势。在这样的数字时代，智库数据化的意义何在，又应该从哪里入手去探寻数据背后的基本逻辑，利用智库数据化来建立"内容"的社会连接呢？

（一）智库数据化有利于内容的价值评判

不是所有的内容都具备咨政的价值，也不是所有的高校从业人员都可以成为智库内容的供应者。审视、评价和衡量内容的价值是智库数据化需要达到的目标之一。首先，由于高校人文社会学科庞杂，研究方向多元，以及评定人自身学术观点、水平、兴趣等人为因素影响，很难对不同领域的内容做出科学公正的评价。其次，在成果评价中，大部分高校以发表刊物为分级手段，虽然具有一定合理性，但是并非所有内容都可以依据所发刊物的级别确定质量和价值。另外，研究型报告的应用价值最贴近智库基本社会功能，但是由于缺乏质量化标准，无法实现报告价值评估的客观性。对于高校智库而言，"内容"应更加客观、精准、规范和有效，更应该具备对策性和应用性并重的特点。所以融合现代计算技术和社会科学的理论和方法，可以对科学研究活动本身、所取得成果以及这些活动和成果产生的作用进行社会计算，从而影响社会行为的合理转变。

具体来说，虽然让数据模型"自行处理非结构化或定性的主观信息是一类比较复杂的任务，这类信息通常都需要以人类的视角出发来表明偏好、引用相关资源、加以分类或者筛选，从而添加新的观点、支持材料或者评估信息质量"，[①] 但是基于社会科学知识、理论和方法学，借助计算技术和信息技术的力量，实现科学化的社会管理，落实科学发展观，来帮

[①] 罗恩沙：《互联网思维——新商业模式与运营革命的行动指南》，钱峰译，中国人民大学出版社2014年版，第55页。

助人类认识和研究社会科学的各种问题,实现社会科学真正的现代化。[①]对于智库而言,使用自然科学的方法论,建立以"计算科学方法"为重要工具、以传统人文社会科学理论为指导、以社会生产力(涵盖政治生产力和经济生产力)为总框架的计算模型,通过对智库内容的筛选、分类和匹配运算,可以帮助政府和企业快速找到解决问题的关键要素。而后类似于"售后服务"的反馈机制(如建立交互式智库平台),又可以帮助智库修正、完善和提升内容的方向和价值,从而在复杂现象中产生自适应智库评价系统,完成智库与技术元素之间的融合。

(二)智库数据化是新常态下的社会需求

当下中国面对错综复杂的社会和经济局面,粗放型资源驱动增长方式导致巨大的产能过剩,经济下行压力不断增大。中国经济将长期处于深度调整之中,进入新常态阶段。"认识新常态、适应新常态,引领新常态",达到"理想的新常态"需要创新驱动发展。创新的关键要素一是资本,二是科技,三是人才。高校作为中国社会最大的智力产出和储备库,理应积极参与其中,其客观性和先进性就是新常态下中国社会和经济变革的智力驱动力。也就是说,高校智库在经济发展和社会活动中的基本作用,就是咨政建言、理论创新、舆论引导、社会服务和公共外交。而这些"作用"的数据化可以实现优化资源匹配,提高社会治理的效率和价值。进一步将智库"内容"与信息技术深度融合,可推动构建连接一切的新智库产业生态。

值得注意的是,经济社会的转型过程中必然产生巨大的咨政需求。高校智库作为中国特色新型智库的重要组成部分,是高等教育质量的显著标志,是未来高校综合科研实力竞争的重要指标,也是推进哲学社科研究的重要生长点。将高校社会调查、统计分析、基础文献、案例集成等内容建成数据库,推进人文社会科学的数字化,加强与现有信息服务机构的衔接,推动高校智库研究内容和信息资源的社会对接和共享,有利于提高高校的服务能力和社会贡献度。

另外,数据化可以帮助政府和企业发现价值。根据教育部公布的2014年全国高等学校名单,截止到2014年7月9日,中国现有高校2246

[①] 王飞跃等:《社会计算的基本方法与应用》,浙江大学出版社2013年版,第5页。

所，其中建有智库的约为 700 所。而每年智库的内容产出数目庞大，很难得出具体的数字。根据中国期刊网的查询结果，以 2014 年为例，人文社科类学术期刊数为 12505 项、硕博论文发表数量约为 116811 篇、重要会议论文 114694 篇、发表文献总数为 2972177 份。[①] 以广东省为例，截止到 2014 年，全省共有 95 所高校，其中人文社科研究活动机构 245 个，人文社科类教学与研究的人员总数为 31872 人，在研课题 25457 项，发表学术论文 19713 篇，人文社科类图书 1591 部。[②] 可以说中国人文社科每年的"内容"产出极其庞大，智力资源极其丰富。如此海量的资源基数背后，一定会有相当一部分具备咨政价值的内容未被发掘。

（三）智库数据化有利于"内容"的连接

社会需要连接，"连接是一种对话方式、一种存在形态，连接的方式、效果、质量、机制决定了连接的广度、深度和持续性"。[③] 当智库内容完成其价值属性和数据化转换后，如何"连接"就成为其发展的另一项重要任务。而"适应信息化、数字化发展趋势，加强图书文献、网络、数据库等基础设施和信息化建设，构建方便快捷、资源共享的哲学社会科学研究条件支撑体系，全面提高保障水平"[④] 是目前大部分高校智库建设的主要工作。教育管理部门和高校正为此而努力，并取得了阶段性成果。以深圳大学为例，学校积极谋划"智库数字化平台"建设。通过集中现有优质智力资源、发挥学科优势，构建"一个品牌两个平台"的智库组织框架。其中"一个品牌"即"深大智库"，"两个平台"是指搭建"深大智库网络平台"和建立"深大智库移动终端平台"。通过打造"深大智库"品牌，吸引并凝聚校内外各人文社科领域高端智库人才；同时依托数字化平台，力争以特色鲜明、成果丰富等特点，完成"智力"与政府和企业沟通、"智力"与"智力"协同、"成果"与"成果"的共享。

然而值得注意的是，目前已实现的数字化还停留在技术层面，数据化

[①] 数据来源：中国知网（http：//www.cnki.net/）。
[②] 数据来源：广东省教育厅《2014 年广东省普通高校科技/社科统计简报》，2015 年 6 月。
[③] 马化腾：《"互联网＋"国家战略行动路线图》，中信出版集团 2015 年版，第 59 页。
[④] 参见教育部《高等学校哲学社会科学繁荣计划（2011—2020 年）》（社教科〔2011〕3 号），2011 年 11 月 7 日。

还停留在"线性数据"阶段,远未达到新型智库数据信息化的标准。所谓线性数据,在高校维度来看就是在数据库里添加内容,供别人阅读或下载;而反馈往往是看下载、阅读和转载的数量。从记录的角度,内容提供方和使用方(阅读者和下载者)是没有连接的,数据点产生于接收它的个体(人)的行为(反应或不反应)。目前收集这些数据点并做简单的数字处理就是非常线性的,而智库的数据化和数字化需要的不仅仅是内容简单的记录和分类,它还需要在线性数据的基础上植入"环形数据"。"环形数据"简单地说,就如同社交媒体一样,在信息发布的下方出现内容阅读后的留言板、评论、粉丝、好友、赞等互联网时代的流行互动行为,在信息技术层面这样得来的数据就是"环形"的。在此非单纯的行为中,"所有的这些信息都是从语义出发的"。[①] 当受众通过数字渠道做出反应行为,那么智库内容就凭借互联网成为具有拓展功能的连接平台,智库内容的价值反馈可迅速得以实现。当然,要理解数据并付诸行动是极其复杂的,线性数据和环形数据的整合也不是轻而易举的工作。但是相信线性数据和环形数据的融合必将是未来智库的发展趋势。伴随着数据和功能的获取、存储、搜索、共享、分析,甚至是可视化,对智库的一切认知都会加速改变。

思辨就是改变。"内容+连接",就是以一种互联网的思维模式重新打造新型智库的生态环境。进一步讲,智库产生的"价值内容"利用强大的"数字方式",连接民众、企业和政府,使其开阔眼界、拓展思维、影响决策,并在交互平台中实现不同学术观点、不同政策建议的切磋争鸣、平等讨论,提升智库话语传播力和影响力。

从实际效果看,高校智库的数字化,有利于各种技术专家、多学科科研工作人员以及其他个体、组织、自由平等地开展交流与合作,"真正推动信息技术在高校教学、科研、管理、社会服务于文化生活等方面的深度应用、融合与创新"。[②] 同时,智库数字化系统与更具广域性的数字化社会系统连接,以一种独特的方式,在一个公共的开放的精神空间里生产和获取、收集和评判、传播和组织、认知和演变,不断缩小学术话语与国家

[①] Mitch Joel:《重启——互联网思维行动路线图》,曲强译,中信出版社 2014 年版,第 66 页。

[②] 杜占元:《以贯彻落实〈教育规划纲要〉为契机,全面推进教育信息化建设》,《中国教育信息化》2009 年第 9 期。

战略需求之间的距离，实现自身的社会价值。相信对"内容+连接"的思考与应用，能够帮助新型智库建设在旧的土地上走出新的道路，用新的眼光去审视旧的景象，为老问题找出新的答案。

（作者李凤亮，深圳大学副校长、教授，文化产业研究院院长，国家文化创新研究中心主任，《深圳大学学报》（人文社科版）主编；车达，深圳大学社会科学部、文化产业研究院文化政策研究中心博士。深圳市南山区南海大道3688号深圳大学办公楼546室　518060）

基于耗散结构理论的新型高校智库建设研究

王文波　林　波

摘　要： 文章首先在分析主要发达国家智库特征的基础上，总结了我国高校智库发展中的关键问题。其次，借助耗散结构理论，分析了新型高校智库的耗散结构特征及动力机制，同时归纳了影响新型高校智库发展的熵增及负熵流，并提出管理熵的措施。最后，得出耗散结构理论对建设我国新型高校智库的启示。

关键词： 耗散结构　新型高校智库

一　引言

智库又称思想库或智囊团，是一种独立的公共政策研究机构，在美国被称为继立法、行政和司法之后的第四种权力。[1] 据美国宾夕法尼亚大学2015年1月下旬公布的《全球智库报告2014》显示，美国是全球智库研究能力最强大的国家。在全球6681家智库中，美国拥有最多，共1830家，比"智库十强国家"中的其他9国的总和还要多。其中，美国共有布鲁金斯学会、美国卡内基和平基金会、战略与国际研究中心、兰德公司、外交关系委员会及伍德罗·威尔逊国际中心6家入选全球"十大智

---

[1] 谷贤林：《智库如何影响教育政策的制定——以美国"教育政策中心"为例》，《比较教育研究》2013年第4期。

库"。① 与美国不同,德国智库主要分为学术型智库、合同型智库、宣传型智库以及政党智库等,其中接受公共财政资金资助的学术型智库占德国智库的绝大多数。美国智库文化中存在的智库与政府之间的"旋转门"现象在德国并不多见,更常见的是智库与大学之间的双向交流。② 在日本的经济社会发展过程中,很多新思想、新观念、新表述、新思路等都源自于智库的理论探讨与实证分析,政策的制定也凝聚着人文社会科学工作者的智慧。同时,政党、利益集团、专家学者,以及各种社会团体、特殊群体代言人或组织的政治诉求在很大程度上也决定着智库建言献策的价值取向。由此,"学—官—产"不同类型的智库及其功能定位成为日本智库的一大特点。③

相比较而言,中国有记录在案的智库有 426 家。虽然在数量上较多,但在全球影响力上,中国仅有 7 家智库入围"全球顶级智库前 150 位",④ 包括中国社会科学院、中国国际问题研究院、中国现代国际关系研究院、国务院发展研究中心、北京大学国际战略研究院、上海国际问题研究所和中国人民大学重阳金融研究院。排名最高的中国社会科学院位列全球第 27 位。近年来,多位学者对中国智库发展,尤其是高校智库发展存在的问题进行了深入的分析,总结起来包括以下观点:一是高校智库成果对决策的贡献率较低。从 2010 年到 2014 年,高校人文社科领域共出版著作约 15 万部,发表论文约 158 万篇,其中在国际刊物发表约 2 万篇。但对决策具有积极影响、真正转化为国家各部委以及各级地方政府的咨询报告、政策建议的文献资料仅有 6 万余份,得到中央领导批示或者被省部级以上部门采纳的仅千余份。⑤ 这在很大程度上反映出中国高校智库对于政府决策的影响和参与程度,以及整体上的低水平。二是定位模糊,发展特色不够明显。中国高校研究机构和研究人员规模发展迅速,在世界高校首屈一指。但多数研究机构在参与智库建设过程中存在定位模糊、力量分散、研

---

① 韩显阳:《美国智库面面观》,《光明日报》2015 年 3 月 1 日,第 6 版。
② 吴江:《德国怎么做智库评估》,《学习时报》2015 年 8 月 10 日,第 A5 版。
③ 王志章:《日本智库发展经验及其对我国打造高端新型智库的启示》,《思想战线》2014 年第 2 期。
④ 王斯敏、张胜:《〈全球智库报告 2014〉在京发布》,《光明日报》2015 年 1 月 23 日,第 7 版。
⑤ 秦惠民、解水青:《我国高校智库建设相关问题及对策研究》,《中国高校科技》2014 年第 4 期。

究资源难以共享、研究队伍素质和研究水平参差不齐等问题,这使高校在参与智库建设过程中的优势难以得到充分发挥。[①] 三是对高校智库发展规律的认识不够清晰,存在着行政化色彩浓厚等弊端。高校智库的发展具有一定的环境要求和发展结构,如果能够提供适宜的发展环境,明确其发展结构和规律,相信中国高校智库将迸发出极大的活力。

针对上述问题,党的十八届三中全会提出"加强中国特色新型智库建设,建立健全决策咨询制度"。2015年1月,中共中央办公厅、国务院办公厅印发了《关于加强中国特色新型智库建设的意见》,其中特别要求"推动高校智库发展完善,发挥高校学科齐全、人才密集和对外交流广泛的优势"、"深化高校智库管理体制改革,创新组织形式,整合优质资源,着力打造一批党和政府信得过、用得上的新型智库"。这些方针政策的出台,表明党中央高度重视高校智库的改革与发展,这也必将拉开中国高校智库大发展的序幕。在此背景下,明确新形势、新环境下新型高校智库发展的规律,就成为建设好新型高校智库的基础理论问题。本文借助耗散结构理论,分析了新型高校智库发展的若干基本规律问题,为建设好中国新型高校智库提供了理论支持。这些基本问题包括新型高校智库的耗散结构特征及动力学机制、熵的管理问题以及耗散结构理论对新型高校智库建设的启示等。

二 耗散结构理论的本质

耗散结构理论是一门研究耗散结构的性质、稳定及演变规律的科学。普里高津学派研究了非平衡热力学,继承和发展了物理学中的相变理论,运用了当代非线性微分方程以及随机过程的数学等知识,揭示出耗散结构理论:开放系统在远离平衡状态的非线性区从混沌向有序转化的机理和规律。耗散结构是在平衡结构的基础上建立的,但与平衡结构有着本质的区别:平衡结构是一种"死"的结构,它的存在和维持不依赖外界;而耗散结构是"活"的结构,它只有在非平衡条件下依赖外界不断地引入负熵流才能形成和维持,这是一个不断地进行"新陈代谢"的过程,一旦

---

① 陈斌:《高校智库建设:服务社会的应然与实然》,《高校教育管理》2014年第6期。

这种"代谢"被破坏，这个结构就会"死亡"。它探讨了一个系统在何种条件下才能够从无序走向有序，并出现一种新的、稳定的、内部充满活力的结构的问题。其中耗散结构的形成和维持需要以下几个基本条件。

（一）系统必须是开放的

开放是系统进化的基础，对一个孤立的系统，随着时间的增长，系统的熵值必将随之增至极大值，即其演化结果必然是达到最无序的平衡状态。而在开放系统中，系统的熵增由系统内部产生的熵和系统与外部环境相交换的熵（负熵流）两部分组成，要想使系统朝着有序的方向发展，开放是必要条件。系统与外界交换物质、能量或信息，引入负熵，从而使系统总熵增为负，进而使系统走向有序。

（二）系统必须处于远离平衡区

远离平衡区是相对于平衡区、近平衡区而言的，远离平衡区是有序之源。在平衡区的条件下，系统内部各处可测的宏观物理性质都处于均匀分布的状态，不存在宏观变动趋势，这种条件下的系统无论时间上延续多久，都不可能产生新的结构，而在开放系统中，系统内部不可能处于平衡区。近平衡区指系统在开放条件下虽然离开了平衡，但只是局部的外部影响引起的系统暂时的涨落，系统离平衡区不远，其总体趋势是很快地恢复平衡。在这种条件下，系统很难形成有序结构。远离平衡区是指在环境对系统显著、保持作用的开放条件下，系统在整体上持续不断地处于巨涨落和远离平衡的状态，系统内部可测的物理性质存在巨大的差异，从而形成系统宏观上的超负荷流，这便是耗散结构形成的源泉。

（三）系统内部各要素之间必须存在非线性机制

非线性的相互作用是系统形成有序结构的内部原因。在系统的相互作用中，线性相互作用区，涨落被消耗掉，几乎没有什么作用，不能使系统形成有序结构。只有在非线性相互作用时，才能使系统内各要素之间产生协调动作和相干效应，才有可能导致系统状态的转变。在临界点，非线性机制使微小的、随机的小扰动得以"放大"，成为"巨涨落"，使系统原来所在的状态失稳。当系统参数超过临界点时，非线性机制就会对涨落产生抑制作用，从而使系统稳定在新的耗散结构分支上。

三 新型高校智库形成耗散结构的条件

根据普里高津的耗散理论，新型高校智库的耗散结构是指当远离平衡态的新型高校智库不断地与外界环境进行能量、物质和信息的交换，并在内部各单元之间相互作用下，使组织有序度增加大于自身无序度增加而形成的有序结构。形成耗散结构是新型高校智库的理想状态。

（一）新型高校智库是一个开放的系统

高等学校作为社会有机体的重要组成，无疑是一个开放系统。[1] 新型高校智库作为开放性系统，通过引进和培养高水平研究人员，提升服务于地方公共政策的科学水平，并对研究对象进行调研、访谈、政策指导等与外界进行物质、能量和信息的交换，将人员、资金、信息等输入转换为新的公共政策。它的开放性具体表现在财政来源、人员构成、研究成果以及外部环境等四个方面。

第一，财政来源的多样化。目前越来越多的高校教育经费来源不再仅仅依赖于政府，而是广开渠道，筹集、融合社会多方面的资金。部分高校主动与企业、科研单位联合办学，企业和科研单位为学校提供一部分资金支持，学校源源不断地为企业和科研单位输送新型高技术人才，企业和学校在打造共赢局面的同时，还为大学生就业等方面做出了贡献。

第二，人员构成的异质化。高校拥有全国近80%的社会科学力量、60%的"国家千人计划"入选者、50%的两院院士，以及规模庞大的研究生队伍。[2] 近年来，高校的人员构成不再局限在单一的学术人员，而是吸纳在本专业或政策领域有过资深工作经验的人员。当然，除本土人员外，高校还积极创造良性的人才流动机制，大胆引进国外的优秀人才。中国加入WTO以来，越来越多的高校开始形成了国际化意识，紧跟时代发展的潮流，积极与国外的高校开展深入的学术以及办学经验的交流，进一

---

[1] 吴福儿：《基于耗散结构理论的地方性高校师资队伍建设研究》，《高等农业教育》2003年第8期。

[2] 宗河：《发挥高校优势 打造新型智库》，《中国教育报》2014年3月12日，第007版。

步拓宽国际视野。随着教育体制的不断完善，目前部分高校已经具备了定期开展国际学术和交流会议的能力，通过在会议上的交流和学习，与会人员不仅可以掌握某研究领域的第一手材料，还可以把握未来该领域的研究方向，同时高校还可以借鉴国外一些比较成功的管理经验，适度应用在本校的教学管理上，以少走弯路，使学校更加蓬勃发展。

第三，研究成果的公开化。高校智库的研究成果公开出版，并以电子的形式发布到网上，供各类相关人士查阅，接受社会各领域人士的审视和检验。目前中国的高校智库在这一方面还存在不足；在美国，各智库都有一套严格的研究成果审核程序，从覆盖选题、收集与分析数据到得出研究结论的各个阶段，这些标准与审核程序都以明确的文字形式公布在各主要智库的官方网站上，接受社会各界的监督。[①]

第四，外部环境的变化。目前中国进入全面深化改革的新时期，政治、经济、文化、社会政策等要素正发生着深刻的变革，这些外部环境的变化，对新型高校智库如何掌握这些变革以及积极参与教育体制的改革，并提供人才资源的支持等提出了新的、更高的要求。

总之，开放性是新型高校智库在选择与进化过程中的基本特征，也是系统演进的前提条件。

（二）新型高校智库是远离平衡的系统

新型高校智库并不是一个稳定的系统。由于高校内资源、信息等要素的变动以及外部环境中政策等相关因素的影响，高校智库在根本上难以保持一个稳定而平衡的状态。下面我们将对这些因素做一个详细的表述。

第一，组织中资源、信息和技术的不对称。新型高校智库是一个利益共同体。这些成员之间在资源、信息和技术力量上处于不平衡状态，各主体拥有自身特定优势，并根据这种优势在系统中确立自身地位。如高校中的协同创新体系，通过综合利用"跨组织资源"创造并分享知识；高校作为前沿理论的研究阵地，可以为全社会提供先进理念；政府通过提供资金支持等措施购买公共政策，提高公共管理效率和水平。正是新型高校智库中各个相关要素在资源、信息等方面的不平衡，才使系统内各要素之间

---

① 任玥：《试论我国大学智库功能发展的困局——中美比较的视角》，《高校教育管理》2014年7月第8卷第4期。

产生非线性相互作用，从而使系统从杂乱无章变得有序。

第二，多元化的办学理念。首先，每个学校自身的办学条件和经济实力等方面存在差异，因而它们在学校规模以及相应的师资队伍等方面会呈现不同。其次，各高校对于自己的定位千差万别，部分高校在某一个专业领域内很具优势，就会单独发展这一类学科，成为单科类的大学；部分学校则是各专业全面发展，成为综合类的大学。最后，各高校办学理念也存在巨大差异：某些高校是为了更好地与国际接轨，走国际化办学的道路；一些高校则为了更好地适应当地政策和就业市场的需求，走专业化本土自主的办学道路。因此，各高校根据自身办学理念发展新型高校智库，在形式上存在着异质性。

第三，高等学校教育教学的改革。自中国实行经济体制改革以来，很多学校打破原有的、僵化的计划经济体制模式下校内单一、无序的平衡态，积极推进教育体制改革，营造了许多非平衡机制，特别是市场竞争机制，极大地调动了广大教职工的积极性和创造性。"按需设岗，择优聘任"的岗位聘任制度，打破了教师职务终身制，在为学校注入新鲜血液的同时，也增加了教职工的忧患意识，更加有力地促进了学校的发展和管理效率的提高。

正是因为这些要素的不平衡，系统才能够不断形成新的有序结构，使高校智库更具生机和活力。

（三）新型高校智库各要素存在非线性关系

新型高校智库的系统构成要素是不同质的、非平衡的，作用的机制是非线性的。古典管理学派在分析系统时，都采用经典物理学学科范式，即假定所有的事物都可以还原为要素，而要素之间存在简单的线性关系，因而不适宜用来研究新型高校智库。新型高校智库各主体的组织形式与功能不同，各类主体在研究能力和行为表现上也具有多样性。多样性的形成使系统创新资源、创新能力在各个研究机构之间、各级政府之间由相对平衡变为不平衡，由一种非平衡结构演变成为另一种非平衡结构，并导致系统组分之间的结构关系越来越复杂化，形成非线性的相互作用网络。正是这种非线性相互作用，使新型高校智库各成员之间产生协同效应，使系统从杂乱无章变得井然有序，新型高校智库才能出现耗散结构。例如，"高等学校创新能力提升计划"（2011年计划）就是考虑到高校、研究机构及社会需求之间的不平衡而制订的，目的就是通过公共政策的调节作用使技术创新变得可流动且有序。国内有相关学者对中国高校的变革和发展进行考察，发现与其变革密切相关的往往是一些重要的历史事件，这些重要事件在此所起的作用就是引发"涨落"。① 当前，中国进入了深化改革的新时期，高校智库完全有可能借教育体制改革的"东风"引发新一轮的涨落。由以上可以看出，新型高校智库具备了形成耗散结构的基本条件。

四 引入"负熵流"增强新型高校智库的有序性

既然新型高校智库具备了耗散结构的特征，那么就可以根据耗散结构理论来分析促使其发展的方法，其中最有效的方式就是分析其"负熵流"。根据耗散结构理论，一个开放系统的系统熵由两部分组成：一部分是系统内部的非线性相互作用所引起的不可逆的熵增；另一部分是系统不断从外界吸收物质和能量所引起的负熵流，这部分熵流会导致系统的熵减。系统的熵增使系统有走向混乱无序的趋势，但是负熵流的引入，会使系统本身的熵逐步降低，使系统朝着稳定的方向发展。从微观上讲，组织内部由于熵增而进行非平衡演变。为了达到新的平衡状态，组织必须不断从外部环境吸收新的要素，使组织引入"负熵流"，通过涨落转变为另一种更有序的耗散结构。② 对于新型高校智库，其"负熵流"即保障系统有序运行的要素，主要包括以下几个方面。

（一）高水平研究人员的引入是最直接的"负熵流"

人是新型高校智库的核心要素，高水平研究人员不但从数量上增加系统的资源，还是与外界进行能量和信息交流的媒介。例如，研究人员通过参加高水平学术研讨，获得对外界环境的直接和多方面的判断，进而影响公共政策的制定。从这一点上来看，研究人员作为"负熵流"是通过降低高校智库在研究公共政策时"信息不确定性"所带来的系统熵增，从

---

① 朱浩：《从耗散结构理论看我国大学变革的机制》，《高等理科教育》2006年第4期。
② 金高云：《基于耗散结构理论的产学研合作技术创新动力分析》，《企业经济》2013年第1期。

而保证高校智库系统的有序发展。

（二）新的研究手段和方式是值得重视的"负熵流"

传统的公共政策分析中，统计方法、数据建模和定性分析等占据着研究手段和方法的主流位置。但是，当大数据时代来临后，传统研究方法存在着被替代的可能。最典型的案例即 2008 年谷歌推出的"谷歌流感趋势"（GFT），这个工具根据汇总的谷歌搜索数据，近乎实时地对全球当前的流感疫情进行估测，但当时并没有引起太多人的关注。2009 年在 H1N1 暴发几周前，谷歌公司的工程师们在 *Nature* 上发表了一篇论文，介绍 GFT，成功预测了 H1N1 在全美范围的传播，甚至具体到特定的地区和州，而且判断非常及时，令公共卫生官员们和计算机科学家们倍感震惊。与习惯性滞后的官方数据相比，谷歌成为一个更有效、更及时的指示标，不会像疾控中心那样在流感暴发一两周之后才做到。[1] 因此，引入大数据时代的研究方法和手段，能够减少传统方法必须使用历史数据所带来的滞后性，也消除了"滞后性"带来的系统熵增，同样也可以帮助高校智库系统、有序发展。

（三）使用科学评估方法决定资助资金去向是最有效的"负熵流"

新型高校智库的主要经费来源是财政资助，如果将高校智库完全纳入政府体系中，就意味着高校智库和政府是在一个系统内，经费资助就变成了导致系统无序的内部"熵增"，而不是"负熵流"，这就是以往高校智库成为政府公共政策"背书者"的本质原因。新型高校智库需要的是从第三方角度来分析公共政策，能够提出创新、科学的政策建议，同时对已有公共政策进行及时修正。对此，如何合理分配资助资金就成为新型高校智库发展的关键问题。借鉴国外智库发展的先进经验，采用先进的智库评估方案，根据评估结果进行资金分配是较为合理的一种方式。

---

[1] 维克多·迈尔-舍恩伯格、肯尼思·库克耶：《大数据时代》，周涛等译，浙江人民出版社 2012 年版，第 17 页。

五　耗散结构理论对建设中国新型高校智库的启示

通过以上分析，本文明确了两个基本问题，一是新型高校智库具备典型的耗散结构特征；二是通过引入"负熵流"可以增强新型高校智库发展的有序性。基于此，本文提出耗散结构理论对建设中国新型高校智库的几点启示。

（一）提高高校智库的社会地位

耗散结构理论对环境的影响非常重视，认为系统环境会影响系统结构的涨落，进而影响有序性。因此，加强对新型高校智库作用的宣传是提高高校智库地位、创造良好发展环境的重要举措。政府、新闻媒体及高校自身要加强宣传，通过运用广电、报刊和网络等多种宣传渠道向社会公众推介智库，通过概念认知、历史梳理、智库贡献、中外比较、现状分析、前景预测等多重视角，阐述智库建设对于现代社会治理已经发挥和能够发挥的重要作用，营造了解、认同、依赖、推崇智库的公众意识和社会氛围。[1]

（二）以开放式平台吸收高水平人才

新型高校智库要在人员管理机制上进行改革创新，不一定要把所有研究人员纳入体制内，可以采用开放式平台的方式，与其他机构的研究人员、政府人员和企业人员合作，不断吸收全方位信息，扩大系统对外界信息的交换水平。此外，要加大青年智库学者的培养，通过选送的方式鼓励青年学者进入国外先进智库学习，了解国外先进智库的运作方式与研究方法。

（三）在研究手段和方法上要符合时代特征

新型高校智库研究对象多数可以归入人文社会科学中。2006年，Gregory Crane 提出，当前人文社会科学研究者在自身研究领域面临着大量

---

[1] 秦惠民、解水青：《我国高校智库建设相关问题及对策研究》，《中国高校科技》2014年第4期。

文献资料的处理,这些文献资料的数量已经大大超越了传统阅读能力所能处理的范畴,因而人文社会科学学者也将不得不借助计算机来处理完成相关文献资料,即"百万图书的挑战"(Million Books Challenge)问题。①对此,大数据时代的研究手段和方法无疑使公共决策的科学性得到极大的提升。大数据时代,高效的信息集成技术和数据分析技术,更能为科学的公共政策制定提供坚实的基础。例如,"单独两孩"作为计划生育新政策,引起了社会各界的广泛关注,这一政策的出台,背后也有着大数据的支撑。基于国家人口管理与决策信息系统,相关的机构和部门对中国人口政策进行了十多年的研究,对不同类型人口政策调整所带来的社会影响进行了数据模拟和预测。最终的决策无疑是出于多方面的综合考虑,但大数据也确实为决策的科学性提供了重要的技术基础。②

(四)创新改革高校智库的评价模式

前文在分析时提出"使用科学评估方法决定资助资金去向是最有效的'负熵流'",因此,当务之急是创新和改革高校智库的评价模式。相比较传统的评价模式,新型高校智库评价要符合如下原则。③

第一,评价信息要公开、透明。新型高校智库要对自己所承担的各项研究工作进行认真的评价,评价信息要公开透明,这其中包括评估人员的组成、评估细则、评估报告、评估建议以及落实情况等。

第二,定量评估和定性评估相结合。要采取定量评估和定性评估相结合的原则,使用社会科学通行的科研方法,如统计分析、问卷调查、访谈以及文献计量分析等。定性评估的细则不能千篇一律、按照一个统一的标准进行,而要根据不同的评估对象进行调整,定期更新。

第三,要引入第三方独立评价。中国高校智库承担研究工作,获得资金支持的主要来源是申报各级政府的课题。除国家级课题外,省市一级课题都存在"难报好结"的现象,即申请过程较为困难,形式要求多;结题时要求宽松,甚至完全达不到预期效果,大部分课题结果都没有成为政

---

① 孙建军:《大数据时代人文社会科学如何发展》,《光明日报》2014年7月7日,第11版。
② 马丽:《大数据时代我国公共管理的发展趋势》,《学习时报》2015年3月2日,第A6版。
③ 吴江:《德国怎么做智库评估》,《学习时报》2015年8月10日,第A5版。

府决策依据。对此，建议引入第三方独立评价方式，从课题申报到结题都由第三方来进行评价。最终，对新型高校智库所有研究的评价结果进行叠加，形成对新型高校智库的独立评价结果并向社会公布。

（作者王文波，大连大学副校长、教授；林波，大连大学副教授。辽宁省大连市开发区学府大街10号　116600）

基于西部边疆安全的国家教育智库建设

甘 晖

摘 要：面对国内外社会经济形势的发展变化，西部边疆安全问题已经成为我国社会发展中的重要问题。教育具有促进社会阶层流动和道德教化的作用，通过建立国家教育智库，研究如何运用教育解决西部边疆安全问题，是一项具有根本性、长久性、基础性和战略性的举措。国家教育智库建设要坚持政府宏观引导的发展理念、智库独立研究的运行理念、实施市场运作的经营理念和事前事后监管的管理理念，要通过搭建智库平台、建立专家遴选系统、建立决策数据共享系统、完善科研成果管理制度、加强保障制度建设等方法进行。

关键词：西部边疆 国家安全 国家教育智库

西部边疆是国家的门户和少数民族聚集的地方，西部边疆安全问题直接关系到国家的和谐稳定，是实现国家繁荣发展和中华民族伟大复兴目标过程中必须重视的问题。近年来，随着国际国内政治、经济、社会形势的发展变化，来自西部边疆的非传统不安全因素增加，直接影响着国家的安全稳定，影响社会经济的持续健康发展。在国内外社会经济形势发生重大变化的今天，西部边疆的安全问题应该受到政府和社会各界的重视，必须从国家发展大计和民族复兴战略的高度来认识。在解决西部边疆安全问题的方法上，就像有些学者所提出的，"中国西部边疆治理必须把握好安全与发展的关系，既要避免'只谈安全、忽视发展'的倾向，也要避免陷入'用经济解决一切'的误区",① 要采取能从根本上解决问题的方法。教育具有培养人才、传播文化的功能,对培养促进边疆地区社会经济发展人才、传播基于民族和谐稳定的社会文化具有重要的作用,能够从根本上解决西部边疆的不安全问题。建立国家教育智库,专门对西部边疆社会经济发展状况和人文特征进行研究,能够为国家西部边疆教育方针和政策的制定提供准确的决策信息,能够为教育机构有效实施边疆安全教育提供科学的指导、咨询和建议,是实现西边边疆安全稳定的根本性、长久性、基础性、战略性举措。

一 基于西部边疆安全的国家教育智库建设的重大意义

"智库是一种稳定的、相对独立的政策研究机构,其研究人员运用科学的研究方法对广泛的政策问题进行跨学科研究,在与政府、企业及大众密切相关的政策问题上提出咨询",② 可见,智库研究具有专业性、广泛性和独立性等特点,这决定了国家教育智库建设在促进西部边疆安全方面具有重大的意义,具体体现在以下几个方面。

(一) 服务国家发展战略需求

关于智库,有学者就认为智库"以战略问题和公共政策为主要研究对象,以服务党和政府科学、民主、依法决策为宗旨的研究咨询机构",③ 明确强调了智库所研究的问题具有战略性特征。国家教育智库是国家级的教育智库,其建立目的、研究目标等都是以满足国家发展战略需求为目标的,从建设的根源上就决定了国家教育智库不会把研究局限于某个地区、某个民族,而是要从国家整体范围内进行研究。建立国家教育智库的目的就是要解决目前各种社会组织不能满足国家宏观决策、长期发展等战略性需求的问题,期望以更高层次、更高水平、更切合地满足国家宏观战略发

---

① 罗中枢:《中国西部边疆研究若干重大问题思考》,《四川大学学报》(哲学社会科学版) 2015 年第 6 期。

② 薛澜:《智库热的冷思考:破解中国特色智库发展之道》,《中国行政管理》2014 年第 5 期。

③ 魏礼群:《中国正开启智库发展新时代》,《人民论坛》2015 年第 4 期。

展的需求，特别能为国家发展过程中关于边疆安全的难点、重点、急需点等问题提供战略性指导，这就要求国家教育智库在人员配备、组织运行、经费支持、项目实施等方面以满足国家战略需求为标准进行建设，这为智库进行国家战略性研究奠定了基础。另外，国家教育智库进行研究的主要目标是服务于国家发展需求，研究主题选择必然与国家发展需求密切结合，专注研究国家发展亟须解决的问题，要求为国家宏观决策服务，注重研究的国家性、战略性，这也决定了国家教育智库进行西部边疆安全问题研究时能够从国家战略的高度出发。

（二）促进西部边疆地区社会经济和谐稳定发展

国家教育智库从事研究的工作特点和工作使命，决定了国家教育智库建设会促进西部边疆安全教育与当地社会经济发展密切结合。国家教育智库以促进教育改进的方式来实现西部边疆地区的安全与稳定，但是，教育的改进不只是教育自身的问题，它与政治体制、经济结构、文化传统、人口结构、自然环境等因素也密切相关。国家教育智库在研究西部边疆教育发展现状、提出教育改进措施的过程中，必然要对政治体制、经济结构、文化传统、人口结构、自然环境等因素进行深入研究，把教育改进放在当地社会经济发展的大环境中进行分析，会促进教育改革与当地社会经济发展密切结合。另外，国家教育智库建设的使命是实现西部边疆安全，但是，实现西部边疆安全的主要方式不是对西部边疆地区进行思想教育，而是促进西部边疆地区的繁荣发展（这在国家范围内已经形成了共识，如近期中央在新疆、西藏安全问题的处理方面主要采取扶持两区发展的方式），所以，国家教育智库在研究教育改进问题的过程中会着重关注教育对当地社会经济发展的促进问题，研究促进当地社会经济发展的教育发展方式和人才需求水平，把教育作为促进当时社会经济发展的工具，促进西部边疆安全教育与当地社会经济发展密切结合。

（三）促进西部边疆教育崛起和人才培养

国家教育智库是通过研究教育促进西部边疆社会安全的研究，在此过程中，必然要研究边疆地区教育发展存在的问题、教育发展需求、教育发展布局、教育发展结构、教育发展资源需求等方面，必然要发现西部边疆教育需求与供给矛盾、教育发展特征及规律，必然要提出促进教育发展的有效对策，将会对国家教育政策制定和社会公众产生重要影响，引导国家和社会公众积极支持西部边疆教育的发展，促进西部边疆教育的崛起。社会经济的稳定发展离不开人才，边疆地区的稳定更需要具有政治思想觉悟较高、国家意识很强的人才，国家教育智库必然要研究人才的培养工作：一方面，国家教育智库为促进西部边疆地区社会经济的发展，需要研究人才培养问题，人力资本理论已经很早就证明了人才培养对区域经济发展的重要作用，培养大批用得上的人才是促进区域社会经济发展的有力方式；另一方面，国家教育智库在研究边疆教育的过程中，必然重视西部边疆地区学生个体成长和发展规律的研究，这对于促进学校西部边疆地区的学生培养具有重要的意义，有利于促进学生的个体发展。

（四）为国家管理方针及政策制定提供支持

国家教育智库的主要工作是从事西部边疆的社会经济发展状况研究，为国家西部边疆安全教育活动的实施提供信息，由于研究任务明确、研究内容集中、研究目标清晰，所以，国家教育智库的研究在国家有关教育政策的制定方面能够产生比较权威的成果，能够为国家关于西部边疆安全的教育政策提供权威性信息支持。国家教育智库建设能为国家安全教育政策制定提供权威性信息的作用，还体现在研究队伍建设方面。由于研究队伍建设是国家教育智库建设的重要内容，是国家教育智库形成的重要条件，是保证国家教育智库建设水平和研究质量的重要方面，也是国家教育智库区别于目前各种研究机构的研究方式、体现国家智库建设价值的重要内容，因此，国家教育智库必然对研究人员在研究视野、研究能力等方面有着比较高的要求，要求研究队伍的研究素质能够体现出国家级的水平和标准。国家智库建设中对研究队伍高水平的研究，会使研究队伍的研究能力和水平得到极大的提高，使研究成果更加反映现实、政策建议更加科学，这为国家安全教育政策的制定提供权威性信息奠定了基础、提供了保证。

（五）为政策有效实施提供咨询及指导

国家教育智库是从事西部边疆安全教育的专门研究机构，在长期研究中，对西部边疆社会经济发展的实际状况有着比较深入的了解，它了解西部边疆安全教育的政策供给及需求特点、了解西部边疆安全教育的实施特点及发展规律、了解西部边疆安全教育政策的先进理念和指导理论等。国家教育智库从事研究活动所具有的这些性质和特点，决定了国家教育智库能够对学校边疆安全教育活动提供有效指导，这种指导作用主要体现在三个方面：一是为学校关于国家安全教育活动提供政策方面的咨询、指导和帮助；二是为学校关于西部边疆的教育需求提供资讯，促进学校关于西部边疆人才培养类型、结构、数量和质量的改革；三是为学校关于西部边疆人才成长规律和特点提供研究服务，为学校教育教学内容和教学方式改革提供指导。

二 基于西部边疆安全的国家教育智库建设的功能定位

（一）进行管理思想及理念引导

作为国家教育智库的首要功能就是发挥自己长期从事科学研究的专业优势和实践经验，为国家制定有关西部边疆安全的国家政策及边疆发展方针提供先进思想及先进理念指导，力求使西部边疆安全教育实践国内外的先进的思想和理念，促进西部边疆教育效果更加显著。国家教育智库需要深入研究国内外边疆安全教育的经验和文献，把国外边疆教育与中国边疆教育相结合、把中国历史发展中的边疆教育与中国现阶段状况相结合，创造适用于中国现阶段社会发展特征和西部边疆特征的教育思想和理念。

（二）帮助政策设计及提供咨询

国家教育智库要重视对政策设计者建言献策，要向政策设计者提供边疆地区社会经济发展特征、民族特征、安全问题特征等信息，供政策设计者在政策设计时参考；要向政策设计者提供自己的政策设计和问题解决对策，启发政策设计者的思路，帮助政策设计者设计出符合时代特征和边疆社会特征的安全教育体系。当政策设计者遇到政策设计困难、政策设计思维障碍、政策效果分析、政策逻辑分析等问题时，国家教育智库还要承担咨询功能，帮助政策设计者解决政策设计障碍。

（三）开展管理方针及政策宣传

国家教育智库不仅是研究边疆安全教育的机构，在边疆安全教育分析方面具有权威性，而且与政府部门脱离关系，具有第三方组织独立性、客观性的特点，其对于社会公众而言具有可信性。国家教育智库还积极参与国家西部边疆安全教育政策的制定，对政策制定的具体情况比较了解，在政策宣传中具有显著的权威性。国家教育智库要发挥专家权威的角色，对制定出的西部边疆安全教育政策进行宣传，帮助社会公众深入理解政策制定的目的、政策目标、政策实施方式等，这些对增强边疆社会公众积极支持政策执行、实现政策良好效果具有积极的作用。国家教育智库可以通过组织专家开展讲座、组织讲师团进行宣讲、组织专家进行网络讲读、组织专家出版讲解书籍等。

（四）组织政策效果评估

政策实施效果如何？政策实施中存在的问题和所取得的成就分别是什么？影响政策实施成功和失败的因素各是什么？这些问题直接影响着政策的发展改进。国家教育智库要积极发挥自己研究者的角色，对西部边疆安全教育政策过程及实施结果进行信息反馈，通过实证研究提供科学、客观、准确的数据信息和研究建议，为政策设计者改进政策提供参考。

三 基于西部边疆安全的国家教育智库建设的行为理念

（一）实施政府宏观引导的发展理念

"智库主要是指那些以政策研究为核心、以影响政府公共政策选择为目的、非营利的、独立的机构"，[1] 智库所具有的这种组织特性决定了智库的建设及管理不能够由政府直接、完全管理，而应该坚持独立研究的特性，否则，智库研究就会受到政府意志的影响，影响研究的客观性、真实性。但是，中国社会发育状况决定了国家教育智库建设必须有政府的宏观引导，主要原因有以下三方面：一是中国社会组织发育不健全，社会自发形成高水平研究智库的可能性不大；二是政府在社会公众心目中具有权威性的地位，社会自发形成的组织得不到社会公众的有效认同；三是基于西部边疆安全的国家教育智库建设是政府所需，政府进行宏观引导能够促进

---

[1] 陈卓武、韩云金、林逢春：《试析美国思想库的运行机制——兼论其对中国发展思想库的启示》，《华南农业大学学报》（社会科学版）2007年第1期。

国家教育智库研究更能满足政府需求，能够有效解决政府面临的紧迫性、战略性、难点性问题。所以，在中国国家教育智库建设的过程中，既要保持智库研究工作的独立性，也要重视政府的宏观引导，促进国家教育智库研究朝向政府需要的角度发展，能够有效解决政府面临的紧迫性、战略性、难点性问题。

（二）实行独立研究的运行理念

国家教育智库是一种研究性组织，研究性组织的运行理念就是自由研究和独立探索，不应受到外界过多的干预。因为研究性组织从事探索事物发展规律的工作，事物的规律具有自身的运行特征和发展方式，是一种内在的自由行为，外界的干扰容易导致研究活动偏离事物发展规律，影响研究者对事物内部发展规律的探索，此外，规律的发现具有非常大的偶然性，研究者需要充分的思想自由和充足的研究时间，而外界的干预会影响研究者的思想空间和时间投入，进而影响到研究者对事物发展规律的探索效果。

国家教育智库在运行中需要坚持独立研究的运行理念；一是国家教育智库在组织管理体系上具有自主性，组织的领导层如何产生，组织哪些机构需要设置、哪些机构需要取消，各个机构之间如何协调运行的决定权在智库本身；二是国家教育智库在研究内容的选择上具有自主性，研究什么问题、不研究什么问题的决定权在智库本身；三是国家教育智库在研究方法的选择上具有自主性；四是国家教育智库在人才队伍建设上具有自主性，对于招聘什么水平、什么类型、什么研究特长的人才具有自主性，拥有人才评聘的自主权。

（三）实施市场运作的经营理念

"智库是指由不同学科背景的专家学者组成，为政府、企业等组织和决策者处理经济、社会、军事、外交等公共事务和应对突发事件出谋划策，提供处理事务和解决问题的方法方案、战略策略、理论思想等智力产品的公共研究机构"，[①] 既然智库是一种从事智力产品的公共研究机构，那么国家教育智库当然也是一种从事智力产品的公共研究机构。传统理

---

① 吕余生：《关于建设社会主义新智库的思考与探索》，《学术论坛》2009年第12期。

认为公共机构应该实行政府管理而不应该进行市场化运作，因为市场追逐经济利益的特性会损害公共机构为社会公众谋求整体福利的行为，但是，这种理论观点指导下的公共机构运作常常陷入低效率状态之中。新型理论强调应该运用市场化运作的方式解决公共机构运行低效的现象，政府应该通过购买公共服务的形式促使公共机构之间进行竞争，以解决公共机构运行效率低下的问题。国家教育智库在运行中也应坚持市场化运作的理念，强化政府对其服务的购买行为而不是全部接受和进行全额资助。

（四）坚持事前事后监管的管理理念

政府作为社会秩序的维护者，肩负着管理社会事务的责任。国家教育智库作为社会中存在的一种组织，从事西部边疆教育研究的活动也应受到政府的管理，但是，政府对国家教育智库的管理应该体现其特殊性，因为国家教育智库是为国家西部边疆安全服务的研究性机构。政府对国家教育智库进行管理的特殊性主要是要体现事前事后监管的管理理念，不能对其活动过程进行过多的干涉。事前监管主要是对国家教育智库的建立标准、行为规范、工作职责等准入标准进行审核，确保国家教育智库建设的水平和质量符合规定。事后监管主要对国家教育智库的研究结果进行评价，评价其研究水平达到了什么样的标准、研究结果对目标的达成度或需求的满足程度如何。只有坚持事前事后监管的管理理念，才能有效减少政府干预国家教育智库的研究活动，同时，规范和保证了国家教育智库的研究质量。

四 基于西部边疆安全的国家教育智库建设的实施方法

（一）搭建智库平台

平台是组织体系形成的基础，是各种资源汇集的载体，国家教育智库建设也需要建立相应的平台。师范大学是承担促进西部边疆安全的国家教育智库建设的理想平台，在促进国家教育智库研究西部边疆安全方面具有特殊的功能和作用；一是相对于社会科研机构而言，师范大学具有大学自身的优势。大学集教学和科研功能为一体，既能承担维护西部边疆安全人才的功能，也能承担研究西部边疆安全问题的研究功能，更重要的是能把最新研究成果运用于课堂，能够使培养出的学生在理论和实践方面接触先进的理念和真实的状况。并且从国外的具体实践情况来看，大学往往在政府政策制定中发挥着重要影响力，"在国家政策制定的每个阶段，都有高校智库的影子"。① 教育部在智库建设中也积极倡导要发挥大学的作用，专门印发了《教育部关于印发〈中国特色新型高校智库建设推进计划〉的通知》（教社科〔2014〕1号）。二是相对于其他类型大学而言，师范大学具有师范教育方面的优势：①师范大学长期从事教育教学问题研究，具有研究教育问题的优势，国家教育智库建设与师范大学研究优势具有匹配性；②师范大学主要从事教师培养工作，培养出的学生主要从事中小学教育工作，师范大学培养出的学生在西部边疆从事教学工作、传播安全思想和观念，对于实现西部边疆安全稳定具有根本性、长效性的作用；③师范大学由于主要从事教师培养工作，重视学生礼仪、思想道德教育，在其培养西部边疆学生的过程中，更能突出礼仪、思想道德教育，对学生安全观念的形成具有非常重要的意义。

（二）建立专家遴选系统

研究队伍建设是国家教育智库建设的核心，直接影响国家教育智库的研究水平和质量。有学者为此特别强调智库建设的"关键是要建立良好的人才集成机制，把个体人才的智慧凝聚成智库整体优势"。② 国家教育智库的研究队伍建设要改变原有的专家遴选方式，建立新型的专家遴选系统，向更加开放、更加灵活的方向发展：一是突破"单位制"的狭隘观念，向"协同创新"的方向转变。国家教育智库中专家选拔不能只局限于某个职能部门或某个大学，要突破以职能部门或大学为单位的"单位制"观念，注重吸收不同学科、不同部门、不同行业的专家，要实现大学与科研院所、社会研究机构、企业研究机构的联合。二是突破狭隘的民族主义观念，向民族共同体的方向转变。国家教育智库建设中不能因为是为维护西部边疆安全而对少数民族专家抱有偏见或顾忌，不能注重吸收汉族专家而轻视少数民族专家，也不能注重吸收少数民族专家而轻视汉族专

---

① 陈旭峰：《中国特色社会主义新智库研究——美国经验对中国智库的借鉴意义》，《西北工业大学学报》（社会科学版）2010年第4期。
② 魏礼群：《中国正开启智库发展新时代》，《人民论坛》2015年第4期。

家，应该根据专家的研究特长和特点来选拔。三是突破狭隘国家主义观念，向国际化方向转变。国家教育智库的专家不能局限于国内专家，还要充分吸收国外研究专家，原因在于：一方面可以充分利用国外专家的研究才能，促进人力资源配置更加科学；另一方面可以利用国外专家的研究视野，丰富和弥补国内专家研究视野的不足，对于提高国家教育智库研究质量具有重要的提升作用；更重要的是吸收国外专家特别是知名专家参与国家教育智库建设能够极大地增加国内外影响力，对于提高国家教育智库的知名度和国内外话语权具有非常巨大的作用。

（三）构建决策数据支持系统

科学的决策必须是基于科学研究的，必须是建立在实证调查研究基础上的。国家教育智库的研究也需要调查数据的支持，应该建立以社会调查、统计分析、案例集成等为基础的决策数据支持系统。在数据搜集中，国家教育智库需要建立定期和不定期的数据搜集机制。定期数据搜集机制是指国家教育智库要每隔一段时间对西部边疆地区的社会经济发展状况、人口状况、教育状况、安全状况等进行一次调查，把这些数据不断充实于数据库。不定期数据搜集机制是指国家教育智库为了研究或其他活动的需要，对西部边疆地区的社会特征、教育特征、安全状况等进行调查，并把调查数据补充到数据库。另外，"中国智库最大的问题是它们的孤立性——很多中国智库的运营像黑洞（没有网站、联系方式，也没有学者的个人档案），这些问题阻碍着中国学者和智库之间的交流互动，中国智库也很少跟其他亚洲国家的智库交流"，[①] 此观点有待商榷，但揭示了中国智库建设中存在的问题：智库之间的交流不强，因此，在国家教育智库建设中，需要加强与其他智库的合作，实现决策数据的共享，以减少研究成本和增强决策科学性。

（四）改进科研成果管理制度

科研成果是国家教育智库的劳动所得，科研成果管理制度的完善程度直接影响国家教育智库工作的积极性和服务力度。只有合理的成果评价制度和奖励制度才能激发国家教育智库研究人员工作的积极性，只有有效的

---

① 柯白玮：《"黑洞"运营中国智库困局待破》，《中国智库》2013 年第 2 期。

成果采纳制度才能准确彰显国家教育智库的服务力度。要从四个方面改进国家教育智库科研成果管理制度：一是要改变科研成果评价制度，科研评价要改变以论文数量、课题级别及经费为主要指标的评价方式，转向以科研成果的原始创新程度、解决西部边疆安全重大问题的程度、向有关部门提供建议的采纳程度等为主要评价指标的方向转变。改变针对一项科研活动重视过程评价而忽视结果评价的制度，要重视前期从事科研活动的资格、能力评价，重视研究成果的鉴定和监督。二是改革科研奖励制度，对于重大基础研究和原始性创新性研究要进行奖励，不能只根据成果进行奖励，要同时重视研究前期的资助和后期的成果奖励，只有这样才能减少研究人员在创新研究和基础研究前期所具有的风险，更能激发研究人员的创新能力。同时，要特别重视创新的市场激励机制，给予创新人员创新成果收益权，允许通过科研成果的市场转化来取得收益，对此，《关于深化体制机制改革　加快实施创新驱动发展战略的若干意见》对科研人员的成果市场化行为进行了明确的规定。三是改变科研成果采纳制度，构建规范、畅通的成果采纳渠道，建立政策制定者向国家教育智库征集建议的制度和国家教育智库向有关政策制定者报送研究成果的制度。要逐步探索研究报告的数据库建设，有利于研究报告的保存、整理和分析，便于需求者方便查阅和运用。四是加强成果发布管理制度建设，建立研究成果的发布规则，规范发布活动，确立研究成果的责任人制度，实行责、权、利的统一化管理。

（五）完善保障制度

保障制度建设是促进国家教育智库有效运行的重要方式，有效的保障制度能够减少国家教育智库运行的阻力，并且能对国家教育智库的有效运行产生促进作用。要从三个方面完善保障制度建设：一是加强经费保障制度建设，建立科研经费筹措机制，多渠道筹措经费，实现科研经费来源的多元化，为国家教育智库科研活动提供充足的经费。二是加强评聘管理制度建设，对参与国家教育智库的专家在本单位的相关评聘中给予特殊倾斜，激发有关专家参与国家教育智库科研活动的动机。三是加强科研人员科研活动权力配套制度建设，如在调查研究中，要给予国家教育智库科研人员特殊权力，有要求被调查单位配合其调查的权力，有对被调查单位不配合调查而控诉的权力；在具体研究过程中，要给予国家教育智库科研人员更多自主研究的权力，在组织管理、科研活动安排等方面给予其更大的自主权；在研究结果的运用方面，允许科研人员向相关部门直接提供科研成果或反馈政策意见。

（作者甘晖，陕西师范大学党委书记、研究员。陕西省西安市长安区西长安街620号陕西师范大学学校办公室　710119）

服务国家语言与文化战略，打造区域国别研究特色智库

曹卫东

摘　要：建设高水平智库是切实推进我国政府决策科学化，提升国家软实力及国际影响力的客观需要。作为咨政建言与人文交流的重要力量，我国外语院校智库应以教育部启动"高校哲学社会科学繁荣计划"为契机，以国别和区域研究基地、国际组织研究基地等为依托，突出中国特色，立足地方，服务国家，将智库研究成果转化为国家政府的决策依据；加强与国外智库间的交流，搭建国际智库交流对话平台；促进世界人民，特别是"一带一路"沿线民众间相互了解，增强命运共同体认同感。外语院校通过利用外国语优势，建设国外舆情监测数据库，为政府提供国际舆情咨询；利用外国语院校校友广泛分布于外联、外事、外贸机构优势，使智库既有资讯来源渠道，又有咨询服务出口；通过培养为外交、外贸、国际金融、国际旅游等领域服务的智库人才等途径，打造新型高校智库。北京二外服务国家与北京战略需求，通过复建和新建小语种、建立区域国别研究中心、重构科研评估机制、培训、智库合作方式打造以区域国别研究为特色的智库体系。

关键词：智库建设　外语院校　中国特色

智库是国家软实力和话语权的重要组成部分，在全球化背景下发挥着越来越重要的作用。党的十八届三中全会明确提出，要"加强中国特色

新型智库建设，建立健全决策咨询制度"。中共中央办公厅、国务院办公厅印发了《关于加强中国特色新型智库建设的意见》，将智库建设上升到国家战略高度，标志着智库产业发展新契机的到来。如何把握机遇，依托特色学科建设，打造一流高校智库，成为中国高等教育改革进程中的一项重要议题。

一 智库的本质

智库又名"思想库"，即智囊机构、智囊团，是指由专家组成，多学科的，为决策者在处理社会、经济、科技、军事、外交等各方面问题出谋划策，提供最佳理论、策略、方法、思想等的公共研究机构。根据《智库报告：2013年中国智库报告（影响力排名与政策建议）》的定义，在中国特色社会主义发展的具体语境下，智库主要是指以公共政策为研究对象，以影响政府决策为研究目标，以公共利益为研究导向，以社会责任为研究准则的专业研究机构。[1] 由此可知，智库并非单纯的学术研究组织，而是学术与应用、学科与问题并重，汇聚各领域专业人士的智慧成果，搭建起知识与政策间的桥梁。高质量的思想产品是智库的核心。布鲁金斯研究所的质量、独立、影响（Brookings: Quality, Independence, Impact）以及兰德公司的客观分析、有效方案（Rand: Objective analysis, Effective solutions）等企业信条基本反映了智库的内涵与功能。

美国宾夕法尼亚大学国际问题研究高级讲师、智库和市民研究项目主管詹姆斯·麦甘（James McGan）将智库影响力的决定因素概括为研究成果涵盖面，与公众之间联系的紧密程度，是否与社会分享其研究成果、影响并教育公众，是否建立起了国内乃至全球的研究网络等。[2] 而智库的影响力是通过它所承担的功能体现出来的。美国对外关系委员会（Council On Foreign Relations）主席、著名战略家理查德·哈斯（Richard Haass）将智库对美国外交决策层的影响归纳为五个方面：为政策提供新思想、为

---

[1] 上海社会科学院智库研究中心：《智库报告：2013年中国智库报告（影响力排名与政策建议）》，上海社会科学院出版社2014年版，第2页。

[2] 王安丽：《智库是沟通知识与政策的桥梁——访美国宾夕法尼亚大学智库和公民社会研究项目主任詹姆斯·麦甘》，《中国社会科学报》2013年3月15日，第A03版。

政府提供人才库、为高层沟通创造渠道、教化民众、为调解和解决冲突提供非官方努力。[1] 著名智库左右着美国的各项重大决策，成为美国政治权力结构的重要组成部分，甚至有学者将其称为独立于立法、行政、司法之外的"第四权力"。[2] 可见，智库在影响政府决策、推动社会发展等方面发挥着不可替代的作用。

首先，智库服务于国家，参与问题解决进程，是政策决策过程的重要参与者，这也是它与纯学术研究机构的本质区别。智库的研究重点为公共政策问题，讲求时效性与实用性，通过提交政策咨询报告、出版学术论述、专家座谈等形式，针对政府关注的核心问题发表建议与主张，将知识转化为政府的决策方案，发挥人文社会科学知识的社会服务功能。

其次，智库生产全新理念，提供优质思想产品。"智库"一词最早是指第二次世界大战时期军事专家讨论和制订军事战略与作战计划的保密室，其核心作用就是为决策者提供有价值的知识服务。智库集结社会问题研究精英，对公共政策进行前瞻性思考、理性分析及系统化研究。其思想产品以决策提案、研究报告、分析预测等形式呈交给决策层，作为备选政策方案，往往会影响政府对公共利益的理解、对全局的判断与把握；其思想产品获得认同与接受，最终落实为具体的政策与法规，得以践行。

再次，智库引导社会舆论。智库可以借助大众传媒、学术讲座形式，表达政策主张，传播公众知识，引发民众对某一社会热点问题的关注，凭借其学术地位在一定范围内引领讨论，教育民众。这些言论往往成为权威媒体的思想素材，对经济社会发展具有积极推动作用，同时间接提高智库成果的影响力。

最后，智库储备和培养人才，也为高校、企业、政府提供人才流动平台，故又被称为人才库。以美国为例，智库精英对公共政策问题进行针对性研究，其成果得到政府的高度认可后，往往会被吸纳到政府决策部门工作，直接参与政策的制定与执行；而一些政府官员在结束政治生涯后，也可以成为智库的一分子，将丰富的从政经验和人脉关系运用到知识产出中。这种学术界与政界间的双向交流被称为"旋转门"现象。美国前国

---

[1] Richard Haass, "Think Tanks and American Foreign Policy: A Decision Maker's Perspective", *U. S. Foreign Policy Agenda*, Vol. 7, 2002.

[2] 王莉丽：《旋转门：美国思想库研究》，国家行政学院出版社2010年版，第50页。

务卿赖斯就是一个典型的例子。她在被前总统布什任命之前曾任斯坦福大学的教授,换届离任后又回到该校著名的智库胡佛研究所任职。①

从世界历史发展经验看,智库对一个国家的发展有重大推进作用。特别是在国家崛起的关键历史时期尤为明显。第一次世界大战后,以美国外交关系委员会为代表的一批智库出现,为美国在世界秩序中扮演重要角色做了铺垫;第二次世界大战后,以兰德公司为代表的一批新型智库涌现,甚至影响了全球化时代的历史进程。②

中国近年来特别重视智库建设,2015年1月,中共中央办公厅、国务院办公厅印发了《关于加强中国特色新型智库建设的意见》(以下简称《意见》)。为落实《意见》精神,刘奇葆强调:加强高端智库建设,要把准方向、走对路子,坚持党的领导,坚持中国特色社会主义方向,坚持立足中国国情,突出公益服务导向,充分体现中国特色。要吸引一流人才,靠一流人才创造一流成果、打造一流品牌。要树立问题导向,凝练主攻方向,突出专业特色,多提供有创意、有个性、具有真知灼见、切实管用的对策建议。要创新组织运行形式,建立需求与供给直接联系机制、信息享用机制、经费保障机制,健全内部治理机制,激发智库的创新动力和创造潜力。③

智库的发展与成熟程度在一定程度上决定了国家竞争力,在完善国家治理体系现代化进程,推动国家、民族乃至世界发展过程中扮演着十分重要的角色,也预示着国家长远的发展前途。伴随着经济的飞速发展、综合国力的提升,中国必须发出中国声音,获得话语权,在全球治理中提出中国方案,用中国智慧解决国内乃至国际问题。正如教育部社会科学司司长张东刚所言:"当前,我国正处于全面建设小康社会的关键阶段,应对国内外环境挑战、破解发展难题、回应人民期待都迫切需要强而有力的智库支持。"④

---

① 袁源、朴钧泽:《智库养成记》,《国际金融报》2014年11月10日,第03版。
② 陈雨露:《新型中国智库,新在哪里》,《人民日报》2015年1月28日,第05版。
③ 刘奇葆:《高起点高水平建设中国特色新型智库》,《人民日报》2015年3月26日,第04版。
④ 李文君:《发挥高校优势,打造新型智库》,《教育与职业》2014年第13期,第44—46页。

二 中国高校智库建设发展现状

据美国宾夕法尼亚大学于 2015 年年初发布的《全球智库报告 2014》统计,目前全球共有 6681 家智库,其中美国 1830 家,中国 429 家。中国在数量上跃居世界第二位,但仅有 7 家智库入围"全球顶级智库前 150 位"。国务院发展研究中心主任李伟在介绍中国智库的整体状况时说:"目前我国有近 2000 家各类政策研究机构,约 90% 是体制内的,主要设立在各级党政部门、社科院、党校行政学院、高校、军队、科技系统和企业。长期以来,它们是我国决策咨询体系的主体。"① 按《中国智库报告 2013》的分类方法,这些中国特色智库分为党政军智库、社科院智库、高校智库和民间智库四大类,② 呈现体制内智库与体制外智库互相补充、共同发展的格局。

高校作为中国哲学社会科学事业的主力军,是建设中国特色新型智库的重要力量,理应走在智库建设前列。中共中央办公厅、国务院办公厅印发的《关于加强中国特色新型智库建设的意见》,把高校智库作为构建中国特色新型智库体系的重要组成部分,充分肯定了高校在智库建设中的重要地位和作用,为正在蓬勃发展的高校智库注入了新的力量。教育部印发的《中国特色新型高校智库建设推进计划》则明确提出,紧扣国家重大需求,整合优质资源,创新体制机制,形成结构合理、形式多样的高校智库发展格局,要重点打造一批国家级智库,通过 2011 协同创新中心、人文社科重点研究基地、社科专题数据库和实验室、高校软科学研究基地建设等,整合优质资源,建设新型智库机构。教育部还将"充分发挥高校在创新驱动发展战略中的作用"写入 2015 年工作要点,其中特别提及"全面落实《中国特色新型高校智库建设推进计划》,深化人文社会科学重点研究基地管理方式和组织形式改革,启动高端智库建设",这些无不体现了对高校智库建设的重视。

---

① 周淇隽:《中国智库:站在春天 遥望政策》,《财新周刊》2015 年 7 月 13 日。
② 上海社会科学院智库研究中心:《智库报告:2013 年中国智库报告(影响力排名与政策建议)》,上海社会科学院出版社 2014 年版,第 4 页。

高校智库是指隶属高校，从事政策研究和决策咨询的组织，它植根于大学广沃的学术土壤中，在建设优质智库方面具备以下优势。

第一，学科门类齐全。在全球化与信息化时代，面对错综复杂的国内外形势，政策制定也需要综合考虑多方面因素，并非单一学科所能解决的。此时，高校智库易于整合资源的优势就得以凸显。它可配置涵盖人文社科、自然科学、信息工程技术等领域的研究团队，汇集各领域知识与先进方法，各尽其能，围绕国家重大政策问题进行跨学科综合研究。

第二，高层次人才集聚。研究人员的素质直接决定智库成果质量与影响力。高校汇聚了80%的社科力量，各类研究人员规模近50万人，还可在承担教学与科研双重任务时，培养大批复合型高素质人才，建设结构合理的研究梯队，为智库发展储备力量。

第三，学术底蕴深厚。研究方向与成果的实用性是智库研究的一大特点，但如果缺乏厚重的学术及理论研究作为前提和保障，往往会缺乏深度和远见。官方及民间智库擅长从事短期、应急性咨政服务，学理性不强，长远战略性研究并非其所长，高校智库则可弥补这一不足。同时，高校与智库间也可形成良性互动关系。一方面，高校扎实的学术研究传统和深厚的理论基础为智库提供了丰富的资源与信息渠道；另一方面，智库亦可秉承其所依托高校的科研传统与科学精神，发挥所长，就宏观和长远课题开展咨政服务，扩展研究领域，提升学校整体科研能力。

第四，交流渠道多样。高校智库依托所在院校的学术科研交流平台，与国内外院校展开合作，或联合企业进行横向项目研究，互通有无，及时掌握各领域前沿动态，使研究工作更具有前瞻性和针对性，增强问题意识和政策导向，提高优质成果的产出率和转化率。

当前，官方智库仍是中国智库发展的主导力量。高校智库起步较晚，但发展势头迅猛。智库成员紧密围绕重大现实问题，积极建言献策，一批优秀的咨政成果业已转化为政策决策和政策。然而，当前中国高校智库建设尚未能完全满足国家需要，存在如下问题：虽然在数量上占优，但在国际上有分量、有重要影响力的智库并不多；智库建设缺乏系统规划，特色与优势不鲜明；高校现行科研考核体系单一化现象严重，普遍以学理研究为重，重视学术型专著、论文的产出，对咨政成果缺乏科学、灵活的考核评价机制，导致高校科研成员投身智库建设的积极性和热情受限；高校教师未能及时扭转研究思路，个别咨政报告学理性过强，理论与实际结合不紧密，咨政成果的质量和对重大决策的影响力有待提高等。

高水平智库是衡量高等教育质量的重要指标，也是高校服务国家、推动社会发展的重要途径。《国家中长期教育改革和发展规划纲要（2010—2020年）》提出："高校要积极参与决策咨询，主动开展前瞻性、对策性研究，充分发挥思想库、智囊团作用。"面对新形势新要求，高校要进一步明确高校智库功能定位，在智库建设方面不一味追求"做大做全"，而是有针对性地"做精做深"。国际一流高校智库普遍具有依托于雄厚基础研究力量的跨学科方法、明确的问题意识和政策导向、注重学生的参与和培养、具有较为畅通的政府沟通渠道及务实强大的保障系统等特点。[1] 中国高校智库可借鉴其先进经验，立足中国国情，结合自身在人才、学科、学术、交流等方面的优势，依托大学基础理论研究成果，以长远及趋势性研究作为核心研究课题；在此基础上偏重关注现实问题，发挥学科专业特色与地域优势，以项目为依托，加强团队建设；确保资金投入，建立健全智库研究成果认定与奖励机制；同时注重教学与科研兼具的人才培养，适当吸纳有科研潜力的学生参与研究；走出国门，积极开展国内外人文交流，形成国内外高校智库协同创新发展的新局面，全方位、多层次对接国家及地方政府需求，构建服务国家战略的多元化咨政平台和具有影响力的一流智库。

三　中国外语院校智库特色与建设路径

外语院校长期承担培养精通母语与外语、了解对象国国情与文化知识、具备国际视野和跨文化交际能力、面向国际文化交流的复合型人才，研究目的国及区域语言文化国情，促进中国与世界的双向了解等多重任务，是实施国家文化"走出去"战略的排头兵。随着"中国文化走出去"、"五位一体"等新型国家战略的提出，外语院校以教育部启动"高校哲学社会科学繁荣计划"为契机，学科重心逐步由语言文学向区域国别研究转型，外语专业与经济学、法学等非外语类专业相互补充，协调发

---

[1] 于铁军：《世界一流大学智库的经验与借鉴》，《光明日报》2015年7月14日，第015版。

展,在沟通中国与世界、推进中国文化"走出去"、塑造国家形象等方面做出了积极贡献。

(一) 各具特色的外语院校智库

与其他院校相比,外语院校在外语语言文学研究、区域国别问题研究、开展国际交流与公共外交等方面具有天然优势,更易发挥智库作用。例如,北京外国语大学作为目前国内开设语种最多的重点外语院校及国家非通用语种发展的重要基地,围绕国家"一带一路"战略构想,立足北外"多语种特色"、"跨文化优势"、"产学研平台"和"走出去桥梁"的办学特色和功能定位,于 2015 年 1 月成立北外丝绸之路研究院。该研究院致力于体现出北外的特色和风格,讲好中国故事、传播好中国声音,服务中国向丝绸之路国家"走出去",成为国家"一带一路"战略的重要智库,为促进中国与丝绸之路国家的人文交流搭建平台。①

上海外国语大学以语言政策规划、国际外交战略、涉外舆情研究为核心,聚焦高水平的区域国别研究,主动服务中国对外交流事业,协同创新建设高校学术智库群,为国家部委和地方政府制定和实施相关政策提供智力支持,并涌现出一批具有标志性意义的科研成果。2014 年 1 月 12 日,上海外国语大学中东研究所智库理事会成立,旨在贯彻落实教育部关于加强中国特色新型高校智库建设相关精神,进一步推动上外智库建设,更为有力地促进上外服务国家和区域发展。②

北京语言大学智库建设以"中国周边语言文化协同创新中心"为代表。该中心以"睦邻戍边"为根本使命,将通过四大工程、九大任务、十余个支撑平台,努力将其建设成为具有世界一流水平的中国周边语言文化研究中心、中国周边语言文化人才培养基地、中国周边外交和安全支持系统,打造国家语言战略智库。该智库探索如何更好地发挥北语丰富的留学生资源、多元的文化交融氛围、丰厚的语言研究底蕴等优势,不仅将在汉语方面,还将在少数民族语言文化、周边国家语言文化等多个方面实现创新和发展。为实现以上目标,智库走协同创新之路,通过强强联合、优

---

① 佚名:《北京外国语大学成立丝绸之路研究院》,http://2011.bfsu.edu.cn/archives/1429,最后浏览日期:2015 年 8 月 3 日。
② 佚名:《上海外国语大学中东研究所智库理事会成立》,http://news.shisu.edu.cn/teachnres/2014/2014,teachnres,023410.shtml,最后浏览日期:2015 年 8 月 3 日。

势互补,打造学术航母。①

依托广东外语外贸大学的广东国际战略研究院建立了与政府交流、交叉挂职的机制。该院成立至今已经向广东省委、省政府提交了 78 份研究报告,其中 66 份被省主要领导签批,被主要部门所采用,包括海上丝绸之路、中国企业"走出去"等重大课题,在政府决策中发挥了重要的作用。②

(二) 外语院校智库建设的原则与路径

外语院校智库建设需坚持以下几个原则:一要突出中国特色。所谓中国特色,是指坚持马克思主义立场,坚持中国特色社会主义理论、制度和道路,不能一味照搬国外经验,而是加强责任与使命感,立足中国国情,运用中国视角,发出中国声音,提高中国的国际地位,增强中国国际话语权。二要深化改革,创新机制,打破学科、地域与部门壁垒,优化配置多方资源。三要发挥自身优势,既要体现学科与研究特色,又要贴近国家需求,从"以学科建设为中心"向"以问题研究为中心"转变,③ 强化问题意识,有针对性地建设智库。四要具有国际视野,构建国际交流平台,打造外向型智库,提升智库的影响力,同时要注意风险防范、加强学术安全意识。

新型外语院校智库打造的途径包括以下几点。

1. 利用外国语优势,建设国外舆情监测数据库,为政府提供国际舆情咨询

智库的首要功能是围绕国家需要,提供高水平的咨政成果。在全球化时代,为使决策层及时把握国际局势、大力推进中国文化"走出去"、有效支撑政府宣传工作,必须做好国外舆情监测工作,而这正是外语院校的专长。这里会集了各类外国语言文学及区域国别问题研究专家,其具有深厚的学术研究积淀和丰富的数据资源,可在此基础上建设国外舆情监测数据库,为政府提供国际舆情的长期追踪,一手资料的精准翻译、系统整

---

① 高金萍:《北语将打造国家语言战略智库》,《北京晨报》2013 年 11 月 14 日。
② 吴春燕、胡文涛、刘红艳:《互动是推动高校智库建设的关键——访广东外语外贸大学党委书记隋广军》,《光明日报》2015 年 1 月 29 日,第 06 版。
③ 周光礼、莫甲凤:《高等教育智库及其学术研究风格——中国著名高等教育研究机构的学术转型》,《高等工程教育研究》2014 年第 6 期,第 45—57 页。

合，数据的深入分析等咨询服务。

2. 利用外语院校校友广泛分布于外联、外事、外贸机构优势，使智库既有资讯来源渠道，又有咨询服务出口

智库的服务对象多为政府部门和企业。美国的"旋转门"机制并不适应中国国情，但它值得我们思考的是：要切实提高智库研究成果的针对性与转化率，必须与政府和各类对外机构建立长期密切的互动机制。外语院校毕业生的主要就业去向多为外联、外事、外贸机构，既可以成为外语院校智库的人脉资源，拓宽智库研究所需的信息渠道，又是智库咨政服务的对象，可及时反馈意见，建立成果产出与政府采用间的对接平台。

3. 培养为外交、外贸、国际金融、国际旅游等领域服务的智库人才

"中国特色高校智库建设要坚持既出思想，又出人才，还要育人的工作思路，使智库建设与大学的教书育人、科学研究和社会服务有机结合，做到'一石三鸟'，保证智库建设的持续健康发展。"[①] 智库成员可结合当前外语院校中外语与专业复合的特色，将智库研究成果及问题意识导向应用于教学，培养区域与国别社会发展、国际旅游资源开发与高端人才培训、中外经贸与文化交流、国际商务合作等领域的高层次人才。

四 北京第二外国语学院打造区域国别研究智库的探索

为深入贯彻教育部《中国特色新型高校智库建设推进计划》文件的精神，全面推进学校综合改革方案中的科研建设规划，北京第二外国语学院（下简称"北二外"）将加强特色智库培育建设，在平衡好基础研究与应用研究协调发展的基础上，不断提高咨政能力视为学校综合改革方案要重点落实的工作之一。科研发展整体规划以顶层设计的理念为指引、以综合配套的细节设计为保障，从学术研究能力培育、科研成果认定、科研奖励与管理机制调整、服务功能深化等各方面推出一系列措施，促进应用研究型科研建设成果实现"高水平、可落地、可转化、有成效"，推进政、产、学、研深度融合，在建设新型外语院校智库方面做出了如下探索。

[①] 瞿振元：《高校智库建设要出思想、出人才，还要育人》，《光明日报》2015 年 7 月 7 日，第 015 版。

(一) 服务国家和首都战略需要，建立区域与国别研究特色智库体系

"立足首都、服务国家、放眼世界"是北二外的办学定位与重要使命。北二外服务国家文化发展战略，服务北京建设"文化中心、国际交往中心"的需要，为了贯彻落实国家教育规划纲要和全国留学会议精神，深化学校综合改革方案，学校立足国家、首都的战略需要，以12个语言类专业、15个经管政法等综合人文学科专业深厚的学术积累和学科优势为依托，发扬"开放合作、互联互通"的精神，积极整合校内外资源，以问题为导向、以项目为纽带、以团队为核心，推进国别与区域研究基地建设。

一方面本科专业迅速复建或新建了波兰、匈牙利、捷克、拉脱维亚、印度尼西亚、土耳其、波斯、希伯来等小语种；另一方面在原来教育部区域与国别研究基地阿拉伯研究中心基础上，新建了中国"一带一路"战略研究院、白俄罗斯研究中心、秘鲁研究中心、印度研究中心、波兰研究中心、奥地利研究中心、丹麦研究中心、希腊研究中心、联合国教科文组织研究中心等校级国别研究和区域研究中心及国际组织研究培育基地，这些研究基地在坚持高校学术传统与人文精神的基础上，关注现实问题，力争产生一批有影响力的优质成果，切实打造服务国家战略、彰显北二外特色、具有一流水平的重要智库，使高校科研在文化交流、国际事务和政策咨询等方面做出应有的贡献；同时通过跨学科、跨院系、跨领域的综合研究平台，带动学校学科建设水平、人才培养质量、科研水平的整体提升。

由中国外文局与北二外合作共建的"全球舆情与受众研究基地"是在中央"整合哲学社会科学研究力量，建设一批社会科学研究基地和国家重点实验室，建设一批具有专业优势的思想库"的精神指导下建立的从事国际舆情与受众研究的学术机构，是对教育部"协同创新"方针的学术实践。其宗旨在于引导高校教学科研方向，关注重大社会现实问题，注重学术资源的实践与应用，服务国家的文化发展战略决策和对外传播需要，增强中华文化的国际影响力。该基地成立三年来，结合学校多语种和跨文化传播方面的学科优势，并结合外文局乃至国家对外传播工作需求，实现高校与政府部门、学术机构进行科研合作，通过在公共外交、国家形象塑造和对外文化传播等研究领域开展学术研究，举办相关论坛及专题研讨会，撰写出版《年度全球舆情研究报告》及专题研究报告、学术论文、教材、专著，实现高校科研向实践性和应用性转变，更好地服务国家外宣工作大局，发挥高校在推动社会进步方面的"智库"功能，同时推动中国特色的国际传播理论和学科体系建设，培养一支跨学科的国际舆情和比较传播研究的人才队伍。

以区域与国别为对象，发挥北二外在旅游经贸方面的传统优势，北二外亦聚焦区域与国别的文化、旅游、经贸研究，也建设有北京旅游发展研究基地、首都对外文化贸易研究基地等专业智库，特别关注中国文化"走出去"，中国旅游"走出去"战略的研究。

（二）调整科研成果认定、科研奖励与管理机制

政策咨询研究成果在整个学术评价体系内未受到普遍认可会导致青年学者投入政策咨询的动力不足，也不利于智库人才队伍建设。为扭转这一局面，北二外出台的《北京第二外国语学院科研成果认定条例（2015）》、《北京第二外国语学院科研奖励办法（2015）》对"鼓励学术创新、注重标志性成果、科研经费由项目申报制向业绩奖励制转变"等方面的要求进行了具体落实，主动面对原有评价机制存在的"学术评价分层分类不明晰、对学术创新的推动力不充分、有原则而可调节的弹性奖励机制不成熟"等问题，坚持以"分层、多元、科学"的理念，实现了以"科学认定"确保"学术公平"、以"适度奖励"促进"学术创新"、以"严把质量"推进"可持续增长"的科研管理方式转变，特别是将"多元咨政类成果"作为学术评点的重要指标之一，创新智库成果的认定与奖励机制，提高了对决策咨询报告的奖励额度，有效促进了智库人员将研究热情投入智库建设与决策咨询服务。并按照校级、教育部级两级培养区域与国别研究中心，鼓励各区域与国别研究中心出版了一大批有关区域与国家的政治、经济、文化、旅游、外交丛书，并建立了相应的数据库。

（三）制订智库培育与咨政能力提升计划，提供培训等配套服务

智库提升自己影响力的有效途径之一就是提高本机构的综合研究能力。为了落实教育部《中国特色新型高校智库建设推进计划》文件的要求，执行学校综合改革方案中的科研建设规划，切实提高特色智库的建设与咨政水平，北二外科研处与各校内智库进一步深入合作，逐步建立起多元、稳定的咨政渠道，帮助广大教师提升对策研究与咨政能力，举办

"咨政报告与成果要报撰写系列培训"系列讲座即是其中一项举措。教育部社科司司长张东刚,中国社会科学院信息情报研究院文史哲研究室主任、首席专家梁俊兰研究员,中国外文出版发行事业局对外传播研究中心传播战略研究室副主任、舆情分析专家孙敬鑫副研究员等专家,应邀就建设中国特色新型智库、如何做好海外舆情分析调研报告等热点话题做专题报告,各研究基地负责人、省部级以上项目负责人、学术领航项目负责人等学术骨干和感兴趣的教师与研究生从中受益匪浅。

北二外还积极派遣老师参加相关的智库学习,比如,中国人民大学重阳金融研究院与美国宾夕法尼亚大学联合举办的中国智库领导力交流项目、察哈尔学会举办的"一带一路"和平实现效果评估机制培训班等智库交流项目。

(四)加强国内外国别研究智库联合体建设,积极推动协同创新研究

为深入贯彻教育部《中国特色新型高校智库建设推进计划》文件精神,全面推进北二外综合改革方案中的科研建设规划,加强智库培育与建设,北二外特别重视同对象国家的机构(高校、智库、大使馆等)建立合作关系,打造区域与国别特色,如丹麦研究中心同哥本哈根大学、波兰研究中心同华沙大学、希腊研究中心同雅典大学等建立合作研究。中国"一带一路"战略研究院还牵线学校加入了由20多个国家90多所大学组成"新丝绸之路大学联盟"(NSRUA)。中国"一带一路"战略研究院结盟世界旅游组织,成为世界旅游组织丝绸之路项目中国联络处。另外学校还重视国内特定专业领域智库之间的合作,先后与中国人民大学国际货币研究所、中国国际问题研究院等智库主要负责人进行了会谈,并于2015年5月首先落实了校内中国"一带一路"战略研究院与中国人民大学国际货币研究所间的战略合作,实现了特色新型高校智库联合体的突破。双方将在未来的合作中,积极调动各自的特色资源与研究优势,真正实现强强联合、优势互补、互利互惠、合作共赢,在建设特色新型高校智库联合体的过程中,充分发挥战略研究、政策建言、人才培养、舆论引导、公共外交等功能,全面服务国家战略。

五　结语

当下,智库对政府决策、社会发展的影响日益凸显,智库建设方兴未艾,会聚人才与知识的外语高校正在成为中国高校智库建设中的主力军。外语院校智库的成长壮大有赖于国家和政府的大力支持,同时应立足国家需要,凸显跨学科研究优势,促进学术研究与政策研究相结合,推进机制改革与创新,加强交流合作,方能实现建设中国特色新型智库的目标。

参考文献:

[1] Richard Haass, "Think Tanks and American Foreign Policy: A Decision Maker's Perspective", *U. S. Foreign Policy Agenda*, Vol. 7, 2002.

[2] 陈雨露:《新型中国智库,新在哪里》,《人民日报》2015年1月28日,第05版。

[3] 高金萍:《北语将打造国家语言战略智库》,《北京晨报》2013年11月14日。

[4] 李文君:《发挥高校优势,打造新型智库》,《教育与职业》2014年第13期。

[5] 刘奇葆:《高起点高水平建设中国特色新型智库》,《人民日报》2015年3月26日,第4版。

[6] 瞿振元:《高校智库建设要出思想、出人才,还要育人》,《光明日报》2015年7月7日,第15版。

[7] 上海社会科学院智库研究中心:《智库报告:2013年中国智库报告(影响力排名与政策建议)》,上海社会科学院出版社2014年版。

[8] 王安丽:《智库是沟通知识与政策的桥梁——访美国宾夕法尼亚大学智库和公民社会研究项目主任詹姆斯·麦甘》,《中国社会科学报》2013年3月15日,第A03版。

[9] 王莉丽:《旋转门:美国思想库研究》,国家行政学院出版社2010年版。

[10] 袁源、朴钧泽:《智库养成记》,《国际金融报》2014年11月10日,第03版。

[11] 吴春燕、胡文涛、刘红艳:《互动是推动高校智库建设的关键——访广东外语外贸大学党委书记隋广军》,《光明日报》2015年1月29日,第6版。

[12] 佚名:《北京外国语大学成立丝绸之路研究院》,http://2011.bfsu.edu.

cn/archives/1429，最后浏览日期：2015年8月3日。

［13］佚名：《上海外国语大学中东研究所智库理事会成立》，http://news.shisu.edu.cn/teachnres/2014/2014，teachnres，023410.shtml，最后浏览日期：2015年8月3日。

［14］于铁军：《世界一流大学智库的经验与借鉴》，《光明日报》2015年7月14日，第15版。

［15］周光礼、莫甲凤：《高等教育智库及其学术研究风格——中国著名高等教育研究机构的学术转型》，《高等工程教育研究》2014年第6期。

［16］周淇隽：《中国智库：站在春天 遥望政策》，《财新周刊》2015年7月13日。

(作者曹卫东，北京第二外国语学院校长、教授，中国"一带一路"战略研究院院长。北京市朝阳区定福庄南里1号北京第二外国语学院1教710　100024)

中国高等学校智库建设的突破方向

——以美英高校智库建设为借鉴

郭 杰 李 力

摘 要：在全面推进中国特色新型智库建设的浪潮中，高校智库独特的优势使其具备持续高水平发展的趋势，并具有推动国家治理体系和治理能力现代化的巨大意义。虽然，高校智库的建设迎来了发展黄金期，但目前高校智库仍存在一些使人忧虑的情况，阻碍其迅速发展成为高水平智库。基于此，结合美国斯坦福大学胡佛研究所和英国伦敦大学教育学院两所全球高校智库典范的有益经验，对我国高校智库建设的完善提出四点努力突破的方向。

关键词：高等学校　智库　突破方向

"智库"一词译自英文的 Think Tank，又称"思想库"、"智囊团"等，从字面意思理解，是想法或智慧的集合。美国兰德公司创始人弗兰克·科尔博莫将智库定义为"思想工厂"，认为其是一个没有学生的大学，一个有着明确目标和坚定追求却同时无拘无束、异想天开的"头脑风暴"中心，也是一个敢于超越一切现有智慧、敢于挑战和蔑视现有权威的"战略思想中心"。[1] 智库于20世纪初诞生于美国，在20世纪70年代后迅速增长并在世界范围内扩散。近年来，智库在中国发展迅猛。科学决策、民主决策、依法决策以及决策正确度的要求越来越高，智库这一智

---

[1] 任玉岭：《加强智库建设　促进科学发展》，《中国智库》2013年第3期。

力资源，在党和政府决策中发挥的作用越来越大。党的十八大以来，新一届中央领导集体高度重视智库的建设，党的十八届三中全会《关于全面深化改革若干重大问题的决定》中提出，"加强中国特色新型智库建设，建立健全决策咨询制度"，以执政党的文件形式确定了此项国家战略。2015年年初，中共中央办公厅、国务院办公厅印发的《关于加强中国特色新型智库建设的意见》更是对当前中国的智库建设进行了全面的、有针对性的阐述，明确了中国特色新型智库是以战略问题和公共政策为主要研究对象、以服务党和政府科学民主依法决策为宗旨的非营利性研究咨询机构。

在关注智库欣荣发展的同时，也需注意到中国目前的智库建设仍处于初级阶段。詹姆斯·麦甘博士领衔的美国宾夕法尼亚大学在全球55个城市同时发布的《全球智库报告2014》显示，目前全球共有6681家智库，其中中国有智库429家，是世界智库数量的第二大国，但是在最重要的"全球智库150强榜单"中，只有7家中国智库入围，且入围的中国智库中，排位最高的中国社会科学院也仅列第27位。在最佳管理智库、最佳会议智库、最佳国内经济研究智库、最佳国防安全研究智库等数十项各专门领域的排名中，中国智库均没有位居前列。该报告虽未能获得全球的集体认可，但仍有极大的影响和借鉴意义，其在促进智库发展方面警醒我们：智库的数量大国并不等同于智库强国，中国智库的质量建设仍有待加强。2015年1月12日，上海社会科学院正式发布的《2014年中国智库报告》也指出：国内智库在影响力、创新能力和全球视野方面与国际一流智库尚存有较大差距，能对政策产生决定性影响、对社会产生积极性引导的智库为数不多。[1]

高校是创造新观念、新知识的重要源泉，高校智库可以通过独创思想、独到观点等知识产品对决策者和社会产生重要影响。高校智库独具的科研人才集中、学科门类齐全、研究力量雄厚、学术交流广泛的特点，也使高校智库更具建设成为高水平智库的优势。故加强和推进高校智库的建设水平和质量，能极大地为政策和战略研究提供学术资源支持，是目前提高智库质量建设的重要一环。

---

[1] 杜娟：《中国智库要向世界"说明中国"》，《社会科学报》2015年1月15日，第4版。

一 推进中国高校智库建设的必要性

不同国家和地区的智库由于特点有所不同，内涵也存在差异。最早提出"智库"一词的美国学者保罗·迪克逊（Paul Dickson）认为智库是一种稳定的、相对独立的政策研究机构，其研究人员运用科学的研究方法对广泛的政策问题进行跨学科研究，在与政府、企业以及大众密切相关的政策问题上提供咨询。[①] 上海社会科学院发布的《2014年中国智库报告》中将目前中国的智库从组织形式上分为政府智库、事业单位智库和民间智库三类，并将事业单位智库定义为："主要包含各级社会科学院、高校研究所或研究中心，直属于政府机关的具有培训职能的机构。这类智库的一致特点是都具有教育或培训职能，机构设立的目的或目的之一就是培养人才，研究只是这些机构的学者的部分工作。"[②] 可见，高校智库是隶属高校而设立的一种独立于传统院系的学术研究组织，集国家、社会性政策研究和培养研究人才的双重职能于一身的事业单位智库。相比其他智库，高校在建设高水平智库方面有着以下独特优势。

第一，自身具备天然的资源优势。

在学科基础方面，高校智库具有门类齐全的学科优势。自然科学专业与社会科学专业的开设，使高校智库具有跨专业、跨学科研究的基础设备和理论基础，面对重大复杂的现实问题，能通过开展多学科的综合研究以提出周全的、有针对性的政策建议。另外，高校因具有独具特色的强势学科，能在这一领域为高校智库提供充足的硬件需求，有利于高校智库在某一专业领域的深入研究。在科研队伍方面，高校智库具有专业且集中的人才优势。首先，在研究队伍的领军前线中，高校智库既有稳定的长期从事各学科领域研究的教师队伍，又有各类高端人才齐聚一堂，正如教育部副部长李卫红指出的："我国高校聚集了80%以上的社科力量、近半数的两

[①] Paul Dickson, *Think Tanks*, New York: Atheneum, 1971, p. 3.
[②] 张林:《〈2014中国智库影响力报告〉活跃智库排名》，2015年1月，中国网，http://www.china.com.cn/opinion/think/2015-01/15/content_34570714.htm。

院院士、60%的'千人计划'入选者。"① 其次,在研究队伍的后备补给中,高校智库由于肩负教书育人、培养优秀人才的使命,而拥有高素质的博士生、规模庞大的研究生和本科生队伍,能为高校智库提供源源不断的高水平研究人员,有利于高校智库的长效持续发展,也有利于保障高校智库政策研究成果的高质量。在学术研究方面,高校智库具有实力雄厚的基础研究优势。长期的基础理论研究使高校智库在开展政策咨询方面具有更扎实的学术支撑。另外,高校与国内外大学、研究机构之间广泛的学术交流与讨论,为高校智库的研究拓展了视野、拓宽了维度,有利于促使高校智库产出具有国际化影响的研究成果。

第二,与官方智库和民间智库相比较而言,具有独特的平衡性。

相比官方智库和民间智库,高校智库具有的独立性恰到好处。一方面,官方智库受所属机构性质的制约,其经费来源主要依靠政府财政拨款,对政府的依附性较大,且所从事的多是应急性、短期性的研究。而高校智库虽大都不具有独立法人地位,但由于其并不依附党政机关,鲜有浓重的官方智库的政府背景,所以研究领域和问题具有更大的视域与范围,也能依托学科发展平台从事基础理论和长期性研究,这使研究成果在中立性方面更具优势。故高校智库在工作开展方面比党政军智库、社科院智库具有更强的独立性,能够较大限度地超脱于政府有意无意的干预,从而在较大程度上保持政策研究的客观性和相对独立的立场,② 体现了高校智库既联系官方又独立思考的平衡优势。另一方面,相较于民间智库与政府之间的松散关系,高校智库与政府间的联系更为紧密。民间智库本身存在的发展相对缓慢、前瞻性研究及特色性建设不足、人才缺乏、社会担当不足等问题也导致了民间智库得不到政府的大力支持,和政府间联系难以紧密化。而高校智库内在的规范有序发展,在管理体制、人事联系、业务衔接、专家圈子等方面与政府维系着一定的联系,使高校智库能有效地克服民间智库存在的不足和僵局,从而在情况把握、形势判断、数据掌握和反馈信息获取等方面具有了民间智库所无法比拟的优势。

鉴于高校智库所具有的以上优势,推进高校智库的建设具有重要的现

---

① 李卫红:《高校在新型智库建设中的使命担当》,《人民日报》2014年2月16日,第5版。

② 秦惠民、解水青:《我国高校智库建设相关问题及对策研究》,《中国高校科技》2014年第4期。

实意义：首先，高校智库的学科优势和学术研究力度能为政策决策提供宏观性和基础性的理论指导和思想支撑，有利于促进政府决策科学化；其次，高校智库的人才培养和流动机制，能提高决策和施政精英的专业化水平，有利于为各级政府部门输送专业化的人才队伍；再者，高校智库相对的客观独立立场和社会公信，能增强与社会公众的互动并营造积极的舆论导向，有利于传播中国声音、扩大社会影响力和塑造中国形象。

二　中国高校智库建设的整体情况及发展障碍

（一）高校智库建设的整体状况

目前，党和国家高度重视高校智库的建设，为高校智库的建设提供了重要的政策支持和保障。2010年发布的《国家中长期教育改革和发展规划纲要（2010—2020年）》要求高校"积极参与决策咨询，主动开展前瞻性、对策性研究，充分发挥智囊团、思想库作用"。2011年《高等学校哲学社会科学繁荣计划（2011—2020年）》在"主要任务"和"重点建设内容"两部分再次强调要加强高校智库建设，建设一批达到世界先进水平、享有国际声誉的学术高地和咨询智库。2012年《教育部关于全面提高高等教育质量的若干意见》更强调，高校要"瞄准国家发展战略和重大国际问题，推进高校智库建设"。2014年教育部正式启动《中国特色新型高校智库建设推进计划》，更是为高校智库的健康发展提供了进一步的政策引导和制度保障。这些鼓励高校智库建设与发展的政策表明，党和国家对推进高校智库的重视程度在不断提升，高校智库建设迎来了利好的发展新时期。

《2014年中国智库报告》设计了五类影响力排名。在中国智库综合影响力排名前20名中，高校智库占据了5席，分别是北京大学国家发展研究院、中国人民大学重阳金融研究院、清华大学国情研究院、复旦大学美国研究中心、清华大学当代国际关系研究院。另外的四类影响力排名都只排出了前5位，其中专业影响力和社会影响力两类排名都只有北京大学国家发展研究院跻身前五名，分别是第4、第5名；政府影响力方面，清华大学国情研究院排第3名；国际影响力方面，中国人民大学重阳金融研究院和北京大学国家发展研究院的排名分别是第4、第5名。从高校智库的排名情况可见，中国高校智库中，北京大学国际发展研究院和清华大学国情研究院这类老牌高校智库实力依旧雄厚，同时，也有中国人民大学重阳金融研究院这类新型年轻的后起之秀，但是整体而言，优秀高校智库主要集中在北京、上海地区，缺少多个优秀高校智库争鸣的状况。2014年高校智库的整体发展情况和2013年相比又前进了一些。但是，结合全球数据分析，中国高校智库建设的情况依然严峻。2015年美国宾夕法尼亚大学"智库与公民社会项目"发布的《全球智库报告2014》显示，中国只有6家智库进入100强，其中只有1所来自高校。而美国拥有的智库机构中，设在大学的智库占了半数以上，且其高校智库的影响力在全球遥遥领先。[1] 可见，中国高校智库的建设水平明显滞后于国际先进水平，尚未充分发挥高校智库应有的作用和成效。因此，在高校智库建设发展的黄金阶段，认清高校智库存在的现实不足，将有利于对症下药，加速推进高校智库建成高水平、高质量的中国特色新型智库。

（二）高校智库建设的发展障碍

中国高校智库建设过程中存在着阻碍其成为高水平、高层次、高质量智库的几个方面。

第一，高校智库存在定位不清的根本症结。一方面，仍有大量高校对智库的建设意义、发展价值和核心要义缺乏充分和全面的认识和理解。在高校的智库建设中，将之视为纯学术研究机构或兴趣研究机构，缺乏对广大教师的培训和对智库建设良好氛围的营造。在开展课题研究中，要么以个人的专业兴趣爱好为出发点，要么以学校常规的科研活动为重心，没有从问题出发、深入社会实践，偏离高校智库的决策研究方向，导致研究和结论缺乏现实的生命力，未能达到智库的应有水平，也未能发挥智库应有的以国家、社会、民众关心的问题为导向，着重提出和解决影响国家长期发展的重大挑战和问题，为政府决策出谋划策的作用。高校智库还存在与政府机构之间沟通不畅的问题，高校智库不能及时有效地掌握政府部门的相关数据，缺少足够的信息支撑，从而无法在选题和研究方向上与政府的决策需要密切联系，为政府部门的决策提供有效的贡献。另一方面，也有

---

[1] 郜云雁、唐景莉：《张东刚：大学智库应为国家提供前瞻性研究成果》，2014年3月，中国教育新闻网，http://www.sinoss.net/2014/0325/49697.html。

一些高校致力于建设高校智库,并在经济、文化、社会、管理等方面都建设有相关的智库,但存在小而不精的现象,主要是未能结合高校自身的特色,做到围绕轴心地和其他领域视角相融会贯通。

第二,高校智库的整体发展存在协同性不足的症状。高校智库的协同建设能有效地整合各方优势资源,实现强强联合、优势互补、深度融合,有利于促进多个实力雄厚的高水平高校智库的形成,提高高校智库的整体质量水平。而现阶段,中国高校智库建设中校政间、校校间、校所间、校社间的联系不紧密、合作不充分凸显了协同性仍存在明显不足。高校智库多缺乏必要的沟通与合作,习惯于自我封闭、各自为政,缺乏协同攻关,而现实中智库所研究问题多呈综合性,需多学科、多单位联合才能高质量完成,个体式的研究必将导致研究成果大打折扣。此外,研究许多重大、复杂和综合性问题,需要以大量的事实、数据为依据,既需要高校自身具有足够的资料和资源储备,也需政府部门相关信息和数据的公开。而目前大多政府部门的信息数据对外开放度还不够,这就影响了高校智库对相应问题的深入研究,降低了研究结论的正确性和可应用性。

第三,高校智库建设存在运行机制不完善的症状。在管理体制方面,多数高校智库与科研管理部门或规划管理部门合为一体,缺乏与智库运行相关的专职管理人员;也有挂靠在高校的二级学院,作为学院的附属机构,但在资源分配、人员安排等方面,与学院不存在实质性的关系。在队伍建设和评价机制方面,缺乏多元合理的评价制度,无法有效激励并充分调动广大教师队伍在智库中发挥应有的影响。高校智库的评价标准大多援引高校的传统评价标准,即重成果数量,重课题、重期刊论文等传统学术研究成果而缺乏对政策研究成果和战略研究成果的贡献度、咨政服务和社会影响力的相关界定和重视。这种职称评定和科研奖励方面的评价标准,并不能很好地切合高校智库开展政策研究并完成培育输送研究人才的使命,也不利于高端智库人才的引进和壮大研究队伍。

第四,高校智库建设存在外部环境不成熟的症状。在高校智库研究成果的作用发挥方面,既缺少足够的传播又欠缺成果应用的转化体制。其一,在知识传播方面,高校智库没有树立成果推销观念,[1]较少利用诸如

---

[1] 文少保:《高校智库服务政府决策的逻辑起点、难点与策略》,《中国高教研究》2015年第1期。

微博、微信、网络视频等媒介来进行知识传播和普及，也少有建立公共数据库，将研究成果向公众适当公开，无法形成一定的社会舆论导向，惠及民众。其二，在对高校智库研究成果的接纳和重视方面，尽管加强高校智库建设的要求已被提上日程，但高校智库研究成果向政府部门传递的渠道仍不够畅通，甚至有的政府或政府官员仍把智库建设当成政绩显示的"表面工作"，未摆正对智库重要性的理性认识，影响了高校智库研究成果影响力的发挥。其三，中国目前尚未有成型的"科研成果购买机制"，缺乏一个使专家们辛苦研究所得的智库型成果得到重视、得到认可和应用的体制保障，不利于增强高校智库研究者的研究热情和积极性。

三　美英高校与智库结合的经验借鉴

（一）美国斯坦福大学胡佛研究所的经验特色

美国作为全球智库的领军国家，拥有众多的一流智库，在智库的发展建设方面具有极其宝贵的成功经验。胡佛研究所（Hoover Institution）是斯坦福大学的校级研究机构之一，是美国高校隶属智库的典型代表，具有标杆意义。胡佛研究所1919年年初始创设，以单纯的战争资料图书馆的性质存在，直到1946年开始转向研究领域，时至今日，已发展成世界上具有广泛影响的高校智库，对胡佛研究所进行分析学习，将对中国高校的智库建设有极大的借鉴意义。

第一，具有明确的定位和研究特色。设立之初胡佛研究所就秉持以"致力于收集战争期间及改革时期的资料，在研究中寻找出一条通向和平的道路"为核心的使命。研究和收藏也主要围绕在"战争、变革与和平"三个主题上，并形成以国内经济政策、国际事务、环境研究领域为强势研究领域而著称的智库。胡佛研究所不仅拥有斯坦福一流的社会资源，还有属于自己的图书档案馆和档案收藏等庞大的珍稀史料。其次，胡佛研究所善于融入和结合斯坦福大学的优势，形成相互倚重、优势互补之状。在专攻领域倾向上结合了斯坦福大学的优势学科，获得深厚的基础研究支撑，同时也坚守自身的研究特色，进行长期积累。再者，胡佛研究所虽没有直接的研究生培养项目，但其对斯坦福大学的人才培养提供了高度支持。其高级研究人员多在斯坦福大学担任不同职称教师，传道授业；研究所还在每个研究项目中设实习生职位和实习生项目。

第二，具备完善的运行机制。在管理方面，胡佛研究所是斯坦福大学下属的一个独立的研究机构，在管理和经费方面均有独立性，由独立的董事会运行管理，且监事会绝大多数成员都与斯坦福大学有一定联系。在人事机制方面，胡佛研究所的大多数研究人员是和斯坦福大学的院系联合聘任、双方各自支付工资的，这有利于吸纳知名学者、政界人士，形成研究所和校内其他院系之间的"内部旋转门"；[1] 研究所还将主体人员基本划分为常驻研究人员、访问研究人员、辅助人员，并在人员比例和管理模式和聘用上进行区分，确保了研究所人员的稳定和专业化。在研究模式和评价标准方面，多以常设性项目小组的形式开展研究工作，研究成员的选择，不仅注重知名度和社会认可度，还注重将不同专业、不同职业背景及所内和外部专家人员的结合；对小组工作的成效评估以 5 年为一个周期，根据研究成果的突出效果和社会贡献来决定资助款项和支持力度，以形成竞争性工作激励机制。

第三，充分的协同合作及知识传播。其一，胡佛研究所与政商界之间的"旋转门机制"，使其得以将创造的原始知识更快地转化为政策研究。其二，胡佛研究所注重国际协同合作，通过灵活多样的访问研究员设置模式，设置了杰出访问学者、访问学者和国家研究员、国家安全事务研究员、媒体研究员等具有不同期限和研究要务的访问项目，量体裁衣，更具吸引力。其中媒体研究员项目包含平面媒体人和广播媒体人，能间接强化胡佛研究所研究成果的传播。其三，胡佛研究所的研究成果还会利用一系列讲解研究内容和成果的课件形式，向学校师生和社会人员公开传播，以提高其成果的社会影响力；还可寻找机会在国会听证会上发表自己的研究意见。

（二）英国伦敦大学教育学院的经验特色

伦敦大学教育学院（Institute of Education，IOE）是教育政策领域方面的智库，作为英国最有影响力的高校教育智库，它无论是在开展教学和科研活动方面，还是在提供政策咨询和社会服务等方面，都对大学依附型

---

[1] 陈英霞、刘昊：《美国一流高校智库人员配置与管理模式研究》，《比较教育研究》2014年第 2 期。

智库的建设具有典范作用。

1. 重视人才队伍的培养

IOE 的人才培养体系与胡佛研究所有所不同。由于 IOE 是以整个学校为单位的高校教育智库，所以其人才的培养是以完善的研究生培养体系来进行的，而不是仅停留在提供实习机会、公布研究结果上。

2. 善于充分发挥协同作用

其一，在与政府部门的协助中，IOE 与大伦敦地方当局、伦敦的教育工作者、社会合作伙伴及其他关注教育发展的公众广泛合作，通过教育改革与发展，将伦敦建设为世界一流的学习型城市及知识型首都。其二，在与社会机构的合作中，虽然 IOE 的纽萨姆图书馆（Newsam Library）是欧洲教育学术研究藏书和期刊馆量最大的图书馆，但 IOE 仍专门开设"教育循证研究门户"网站（Research Portal），与其他 30 余家教育研究机构共同通过这个门户网站分享调查数据和研究成果，为教育智库运作提供强有力的信息保障。[①] 其三，在与国际的合作中，IOE 不仅师资与生源覆盖全球 100 多个国家，还注重与国际高端教育智库的合作，与其存在科研和政策咨询合作关系的伙伴也遍及各大洲。

3. 擅长对研究成果的传播和其社会影响力的提高

任何一个教育问题，无论是偶发性事件、由某种危机引起的，还是源于教育制度本身，如果没有得到大多数人的关注，它就很难成为教育政策问题，进而无法进入政策议程，最终成为教育政策。[②] 一方面，IOE 既会运用专业语言向学术界发布研究成果，又会运用通俗语言将研究成果概括后提供给公众阅读，从专业领域和大众领域两方面同时进行研究成果的传播，能使学术成果被民众接受并惠及民众。另一方面，IOE 善于运用媒体推广平台进行传播。通过在重要报纸媒介上发表文章或刊登研究报告，接受英国广播公司的节目专访，通过 Facebook、Twitter 等社交网络发布学术信息等。

[①] 郭婧:《英国高校教育智库运行模式及资源保障研究》,《中国高教研究》2014 年第 9 期。

[②] 谷贤林:《智库如何影响教育政策的制定——以美国"教育政策中心"为例》,《比较教育研究》2013 年第 9 期。

四 中国高校智库建设的突破方向

针对中国高校智库建设存在的不足，结合国外高校智库建设的有益经验，在推动中国高校智库建成一流中国特色新型智库方面，仍有以下方面需要继续突破。

（一）抓准定位方向，凸显高校特色

高校智库建设的总目标，是推动完善和发展中国特色社会主义制度，推进国家治理体系和治理能力现代化，力求在经济建设、政治建设、文化建设、社会建设、生态文明建设、党的建设、外交与国际问题、"一国两制"实践与推进祖国统一八大领域，找准关键环节，瞄准国家急需，凝练出亟待解决的重大问题，开展针对性研究。[①] 所以高校智库需要明确立足中国国情、走出高校特色、打造国际影响三位一体的定位。

立足中国国情，就是要体现鲜明的中国特色，以"中国实践"为基础，以"中国问题"为导向，以"中国风格"为特征。[②] 坚持党的领导，自觉运用马克思主义世界观、方法论，立足毛泽东、邓小平战略思想，牢牢把握正确方向，立足基本国情，服务于中国特色社会主义的伟大实践，拓展中国道路、完善中国制度、概括中国理论。在出思想、出谋划、出战略方面需紧紧围绕国家发展的重大需求，提出前瞻性、实用性、创新性的成果。

走出高校特色，是要充分体现高校的优势和特色，明确主攻方向和强势领域，发挥高校的学科优势，突出高校领域专长，整合高校研究优势。改变书斋式闭门造车的研究模式，在高校最优领域方面紧扣国家、社会的现实需求，充分发挥战略研究、政策建言的重要功能。如胡佛研究所和伦敦大学教育学院，都是先对自身有明确的定位和认识，才能倚重高校的优势学科而获得深厚的根基和支持。

[①] 《教育部关于印发〈中国特色新型高校智库建设推进计划〉的通知》，2014年2月10日。

[②] 胡鞍钢：《中国特色新型智库胡鞍钢的观点》，北京大学出版社2014年版，第37页。

打造国际影响,就是要追求智库研究成果的高贡献率和咨政服务效果,致力于提升智库对国家重大决策的正面影响,从而争取在国际舞台上发出"中国声音",提升国际影响力。只有树立起将高校智库建设为研究成果质量、数量和权威度跻身世界前列的"一流智库"的明确目标追求,才能有针对性、有方向性地完善高校智库建设。

(二) 强化协同合作,结出实用硕果

从国外高校智库建设中对协同合作的重视,可见协同合作的作用不言而喻,充分的协同合作能有利于资源的整合共享,影响智库研究成果的实用效果。目前,中国高校智库在协同合作方面需大力突破和强化的内容有:高校智库和政府间的沟通合作、高校智库和其他智库的联手合作、高校智库和国际的交流合作。

在与政府的沟通合作方面,除了借鉴应该的项目合作模式外,还可借鉴美国的"旋转门"机制,形成中国特色的"旋转门"。通过开展高校智库与政府部门之间的相互挂职、兼职借调、学习深造、调研交流等灵活的工作方式,加强高校智库研究人员与政府部门工作人员的相互交流学习,充分发挥双方人力资源和信息资源的价值,催生切合政府需求又融合高校智库理论知识储备的研究成果。

在与其他智库的联手合作方面,由于所面临问题的实践性、综合性和复杂性,对跨学科、跨专业、跨领域的协同提出了高要求,而各高校智库自身并未能完全具备相应的资源。对此,在某一领域具有核心优势的高校智库应敢于挑大梁,发挥自身号召力,联合其他智库建立该领域的信息沟通机制。目前上海高校智库模式正在这方面进行试水,突破了传统的以校园学科院系为主导的组织模式,集合上海18所高校共同筹建智库群,集合当地整体之力,这在达成同城协同、跨界研究方面有显著成效。

在与国际的交流合作方面,高校智库应设置灵活合理的面向国际学者的访问和研究员制度,吸引国外专家学者的到访和交流;也应通过开展具有国家影响力的研究项目或产出具有国际影响力的研究成果来加强和国外高校、智库组织、国家部门等的交流合作;还应主动出击,积极参与国际型研讨会、座谈会、交流会等国际会议,同时可选派内部著名专家学者或优秀研究员到国外进行访问学习。

（三）完善运行管理，助力长效发展

优秀高校智库在运行体系、管理机制方面的明确和规范化，促进了高校智库的长效发展和持续运转，故针对中国高校智库这方面的不足，仍有以下三方面内容要继续突破。

第一，应形成规范的管理体系，并赋予高校智库一定的自主管理权限。规范的管理体系，要求高校智库在目标使命、内部机构设置、人员聘任分工、具体工作模式方面有具体详细和明确的规范，确保高校智库按预期方向有序运行。而赋予高校智库一定的自主管理权限，是既保留由高校进行主要管理的传统管理模式，又根据智库的发展需要和内部特点给予高校智库一定的独立决定权的管理做法。如胡佛研究所正是具有一定的聘任自主权和课题决定权，才能在每个项目中招纳到最具威望的专业人员，同时也能坚持其独具特色的研究选题。

第二，应完善评价机制，建设研究梯队。目前，中国有关高校智库影响力的评价尚未形成统一标准，已有的评价指标存在片面性，因此，应尽快制定全面统一的高校智库评价标准。可以尝试将评价分为学术水平高低、政策服务力度强弱、社会影响大小三方面的内容进行"模块式评价"，[①]以避免与学校职称、职位评比的冲突，也充分结合智库的绩效评核。在研究队伍建设方面，要以学者为核心，进行明确梯度分工规划，充分发挥研究人才的专长优势。同时，要通过高额的薪酬、多维的岗位设置、良好的工作氛围等吸纳海内外贤能之才，以提高队伍的综合素质和研究能力。此外，还应重视发挥高校的教育优势，制订特色培养方案，培育高端人才。

第三，应创新研究模式，增强高校智库的研究成效。可以借鉴胡佛研究所推行的设工作小组，集聚所内外相关领域不同专业、不同职业背景的专家共同就某一问题进行研究的模式。这一模式高度运用了跨学科的研究方法，且充分结合实践现状，注重研究的可操作性。来自不同学科、不同职业的专家，通过自己擅长的方法进行研究，相互启发，不断探讨，最终形成的解决方案能在一定程度上满足多方利益群体的诉求。

[①] 顾岩峰：《我国高校智库建设路径探析》，《河北大学学报》2014 年第 6 期。

(四) 提高社会影响，加速成果转化

帕特里夏·林登（Patricia Linden）曾说："智库要想在竞争中胜出，就必须充分传播他们的观点，否则再有能力的智库专家也只是在自言自语。"[1] 这也正是为何国外著名高校智库都格外注重研究成果的社会影响力，不惜花费大力气通过专业新闻媒体、社交网络和讲座开设等形式对外推广其成果。所以，中国高校智库成果除不能停留在追求获得政府决策部门批示的层面，还应自觉公布研究课题的选定、研究进展和研究成果等内容，并多采取利用纸质、网络电子媒介，举办公共论坛和学术会议等方式发布政策思想研究成果，提高社会影响力，推进研究成果的转化。此外，政府应提高思想高度，鼓励高校智库针对现实问题提出百家之见，构建科学合理的政策研究市场环境，使智库成果的供需形成良性互动。例如，政府可以通过竞标，对不同高校智库的政策观点提供资助，保证其高品质的研究。[2]

（作者郭杰，华南师范大学副校长、教授；李力，华南师范大学校办法律事务室主任。广东省广州市天河区中山大道西55号华南师范大学校长办公室　510631）

---

[1] 唐纳德·埃布尔森：《智库能发挥作用吗——公共政策研究机构影响力之评估》，扈喜林译，上海社会科学院出版社2010年版，第122页。

[2] 燕玉叶：《如何建设中国高校智库——美国加州大学21世纪中国研究中心光磊主任访谈与启示》，《高校教育管理》2015年第2期。

高校教育智库建设的国际经验及启示

楼世洲　王　珩

摘　要：欧美高校教育智库建设起步早、规模大、水平较高。近年来呈现"智库种类齐全，综合化发展趋势强劲；问题导向明显，注重专业化建设；注重培养质量，坚持国际化战略"等发展特点，为我国教育智库的建设和发展提供了有益的经验和启示。高校教育智库应明晰自身定位、构建交互网络、加强协同创新，真正成为影响政府教育决策的重要力量。

关键词：高校教育智库　国际经验　协同创新

智库是国家软实力的重要组成部分，是指由专家组成的、多学科的，为决策者在处理社会、经济、科技、军事、外交、教育等各方面问题出谋划策，提供专业理论、策略、方法、思想等的公共研究机构，是影响政府决策和推动社会发展的一股重要力量。教育智库是以教育专家为主、以跨学科专家为辅组成的，为各级各类教育决策者在处理教育方面问题时提供专业的思想、理论、策略或方法等的公共科研机构。以国家教育科研机构（官方或民间设立的国家级研究机构）为主的教育智库日益崛起，正在成为影响政府教育决策的重要力量。[①]

在中国，智库已经受到各级政府的广泛关注，2015年年初教育部专门出台《中国特色新型高校智库建设推进计划》，倡导高校以"2011协同

---

① 曾天山等：《澳新两国国家教育智库及其服务政府决策研究——澳大利亚、新西兰教育科研考察报告》，《比较教育研究》2013年第8期。

创新计划"和重点研究基地建设为抓手,努力打造"国家急需、世界一流、制度先进、贡献重大"的新型高校智库。智库在国际关系、经济建设等领域已开始发挥重要作用。但是,相对而言,教育智库在中国的发展仍然滞后于时代发展和现实需要,没有真正成为影响教育决策的重要力量,也没能成为教育创新的重要来源。当前,考察和借鉴国际知名教育智库的成长经验,促进高校教育智库转型和发展,是落实中央重大战略部署、推进教育事业科学发展以及提升教育科研机构自身生存发展能力的现实需要和必然选择。

一 世界高校教育智库建设现状

据宾夕法尼亚大学发布的《2013全球智库报告》显示,全球共有智库6826家。美国智库数量最多,有1828家;中国以426家次之;英国排名第三,有287家。金砖国家智库数量在不断增加。项目按照18项评测标准对智库进行排名,结果显示:欧美智库因起步早、规模大、水平高等原因在各领域名列前茅。在全球重要智库排名前100名中,中国社会科学院、中国现代国际关系研究院、中国国际问题研究所等6家智库入围。

全球智库看欧美,欧美智库看高校。美国有约75%的智库附属于大学;在澳大利亚,也有一半以上的智库设立在大学。近几十年来,斯坦福大学"胡佛研究院"等美国大学智库与其他智库一起,共同影响着美国政治、经济、社会、军事、外交、科技等方面的重大决策。2013年世界前20名的大学智库中有9个来自美国顶尖的研究型大学,其中包括哈佛、斯坦福、哥伦比亚等高等学府,其余来自英国、法国、德国、俄罗斯、巴西等国家。中国清华大学布鲁金斯公共政策研究中心和北京大学国际关系研究所跻身其中,分列第7位和第13位(见表1)。相比2010年全球最佳大学附属型智库前25强中没有中国高校一席之地的窘境,应该说近年来中国智库尤其是高校智库建设有了较大的进展和突破,整体实力有所增强。

表1　　　　　2013年全球最佳大学附属型智库[①]

(Best University Affiliated Think Tanks)

排名	智库名称	所属高校	国家
1	贝尔弗科学与国际事务中心	哈佛大学	美国
2	创意、公共政策研究组	伦敦政治经济学院	英国
3	国际政治研究中心	巴黎政治学院	法国
4	胡佛研究所	斯坦福大学	美国
5	地球研究所	哥伦比亚大学	美国
6	防务研究中心	伦敦国王学院	英国
7	布鲁金斯—清华公共政策研究中心	清华大学	中国
8	国际安全与合作研究中心	斯坦福大学	美国
9	"金砖四国"政策研究中心	里约热内卢天主教大学	巴西
10	莫斯科国立国际关系学院	莫斯科国立国际关系学院	俄罗斯

在教育政策研究领域，世界顶级智库前10强中，美国占6席并囊括前5名，分别是布鲁金斯学会、卡托研究所、布朗教育政策中心、教育政策研究中心、城市研究所、美国发展研究中心，俄罗斯社会经济科学院和教育政策研究中心分列第6位和第8位，日本国家教育政策研究所和捷克共和国社会和经济分析中心各占一席（见表2）。全球教育政策顶级智库前50名中没有中国智库在列。

就国内来看，上海社会科学院提供的《智库报告：2013年中国智库报告（影响力排名与政策建议）》排名前十的国内智库中高校智库仅占三席，分别是北京大学、清华大学和复旦大学，但这些智库的研究领域主要在国际关系研究方面，基本不涉及教育政策研究。综上可知，中国智库建设任重道远，虽然数量居全球第二，但发展质量、影响力等发展状态与国家地位极不相称，高校智库的优势尚未发挥，教育智库更是与世界先进水平存在较大差距，因此，借鉴国外高校教育智库建设经验，促进高校智库特别是教育智库健康成长值得思考且迫在眉睫。

---

① 詹姆斯·G.麦甘：《2013年全球智库报告》，上海社会科学院出版社2014年版，第130、82页。

表2　　　　　　全球教育政策领域的顶级智库 HT[①]

排名	智库名称	所属国家
1	布鲁金斯学会	美国
2	卡托研究所	美国
3	布朗教育政策中心	美国
4	教育政策研究中心	美国
5	城市研究所	美国
6	莫斯科经济和社会科学学院	俄罗斯
7	美国发展研究中心	美国
8	俄罗斯教育政策研究中心	俄罗斯
9	日本国立教育政策研究所	日本
10	捷克共和国社会和经济分析中心	捷克共和国

二　国外高校教育智库发展的演进趋势

虽然国外教育智库在发展模式上有所不同，但其在教育全球化的背景下存在若干共同的演进趋势，值得我们关注和思考。

（一）智库种类齐全，综合化发展趋势强劲

全球教育政策顶级智库前十强中，综合类智库占六成，专业类智库占四成。以美国为例，全国共有高等院校 3500 多所，但教育政策研究主要集中在研究型大学。根据隶属关系和经费来源，美国教育智库可以分为政府性质的智库（如美国联邦教育部的国家教育科学研究所）、公司性质的智库（如兰德公司）、社团性质的智库（如布鲁金斯研究所、卡内基基金会）和高校智库（如美国教育政策研究联盟）四类。这些智库在美国教育政策制定过程中发挥着重要作用，对决策者和大众都产生了广泛的影响。[②]

[①] 詹姆斯·G. 麦甘：《2013 年全球智库报告》，上海社会科学院出版社 2014 年版，第 130、82 页。

[②] 黄忠敬：《美国教育的"智库"及其影响力》，《教育理论与实践》2009 年第 5 期，第 20—23 页。

美国高校和教育智库综合化发展的特点，体现在以下几方面。

一是从事教育研究的智库性质的综合化。如美国最大、最有影响的综合性智库兰德公司，下设教育研究部，重点研究教育评估、学校改革评估和教师教学等。布鲁金斯研究所下设经济研究所、政府研究所和对外政策研究所。布朗教育政策研究中心是政府研究所的下属中心，是综合类智库中较早开展教育政策研究的机构，其主要目的是检查美国教育制度的问题并找到解决实践问题的办法，主要研究初等教育和中等教育，关注课程、学术标准、测验、学校和班级规模等。综合性智库参与教育研究，能从更广阔的国际视野、更高的战略层次、更多元的思维角度审视教育发展，有利于形成高层次高水平的教育研究成果。

二是**教育研究手段的跨学科性**。教育研究本身所包含的多样化内容自然而然地要求其研究方法偏重于多学科方法。教育智库在专家云集的氛围之下，各学科之间的交流有力地推动着跨学科方法的推广。日本早稻田大学亚太研究院有14个研究小组，其中经济教育研究小组、国际教育开发研究小组、比较教育研究小组等从不同角度研究教育问题。其中，经济教育研究小组在金融危机背景下为提高学生经济素养而举行经济理解能力考试，举办亚太地区国际会议，进行比较研究，针对问题提出建议。国际教育开发研究小组在整体把握国际教育活动（援助、交流、合作）的基础上，分析国际机构与各国政府的国际教育政策与教育战略，为日本政府提供政策分析框架，使政府的教育理念既符合日本国民和国家利益，又能为全球教育开发提供研究成果和人类社会共同的智慧财富。该小组使用国际政治学和国际经济学理论框架，并将社会科学与政策科学的理论和实证研究用于国际教育的政策研究中，其成果不仅服务于日本的教育政策制定，也着眼于服务联合国教科文组织、联合国儿童基金、世界银行等国际机构。比较教育研究小组在高等教育的国际化、留学生政策、留学生流动等宏观研究基础上，重点致力于留学生本人的学习与职业培养的微观分析研究，从政策和理论上严密调查亚太地区的最新教育课题，为日本政府提供留学生政策、外国儿童和中小学教育问题的建议。

三是**教育研究活动和人员的多样性**。教育智库融会了官员、学者、专家、教师等人员，成为政策知识精英荟萃的地方，给各类人员的交流与互动提供了很好的平台。智库经常举办各种专题研讨班、讲座、教育培训，邀请白宫、国务院官员、国会议员等政界名流出席或作报告，并就当前一些教育热点问题进行讨论。这些活动一方面为政府部门的领导者提供研讨和进修机会，让他们了解或汲取研究成果；另一方面，也为智库影响政府的决策提供很好的沟通渠道。美国教育智库还实行"旋转门"制度，聘请一些前政府官员来智库任职，利用政府官员在任期间所形成的人脉关系开展工作。

（二）问题导向明显，注重专业化建设

澳大利亚教育研究委员会（ACER，以下简称"委员会"）成立于1930年，是国际国内教育界领先的研究机构，现有340余人。机构以教育科研服务决策为导向，以位于国内外的7个研究分院（澳洲、印度尼西亚、印度、沙特阿拉伯等）为基地，向全国乃至中东、南亚、东南亚地区的国家各级政府提供一流的教育决策服务。"独立于政府，盈利用于研究发展"、"目标极明确，项目基于实证研究"和"走专业道路，促进人才持续成长"是该教育智库稳步发展的三条经验。[①]

委员会的专业化首先体现为智库研究内容的专业化。服务教育决策的方式主要是通过开展大型调查研究、教育测评、开发教育质量标准、实施学业成就测试等来实现。以委员会为主的国家教育智库主持了国际大型教育测试并开展全国性调查评估项目，建立了以结果为导向的全国教育质量测评标准体系。

其次是人才队伍的专业化。委员会通过多种方式和渠道招聘和培养了一支高度专业化的人才队伍。引进多位国际知名、国内一流的研究专家作为学术领军人物，比如教育评价方面的杰夫和沃尔夫勒姆，教师教育和教师标准研究专家劳伦斯等。员工的聘用以合同制为主，有长期稳定的员工，也有因项目需求招聘的临时雇员和外聘顾问、兼职人员。有适度的岗位流动，给员工尝试不同岗位的机会。智库通常采用项目中心的组合方式，以项目为基准考核工作。鼓励跨部门、跨单位甚至跨国界合作。为促进研究人员的专业化成长，提供专题讲座、课程、工作坊等多种培训和实践的途径和方式。此外，智库还有效利用外脑，与国际国内相关教育研究机构建立了长期稳定的合作关系，直接借助其智慧保障并提升项目质量。

再次是专业机构的细分化。日本国立教育政策研究所下设研究企划开

---

① 苏红：《教育智库如何成长与发展》，《中国教育报》2014年10月1日，第9版。

发部、教育政策与评价研究部、生涯学习政策研究部、初等中等教育研究部、高等教育研究部、国际研究协作部、教育研究、教育课程研究、社会教育实践研究、文教设施研究等机构，从事专业研究。美国国家教育科学研究所也设了四个国家级教育中心：国家教育研究中心、国家教育统计中心、国家教育评价和地区协助中心以及国家特殊教育研究中心。主要职能是教育研究、教育统计、教育评价、成果推广、信息传播等，其目的是为决策者和实践者服务，为决策者在做出一项有影响的决策时及时提供最有价值的专业论证和资料。

（三）注重培养质量，坚持国际化战略

国外高校智库富有特色的一个方面，是确保高质量的研究生培养体系正常运转。法国高师集团是法国高级人才的培养重地，包括巴黎高等师范学校、加香高等师范学校和里昂高等师范学校。法国高等师范学校致力于培养优秀教育和研究人才，实行精英教育，入学考试难度高、招生人数少、学位论文要求高；待遇高，考进高师学生跟国家签署十年合同，享受公务员薪酬，到期可选择继续担任公务员或转岗。优厚的待遇，使高师集团吸引了全国最优秀的学员和高层次师资队伍。学校教学特色是文理渗透、重视外语教学、推崇知识自由，学生还参与最前沿的科学研究。

欧美高校智库在国际化办学方面有一系列做法。除了通过常规的国际访问学者制度、国际奖学金制度、国际学生交流制度、国际学术活动，以及面向全球的专业人员和教授的招聘制度，吸引来自世界各国的精英，推动思想和成果的互动，还通过在海外建立分校的做法，直接扩展学校影响，构建起全球网络。如澳大利亚教育研究委员会的国际化路径主要包括承担国际项目、聘用国际人才、承办国际会议、设立海外机构等。其承接的国际项目，包括经合组织（OECD）的国际学生评估项目（PISA）、国际教育成就评价协会的国际公民及素养调查研究（ICCS），以及英国、爱尔兰、沙特阿拉伯、巴基斯坦、印度等国的国际项目。承办和参与国际相关研究活动，包括国际学术会议、专题研讨会和工作坊等。

国外高校智库还高度重视国际协同与合作。美国教育政策研究联盟就是一个跨校的合作性教育政策研究机构，包括哈佛大学、斯坦福大学、密歇根大学、宾夕法尼亚大学、威斯康星大学麦迪逊分校、哥伦比亚大学、西北大学七所大学，其主要研究领域包括问责制、教育管理、增强知识与

能力、改善教与学、学校财政与资源分配以及教师质量和报酬等。

三 国际高校教育智库建设的经验及对中国的启示

当前，中国高校凭借研究实力雄厚、信息资料丰富、对外交流广泛等优势，不断产生高质量应用对策研究成果，智库型研究机构影响力不断提升，成果转化平台不断显现，人才队伍不断壮大，高校成为新型智库建设的重要力量。但因高校远离政府决策中心，加之学术化、学科本位和活动"个体化"等特点，现有的一些高校政策研究机构在政府事务中的影响力十分有限，还存在目标定位不清、协同合作不够、成果转化不力、机制体制不顺等问题，影响高校教师从事咨政研究的积极性，制约了教育智库潜力的发挥。国外高校教育智库建设的经验告诉我们，要建设高水平的高校教育智库，首先要明晰高校教育智库的目标与定位，其次是要注重建设集官方教育智库、地方教育智库、高校教育智库和民间教育智库于一体的智库网络，最后还要构建教育智库协同创新的良好氛围和顺畅的体制机制。

（一）明晰高校教育智库定位

从研究内容看，教育智库可分为学前教育智库、基础教育智库、中等教育智库、高等教育智库等类型；从性质看，可分为官方教育智库，如中国教育科学研究院；地方教育智库，如各省的教育科学研究院；高校智库，如各高校高等教育研究所、国际比较教育研究所等；还有民间智库，如21世纪教育发展研究院。目前，民进中央与北京师范大学联合成立的开放性的中国教育政策研究院、21世纪教育发展研究院和长江教育研究院等智库，在中国教育政策研究和制定的过程中已经开始发挥作用。

教育主管部门和教育智库自身应有准确的定位。国家教育政策的出台应以教育智库即各级教育研究部门的研究成果为重要决策依据，充分吸收教育智库及非政府机构的意见与建议，避免盲目决策和野蛮决策，促进教育的科学发展，使教育为经济社会的发展提供合格的人力资源支持。国家教育部门可采用项目委托方式鼓励教育智库参与教育决策服务。澳大利亚、新西兰的很多重大教育研究项目都是分别由两国的教育部以项目的形式委托相应智库如高校、国家教育研究委员会，以及相关教育咨询公司完成的。目前，中国的重大教育决策服务也正在向这方面转型，越来越多的高校以及像中国教科院这样的科研单位参与到了国家教育决策服务项目中。

教育智库的职责与功能与其他智库有所不同，除了服务教育决策、引导社会舆论、参与公共外交外，还承担培养教育专业人才方面的任务。教育智库应强化战略意识，提升责任感和使命感；强化合作意识，形成工作合力；强化创新意识，激发发展活力；强化问题意识，提升服务能力。教育领域的内容纷繁复杂，因此智库要坚持明确的主攻方向，走专业化发展道路，不断积累、发展和创新，形成自身的品牌与特色，探索自己的专业领域和拳头产品，打造核心优势，聚焦主攻方向，并长期积累相关研究经验和能力，在不断发展中彰显出自己的见识、能力和影响力。

（二）建立健全教育智库层级网络

鼓励并允许各类教育智库存在，加强总体协调性，促进共同繁荣。建立健全官方教育智库、地方教育智库、高校教育智库和民间教育智库，形成有效沟通、互动协作的教育智库网络，促进高校教育智库间的交流与沟通。

首先，应强化官方智库的教育研究功能。官方教育智库是侧重于教育重大理论和现实问题研究的国家教育科研机构。要根据国家发展战略需要，聚焦重大理论和现实问题，对教育领域综合改革开展前瞻性的思考和实践探索，推进教育改革和发展。

其次，应重视地方教育智库的转型升级。作为地方教育改革发展的新型思想库和智囊团，省市教育研究机构主要侧重于区域教育改革和发展研究，在为省级教育行政决策服务、推动地方教育事业改革和发展方面发挥着重要作用。地方教育智库应以教育理论创新为基础，以服务教育科学决策为目的，以前瞻性研究为重点，以成果应用转化为标准，承担起为教育行政决策提供科学依据、帮助公众理解教育政策、对教育中长期发展问题提出"预警"、对具体问题提出解决方案以及开展国内外比较研究等多项功能。[①]

---

① 刘国瑞等：《推进省级教育研究机构向教育智库转型的若干思考》，《现代教育管理》2014年第4期。

再次，应发挥高校智库的教育研究优势。高校智库是侧重教育学科建设以及校本问题研究的学校教育科研机构，具有人才密集、学科领先且综合性较强、资料丰富、信息灵通和学术研究氛围自由等优势。高校教育智库要对现有科研布局进行改造，从学科取向转向需求取向、问题导向，将基础理论的侧重点放在对国家发展具有重要意义的教育研究上，将研究的重点转移到国家经济社会文化发展的战略决策性问题上，并最终形成教育政策研究的特色和优势，进而形成以现实社会和教育问题研究为主、以教育决策服务为导向的智库。

最后，要激发民间智库的教育研究活力。民间教育智库往往没有利益的牵绊，没有行政的压力，拥有更加超脱的地位和更加自由的思想，也往往能够产生更加智慧的教育主张与教育建议。因此，应积极鼓励、大力扶持民间智库的发展。中国现行的民间教育智库数量少，经费不足，缺乏足够的影响力。为了使其政策研究和咨询功能得到真正的发挥，就必须采取多种方法加大扶持。如在教育政策研究课题的分配上，可借鉴西方经验，引进竞争机制，抛开传统的拨款制或下放制，逐步转变为招标制，以此来增强政策研究的透明度、课题分配的合理性和政策研究的科学性。

（三）构建协同互动的氛围和运行机制

教育部提出建立2011协同创新中心，目前名单中尚无教育研究类协同中心。国内教育学术机构可尝试探索创建各种跨学科研究中心，把教育学和经济学、地理学、社会学、人类学、法学等多种学科领域进行交叉研究，形成更加深刻广泛的研究成果，形成协同领域广泛、协同主体多元、协同平台扎实、协同路径多样的新格局。[①] 智库要与高校内外、国内外、行业内外的政府（部门）、学校、企业、行业（协会）、科研院所等开展全方位协同，丰富智库论坛、国际研讨会、专业刊物、智库简报等平台或载体；拓展国家部委、地方政府、同类院校、研究院所的合作路径，与行业或企业达成深度融合；同时还要加强国际协同。

为适应现代教育智库的建设，还应重视信息资源网络化和评价机制一体化。国外教育智库为了保证信息的可靠和准确性，都有各自的图书馆以

---

① 王珩、刘鸿武：《新型高校智库开展协同创新的探索与思考》，《浙江师范大学学报》2014年第3期。

及专门的情报信息网，政府也很重视并给予支持。建立丰富的学术资源库，从性质上看，意味着为研究者提供权威的、充分的和前沿的研究资讯，为专家的研究奠定基础。教育智库在协同创立国家教育信息资源平台和国家教育资源平台方面可有所作为。从横向上看，可把全国的教育数据信息上网入库，从纵向上，可把从幼儿园到大学，甚至社会教育的最优秀的课程全部上网，教师与学生、学生与学生在网络上就可以进行互动交流，共享教育资源。

教育智库内部一要理顺管理体制，制定智库章程，成立理事会，完善相关科研或学科发展平台的相关组织架构。保持智库的相对独立性，健全运行机制；二要加强队伍建设，建设一支专兼职结合、职称和学位结构合理、素质优秀的教育科研与教育管理队伍，探索兼职队伍、流动岗位科研人员的聘任和合作机制，形成专兼结合、稳定与流动、校内与校外相结合的教育科研创新团队；三要完善评价体系，建立科学合理的科研绩效标准，完善绩效与考核、奖惩激励机制，实行目标管理与过程管理相结合，充分调动科研人员的积极性；四要建立人才培养机制，加强学科建设，合力培养教育研究各个领域的高层次专门人才。

（本文主要部分发表于《中国社会科学报》2015年10月9日第6版，题为《国外教育智库演进趋势及特点》。作者楼世洲，浙江师范大学副校长、教授；王珩，浙江师范大学非洲研究院副院长。浙江金华迎宾大道688号浙江师范大学党委校长办公室　321004）

美国智库发展情况及运作经验初探

王 晓

摘 要：西方发达国家智库经过长期的发展演变，形成了比较成熟的发展模式，其中以美国智库的数量最多、影响力最大。目前，伴随国力的提升和经济社会发展需要，中国智库进入了"后发优势"，面临难得的历史机遇。本文通过研究美国智库的基本情况、发展历程、影响力及产生的基础、存在的问题等，通过总结美国智库运作经验，在借鉴美国智库发展的有益成果的基础上，走出一条体现中国特色、中国风格、中国气派的智库发展之路。

关键词：美国 智库 运作经验

一 美国智库的基本情况

（一）智库的定义及概况

智库又称"智囊团"、"脑库"或者"思想库"、"情报研究中心"，根据《牛津英语辞典》解释，智库一词出现在19世纪，是英国的俚语，指人脑，第一次世界大战时期出现在美国军队，指用来讨论作战计划的保密室，20世纪50年代用来指军工企业的签约研究机构，20世纪70年代后这一概念在西方政治生活中广泛传播。[①] 学者对之定义不同。第一本介

---

① 陈广猛：《美国思想库的发展和演变》，《贵州师范大学学报》（社会科学版）2006 年第 1 期。

绍美国智库的专著《思想库》,认为"思想库"是独立的、非营利的政策研究机构。兰德公司创始人弗兰克·科尔博莫认为智库是"思想工厂",是有明确目标、坚定追求,同时无拘无束的"头脑风暴"中心;是敢于超越一切现有智慧、敢于挑战权威的"战略思想中心"。

在《全球智库报告2014》中,2014年全球共有智库6681个,其中美国智库总量为1830家,占全球智库总量近28%,是排名第二的中国的4倍之多。其首都华盛顿特区是世界上智库最多的城市,总共有394家智库。此外,马萨诸塞州、弗吉尼亚州、纽约市和加利福尼亚州的智库数量都超过100家。智库的地理分布直观地显示智库与权力中心的密切联系。全球前10名顶级智库中,美国智库独揽6名。

美国的智库,按政治倾向分类,主要有自由派和保守派智库两类。美国智库虽然都宣称客观性、独立性,但实际上都有一定程度的意识形态倾向性。按机构归属智库可分为官方智库、大学智库和独立智库。其中,美国官方智库最大特点是边缘化,著名智库很少是官方的,大学智库承担着培养学生和政策研究的双重任务,具有双重角色。大学智库学术性、专业性更强,政策相关性较弱。独立智库主要是指独立于政府、大学之外的,从事政策研究的非营利性公共政策研究机构,在数量和影响力上都占据优势地位,实行的是现代企业的运作模式。①

美国最有影响力的十大智库有布鲁金斯学会、卡内基国际和平基金会、兰德公司、对外关系委员会、战略与国际研究中心、传统基金会等。大多数是独立智库。

(二)美国智库发展历程

对智库的发展历程有不同的划分方法,每个阶段出现的智库都反映了那个时代的特征。

1. 第一阶段(1910—1945年),现代意义智库出现

第一次世界大战前后,国际格局发生了巨大变化,一方面,世界上第一个社会主义国家苏联取得了惊人的发展,以美国为代表的资本主义对之又恨又怕,急切地寻求对付办法;另一方面,工业革命在成就了美国商业大鳄的同时,也引发了广泛的国内社会问题。1929—1933年,美国出现

---

① 王莉丽:《智力资本——中国智库核心竞争力》,中国人民大学出版社2015年版。

罕见的经济大萧条，国内矛盾日益激化，整个资本主义世界陷入严重的危机。一批企业家和知识界深信可以用科学方法来解决社会、经济及政治问题，他们成立了服务公共利益和帮助政府制定公共政策的研究机构，第一批现代意义上的智库在美国应运而生。

这一时期的智库特点之一是由实业家、企业家或慈善家创立，拥有雄厚、稳定的资金支持。如1911年卡内基基金会（后称研究院）成立，由20世纪的钢铁大王安德鲁·卡内基创立了世界上第一个致力于研究和平问题的机构。前总统赫伯特·胡佛于1919年创立了胡佛研究所；罗伯特·布鲁金斯于1927年创立了布鲁金斯学会。这一时期的智库特点之二是创立者、管理者、学者、政府官员和社会大众都对智库有理想主义的期待，坚守智库客观、独立、公正、服务公共利益。因为智库诞生时期的理想主义为美国智库的发展确立了一定的规则和底线，所以其一直是美国政府和公众信赖的研究机构。

2. 第二阶段（1945—1960年），合同型智库为政府服务

第二次世界大战后，美国的经济、军事、科技实力得到空前加强，成为最强的超级大国和西方阵营的盟主，世界进入美苏冷战时期。在国外，为了遏制共产主义力量在全球范围的发展，美国一方面扶持德、日等战败国，在世界范围内部署军事力量；另一方面国内政府要缓和各阶级、各利益集团之间的矛盾，美国的决策者面临更加复杂的内政外交。在这样的背景下，美国政府认识到了知识和政治相结合所可能产生的巨大效益。政府为了解决纷繁复杂的现实问题而支持合同型的智库，通过与政府签订合同开展研究的智库迅速得到发展。

这一时期智库的共同特点是，资金大部分来源于政府合同，主要服务于国家面临的战略问题研究。这些智库的政策研究都是以国家利益为最高目标，大都遵循现实主义的理念。如最具代表性的是建立于1948年的兰德公司、海军分析研究中心等。正因为政府的支持，智库为政府决策提供咨询服务的功能更加明显。

3. 第三阶段（1960—1999年），游说型智库诞生，历史转折中的爆炸式发展

从20世纪60年代后期到20世纪末，也是美国的重要转折期，日本和欧盟经济崛起、美苏争霸等复杂问题接踵而至。20世纪60年代末，美国国内的黑人民权运动、工人运动以及反战运动对美国的政治民主制度、

社会价值观形成了剧烈的冲击。内外交困不仅使美国政府借助智库的力量寻求政策的突破口，美国社会中的各种政治力量和利益集团也寻求反映其思想和利益的平台和渠道。这一系列因素促成了智库的大繁荣和多元化发展，美国智库进入了一个爆炸式发展阶段，涌现了大量不同类型的智库。这一时期政治宣传型智库大行其道，如战略与国际研究中心（1962年）、传统基金会（1973年）、卡托研究所（1971年）等，这一时期智库以游说与接近权力核心为主要目标，具有政策鼓吹型的特点，强调市场营销既影响政府决策，又影响公共舆论。这一时期诞生的智库具有浓厚的意识形态和党派色彩，它们的目标是推销政治主张，向政策制定者灌输它们的思想。

4. 第四阶段（2000年以来），向全球市场的拓展，主要为国际关系提供智力支持

进入21世纪，全球化趋势日益加深，冷战结束后，世界各国相互依存程度日益提高，美国的决策者很难应付世界事务中的各种挑战。一些新兴的研究机构应运而生，日益丰富的国际资金导致了智库学术活动的国际化，美国智库的发展进入全球拓展时期。其中最典型的是美国进步中心和新美国安全中心。2003年成立的美国进步中心，是克林顿的"私人智囊团"，中心主任曾任白宫办公厅主任，小布什执政时期，该中心政策影响力减弱。2008年，该中心加入奥巴马竞选团队，提供了切实可行、见解独到的竞选策略和当选后的政策研究报告，深得奥巴马认可。

（三）美国智库的广泛影响

自伍德罗·威尔逊于1913年成为美国总统，开辟了向智库咨询的传统以来，几乎历届总统都借助智库的创新思想来打造美国的未来蓝图，在100多年的发展演变中，智库对公共政策的制定和美国社会的方方面面有着巨大影响力。迪克森将智库的影响称为"力量"（power），可见其对政府决策的影响之大；并将智库称为"影子政府"或"第四权力部门"，认为智库在美国政治生活中有着举足轻重的影响。

1. 为政府决策提供"新思想"

美国智库是政府决策稳定的信息来源，智库的最大影响在于为政策制定者提供"新思想"。智库就经济、安全、环境等问题进行研究和战略分析、提交解决方案并影响政府政策的制定和执行。它成了美国政策制定者

的左膀右臂，影响和左右着美国的政治、经济、军事、外交等一系列重大事务的决策。

奥巴马时期，美国新安全中心的创始人、后来担任亚太事务助理国务卿的柯特·坎贝尔等人在2008年6月发表了题为《平衡权力：美国在亚洲》的报告。要求政府重新思考美国在亚太的地位。该报告指出，美国的战略由于偏重于伊拉克和阿富汗而削弱了向亚太地区进行重大权力转移的能力。因此奥巴马政府重新思考亚太战略，2010年做出亚太政策的调整和"战略再平衡"，与智库有密切关系。

2. 为美国大选提供建议

在美国大选的过程中，智库对国际形势、国际关系、国际及地区等热点问题进行扫描与梳理，为参选者提供建议，进而影响大选。

曾经于20世纪90年代因提出"软实力"的哈佛大学著名学者约瑟夫·奈（Joseph Nye）2006年发表了名为《重新思考软实力》的文章。文中批判了单纯依靠硬实力或软实力的外交路线，他认为只有两者的有效结合，即"巧实力"（Smart Power）才是大国外交的可行之道。2007年他又发表《一个更加聪明和安全的美国》，建议将"巧实力"作为美国外交的战略方向。"巧实力"的提法被奥巴马采纳，他在竞选中表示他的政府将摈弃小布什时代的单边主义，更加重视多边合作，主张美国领导世界时，不仅要运用硬权力，而且应更加重视运用软权力、巧实力。

3. "旋转门"机制为政府和学界培养人才

美国智库最独特的功能就是为政府培养高级人才，成为知识与权力之间的桥梁，充当学界与政界人才的"旋转门"。一方面，美国智库为学者们与政策决策者紧密接触搭建平台。美国的行政当局是典型的"一朝天子一朝臣"，总统四年一选，每次换届选举后伴随着政府大换班。每隔四年就有很多学者、智库研究员到政府机构任职高级官员，通过智库这个桥梁，由政策研究者变为决策者，成功地将知识转换为权力。美国历届政府都大量依赖智库学者来填补高层职位。2003年，小布什称企业研究所是"我们国家最好的思想家的乐园，他们做的工作如此之棒，本政府从这里借用了20个人"。布鲁金斯学会有17名研究员在奥巴马政府中担任大使级以上的要职，包括总统首席亚洲顾问、副国务卿、预算署署长以及驻联合国大使等。

另一方面，政府高级官员退出政府后，智库也是其重要的落脚点，智库为前任政府官员提供休养生息、再次入朝的机会和平台。每当新一届总统上任之际，会有很多前任政府官员进入智库从事研究工作。布鲁金斯学会现任 200 多名研究员中，一半具有政府工作背景，担任过驻外大使的就有 6 位之多。美国智库乐于聘用前政府官员，一则能带来在政府任职的经验和见识；二则有利于智库在政策领域的公信力；三则是为这些人提供再次将知识与权力进行转化的平台。

"旋转门"是美国独一无二的，使智库与白宫、国会和政府各个部门之间建立起纵横交错的人际网络，从而渗透着智库对政府的影响力。[1]

4. 推动公共外交

智库是国内与国际交流的平台，在双边和多边外交事务中发挥着重要作用。通过推动公共外交，美国智库从独立于政府之外、不具有政策合法性地位的研究机构，成为对国内国际政策具有重大影响力的机构。尤其是卡特总统以来，几乎每位总统都依赖相对固定的智库以制定其外交政策。一项研究证明，智库对美国对外政策影响非常大，对国会众议员影响力为 28%，对参议员影响力为 31%，对行政官员影响力为 31%，对所有决策者影响力均值为 30%。[2]

智库有时会成为在幕后推动双边关系的"助推器"。除此之外，美国智库还承担第二轨道外交的角色。卡内基国际和平基金会从 20 世纪 80 年代中期开始，在华盛顿主持召开了持续八年的聚会，把南非重要的政治家、牧师、商人、劳工代表、学者和流亡的自由派人物，与美国国会成员官员聚集在一起，帮助美国在微妙的政治转折期增进对南非未来的了解。

（四）美国智库影响力的产生基础

智库为什么在美国产生、兴盛 100 多年，并且发挥了巨大的影响力？

1. 独具特色的文化奠定了智库发展的基础

一是实用主义、个人主义、自由主义文化为智库创造了民主的舆论环境，奠定了思想基础。美国成为智库的圣殿，鼓励个人积极表达思想，追求真理，维护个人的言论自由，为智库的产生创造了民主的社会意识和舆论环境。特有的求利求实求效的实用主义心态，成为美国社会的主要价值

---

[1] 王莉丽：《美国智库的"旋转门"机制》，《国际问题研究》2010 年第 2 期。
[2] 吴建树：《中国对美公共外交新思维》，共识网，2012 年 12 月。

取向。智库从事政策研究秉承的也是在"知识"与"权力"之间寻找实用主义道路。

二是对政府不信任、主张限制政府权力的政治文化为智库的发展提供了广泛的受众和市场需求。美国人向来以上帝的选民自居，认为自己的天赋使命就是领导世界。政府官员、媒体、公众都对智库的专家地位和独立性抱有信任和需求。

2. 政治体制提供了智库的生存空间

美国智库的产生发展，与美国政治需求密不可分。一是美国政治体制的三权分立和权利制衡，形成了权力的分散和决策机制的公开性与开放性，权力的分化导致了美国政治的高度碎片化，为智库创造了更多的渠道和空间。智库较其他机构搜集到更为广泛、权威的信息，提供更独到、翔实、具有创新性的政策建议。同时权力的分散和制衡也使政府决策依赖智库的智力支持。

二是松散的政党制度为智库提供了更多发挥影响力的机会。美国政党与其他国家政党不同的特点就是组织分散、权力分散。政党制度相对虚弱，美国的民主党与共和党两大政党虽然是全国性的政党，但都没有中央领导机构，没有统一的权力中心，全国代表大会和全国委员会既不是全党的领导机构，也不是决策机构，对州和地方党组织也没有控制权。美国松散的政党制度使政党没有政策研究"臂膀"，为了填补空白，智库为国会和政府行政部门提供政策主张，决策者积极地向智库寻找政策意见。

3. 稳定资金保证了智库运营

资金是智库的血液，是智库赖以生存的根基。在每年的运营经费上，前10强的美国智库共拥有5.6亿美元，而非美国的全球十大智库只有1.1亿美元。[1] 美国智库的资金来源主要有：基金会的支持、个人的捐赠、政府的支持、公司的赞助、出版物收入等经营性收入、投资收入等其他收入。比如，布鲁金斯学会每年的经费4%来自政府，74%来自公司和个人捐赠，22%来自其他收入。[2]

美国政府专门设立了国家科学基金会，每年有十几亿美元的资金专门用于资助各种智库。

---

[1] 韩显阳:《美国智库面面观》,《光明日报》2015年3月1日。
[2] 刘恩东:《美国智库建设的启示》,《学习时报》2014年5月20日。

为什么公司和个人捐赠如此之多呢？

一是美国慈善文化的发达有其历史和文化渊源。从历史渊源来看，美国人的慈善文化传统来源于英国的慈善思想，自 1620 年首批英国清教徒乘坐"五月花"号抵达美洲大陆后，英国人便源源不断地移民到这块新大陆来。这些早期移民在向北美移民过程中曾得到英国慈善团体或个人的资助，他们到达并在北美定居之后，仍继续得到英国慈善组织的捐助。受英国这种慈善观念的熏陶和影响，这些早期移民很自然在思想和实践上继承了英国的慈善思想。从宗教文化传统来说，美国信仰基督教、天主教所宣扬的"乐善好施"的慈善思想，这种宗教思想也成为美国人慈善思想的重要源泉。

二是美国完善的税收减免制度是美国智库发展的催化剂。美国全民的捐赠热情、美国的企业和个人热衷于捐赠，虽然源于历史文化传统，却并非简单的利他主义，而是利人利己之举。根据美国《所得税法》501C3 条款规定："给非营利组织以免税待遇，有两种：一是组织不需交所得税；二是捐赠者将钱捐赠给非营利机构，捐赠的钱将从个人所得税中减掉。企业也有减税待遇，这是鼓励个人和企业给非营利组织捐赠。"美国政府从 1913 年开始征收个人所得税，目前，美国个人所得税的可抵税比例维持在 50%，企业的这一比例则为 10%。美国人捐款减免税极其方便，只需要在年底的报税单附上非营利机构的抵税发票，即可坐等税务局寄来退税的支票。完善的减免税政策直接推动了民众捐款的热情和捐款数量的增加。以美国国际战略研究中心为例，运营资金中，20% 来自基金会，39% 来自企业，个人捐赠占 10%。[1]

三是刺激美国人进行公益事业捐助的还有美国的遗产税。遗产税成为固定税，遗产超过 300 万美元以上时税率高达 55%，而且遗产受益人必须先缴纳遗产税，后继承遗产。高额的遗产税促使很多美国富翁另想高招，以成立基金会或者其他的捐赠方式，税法促使美国富豪们创立基金会。国家对基金会运作给予的大量免税、减税优惠，使基金会既规避了高额税款，同时又赢得了乐善好施、服务公益的好名声，还能保障其后代的利益。

四是国家的财税政策支持与法律支持是智库健康发展的重要保障。美

---

[1] 郭琳：《美国智库及其影响力研究》，硕士学位论文，山西大学，2011 年。

国智库可以获得稳定的资金支持,把资金捐赠给智库事实上是一种思想的投资。美国智库虽然不能为投资者带来直接的和显性的资本回报,但从长远来看,却可为营造更好的政策环境做出贡献,这有利于投资者也有利于社会的发展。对智库的投资,投资者有机会参与到政治决策的核心,寻求对政策制定发挥影响力的最佳机会。

4. 智库政策实业家的卓越领导力是智库发展的关键

美国智库的成功与其强有力的领导者是分不开的,智库领导者称为"政策实业家"。智库的领导者需要具备学界和政界的经验,与商界和媒体有着良好的关系,既是演说家又是实干家,他们愿意投入资源——时间、经历、名誉——推广他们的价值观,或者促成公共政策。

以布鲁金斯学会为例,现任董事会主席约翰·桑顿(John Thornton)是高盛银行前总裁兼首席运营官,现任汇丰银行北美主席,同时兼任清华大学教授。约翰·桑顿出于对中国的强烈兴趣和推动中美关系的愿望,运用在华尔街乃至全球商界的人脉和影响力,促成了2003年布鲁金斯学会中国中心和其北京办公室的成立,约翰·桑顿本人在5年内捐赠1250万美金用于中国中心的运营。

二 美国智库的运作经验

美国智库是怎样站在科学理性和战略的高度对未来做出预测的呢?

(一) 研究模式

1. 科学的研究策略

高质量的研究成果是智库的核心竞争力。美国智库采取科学的研究策略,仿效现代工业的分工,确立专业分工和过程分工机制。为了使研究更具科学性,兰德公司创建了"兰德式理性程序",即"4W"思维模式:发生了什么(情况)(What's going on),为何发生(原因)(Why did this happen),应如何行动(对策)(Which course of action should),前途如何(What lies ahead)。据此发展出状况评估、问题分析、决策分析和预测分析这四个有机环节,采取诸如启发式规划、动态规划、成本分析法等一系列可操作的研究范式。

2. 严格的评估机制

美国智库通常都有一套非常严格的项目评估制度，相关专业的多个领域和社会各界广泛选择专业的评估者，以保证评估的质量和权威。评估制度从一定程度上保证了课题委托者的认可，保证了研究成果的科学性，使其获得相关领域的专业认可。比如，兰德公司以"内部评审制"而著名，其还聘任600多名社会知名学者、专家作为特聘顾问，参与高层管理和重大项目的论证，以确保科研质量。

3. 科学的预测方法

智库有许多独创性的预测方法。如汇聚专家智慧的特尔斐预测法，是一种直观的预测法；如宏观与微观环境预测——环境预测法；还有个人判断预测法和集体头脑风暴法。兰德公司为美国冷战时期核战略的制定立下了汗马功劳，它运用系统分析和运筹学等前沿性的新理论分析军事问题和各种社会问题，保卫了国家的安全。

（二）传播模式

1. 完善的转化机制

一是智库对权力内层的决策影响是最直接的方法。智库专家在政府中拥有相当广泛的人脉关系，他们中有些人和政府高层有过多年的合作关系，也有的本身就经常进出"旋转门"。他们将智库的研究成果以各种方式提供给政策决策者，尽力使决策者理解并采纳自己的政策主张，如通过在国会做证，举办午餐会、小型政策研讨会，邀请不同领域的官员参加，与他们加深交流，借以发挥其潜在影响。

二是智库对权力第二层的影响是通过在刊物上发表论文、出版著作等方式，或通过智库专家学者去大学、其他机构进行演讲来扩大影响力。一些专家还充当本智库与其他机构之间的"联系大使"，举办研讨会、纪念会、报告会、培训班、讲座和答谢午宴等活动，和政界、学界、新闻界等互通信息、思想，让智库及时了解政府的政策走向，而政府也可以及时汲取智库的研究成果。

三是智库对权力的外层的影响是通过普通大众及公众舆论、选民力量等实现的。普通大众对政策的理解与支持是一项政策成功的重要影响因素。

2. 综合的公关机制

一是增加社会参与度和媒体曝光率。通过各种渠道把研究成果带入公共空间，广泛收集社会的反馈意见指导今后的研究，同时通过引导舆论和社会思潮来最终影响政府决策，成为沟通政界、学界、新闻界、实业界以及民众的枢纽。此外，智库还广泛参与政策的制定过程。

二是主动搭建沟通平台，吸引社会各界参与它们的公关机制。举办各种媒体吹风会，提供各种长期或短期的访问学者资助，布鲁金斯学会每年在各地举办 100 多场研讨会，每月召开形势研讨会，定期邀请政府官员与会研讨国内外的形势及政策发展。

（三）管理模式

一是美国智库拥有一套独立的运作机制，强调非政府性、非营利性和非党派性。智库依托政府、大型企业、社会组织等但又不依赖它们。一方面，智库同它们保持密切联系，得到它们的支持与资助；另一方面，智库有意识地在研究咨询的过程中始终保持相对独立和超越的姿态。

二是美国智库独立的组织制度确保独立性，包括独立的财务制度、独立的研究团队、独立的研究过程、独立的发布机制等。智库团队的研究者身份是独立的全职研究者，不隶属大学和政府，这保证了智库研究就是他们的最高职责，而智库研究的成败就决定了其职业生涯和专业声誉。

（四）美国智库的发展趋势

1. 综合化专业化

大型智库越来越具有综合集成能力，研究领域宽视野、全方位、跨学科、体系化，研究实力、规模和影响力越来越大。如兰德公司坚持综合性的发展路线，研究领域已经扩展到教育、健康、法律、科技、企业分析等多个领域，兰德公司每年有 700—800 个项目在同时进行。[①]

2. 全球化国际化

美国智库具有较强的竞争力和拓展能力，呈现全球化国际化的发展态势：一是研究人员的国际化；二是经营理念的国际化；三是研究视角的国

---

① 刘恩东：《美国智库发展新趋势》，《学习时报》2014 年 5 月 19 日。

际化；四是智库业务的国际化；五是组织机构的国际化，组建全球或地区性智库网络。智库跨国交流逐渐增多，很多智库大都加强了国际交流，在全球范围内建立研究和影响网络，积极地向其他国家和地区输送学术人员和政策思想。传统基金会、外交政策研究所积极地向非洲、亚洲、东欧和俄罗斯推广自己的政策分析方法。

3. 信息化网络化

一是智库通过网络公布、宣传最新学术思想、研究成果和政策主张。二是在 Facebook、Twitter 等社交媒体诞生后，智库扩大在网络使用群体中的知名度，强化对教育公众、影响决策的功能。三是通过专门的情报信息网络为智库研究提供信息服务，重视建立各种数据库和联机检索系统为智库搜集、处理和提供信息。四是智库通过驻外使馆、联合国等国际机构获取项目信息，获得研究所需要的最新研究资料。

（五）美国智库存在的问题和天然的基因缺陷

美国智库虽形成了一套相对完善的运行机制，但其自身文化、体制也使智库存在一系列的问题和天然的基因缺陷。

一是智库有时戴着"有色眼镜"出谋划策，导致很多本来有可能解决或缓解的国际问题长期得不到有效解决。美国文化的个人主义和利己主义导致智库在研究国内问题时，出发点是维护个人利益和集团利益；在研究国际问题时，其出发点往往是极端自私的"美国利益至上主义"。如国际恐怖主义问题，国际恐怖主义的成因固然很多，但是其中最主要的原因是，半个多世纪以来，美国一味偏袒以色列，在安理会多次否决世界绝大多数国家支持巴勒斯坦和阿拉伯国家的决议，导致中东伊斯兰极端主义铤而走险。

二是过度商业化导致独立性削弱。过度的商业化影响到研究的独立性和研究质量。亚洲金融危机爆发后，美国智库曾就如何防止美国卷入危机有一场大辩论。东部智库的主流意见是，美国政府应把重点放在加强跨大西洋经贸关系上；西部智库的主流意见是，美国政府应当把重点放在跨太平洋经贸关系上。为什么在这个问题上东西部智库给出的答案如此泾渭分明？美国智库是否就绝对独立、客观和公正呢？他们的回答一针见血：你得看看他们的研究经费是从哪里来的，拿谁的钱替谁说话。

参考文献：

[1] 袁鹏、傅梦孜主编：《美国思想库及其对华倾向》，时事出版社 2003 年版。

[2] 林芯竹：《为谁而谋——美国思想库与公共政策制定》，知识产权出版社 2007 年版。

[3] 吴天佑、付曦编：《美国重要思想库》，时事出版社 1982 年版。

[4] 曹洪洋：《美国智库眼中的中国崛起》，中国发展出版社 2011 年版。

[5] 加图研究所：《美国智库如何影响政府决策?》，上海金融与法律研究院译，格致出版社、上海人民出版社 2011 年版。

[6] 张春：《美国思想库与一个中国政策》，上海人民出版社 2007 年版。

[7] 陈旭峰：《中国特色社会主义新智库研究——美国经验对中国智库的借鉴意义》，《西北工业大学学报》（社会科学版）2010 年第 4 期。

[8] 王莉丽：《旋转门——美国思想库研究》，国家行政学院出版社 2010 年版。

[9] 郭琳：《美国智库及其影响力研究》，硕士学位论文，山西大学，2011 年。

[10] 杨尊伟、刘宝存：《美国智库的类型、运行机制和基本特征》，《中国高校科技》2014 年第 7 期。

[11] 周琪：《美国智库的组织结构及运作——以布鲁金斯学会为例》，《人民论坛》2013 年第 35 期。

[12] 王颖：《浅析美国智库在政府决策中的作用》，《人民论坛》2013 年第 13 期。

[13] 王爱冬、张静芳：《美国公共决策中的智库因素分析及对中国的启示》，《中国公共管理论丛》2013 年第 1 辑。

[14] 于恩光：《美国的思想库》，《战略与管理》1994 年第 1 期。

[15] 李玲娟：《美国智库的研究及对中国民间智库的启示》，《辽宁行政学院学报》2008 年第 6 期。

[16] 刘力韵：《试论"旋转门"现象对美国外交的影响》，硕士学位论文，外交学院，2012 年。

[17] 庞中英：《亲历美国"超一流"智库》，《中国报道》2009 年第 12 期。

[18] 王佳英：《智库及其对美国外交政策的影响》，硕士学位论文，山东大学，2011 年。

（原载《知与行》2015 年第 4 期。作者王晓，广东省社会科学界联合会党组书记、主席。广州市黄华路 4 号之二广东省社会科学界联合会　510050）

新型智库建设视域下地方社科院智库的新使命新挑战新突破

宋亚平

摘 要：党的十八大以来，中央提出了加强中国特色新型智库建设的时代要求，作为中国特色新型智库体系中的一个重要方面军——地方社科院，如何认清时代使命，勇敢担当历史职责，在推进国家治理体系和治理能力现代化建设中创造新的辉煌，是社科院智库专家学者必须回答的一个重大理论和现实问题。

关键词：新型智库建设 地方社科院 挑战与对策

党的十八大以来，中央提出了加强中国特色新型智库建设的时代要求，特别是中共中央办公厅、国务院办公厅印发的《关于加强中国特色新型智库建设的意见》（以下简称《意见》），[①] 系统阐述了中国特色新型智库建设的指导思想、目标定位、体制机制创新与制度保障等一系列重大方针政策问题，标志着中国智库建设步入了一个战略发展新阶段。《意见》明确提出："统筹推进党政部门、社科院、党校行政学院、高校、军队、科研院所和企业、社会智库协调发展"、"促进社科院和党校行政学院智库创新发展"，赋予了社科院在新型智库建设中的重要地位和历史使命。作为中国特色新型智库体系中的一个重要方面军——地方社科院，如何认清时代使命，勇敢担当历史职责，在推进国家治理体系和治理能力现

---

① 《关于加强中国特色新型智库建设的意见》，人民出版社2015年版。

代化建设中创造新的辉煌,是社科院智库专家学者必须回答的一个重大理论和现实问题。

一 地方社科院智库的新使命

按照中央关于建设新型智库的要求,作为地方社科院智库在履行好具有中国特色、时代特点、地方优势的历史使命方面,概括起来是六个方面。①

一是咨政建言。始终坚持为党和政府科学决策服务的战略定位,以服务党和政府决策为宗旨,以政策研究咨询为主攻方向,专注于党和政府建言献策这个"专项",针对国际国内现实问题、长远问题和战略问题进行对策研究。坚持服务中心工作,紧紧围绕中央"四个全面"战略布局的协调推进中的若干重大问题,开展系列研究,拿出专业性、建设性、可操作的政策建议。

二是理论创新。围绕改革发展、治国理政面临的重点、难点问题,提出有影响、有价值的判断、主张,以及新观点、新思想,为研判形势、谋划战略、制定决策提供依据,进而推动理论创新、学术创新、方法创新。要创新社科新知,阐释创新理论,尽显思想的力量,在理论建设上突出"中国学派",在战略研究上彰昭"中国意识",在社会引领上凸显"中国话语",在政策建言上形成"中国方案"。

三是舆论引导。要做马克思主义理论的研究者、阐释者、宣讲者和推广者。强化"三个自信"、社会主义核心价值观的忠诚意识,立足中国、放眼世界的大局意识,引导民众、启迪民智的责任意识。要培养一大批热爱祖国、信仰忠诚、知识渊博、专业精深、足智多谋、意志顽强和具有协作精神的坚定的马克思主义理论家、思想家和践行者。要拓展与公众的沟通,不断增强影响和教育公众的功能。要以通俗易懂的文字语言,贴近大众的沟通技巧,通过出版论著、发表评论、接受采访等各种方式,阐释党的理论,解读公共政策,研判社会舆情,引导社会热

---

① 金思宇:《中国智库在新一轮改革中的使命》,新华网,http://news.xinhuanet.com/politics/2014-06/15/c_126621150.htm,2014年6月15日。

点，疏导公众情绪。

四是社会服务。世界各个国家的智库都把为本民族、本国的利益服务作为重要的目标。作为中国特色的新型智库，同样应把为中国人民谋利益、服务广大民众作为自身的价值追求。我们搞研究、提建议，都应把人民的利益放在第一位，站在人民的角度立言，为着人民的利益建言。同时，要积极接受社会各界、各个方面委托的咨询服务，承担各类咨询项目，开展第三方评估，发挥智库的咨询研究平台和智力支持作用。

五是公共外交。中央关于加强新型智库建设的《意见》明确提出，要充分发挥中国特色新型智库在"公共外交"方面的重要职能，这是党和政府赋予智库的一项新的历史使命，是中国共产党执政方略的一次重大理论创新。2014年3月，习总书记在访问德国时，强调在中德两国成为全方位战略伙伴关系中，加大政府、政党、议会、智库交往，首次把智库建设提上了国家外交层面。随着中国国际地位日益重要，作为一个负责任的大国，中国将承担更多国际责任，更广泛地参与国际事务，越来越需要具有开放意识和创新能力的智库提供智力支持。这就需要智库积极实施学术"走出去"战略，进一步提升中国智库在国际上的影响力和话语权，为中国软实力的构建和公共外交的推进发挥应有作用。充分发挥学术外交、文化外交的作用，增进国际社会对中国政治、经济、社会制度及中国梦的理解和认同，推动中华文化与思想走向世界，塑造有利于中国发展的国际舆论环境。

六是集贤育人。人才是智库发展的关键。要树立强烈的人才意识，寻觅人才求贤若渴，发现人才如获至宝，举荐人才不拘一格，使用人才各尽其能。要广泛吸纳人才，将专业背景深厚、研究视野宽阔、话语权和影响力强大的学者纳入麾下，形成成熟的人才结构。要精心培养人才，创新智库人才培养模式，努力造就一批马克思主义基本理论功底扎实、熟悉世情国情、具有理论创新能力的理论家和高端研究人才，推出一批能够博通古今、学贯中西、善于开展跨学科研究的复合型人才，造就一批具有国际视野和世界眼光、能够在国际交流中直接对话、有实力争取话语权的中青年学术英才。要加强人才储备，为智库在未来占领对策研究的制高点打下坚实的基础。

二 地方社科院智库面临的新挑战

党中央关于加强中国特色新型智库建设的战略部署,在党的文献中第一次给了社科院一个极高的定位,为全国社科院系统带来了新的生机与活力,社科院智库繁荣发展的新时代来临了。但是,社科院智库要履行好时代赋予的职责,还有很长的路要走,必须清醒地认识到自己面临的挑战。

(一)成果转化力的挑战

地方社科院的主要功能是为党委、政府服务,其研究成果能否尽快得到党委、政府领导批示或被采用,往往是其最关注的事情。但是,地方社科院远离党委、政府决策中心,党委、政府决策部门又很少征求社科院专家学者的意见,致使成果能获批多少、采用多少、转化多少,常常是难以估量,无从下手,无所适从,时常处于尴尬和被动的境地。在这一方面,比较有优势的是党政智库。他们身处地方党委、政府首脑的身旁,对当前党政领导关注什么、思考什么、急需什么了如指掌,有时甚至能直接得到领导批示、交办的研究选题。因而,党政智库在研究什么、怎样研究以及研究成果的转化方面,都十分清楚。他们往往可以进行订单式研究,组合式攻关,最终形成的成果十有八九能被采纳。因此,党政智库与社科院智库相比,在成果被采用方面,具有先天的竞争优势。这说明,在新一轮智库建设的比拼中,社科院智库应更多地开展战略性、前瞻性研究,少进行应景式研究。

(二)信息资源占有力的挑战

作为一个专业智库,要想出一批高水平的应用研究成果,必须广泛占有高层决策规划、统计数据、典型案例、经验材料等研究资源;必须有及时了解党政部门编印的内刊、简报的快捷通道;必须有深入基层、深入企业、开展省情民情调研的联系渠道,等等。在这些方面,要么得不到党政部门的理解和支持;要么因种种原因被党政核心部门垄断了信息源;要么以保密为由,对信息资源不予公开,如此等等,都会给地方社科院开展正常的决策咨询研究带来种种障碍,给专家学者获取信息资源带来难以估量的挑战。

(三) 社会影响力的挑战

随着中国特色新型智库体系的建立和完善，中国智库将逐渐建立起行业标准和评价体系，社会影响力将成为智库排位的一个重要因素。在社会影响力方面，地方社科院智库无疑要受到党校行政学院智库、高校智库的挤压。党校行政学院智库，由于有学员培训这一主阵地，其可以通过一批又一批学员的进与出，通过课堂教学等活动，将自身智库的影响力潜移默化地烙印到学员的心坎上，使之成为每个学员恒久的记忆，并将随着时间的推移不断发酵。高校智库既有自己培养的成千上万的学生为其进行义务宣传，同时，由于其能够借产学研等形式与社会方方面面进行合作与发展，随着旷日持久的合作活动的深化，高校的社会影响也将不断扩展。因此，随着智库行业标准的明确、智库评价体系的逐步细化，地方社科院智库的影响力将受到来自党校行政学院智库和高校智库的双向挑战。

(四) 国际影响力的挑战

地方社科院由于受经费、研究选题和自身职能的影响，选派学者外出访问、讲学、参加国际学术讨论会、工作考察等，均十分有限。而在这些方面，高校通过合作办学、合作研究、互派访问学者、联合举办学术研讨会等形式，与国外进行合作与交往的频率非常之高；而党政智库通过参加访问团、经贸洽谈等形式，与国外进行交流合作的机会也相对较多。地方社科院智库与上述两类智库相比，在国际影响力方面明显处于劣势。

(五) 人才竞争力的挑战

作为智库人才，应具有专长的聪明才智、渊博的知识理论、厚实的实践经验，能"有所发现、有所发明、有所创新"。作为一个有竞争力的智库，不仅要有学术大家和领军人物，还要有"老中青"紧密结合的科研梯队、社会科学和自然科学兼备的专业团队。在这一方面，地方社科院智库明显落后于高校智库。高校人才众多，学科门类比较齐全，自然科学与社会科学融合发展，研究手段多样化，田野调研与数理分析紧密结合，助推高校智库人才具有较强的科技掌控能力、多维分析能力和市场生存能力。与此相对应的竞争，地方社科院智库的人才都是无法比拟的。

三 地方社科院智库亟须实施的新突破

面对新的使命、新的挑战，地方社科院要在中国特色新型智库建设背景下实行跨越式发展，亟须在以下几个方面实施新的突破。

（一）发展定位的新突破

中央《关于加强中国特色新型智库建设的意见》指出："地方社科院要着力为地方党委政府决策服务，有条件的要为中央有关部门提供决策咨询服务。"这表明，地方社科院智库不仅要为地方党委政府服务，而且要为中央有关部门服务；不仅要研究地方经济社会发展问题，而且要研究有区域特色和地方优势的全局性问题。因此，在新的形势下，地方社科院的研究定位既要立足地方，又要超越地方，实现微观与宏观、局部与全局、国内与国外的统一。

科学确定地方社科院新的发展定位，应处理好三个关系。[①]

第一，处理好地域性与全国性的关系。与国家层面的智囊机构相比，地方社科院处在经济社会发展的前沿，在熟悉和了解各自区域经济社会发展热点和难点上，在分析和把握地方和区域经济社会发展问题上，有着突出优势。地方社科院在新型智库建设中，要找准自身在中国特色新型智库体系中的定位，根据地域和区位特点打造特色研究领域和比较优势，形成对现实发展中前沿和热点问题的快速反应、实证分析和长期追踪机制，提供高质量、专业化的决策咨询服务。同时，要将地方经济社会发展遇到的难点和问题放到全国大局中去加以考察和研究，掌握话语权，形成影响力，赢得生存和发展的空间。

第二，处理好本土化与国际化的关系。地方社科院首先应加强本土化研究，这是地方社科院的立身之基。但是，在经济全球化不断加速的新常态下，任何区域经济社会发展中出现的问题都可能涉及全国乃至全球，这就需要地方社科院具有全国、全球视野，强化与国内智库研究机构以及务

---

① 王庆五：《地方社科院与新型智库》，《中国社会科学报》2014年12月17日第681期。

实部门合作，积极加强与国外智库的交流与合作，有意识地把本地经济社会发展中出现的问题放在全国乃至经济全球化背景中去研究，寻找本区域与国际社会发展的共性问题，开展深入的比较研究，在国际视野中寻求本土问题的解决方案，拓展国际学术对话空间和智库影响力。

第三，处理好即时性与前瞻性的关系。地方社科院作为地方党委、政府的"思想库"和"智囊团"，为地方经济社会发展出谋划策是义不容辞的重任，必须切实提高决策咨询服务的时效性，即重点做好即时研究，及时发现，准确把握全面深化改革进程中出现的新矛盾、新问题及其成因，提出有效对策。同时，也要兼顾前瞻性研究，深入研究，科学分析地方经济社会发展的趋势、前景等宏观问题，提出具有前瞻性的高质量的研究成果。

（二）体制机制的新突破[①]

第一，深化人事制度改革。实施创新工程，改变传统的依学历、职称、资历等要素的岗位设置办法，建立新的职位设置体系。研究系列设首席研究员、执行研究员、研究助理；管理系列设首席管理、业务主管、业务主办、业务协办。建立智力报偿制度。根据研究机构的重点科研任务，设立一定数量的创新项目，对公开竞聘进入创新岗位的研究人员，按月享受智力报偿，对参与创新工程相关工作的管理人员，按月享受创新报偿。改革科研组织设置方式。打破单位、行业、所有制界限，按照协同方式，坚持走横向联合之路，建立跨单位的研究中心。积极探索以项目为纽带、以课题组为支撑、以成果进入决策为目的的新的科研组织形式和运行方式。完善法人治理体系。逐步建立和完善智库决策议事规则、民主管理章程、学术委员会章程、科研考核管理办法、成果评价与发展办法等系列制度。进一步完善所长负责制、院长负责制。

第二，深化经费管理制度改革。一是改变经费资助方式。以"科技计划"、"项目支持"等竞争性方式取代简单的政府"财政拨款"；通过项目招投标和申报等形式，取代通行的"内定"、"任务式"的方式，使各类智库都能平等地参与决策咨询服务的提供。二是制定专门的科研机构经

[①] 胡锐军、宝成关：《创建中国特色新型智库——完善智库建设七项机制》，《人民论坛》2013年第12期。

费资助方式和管理制度。突出科研机构的行业特色，体现经费管理的针对性、调控性和可操作性。目前，省级财政按照"公益一类"的大一统方式，对科研机构核定年度经费预算，不能客观地反映出科研业务发展对经费的需求，亟须对公益一类的拨款对象进行细分，按照基础教育、公共文化、文学艺术、科学研究等行业分类，建立不同行业财政预算体系。三是建立间接成本预算和支出制度。推动省级政府尽快出台《哲学社会科学课题专项经费管理办法》，"规范直接费用支出管理，合规合理使用间接费用"。课题经费预算中应包括在基本工作基础上超负荷工作的人力支出成本费用，按照课题总经费50%的比例，设立间接成本支出，用于发放专家咨询、资料整理、问卷设计与统计、计算机建模分析等劳务费。鼓励智库单位探索科研经费管理制度改革，推动科研经费由以过程管理为主向以结果管理为主、由以前期资助为主向后期奖励并重转变，由经费预算过细过死向资金结构按比例浮动的转型。四是给予智库运营税收优惠。参照《中共中央国务院关于深化体制机制改革 加快实施创新驱动发展战略的若干意见》，提高科研骨干团队、主要负责人在科研成果转化受益中的比例，从科研成果转化受益中获取的奖励收入，实行按年度分期缴纳个人所得税。

第三，深化成果评价和应用转化机制改革。一要确立智库成果评价的基本原则，坚持"三个结合"：①定量评价与定性评价相结合。一方面，评价一项智库成果的影响力大小，首先应当看这一成果对政府、市场和社会产生了多大的"可供量化"和"可资比较"的影响。从某种程度上而言，被领导批示次数越多、批示层次越高以及被采纳进入决策次数越多、决策层次越高的智库成果，就越是优秀的智库成果。另一方面，评价一项智库研究成果的影响力，还要看智库专业研究人员的认可程度，也就是"内行评价"如何。一般而言，得到同行评价程度越高的智库成果，就越是优秀的智库成果。②即时评价与延时评价相结合。对智库研究成果的评价，既要考量其短期效果，关注研究成果在当下的意义和作用，注重即时评价，也要考虑其长期影响，关注在未来的用途和影响，看重延时评价，坚持即时评价与延时评价相结合。③行政性评价与学术性评价相结合。评价智库研究成果，既要看其是否在更高一级政府或机构引起反响、转化为决策，也要看其在理论、学术和思想上的创新度，做到行政性评价与学术性评价两者兼顾。二要建立通用评价体系。全国社科同行应加强评价体系研究，形成涵盖用户、同行和社会评价相结合的智库成果评价体系，真正做到定性评价与定量评价相结合，形式评价与内容评价相结合，理论评价与实践评价相结合。三要建立独立性、权威性的评估认证制度。采取政府引导、社会组织、自主创办的原则，建立第三方评估机构，对智库的研究成果、社会责任及其道德操守等进行评估和监督，评估结果以一定的方式向社会公布。

（三）人才建设的新突破[1]

第一，创新智库人才引进培养使用机制。广开视野，积极做好智库人才的储备工作。对于社会上专业背景深厚、研究视野开阔、话语权和影响力强大的学者，恳请党委组织部门有计划地向社科院集聚。要有计划、有目的地对智库人才视野、问题敏感度、政策理解度、理论宣讲能力、科学研究方法和策论写作技巧等基础技能进行专门培训。重视年轻人才培养，想方设法为年轻人才提供学习深造和提高业务水平的机会，造就一批具有国际视野和世界眼光、能够在国际交流中直接对话、有实力争取话语权的中青年学术骨干。建立开揽式的智库人才使用平台。探索以延揽成熟型人才为首选和主渠道的新的人才引进机制，逐步完善以品德、能力和贡献为导向的人才评价聘任机制。大胆使用专才，改变以往偏重单一学术背景、论资排辈的用人模式，不拘一格使用不同年龄、不同学术背景、不同基层工作经历的复合型综合型人才。建立宽松的话语表达机制，充分营造百花齐放、百家争鸣的言论环境，把话语权交给智库。

第二，想方设法推动党政机关与智库之间人才的有序流动。[2] 借鉴国外智库人才"旋转门"工作机制，建立智库学者到党政部门任职，党政官员或卸任官员到智库从事政策研究的机制，畅通智库学者和党政官员之间的流通渠道，增进智库机构与党政部门的相互了解和沟通。打破人才引进的壁垒，探索全职引进和兼职引进相结合的办法，鼓励科研、企业、政府人员相互挂职，真正建立人才"旋转门"制度。

第三，建立健全与岗位职责、工作业绩、实际贡献紧密联系的薪酬制度。完善智库人才的激励政策，对于智库学者，要建立体现脑力劳动价

---

[1] 陈祥健：《智库人才：地方社科院智库建设的根本所在》，《学术评论》2015 年第 2 期。
[2] 王莉丽：《美国智库的"旋转门"机制》，《国际问题研究》2010 年第 2 期。

值、体现市场规则、体现科学研究规律的薪酬制度。通过完善相关法律、制度，建立智库人才的智力报偿、决策咨询费、讲课费、演讲费等辅助薪酬体系。

(四) 智库平台的新突破

第一，打造信息情报平台。树立信息情报工作也是科研生产力的观念。充分利用现代信息技术和手段进行信息资料的收集、整理和加工，为调研乃至决策提供快捷、全面、翔实的信息资料。及时收集、编辑和报送专家学者开展研究、预判和分析后得出的具有重要理论和实践意义的科研成果，以内参形式及时上报党委、政府领导参阅。加强对当前社会热点问题和重点领域信息、对周边国家的网络舆情信息进行监测、快速反应及分析，及时上报有关部门参阅。

第二，加强网站报刊建设。在建设研究机构官网的基础上，根据研究工作的特点和优势，建立相应的专业网站，充分发挥网站在传播思想、宣传成果、服务社会等方面的重要作用。同时，形式多样地办好内部报刊、简报，形成立体发声的良好宣传态势。

第三，培植论坛、讲座、蓝皮书、评估报告等多种智库平台。湖北社科院近年来建立了长江中游城市群论坛、鄂韩合作论坛、荆楚社科大讲堂、中三角蓝皮书及湖北省全面深化改革评估报告等多个智库平台，在各自领域发挥了积极作用。

第四，建立与媒体的紧密合作机制。与媒体合办栏目、讲坛，推荐专家学者担任媒体特约评论员、专栏嘉宾，不定期地举办学术成果新闻发布会，等等。

(五) 成果转化的新突破[①]

第一，推动"谋"、"断"互动机制建设。促进地方政府谋断互动机制的改革，按照"谁决策，谁负责"的原则，进一步建立健全重大决策责任追究制。要从制度设计、程序规范等方面入手，推进决策者与执行者、决策者与决策研究者的适当分离。逐步形成"决策前由专家提供多方案供选择，决策中多方面听取专家意见，决策后由智库等第三方机构评

---

① 朱光磊：《中国社会科学发展与智库建设》，《中国智库》2013 年第 3 期。

价政策效果并提出政策调适建议"的良性互动机制。

第二，加强智库参与党政决策咨询的制度性框架建设。目前，从中央到地方，都在强调建立专家咨询制度，但在实际工作中，哪些决策必须先咨询后决策、在什么层次的专家范围内征求意见、采取什么方式征求意见、由谁来征求意见、征求意见的成果如何吸收利用等诸如此类的问题，并没有明确的制度规定。为此，必须加大决策咨询工作的制度性框架设计，通过修改、完善或制定地方法规、规章，明确各方决策参与主体在政府决策中的法律责任，使所有决策参与主体的行为及其后果都纳入法律规范中，形成一个从程序到结果，既有权利保障，又有义务责任的完整体系。具体来讲，建议地方党委、政府出台《党政重大决策程序规定》、《重大公共决策专家咨询论证管理办法》等，健全依法决策机制，把公众参与、专家论证、风险评估、合法性审查、集体讨论决定确定为重大决策法定程序。凡涉及重大公共利益的决策行为和投资项目，应全面引入作为第三方的"智库"机构开展前期可行性论证和中后期效果评估，确保决策的科学化。

第三，多方营销自身研究成果。建立健全智库单位与党政首脑部门的沟通联络机制，把具有决策参考价值的对策建议、研究报告等成果，采取多种方式，定期及时向党政领导和领导机构呈送。

（六）治理方式和治理能力的新突破[①]

一是推进内部治理体系的转型。要探索并构建更能激发研究人员活力、具有现代智库特征的内部治理体系，引导研究人员由学术专家型咨询服务向专业主动型咨询服务转变，由利益导向型咨询服务向责任导向型咨询服务转变，由软约束引导型咨询服务向硬约束保障型咨询服务转变，努力构建具有现代智库特征的内部治理体系。

二是推动科学研究体系的转型。引导研究人员由成果导向型科研模式向政策导向型科研模式转变，由学术研究型科研范式向应用转化型科研范式转变，由粗放式随机型科学研究向集约式专业型科学研究转变。坚持学科建设与智库建设结合，坚持集体研究与集群研究结合，坚持集中攻坚与持续跟踪结合。

[①] 孙蔚：《国家治理视野下的中国特色新型智库》，《中共中央党校学报》2014 年第 4 期。

三是推进辅助支撑体系的转型。在全体工作人员中，强化智库意识、智库观念，努力形成全体人员了解智库、服务智库建设的良好局面。要加强文献资料支撑能力建设，逐步建立和完善涵盖本单位特色学科和优长学科的系列数据库。建立与政策需求部门的常态合作机制，建立与政策落实对象合作的调研基地机制，建立与各类媒体广泛合作的智库宣传机制，建立与国外智库合作双赢的国际交流机制。

（作者宋亚平，湖北省社会科学院院长、研究员。湖北省武汉市武昌东湖路165号　430077）

河北省智库建设的现状及问题思考

戴建兵　王春城

摘　要： 智库围绕党和政府关注、人民群众关心的现实问题，开展战略研究和政策建言，是推进国家治理现代化的一支不可替代的重要力量。自党的十八届三中全会明确提出建设中国特色新型智库以来，全国各地各类智库建设纷纷起步，顺应了时代需求，取得了显著成效，也存在着诸多需要反思之处。智库的功能定位及政府关系、资格条件及成长环境、体系构成及建设布局、作用平台及影响通道等问题都值得高度关注。要实现智库的良性健康发展，并真正发挥其应有的作用，应着力构建智库与政府的良性互动关系，引导不同类型智库的错位发展，设置准入门槛，保证智库高端性，营造健康稳定的智库作用环境，以及搭建智库影响通道与作用平台。

关键词： 新型智库　智库建设　国家治理

一　建设中国特色新型智库是推进治理现代化的应有之义

自党的十八大以来，顺应推进国家治理体系和治理能力现代化的现实要求，借鉴国外智库建设和运行的有益经验，中国特色新型智库建设步入规范化、体系化、制度化发展的快车道，日益成为治国理政不可或缺的重要力量。

(一) 中国特色新型智库建设目标与思路日渐清晰

党的十八大报告提出"坚持科学决策、民主决策、依法决策,健全决策机制和程序,发挥思想库作用",十八届三中全会明确提出要"建设中国特色新型智库,建立健全决策咨询制度"。习近平总书记高度重视智库发展问题,提出了一系列关于智库建设的重要论述:2013 年 4 月对建设中国特色智库做出重要批示;2014 年 3 月访问德国时特别强调,要加大两国之间的智库交往;2014 年 10 月审议《关于加强中国特色新型智库建设的意见》时提出,要从推动科学决策、民主决策,推进国家治理体系和治理能力现代化、增强国家软实力的战略高度,把中国特色新型智库建设作为一项重大而紧迫的任务切实抓好。2015 年 1 月,中共中央办公厅、国务院办公厅印发了《关于加强中国特色新型智库建设的意见》(以下简称《意见》),标志着中国新型智库建设正式进入规范化的大发展阶段。《意见》提出:"到 2020 年,形成定位明晰、特色鲜明、规模适度、布局合理的中国特色新型智库体系,重点建设一批具有较大影响力和国际知名度的高端智库,造就一支坚持正确政治方向、德才兼备、富于创新精神的公共政策研究和决策咨询队伍,建立一套治理完善、充满活力、监管有力的智库管理体制和运行机制。"

(二) 加强新型智库建设是借鉴国外有益治理经验的结果

当今世界各国的现代化发展进程表明,智库的形成及其功能的有效发挥,深刻影响着一个国家的发展方式、发展水平和发展成效。从国际范围来看,不论是在西方发达国家和新兴工业化国家,还是在发展中国家,智库都活跃在经济、政治、军事、外交等众多领域并发挥着显著作用。例如,美国的兰德公司、布鲁金斯学会,英国的亚当·斯密学会、公共政策研究会,德国的欧洲经济研究中心、科隆经济研究所,日本的亚洲经济研究所、经济产业研究所,俄罗斯的国际经济学家联合会、盖达尔经济政策研究所,韩国的产业经济与贸易研究院、国家经济与人文社会研究会,巴西的计划分析研究中心、瓦加斯基金会,南非的政策研究中心、自由市场基金会,等等。[①] 这些不同类型的智库在不同国家内政外交各个方面均发

---

① 王佩亨:《海外智库——世界主要国家智库考察报告》,中国财政经济出版社 2014 年版。

挥着重要的调查研究、理论创新、战略引导、政策咨询功能，对这些国家经济社会发展和国家软实力提升做出了显著贡献。中国应积极借鉴其有益经验，并结合自身国情和发展阶段特征，适时推动中国特色新型智库的建设与发展。

（三）加强新型智库建设是推进中国治理现代化的必然要求

当前，中国进入全面建成小康社会的决定性阶段，只有集中各方面智慧，广泛整合智力资源，充分发挥其启智咨政功能，才能有效地抓住内外条件所提供的历史机遇，回应内外环境提出的各种挑战，破解各层面各领域的改革发展难题。尤其对于处于特殊发展时期的河北省而言，既面临着京津冀协同发展的空前机遇，又承受着经济下行趋势显著、淘汰落后产能、产业转型升级、治理环境污染、促进就业、激励创新等现实压力，必须实施系统性治理。系统性治理需要现代化的治理体系和治理能力，而现代化的治理体系和治理能力离不开高度整合的智力支撑。智库的功能，正是围绕党和政府关注、人民群众关心的现实问题，开展战略研究和政策建言，因此其是推进国家治理现代化的一支不可替代的重要力量。

二 河北省新型智库建设的现状及问题

按照国家关于新型智库建设的指导思想、战略部署和工作要求，顺应河北经济社会发展的现实需求，针对破解改革发展难题的特殊需要，河北省广泛开展了智库建设工作，取得了一定成效，同时也面临一些值得关注的问题。

（一）河北省新型智库建设取得的进展与成效

目前，河北已初步形成较为完整的智库体系和发展格局：除省委政策研究室、省政府政策研究室、省社科院、省委党校、省发改委宏观经济研究院等原有智囊机构实现新型智库转型外，还在不同系统中发展了专门性智库。例如，河北省教育厅资助建设了35个"高等学校人文社会科学重点研究基地"，包括河北师范大学公共政策评估中心、河北大学政府管理与公共政策研究中心、河北工业大学京津冀区域治理协同创新中心、河北科技大学应急管理研究中心、燕山大学区域经济发展研究中心等；河北省科技厅资助建设了15个"软科学研究基地"，包括现代服务与公共政策研究基地（河北师范大学）、河北省发展战略创新研究基地（河北省发改委宏观经济研究所）、河北省技术创新研究基地（河北科技大学）等。这些智库机构的建立和运行，有利于整合全省相关领域的高水平智力资源，形成启智咨政的重要平台与通道；各单位则依托这些智库积极推动研究导向的应用型转变，使原有研究工作更具服务决策咨询功能。

此外，民间智库也呈现良好发展态势，一批区域性高端智库机构正在涌现。例如，河北省资本研究会是在河北省民政厅注册的非营利性社团组织，成员为国内外金融机构、投融资机构及河北省内优秀企业家及高端人士，同时会聚了资本界的国内外众多专家、学者，以建设区域性民间智库为目标，立足河北经济，推动产业与金融有效对接，探索和创新高端经济、民间经济社团组织建设的新模式。

（二）新型智库建设应关注和反思的几个问题

在智库建设热潮中应该保持理性，通过不断的冷思考及时发现和解决出现的问题。当前，在如火如荼的智库建设过程中出现了如下几个问题，值得密切关注和反思。

1. 智库的功能定位及与政府关系问题

智库是什么？智库的作用应包括哪些？智库和政府的关系应是什么状态？这些关于智库基本问题的思考，从根本上决定着智库的发展方向、建设方式及作用效果。从规范意义来看，中国特色新型智库是"以服务党和政府科学民主依法决策为宗旨，以战略问题和公共政策为主要研究对象的研究咨询机构，承担着咨政建言、理论创新、舆论引导、社会服务、公共外交的重要功能"。[1] 可见，智库的功能源自其基本属性——智力的聚集（think tank），智库的作用就在于以高水平智力活动来促进实践发展，但这种促进作用不是直接发挥出来的，而是通过信息供给、逻辑启发、理论论证、评价判断等方式影响决策者并间接作用于实际决策的。也就是说，智库充当的是"外脑"，是决策主体之外的辅助力量，间接地发挥支

---

[1] 袁贵仁：《努力建设一批新型高校智库，服务党和政府科学民主决策》，《人民日报》2015年1月23日。

撑作用——以科学咨询支撑科学决策,以科学决策引领科学发展。

党和政府作为决策主体,智库充当其"外脑"并为其决策活动提供智力支持,因此,智库功能定位问题的本质是其与政府的关系。智库的功能在于服务于党和政府决策,智库与政府之间是服务与被服务的关系,这一点毋庸置疑。问题在于:服务什么?以什么姿态和方式来服务?服务的成果是什么?可以说,当前大部分高端智库都在战略规划、决策咨询、政策评估等方面正常地发挥着功能作用,辅助性、独立性、专业性地出产战略方案、政策建议和研究报告等,对国家和地方治理发挥了巨大作用。但也应该注意到一些不合理的倾向和状况。

一是智库的辅助性问题。智库的功能本应是智力支持和辅助决策,即以自身智力资源优势来弥补政府自身决策在信息、理论、方法、技术等方面的不足。从这一规范要求来审视实践中的智库功能,可发现一些不合理现象:某些政府部门把部分本属自己职能范围内的日常性工作委托给智库去完成,比如该由自己开展的调研工作、规划计划制定工作、绩效评估工作等,致使智库蜕变为政府的"替身"或"勤务员",沉溺于日常性工作而非高级智力工作,既背离智库的规范功能,又违背政府职能履行规定。

二是智库的独立性问题。客观独立性是智库充分发挥其"外脑"功能的基本规定,应该说,正是客观独立性从根本上决定了智库的独特意义。当然,这里的"独立性",不完全是指其地位和身份的独立性,不应被简单地理解为"体制之外的智库就一定是独立的,体制之内的智库就一定是不独立的"。事实上,政府内设的智库机构虽然是政府体系的一部分,其人事、财政甚至监督关系都从属于政府体制,但由于职能配置和工作规范的限制性要求,其开展的研究工作及成果往往也能保证客观独立性;相反,政府之外的非官方智库恰恰有可能出于对自身影响力、业务工作量或仅仅对权力的屈从而放弃客观独立性。总之,智库的独立性更在于其独立精神与客观立场,而非机构地位与属性。当前问题是,无论是官方智库还是非官方智库,都常常因种种原因而丧失独立精神与客观立场,进而出现不合理的工作局面:政府指哪,智库打哪;政府定调,智库论证;政府交代,智库落实。

三是智库的专业性问题。决策主体需要应对的问题是多属性、多领域的,这就决定了他们往往需要各种各样、各有专长的多个"外脑"的辅助,进言之,每个智库都应有其独特的专长,并在既定领域发挥特定功能作用。当前存在的一个现实状态是，寻找特长单一的专业化智库似乎不是难事，例如科技部门寻找专门从事科技创新政策研究的智库、宣传部门寻找专门从事思想文化研究的智库，但问题是，智库所研究的对象——战略问题和公共政策，往往具有很强的宏观性与综合性，不是单一专业领域能够完全应对的，这样就容易造成最终委托的智库存在执业短板。比如，在促进科技成果转化的政策研究中，智库必须对科技、财政、金融、税收、工商、知识产权、人事等全面熟悉，如果接受委托的智库只在其中某个方面有专长，那么其建议便存在顾此失彼甚至不科学的风险。尤其对于地方智库而言，往往存在类似的专业性制约，严格来说不能完全有效地充当政府外脑。

2. 智库的资格条件及成长环境问题

智库的性质决定了其专业水准的高端性，智库的功能要求其必须具备某种高于政府自身水平的专长或独到之处，因此，不是任何研究机构都具备智库的资质，也并非所有研究人员都可成为智库专家。《关于加强中国特色新型智库建设的意见》中明确提出了智库的"基本标准"，包括特色鲜明、长期关注的决策咨询研究领域及其研究成果，具有一定影响的专业代表性人物和专职研究人员，功能完备的信息采集分析系统，健全的治理结构及组织章程等。这些规定本应是智库的"最低准入门槛"，但现实中，某些智库的资格条件并未完全达标，尤其是地方性智库的水平参差不齐，服务能力有限，难以形成高质量的研究成果。

智库功能的正常发挥及自身的建设成长，也离不开健康的环境和有效的保障体系。当前，虽然政府信息公开工作已经有章可循、有法可依，但智库在获取开展工作所需要的信息时，仍然经常会遇到很大困难，严重影响工作水平和成果质量；政府购买决策咨询服务的基本制度框架已经形成，但尚无明确的指导意见，也缺乏详细的操作细则，导致这一机制难以在实践中充分发挥作用，限制智库作用的充分发挥。

3. 智库的体系构成及建设布局问题

《关于加强中国特色新型智库建设的意见》中提出了中国智库建设的总体目标，即统筹推进党政部门、社科院、党校行政学院、高校、军队、科研院所和企业、社会智库协调发展。可见，中国智库体系应是官方智库与非官方智库相结合、内部智库与外部智库相结合、综合智库与专业智库相结合的格局，布局覆盖各层面、各领域。从目前来看，智库发展新格局虽已初步形成，但仍存在较为明显的不平衡问题，体现为官方的、内部的、综合性智库数量较多，分布较广，影响较大，而高水平的民间智库、外部智库和专业化智库的发展显著不足，而且因受各方面条件的制约，发展前景仍不明朗。例如，西方国家的企业智库十分活跃且影响力较大，而中国在此方面是相当薄弱的。

一个值得特别关注的问题是，从智库领域和范围来看，多元性和广泛性不足。当前智库除外交、国防等相对独立的高端领域外，在国家内政事务治理方面，大部分智库都是在经济战略和经济政策研究领域，政府也往往给予经济类智库特别的重视。实际上，在全面深化改革过程中，政治建设、党的建设、社会治理、生态治理、文化事业和文化产业大发展大繁荣等，均离不开智库的高水平支撑。对于政府而言，需要的是各方面的"外脑"，而不是单一类型的。

4. 智库的作用平台及影响通道问题

智库的基本功能与核心价值在于咨政建言，以其高水平研究成果辅助政府科学民主依法决策，提升决策质量，因此，智库功能的发挥是以成果被政府吸纳和应用为标志，这就离不开有效的途径和渠道，保证研究成果能够进入政府决策视野并产生现实影响。当前，项目招标、直接委托、课题合作、意见征询、领导专报、专题座谈等机制为智库成果采纳提供了一些途径，但由于它们程序严格、数量有限、范围较窄，还不能规模化、常态化地吸纳大批智库成果，很多成果出来以后无法找到通向决策者的路径。

三 关于发展智库建设的几点思考和建议

加强智库建设，优化智库功能，释放智库潜质，提升智库水平，是实现全面深化改革总目标"完善和发展中国特色社会主义制度、推进国家治理体系和治理能力现代化"的战略之举。推动智库作用的更好发挥应重点关注以下五个方面。

（一）构建智库与政府良性互动关系

智库与政府的良性互动关系是保证智库功能充分有效发挥的基本前

提。智库与政府关系的实质是复杂决策情境中"谋"与"断"的分工与合作，因此构建智库与政府良性互动关系的着力点便在于"谋"与"断"两个环节的良性互动。现代社会的高度复杂性决定了公共决策过程的多环节性，经历问题的界定、目标的确立、方案的规划、方案的比较等功能性阶段，最后才是决断环节。在前四个环节中，都有必要通过专业化的智库参与，汇聚智力资源，保证科学决策。在实践中，构建智库与政府的良性互动关系，主要应预防和治理两种"相互依赖"的倾向。

一是智库对政府的依赖。智库有自身的生存、发展和价值诉求，而其性质功能决定了其生存发展资源的获取和价值实现，常常取决于为其服务对象即政府的服务情况及被认可的程度。如果不能进入政府视野、不能搭建与政府合作通道、不能获得政府委托、不能获得政府对成果的肯定，智库就无法为自身营造良好的发展空间。这一逻辑决定着，当智库服务处于"供过于求"状态时，智库便会有强烈的依赖性动机，并因依赖性而影响其客观性、独立性，直至影响功能的正常发挥。

二是政府对智库的依赖。智库作用的发挥有利于弥补政府在理论、信息、视野、方法、技术等方面的不足，在客观上减轻其智力工作压力和精力，甚至分散决策责任。这些好处，在客观上孕育了政府对智库依赖的可能性。然而，一旦形成政府对智库的依赖，一方面会造成智库功能的扭曲，另一方面会造成政府职能的缺位，最终影响的还是决策质量与水平。

要防治两种"依赖症"，最根本的措施还是规范智库的功能作用，通过智库作用范围、工作内容及合作方式的明确规定，让智库做其该做的，限制智库自身和政府的不当行为动机。

此外还应注意到，在现代化的国家治理体系和治理过程中，治理主体日益多元化，各类经济组织、社会组织日益成为政府治理的重要合作伙伴，成为政府职能的延展，充当政府职能转移的承接者。鉴于此，智库功能就不宜只瞄着政府自身需要做文章、定位在只为党和政府决策提供咨询服务，而应观照其他方面的治理主体。因此，智库服务的需求方也包括企业、高校等，智库建设也应及时覆盖到这些领域。

（二）引导不同类型智库的错位发展

中国特色新型智库体系由各类智库所构成，不同智库的性质、所处领域、业务内容、社会使命各不相同，也具备不同的优势和劣势。虽然它们的作用都是为国家治理咨政建言，但不应千篇一律，而应实现错位发展，充分发挥各类智库的优势特长，在其擅长的领域和问题上发挥效力。例如，党政部门内设的政策研究机构，应利用自身独特地位、信息优势和工作便利，站在国家治理前沿问题上开展战略分析和政策研究；科研院所应结合自己所处的科技领域为相关产业发展和技术进步建言献策。

高校智库更要立足于自身的基础研究优势，通过基础研究和应用对策研究的有效对接，开展高水平的智力服务，为党和政府决策提供具有深厚学术底蕴的决策支撑。人文社会科学研究和智库发展的历史轨迹充分表明，基础研究与应用对策研究尽管存在诸多差异，但二者并非相互矛盾的关系，而是相互促进、相互支撑的。离开深厚的学术功底，缺乏广博的历史积淀，没有严谨的逻辑推理，只是就问题谈问题、就方案选方案，是不可信、靠不住的研究成果，经不起现实和历史的检验。相较于其他类型的智库而言，高校智库的优势恰在于学术功底，在于形成具有学术支撑的应用性研究成果。例如，广西壮族自治区斥资3000万元，投给广西师范大学打造"一带一路"两江战略研究的高端智库，在类似研究方面，高校的优势是不可替代的。当然，高校智库这一优势的发挥，有赖于借助有效的实践对接平台，通过交流合作来准确把握党和政府的实际需求，通过实证研究来确保研究成果的实践导向以及政策建议的针对性、可行性和可操作性。

（三）设置准入门槛保证智库高端性

智库启智咨政功能的发挥要以其高水平为前提，那些本身缺乏战略规划能力和政策前瞻能力的智库重复建设，是没有多大现实意义的。要合理发挥有益作用，智库本身必须处在一定高度并具备政府所不具有的独特能力。为避免智库的低水平重复建设，保证每个智库的高端性和独特性，应设置严格的准入门槛，提出明确的评价标准、遴选方法和确认程序，拟定科学的建设指标并实施绩效评估，形成能进能出、能上能下的智库群。对于地方智库而言，应重视与国家乃至国际高端智库间的交流合作，通过合作研究、人员交流等方式，不断提升自身水平。

（四）营造健康稳定的智库作用环境

要为各类智库充分发挥功能创造良好环境。一是深化智库管理体制和研究体制改革，激发活力，释放潜力，形成智库追求自身发展、扩大自身影响的上进氛围。要鼓励智库与实际部门开展合作研究，鼓励课题招标与委托，搭建长期合作平台，建立长效合作机制。二是推进智库人事制度改革，鼓励形成大范围的智库人才流动机制，实现智库人才与实践部门之间的人员交流，发挥智库咨政育人的重要作用。三是推进科研经费制度改革，建立起符合智库运行规律、引导高水平智库成果的经费管理制度，改革传统经费管理模式对智库研究的束缚。四是加大智库研究资源的开放共享，让智库资源在更大范围发挥更大作用。

（五）搭建智库影响通道与作用平台

智库的作用在于辅助决策，智库的成果在于应用转化。要在进一步拓宽现有平台和渠道的基础上，探索建立新的吸纳智库成果的通道。一是要建立覆盖各层次、各领域、各部门的智库成果报告制度，加快智库成果流转，提高转化效率。二是要加强对智库成果的评价、认定和奖励，发挥科研成果评价的导向作用。三是要加强智库成果的知识产权保护，保护智库工作动力。

总之，由于中国特色新型智库的规范化建设刚刚起步，河北省的智库建设大体与全国平均水平同步，无论是取得的成效还是存在的问题都具有一定的普遍性。但因处于京津冀协同发展的空前机遇和治理污染转型升级的空前压力并重的特殊历史时期，河北省经济社会发展的复杂性是空前的，因此更加紧迫地需要高水平智库的有力支撑，总结国内成功做法、借鉴国外有益经验、不断加强新型智库建设，便成为促进其改革发展的战略之举。

（作者戴建兵，河北师范大学副校长、教授；王春城，河北师范大学法政与公共管理学院副教授。河北省石家庄市南二环东路20号　050024）

城市社科院特色新型智库建设的思考

郭 凡 李雪琪

摘 要：十八届三中全会以来，中国特色新型智库建设进入一个新的历史阶段。作为我国智库体系中一个重要组成部分的城市社科院，将面临新的时代使命与挑战。城市社科院建设特色新型智库需要把握五个关键点，一是明确"思想库"定位，强化为地方政府服务职能，为地方经济社会发展给予有力的理论支持。二是深化体制机制改革，借鉴国际先进经验，建立新型智库运行机制。三是加强院际协作，建立开放式、多层次、跨领域城市智库联盟。四是集聚智库人才，建立高素质的人才队伍。五是积极推进科研手段和方法创新，充分利用大数据等先进手段。

关键词：城市社科院 特色 新型 智库

十八届三中全会以来，中国特色新型智库建设进入一个新的历史阶段。全会明确提出，加强中国特色新型智库建设，建立健全决策咨询制度。2014年10月，习近平总书记在中央深改小组第六次会议上指出，要从推动科学决策、民主决策，推进国家治理体系和治理能力现代化、增强国家软实力的战略高度，把中国特色新型智库建设作为一项重大而紧迫的任务切实抓好。2015年1月20日，中共中央办公厅、国务院办公厅印发《关于加强中国特色新型智库建设的意见》，对加强中国特色新型智库建设的重大意义、指导思想、基本原则、总体目标和基本任务做出详细部署，将中国特色新型智库建设上升到国家战略高度。《意见》明确指出"促进社科院和党校行政学院智库创新发展"，"地方社科院、党校行政学院要着力为地方党委和政府决策服务，有条件的要为中央有关部门提供决策咨询服务"，这赋予了社科院在中国特色新型智库建设中的重要地位和特殊使命。

在中国的智库系列中，社科院是最具中国特色的一种智库类型。社科院体系具体包括中国社会科学院、省级（自治区、直辖市）社科院以及城市（副省级城市或地级市）社科院。本文所关注的是处于社科院体系基层的城市社科院，分析其在中国特色新型智库建设过程中所面临的新机遇、新挑战。一方面，城市社科院数量较多，为地方政府重大决策咨询，在推进政府决策的科学化和民主化过程中发挥了积极的作用，是社科院智库体系的重要组成部分。另一方面，城市社科院处于社科院体系的基层，规模相对较小，科研经费短缺，体制机制掣肘较多，综合竞争力不强。此外，从外部环境看，各类智库之间的竞争越发激烈，高校智库、民间智库在决策咨询市场日益活跃，不断挤压城市社科院的生存空间。因此，在建设中国特色新型智库的大背景下，如何抓住时代使命，如何创新、转型发展，已成为城市社科院发展的重大课题。

一 城市社科院在中国智库体系中的定位

（一）社科院是最具中国特色的智库体系

智库又称"智囊团"或者"思想库"，通常是指以战略问题和公共政策为主要研究对象，以服务政党、国家、社会重大政策和公共决策为宗旨，集聚优秀专门人才，为治国理政提供理论、思想、策略、方案、政策成果等的研究咨询机构。中国特色新型智库就是在党的领导下，坚持中国特色社会主义，为党、政府和社会提供政策研究和公共决策咨询、政策解读、决策方案评估等服务，它是国家的软实力，是国家治理体系和治理能力的组成部分。[1]

目前，中国已经初步形成以党政军智库、社科院智库、高校智库及民间智库为主的板块格局，呈现体制内智库与体制外智库互相补充、共同发

---

[1] 李国强：《对"加强中国特色新型智库建设"的认识和探索》，《中国行政管理》2014年第5期。

展的特色。① 改革开放 30 多年以来，在党中央国务院的重视和推动下，中国智库在决策的科学化、民主化进程中，决策咨询作用和地位不断加强，为改革开放、经济社会发展做出了重要贡献，也出现了一批专业研究与决策咨询能力较强的智库机构。党政军智库主要来自党政军机关系统，包括国家和地方党委政府的政策研究部以及隶属部门的研究机构。其主要工作是通过内部渠道直接向各级领导提供决策参考，在党委和政府内部发挥"内脑"的职能；社科院智库主要是中国社会科学院和各地社会科学院，是对政府政策的制定具有重要影响和推动作用的体制内非政府机构；高校智库主要是一些高等院校的直属研究机构，多数由大学单独或联合其他机构创建；民间智库主要是由民间出资组建的非营利社会组织。上海社会科学院智库研究中心出版的《2014 年中国智库报告——影响力排名与政策建议》一书中指出，目前中国共有 240 余家活跃智库。② 其中 41% 是党政军智库，22% 是社会科学院智库（含科学院、工程院），37% 是民间智库。

社科院智库是最具中国特色的智库体系，在中国智库结构中具有举足轻重的地位。从社科院的发展历程看，1955 年中国科学院设立哲学社会科学学部。1977 年，在中国科学院哲学社会科学学部的基础上，成立了中国社会科学院，被视为中国智库体系初步建立的标志性事件。1958 年，上海在全国率先成立了地方社会科学院。在此之后的 20 世纪 60 年代和 80 年代，各省、直辖市和自治区一级社会科学院和一些城市社会科学院（所）陆续成立，逐步形成了中国智库体系中的社科院体系。从社科院智库的构成看，主要分为中国社会科学院，各省、直辖市、自治区社科院和城市（副省级城市或地级市）社科院，其中中国社会科学院和上海社会科学院综合影响力位居前列。据《2014 年中国智库报告——影响力排名与政策建议》，智库综合影响力前 10 名中，中国社会科学院居第一位，上海社会科学院居第七位（见表 1）。从功能看，社科院智库主要从事中长期战略研究、参与党委政府决策咨询调研、发挥舆论引导作用、向社会提供智力服务等，是对政府政策的制定具有重要影响和推动作用的非政府部门。从社科院智库发展特点看，虽然其独立于政府体系，但实际上与政府部门有着紧密的联系，具有体制内智库的性质

---

① 上海社会科学院智库研究中心：《2014 年中国智库报告——影响力排名与政策建议》，http://www.sass.stc.sh.cn/zkyjzx/。

② 同上。活跃智库的定义：有着常规性的组织与运行方式，能够比较广泛和深入地参与公共决策，同政策制定者、媒体或学界保持良好的关系，并享有一定的国际或国内影响力。

和特点。从经费来源看,社科院智库属于财政全额拨款的事业单位,研究经费主要来源于财政预算以及委托研究的专项经费。

表1　　　　　　　　中国智库综合影响力第1—10名

2014年排名	2013年排名	排名变化	智库名称
1	2	上升1位	中国社会科学院
2	3	上升1位	北京大学
3	1	下降2位	国务院发展研究中心
4	8	上升4位	复旦大学
5	6	上升1位	中共中央党校
6	4	下降2位	清华大学
7	9	上升2位	上海社会科学院
8	7	下降1位	国家发改委宏观经济研究院
9	—	—	中国人民大学
10	10	没有变化	中国(海南)改革发展研究院

资料来源:《2014年中国智库报告——影响力排名与政策建议》。

(二) 城市社科院是社科院智库体系的重要组成部分

城市社科院是隶属地方城市市委、市政府的综合性社会科学研究机构。其主要职责是在当地市委、市政府的领导下,研究本市和区域经济社会发展的现实问题,为市委、市政府的科学决策提供理论支持,是当地市委、市政府的"思想库"和"智囊团"。

城市社科院是社科院智库体系的重要组成部分,是一支值得重视的智库队伍。城市社科院的主管机构是地方城市党委政府,社科院的主要职责是在当地市委、市政府的领导下,研究本市和区域经济、政治、文化、社会协调发展的中长期战略规划;研究在改革、发展、实践中所遇到的重大理论问题和实际问题,为市委、市政府的科学决策提供理论支持。据统计,中国主要有城市社科院35家,其中位于直辖市4家,副省级城市15家,省会城市10家,其他地级市城市社科院6家。[①] 下面主要论及副省级和地级城市社科院,但为比较起见,在统计上也包括了4家直辖市社科院。

---

① 2014年年底数据。

二　城市社科院的发展现状

城市社科院作为社科院智库体系的重要组成部分，具有自身显著的特征。根据网站资料和调研访谈，本篇在对 35 家城市社科院的发展现状进行详细调研的基础上，主要从人员规模、科研经费、城市类别、单位职能等四个方面进行详细分析。

（一）城市社科院人员规模普遍较小，在职人员在 100 人以下的占 77% 以上

在统计的 35 家城市社科院中，在职人数在 300 人以上的有 3 家，仅占总数的 8.6%，分别是上海社会科学院、北京市社会科学院和天津社会科学院。人数最多的是上海社会科学院，在职工作人员约 760 人。具有一定规模、在职人数为 100—300 人的有 3 家，占总数的 8.6%，分别是重庆市社会科学院、广州市社会科学院和武汉市社会科学院。在职人员在 100 人以下的有 27 家，占 77.2%；尤其是 50 人以下的占绝大多数，占 62.9%。除直辖市以外的城市社科院人员规模普遍偏小，与国外优秀智库和省级社科院相比具有较大差距（见图 1）。

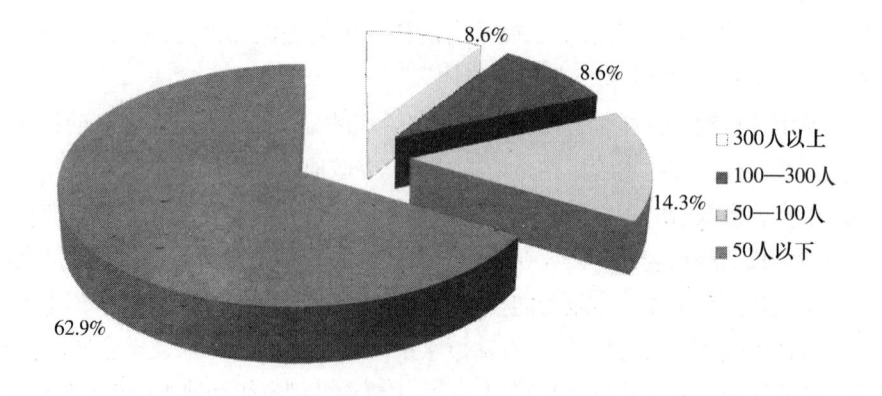

图 1　城市社科院人员规模结构

（二）城市社科院研究经费投入相对较少，年投入在 200 万元以上的不足三成

城市社科院发展普遍面临资金不足的难题。总体来看，城市社科院研究经费投入相对较少，尤其是地级市社科院的投入更少。在 35 家地方城市社科院中，年科研经费投入在 1000 万元以上的仅占 8.6%；低于 200 万元的占比高达 74.3%（见图 2）。直辖市和副省级城市社科院由于经济相对发达，社科院的规模较大，科研经费投入相对较高，西部地区城市的研究经费投入较少。此外，从科研经费的结构看，经费来源相对单一，主要是财政拨款，尤其是参公的、与社科联合署办公的社科院更倚重财政拨款。较少的经费投入对地方城市社科院开展高水平的决策咨询服务制约严重。美国智库发展经费主要来源于政府委托课题资助和社会捐赠，而且整体上后者占较大比例。

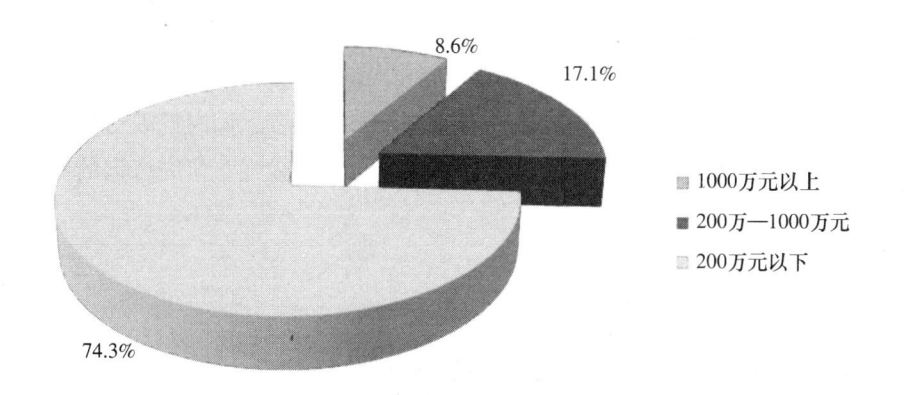

图 2　城市社科院科研经费规模结构

（三）城市社科院主要位于直辖市、副省级城市和省会城市

在统计的 35 家城市社科院中，位于直辖市的 4 家，副省级城市的 15 家，省会城市的 10 家，其他地级市城市社科院 6 家。副省级城市和省会城市社科院合计占七成以上。其他地级市城市社科院 6 家，占比 17.1%（见图 3）。

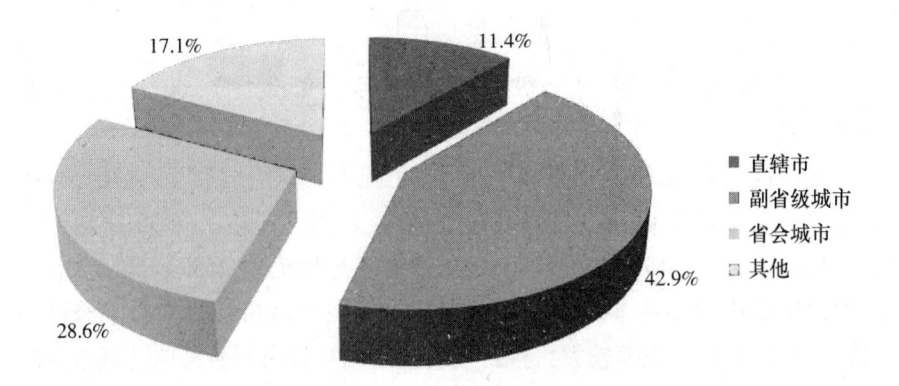

图3　城市社科院城市类别结构

（四）多数城市社科院兼具社科联职能

在调查的35家城市社科院中，单位的职能主要分为三种，一是社科院独立建院，共有10家，占比为28.6%；二是社科院和社科联合署办公，有23家，占65.7%；三是社科联兼具社科院功能，有2家，占5.7%（见图4）。城市社科院大多数同时挂社会科学界联合会的牌子，兼具社科研究、社科团体组织和社会科学普及宣传职责，同时反映出其作为联系广大社会科学工作者的桥梁和纽带的平台作用较强，研究咨询的作用较弱。

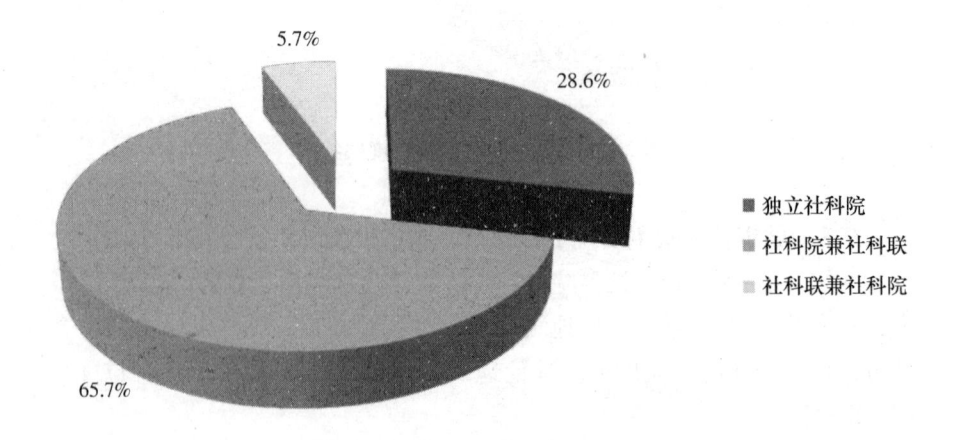

图4　城市社科院单位职能结构

三 城市社科院建设特色新型智库的优势与劣势

（一）优势

1. 接地气

城市社科院对本地和区域经济社会发展的深入研究和掌握具有突出优势。城市社科院通过长期的跟踪、系统研究，在了解地方和区域经济社会发展热点和难点上，在分析、把握地方和区域经济社会发展的问题上，有着突出的优势，并形成自身的特色优势学科。如广州市社会科学院在广州国家中心城市、珠三角区域协调发展，近代中国历史研究方面形成了独特的学术品牌。发挥这种优势是提升城市社科院核心竞争力的内在要求，也是提升城市社科院影响力的重要因素。

2. 重应用

城市社科院在应用对策研究领域具有明显优势。城市社科院既具有一定的理论研究基础，又从事大量的对策研究，和政府决策部门的联系更加紧密，同高校智库和党政智库相比，在应用对策研究方面具有明显优势。相对于高校来讲，社科院更加贴近社会、贴近实践、贴近政府决策。政府部门的研究机构在思维模式方面还存在一定的官员思维模式，暂时还难以独立思考问题。社科院与政府部门"若即若离"的关系，恰恰让社科院具备了智库作用的比较优势，其在拥有前瞻性和长期战略眼光的同时，突出了研究的理论高度和国际视野。

3. 广联系

多数城市社科院与社科联合署办公强化了与社科界的联系与交流。2/3以上的城市社科院和社科联合署办公，兼具社科联的职能。社科联作为党和政府联系社会科学工作者的桥梁和纽带，拥有大量的会员单位，拥有众多的会员，这些均是社科战线上的庞大力量，是智库人才的重要组成部分；同时，拥有众多的会员单位和会员，便利了智库产品的宣传和推广。因此，城市社科院兼具社科联功能，强化了社科工作者之间的联系，便利了智库产品的推广和应用。

(二) 劣势

1. 体制僵

公益类事业单位的体制机制掣肘较多。地方城市社科院多数为公益类事业单位，地方政府一般按照行政机关的办法管理，各种管理制度一刀切，没有充分考虑社科院作为社科研究机构的特殊性和科研发展规律，如在管理体制上，编制管理的刚性难以体现按需设岗的灵活要求；课题经费管理方面，缺乏激励机制和灵活性，难以提高经费使用的效率和合理性；研究成果评价方面，存在评价手段简单、评价指标单一等诸多问题，重数量、轻质量及重同行评价、轻社会评价的评价模式，与新型智库建设要以应用对策研究为主的定位不符；对外学术交流经费的使用限制等，这些政策规定已经严重影响了地方城市社科院的智库功能发挥和进一步壮大。

2. 规模小

多数城市社科院人员、经费投入规模相对较小。城市社科院在人员规模、经费投入规模上相对较小，绝大多数是社科院、社科联一个机构、两块牌子的管理体制。首先，城市社科院多数是 50 人以下的小单位，难以组织大型、持续性课题的研究；其次，多数作为全额拨款的事业单位，城市社科院的发展很大程度上取决于地方财政，财政拨款有限导致科研经费增长缓慢，一些耗时长、资金需求大、涉及范围广的项目难以深入开展。这些造成了城市社科院综合资讯服务能力较差，研究成果存在时效性、针对性低，理论研究与决策咨询脱节等问题，使智库研究成果的咨政功能大打折扣。

3. 人才缺

人才结构不合理，尤其新型智库人才缺乏。首先，缺乏高素质的复合型智库人才。城市社科院目前普遍缺乏熟悉国家有关经济社会政策，了解国情省情，擅长应用对策研究、交叉学科研究的高素质复合型人才。其次，城市社科院人才流失现象严重。公务员队伍收入稳定，高校平台优势和重磅人才优惠政策，导致高端人才向高校和公务员队伍流动的趋势加剧，部分知名专家、学科带头人和科研骨干流向高校或条件较好的科研机构。再次，是人员招聘、人才引进上缺乏必要的自主权。由于缺乏引进高端人才的特殊政策和经费，城市社科院很难招聘到高学历、经验丰富、专业能力强的科研领军人才。人才问题已经日渐成为制约和影响城市社科院发展的重大问题。

四 城市社科院建设特色新型智库需要把握的几个关键

中国特色新型智库之"特"是指坚持中国道路、采用中国视角、聚焦中国发展。城市社科院的出发点和归宿都是为各级党委和政府科学决策、为经济社会发展、为民生改善提供智力支持。中国特色新型智库之"新",主要是针对"传统"而言,具体体现为四层含义:智库研究成果必须以理论创新为基础;智库研究应以科学决策为目的,体现知识与政策的结合;智库研究应体现决策咨询研究的问题导向与前瞻性;智库研究应成为专家学者深度参与公共政策制定的过程。[①]

对于城市社科院而言,建设新型智库应重点把握以下几个方面:一是明确"思想库"定位,强化为地方政府服务职能,为地方党委、政府提供有效的决策咨询,为地方经济社会的发展提供有力的理论支持。二是深化体制机制改革,借鉴国际先进经验建立新型智库运行机制。三是加强院际协作,建立开放式、多层次、跨领域城市智库联盟。四是集聚智库人才,建立高素质的人才队伍。五是积极推进科研手段和方法创新,充分利用大数据等先进手段。

(一) 明确"思想库"定位,服务地方经济社会发展

《关于加强中国特色新型智库建设的意见》中明确指出,加强中国特色新型智库建设,要"以服务党和政府决策为宗旨,以政策研究咨询为主攻方向"。同时要求"地方社科院、党校行政学院要着力为地方党委和政府决策服务"。按照这一定位,城市社科院应主要开展密切联系社会经济文化发展的应用研究和具有地方特色、区域优势的基础研究,作为思想库、智囊团,应为地方党委、政府提供有效的决策咨询,为地方经济社会的发展提供有力的理论支持。

一是要紧跟地方党委政府需求,及时、准确、全面地把握地方党委政府一个时期内的中心工作,紧紧围绕这些中心工作来开展研究,把社会关

---

① 《中国智库的必然选择:特色、新型》,《人民日报》,http://www.qh.xinhuanet.com/。

注、领导关切、群众关心的热点、难点和社会焦点问题，作为应用性、对策性研究的重点，深入研究，大胆探索，力争取得突破性研究成果。二是强化以政策研究决策咨询为主攻方向，高起点，广视野，新思想，要力争对环境变化和未来发展趋势做出深入研究和判断，形成具有较高操作价值的对策建议。三是要将长期战略研究和短期对策研究结合起来，既要注重开展地方经济社会发展中宏观性、战略性、前瞻性的研究，更要注重承担地方党委政府交办和实际工作部门委托的临时性、突发性研究课题，提升具有研究周期短、时效性强等特点的课题研究能力。

（二）深化体制机制改革，借鉴国际先进经验建立新型智库运行机制

建设新型智库之"新"，首先应是体制新，城市社科院建设新型智库的重点在改革创新发展。《意见》中明确指出，"促进社科院和党校行政学院智库创新发展"，要深化研究体制改革，深化国际交流合作机制改革，深化成果评价和应用转化机制改革，落实政府信息公开制度，完善重大决策意见征集制度，建立健全政策评估制度，建立政府购买决策咨询服务制度等要求，都是对社科研究机构的原有运行、科研、管理体制的重大突破创新。

地方城市要根据智库发展的内在规律和要求，学习国际智库行之有效的通行规则，建立一套新的运行机制。一是深化科研考核评价体制机制改革创新，制定适应智库工作特点的评价考核机制，完善以突出质量和绩效为导向的评价机制。围绕成果发表水平、咨询报告数量、采纳数量及影响力、成果转化率及队伍建设、社会影响力等方面，引入对智库研究工作和成果的第三方评价，构建多元化智库研究成果评价体系，坚持定量与定性、即时与延时、行政与学术兼顾。二是深化科研经费管理体制机制改革创新，形成有利于智库建设和发展的科研经费管理体系，把人力资本作为智库经费资源配置的第一要素，解开传统报销制度对科研活力的禁锢与束缚，鼓励多元化筹措经费来源、灵活性人员组织配备。三是深化科研项目管理体制机制改革创新，创新和完善研究选题、立项以及研究过程跟踪机制、成果质量评审机制，以及智库影响力渠道营销机制，形成灵活多样的管理机制和方式，激发智库的潜在活力和动力。

(三)加强院际协作,建立开放式、多层次、跨领域城市智库联盟

在新型智库建设中,智库组织形式的创新成为一项重要的任务,建立开放式、多层次、跨领域的智库联盟是重要的方向。对于城市社科院来说,其服务地方经济社会发展的职能定位相似,可以相互学习共同推进城市研究;城市社科院在建设新型智库中面临的问题相似,可以相互借鉴共同寻求破解发展的障碍;城市社科院开展研究工作有相通之处,可以加强协作取得更大突破;城市社科院的规模相对较小,可以形成合力,扩大社会影响。

城市智库联盟以实现"共享研究资源,汇集咨询成果,提升社会影响,引领城市发展"为总体目标。具体措施有:第一,举办学术论坛,打造城市发展高端智力峰会。以"全国城市智库联盟年会"名义,围绕当前城市发展和智库建设中的重大问题,展开深入研讨,并扩大宣传提升影响。同时,智库联盟也积极支持各城市社科院选择城市发展中的重要议题,主办全国性的学术会议,以"全国城市智库联盟学术论坛"名义,由智库联盟及各成员单位协助宣传和发动,鼓励各城市社科院和相关智库机构的科研人员参与研讨交流。第二,运营传播平台,扩大城市智库社会影响。智库联盟开设并运营城市智库联盟的网站,结合新媒体的发展趋势,开通微博及微信公众号,通过团结各方力量,将自身打造成城市智库的门户网站及宣传推广城市智库的重要平台。及时发布城市智库联盟的活动信息,以及各成员单位的工作动态、工作成果、先进经验。第三,共享基础数据,建设中国城市发展数据库。城市智库联盟统筹协调各城市社科院,集中力量建设以本地数据为主的数据库,同时在各成员单位之间实现数据互联共享。第四,加强院际合作,开展大型联合调研课题。城市智库联盟可以在广泛征集各成员单位意见的基础上,结合国家发展的重大议题策划选题,鼓励各城市社科院结合自身实际和优势切入,并协同开展联合调研,形成既具有地方特色服务当地,又能服务中央为宏观决策提供参考的重大成果。第五,拓宽咨政渠道,编辑《城市决策参考》。选编各院关于城市经济、社会、文化等领域发展的优秀研究成果精华,以内部刊物的形式编印,为城市社科院打造一个高端引领、集中发布、影响广泛的成果发布平台。第六,加大成果推广,出版《中国城市智库》。智库联盟发动各院推荐优秀研究成果,同时围绕

城市发展的重大主题主动策划选题，向各院征稿，精选优秀成果编辑出版《中国城市智库》，将其打造成城市发展决策咨询研究成果的高端发布和推广平台。

（四）集聚智库人才，建立高素质的人才队伍

人才队伍建设是建设有中国特色新型智库的前提与基础，《意见》中明确指出，"各级党委和政府要把人才队伍作为智库建设重点，实施中国特色新型智库高端人才培养规划"。城市社科院建设新型智库，必须加强队伍建设，把引进和培养结合起来，营造吸引人才、凝聚人才的良好环境，着力打造一支结构合理、创造力强，既有良好理论基础，又有把握现实调查能力的优秀智库型人才的队伍。

一是建立健全薪酬体制改革，完善智库人才的激励政策。加快建立健全智库研究职责、工作业绩、实际贡献与报酬挂钩的薪酬制度，规范研究人员工资收入，从制度上明确研究人员在研究咨询经费中智力报偿的比例，激发智库人才不断创新的积极性和主动性。二是大力培养引进人才。重视年轻人培养，为年轻人提供学习深造和提高业务水平的机会，参与政府决策咨询活动和学术交流活动，最终将其培养为适合智库需要的高质量人才；培养跨学科的人才，鼓励智库人才多视角、多层次分析问题，提出解决问题方案；引进有智库建设管理经验的人才，加速提高地方新型智库建设科学化水平。三是建立开放式的智库人才使用平台。探索以成熟型、高端化人才为首选和主渠道的新的人才引进机制。同时，面向海内外吸纳英才。四是探索符合国情的"旋转门"制度，推动智库人才的有序流动。借鉴国外智库人才"旋转门"工作机制，建立智库优秀人才到党政部门挂职、党政官员或卸任官员到智库从事政策研究的机制，畅通智库学者和党政部门之间的流通渠道，让人才自由流动、充分竞争，强化智库决策研究和咨询服务的实效性。

（五）推进科研手段创新，充分利用大数据等先进方法

城市新型智库建设要主动适应哲学社会科学研究方法和手段变革趋势，积极推进科研手段和方法创新。大数据时代无疑将为城市社科院新型智库建设带来巨大机遇。庞大的数据资源及其潜在价值的深度挖掘，将有助于我们更好地把握经济热点和市场动态，数据分析技术也可以帮助我们

更科学地预测经济领域的重大发展趋势，优化智库产品结构、产品形态和服务流程，通过最大限度地实现数据"增值"，进一步提升经济智库产品的竞争力和影响力。大力推进深度信息化进程，积极打造"数字化智库"，全面提高科研手段和科研方法现代化水平。规范数据标准，梳理信息、数值、文献、音视频等数据资源，整合科研成果数据资源，促进数据资源共享，积极打造具有本地城市特色、定位合理、功能齐全的数据库。搭建多元化的新媒体平台，搭建城市新型智库的网站、微博、微信、手机APP。拓展形式丰富的智库成果发布平台与宣传模式。除传统的纸质报告、文章、专著等形式之外，结合新媒体发展的趋势，创新使用音频、视频、图片、长微博等多种形式，发布和宣传智库研究成果，扩大成果的影响。

参考文献：

[1]《关于加强中国特色新型智库建设的意见》，《人民日报》2015年1月21日，第1版。

[2] 王健等：《智库转型——理论创新与实践探索》，生活·读书·新知三联书店2012年版。

[3] 上海社会科学院智库研究中心：《2014年中国智库报告——影响力排名与政策建议》，http://www.sass.stc.sh.cn/zkyjzx/。

[4] 李国强：《对"加强中国特色新型智库建设"的认识和探索》，《中国行政管理》2014年第5期。

[5] 邹巍：《地方城市社科院新智库建设路径选择》，《中国社会科学报》2015年3月26日。

[6] 权衡：《建设新型智库推动决策咨询科学化、民主化》，《中国党政干部论坛》2015年第1期。

[7] 曾培炎：《探索建设中国特色新型智库》，《理论参考》2015年第1期。

[8] 张纪：《智库建设影响国家的未来——访谈中国体制改革研究会会长魏礼群》，《党建》2015年第2期。

（作者郭凡，广州市社会科学院院长、博士、副研究员；李雪琪，广州市社会科学院人事处博士、副研究员。广东省广州市白云区云安路119号 510410）

做建设现代化国际性人文绿都的"最强大脑"[*]

——南京打造新型智库体系的实践与启示

李程骅

摘 要： 进入 21 世纪以来，围绕"现代化国际性人文绿都的城市定位"和战略目标，南京的新型智库体系建设迅速，着力打造咨政服务的"最强大脑"，特别是立足社科资源大市"五路大军"的资源整合，更加彰显智库建设的特色化、专业化、国际化与集成化，在现代新型智库体系建设方面走在了全国同类城市前列，为地方智库更好地服务于党委政府的决策，提供战略应对与对策支持，提供了新的路径和启示。

关键词： 新型智库体系　地方智库　南京实践

一　南京新型智库建设的基本实践与探索

南京市委、市政府积极响应中央和省委号召，于 2004 年提出了建设社科强市的奋斗目标。南京社科界集中各方面智慧和力量，积极投身南京科学发展、和谐发展、率先发展的伟大实践，围绕中心、服务大局，成果丰硕、人才辈出，在推动南京"两个率先"和党委政府科学决策、民主决策中较好地发挥了"思想库"、"智囊团"作用。继 2012 年江苏省出台

---

[*] 课题组成员：叶南客、李程骅、石奎、许益军、周蜀秦。

《加快推进社科强省实施意见》之后，2014年南京市出台了《加快推进社科强市建设的实施意见》，提出了到2020年把南京建设成国内一流的社科强市的新目标；党的十八大以来，习近平总书记多次强调要加强高端智库建设，中央出台了《关于加强中国特色新型智库建设的意见》。中央和省、市的一系列重大决策部署对社科事业发展不断提出了新的更高的要求，持续引领南京新型智库建设走上更高水平。

（一）服务党政决策，对策研究为要

决策咨询是智库建设的核心要务。南京社科院确立把应用对策研究作为学术研究的主攻方向，着眼于南京现代化建设新的实践和新的发展，加强科研工作的前瞻性、战略性和针对性，让更多的学术科研成果进入领导视野、进入党政决策。经过不断的探索实践，2005年起南京市社科联（院）率先组织实施市领导命题研究制度。每年年初由市委、市政府主要领导圈定当年的重大决策咨询课题，科研人员按照要求和规定时限，深入开展调查研究，及时拿出研究报告。十年来，南京市社科院先后完成了《提升江苏文化产业竞争力的路径》、《南京特色科学发展道路研究》、《苏南现代化指标体系研究》、《美丽中国标志性城市的监测评估与建设战略》等200多项省、市主要领导下达的重大社科咨询课题，特别是牵头完成了《大报恩寺佛顶骨舍利综合论证报告》，参与了南京青奥会申办论证、申办报告撰写以及《后青奥南京城市影响力提升研究》等一系列重大研究项目，承担和参与了南京"十一五"、"十二五"发展规划中多项重大规划的编制工作。此外，近五年来还完成了近200项市委、市政府、市政协等领导机构临时交办的各项研究任务，一大批研究成果发挥了重要的决策咨询作用，许多研究工作已直接融入了全市中心工作，得到省市领导的肯定和好评，有的研究报告还被领导批示列为全市领导干部学习会的参考材料。特别是南京市社科院作为专门的科研机构，先后与省委省政府、市委市政府以及各区（县）众多部门开展了广泛深入的合作，完成了一系列发展规划拟定、重大决策论证项目，推出了一大批高质量的研究成果，参与省委组织部组织撰写的《第一资源——科学人才观简明读本》；协助市级机关工委、市委宣传部、市总工会等单位编撰出版的《请人民评判——机关作风评议十年行》、《文明城市蓝皮书》、《南京——创新的热土》等研究文集，获得业内普遍好评。与此同时，南京市社科院注重把学术活动作为咨政的重要平台，通过举办一系列以服务发展为主题的学术论坛和研讨活动，聚集国内外专家，为南京发展建言献策。连续16年组织"南京发展高层论坛"，连续8年举办"宁镇扬区域协同发展论坛"，连续5年举办"南京社科系统学会学术年会"，这些固定的论坛活动已成为科研咨政的重要品牌。此外，南京市社科院每年还根据形势发展，先后举办了"全球城市竞争力论坛"、"城市文化创新高层论坛"、"亚青会与南京城市创新发展论坛"、"政府新闻学会论坛"，以及改革开放30年大型研讨会、南京经济形势分析会等一系列有影响的大型国际国内学术活动。

（二）强化学科整合，夯实智库之基

高水平智库产品的背后，必须以厚实的学科建设和理论积淀为支撑。加强学科建设和基础理论研究，是智库建设长期可持续发展的重要保证。南京哲学社会科学学科建设工作充分发挥驻宁高校云集、基础理论研究力量强大的优势，大力加强重点学科和特色学科建设。在巩固加强哲学、经济学、社会学、教育学、史学等传统优势学科的同时，大力培育和发展区域经济、生态经济、空间规划、城市文化、和平学等一批新兴学科、交叉学科，并取得了重大的成就，不少学科已跻身全国先进行列。城市综合竞争力研究、流动人口研究、南京史研究、社会治理研究等逐步形成特色，市社科院、市委党校、市属高校等先后出版了《市情与市策研究丛书》、《南京文化研究丛书》、《新世纪南京发展论丛》、《和谐社会与城市现代化研究丛书》以及《改革比较研究》、《都市社会的微观再造——中外城市社区比较新论》、《区域文化竞争力研究——江苏文化强省之路》、《中国城市发展：转型与创新》、《中国城市转型研究》、《和平学概论》、《百年南京城市史》等数百套（部）有影响的理论研究丛书和学术专著。其中，2011年出版的《南京对外文化交流简史》在首发式上获得国内外同行的高度评价，《文化为魂——当代南京文化建设研究》入选了江苏省委宣传部马克思主义中国化文库，《中国城市转型研究》等获第十三届省优秀社科成果一等奖。市社科联（院）主办的《南京社会科学》学术杂志，办刊水平位居国内前列，在副省级城市社科联（院）主办的期刊中各项指标持续保持第一，也是国家社科基金资助的唯一的城市社科期刊。

南京市社科院积极承担国家和省级规划研究项目，通过开展重大基础

研究提升理论研究能力和水平。每年的省社科规划和应用精品研究，南京都有不少课题立项，特别是近年来不断申报获批国家社科基金项目，2014年南京社科院有2个课题获得国家社科基金项目立项，是全国城市社科院中获得国家社科基金立项的4个城市社科院之一，且项数最多。2007年南京市恢复了社科规划研究工作，进一步带动了基础理论的研究。南京市社科院还被确定为江苏省决策咨询研究基地、江苏文化强省建设研究基地，河海大学在该院设立了国内首个文科研究生培养基地，之后又被江苏省教育厅、科技厅批准为江苏省研究生工作站；2014年南京市社科院又申报获批了民政部李嘉诚"大爱之行"救助困难群体项目，这也是该项目在江苏省唯一重点示范项目，这些都反映了南京市社科院较强的基础理论研究和教科研实力。近年来，南京社科研究成果获省部级（含南京市）社科优秀成果奖100多项，获省应用精品工程奖30多项，获省市"五个一工程"入选作品奖23项，涌现出了一大批学术理论精品。

（三）推进交流合作，提升智库实力

南京及周边地区具有丰富的研究资源，为智库建设提供了非常有利的条件。为此，南京在智库建设中坚持开放式的发展模式，面向更大范围地整合利用优势资源，以基地为平台、以项目为载体、以人才为节点，整合多方资源，建立起了立足南京，集聚周边，推动政、产、学、研一体的发展格局，打造了南京都市圈及长三角地区社科资源交互合作、高效利用、协调发展的良性生态。

首先是大力开展与省内外高校、研究机构之间的合作，打造协同创新平台。南京市委、市政府与河海大学共建了"中国（南京）人才发展研究中心"，南京市社科联（院）先后与南京大学、东南大学联合成立"中国（南京）城市发展战略研究院"，与上海国际问题研究院联合成立了"长三角国际经济文化研究中心"，与南京大学、市委宣传部联合成立了"南京历史文化研究中心"，还与扬州市历史文化名城研究院、南京大学城市科学研究院共建了"宁镇扬协同创新研究中心"，等等。这些平台的构建大大拓展了发展空间，促进了区域化科研协作，提高了智库建设的水平。

其次，注意加强与各级实际工作部门的合作，将研究的触角向基层延伸、向一线拓展。南京市社科联（院）先后与建邺区政府联合成立了

"河西新城发展研究院",与江东门纪念馆联合成立了"国际和平研究所",与市文物局联合成立了"南京市非物质文化遗产研究所",与江宁区联合成立了"江宁人口与发展研究中心"、"财政管理创新研究基地",与新街口街道联合成立了"社会管理创新研究基地",与栖霞区社建委联合成立了"栖霞社会管理研究中心"等一大批研究基地和中心,还在基层街道社区、中小学校、大型纪念场馆等地建立了19家社科普及基地,不仅丰富了来自基层一线鲜活的研究素材,更为部门和基层发展直接提供了系统的智力支持。

再次,认真学习借鉴国内外智库建设的先进经验,服务于南京的城市发展。及时关注和学习中国社科院率先实施的哲学社会科学创新工程,多次参加上海社科院每年一度的国际性"新智库论坛",与韩国釜山大学、新加坡国立大学等多家国外院校建立了长期的互访关系,与广州、武汉、杭州、沈阳等地社科界进行了广泛的互访交流。南京市社科院还建立了外聘研究员制度,面向省内外聘请了100多名不同领域的专家学者,共同开展研究合作。

(四)拓宽咨政渠道,推动成果转化

智库作用的发挥在于科研成果的转化。这需要构建形式多样的平台和载体,促进研究成果及时高效地转化运用。

第一,在实际工作中,积极鼓励广大专家学者作为一个流动的理论成果载体,主动融入实际工作中。大批社科理论工作者在市、区的人大、政协以及各种专家咨询委员会担任代表和委员,利用不同的时机和场合积极建言献策,推介研究成果。据不完全统计,近年来在南京市人大、政协担任代表和委员的社科专家学者,围绕南京发展中的实际问题和广大人民群众的呼声,递交提案、议案近百项,有力地促进了一些重大现实问题的及时解决。

第二,注意优秀成果的集束包装转化,南京市社科院每年召开驻宁各大媒体参加的课题研究成果发布会,把当年市领导命题研究和其他重大课题研究成果进行集中宣传;每年还出版一本《南京经济社会发展蓝皮书》,在"两会"上发给与会代表,作为代表委员谋划研究工作的参考;从2014年起,出版《金陵智库丛书》、《南京社科学术文库》,把南京社科界当年的重大理论研究成果集中出版发行,形成全国性的品牌。积极发挥专报的短平快作用，把学界最新理论研究成果和学术前沿动态报送市领导参阅。市社科联（院）的《咨政专报》、《理论内参》、《城市跟踪》、《民调专报》等内刊，都及时为市领导提供了大量的动态信息。

二 南京新型智库建设的特点与主要启示

近年来，习近平总书记多次对智库建设做出重要批示，指出智库是国家软实力的重要组成部分，要高度重视、积极探索中国特色新型智库的组织形式和管理方式等。这些重要论述既表明智库建设是推进国家治理体系和治理能力现代化的重要内容，又为建设中国特色新型智库指明了根本方向、提出了总体要求。这既为中国智库的发展提出了挑战，也为各类智库发挥作用提供了广阔的空间。围绕党的十八届三中全会通过的《中共中央关于全面深化改革若干重大问题的决定》明确提出的加强中国特色新型智库建设的要求，回顾南京在新型智库建设的多年探索和实践，认真分析自身的优势和不足，可以为今后更好地落实中国特色新型智库建设的要求拓展更广阔的空间，提供更有成效的路径和对策。

（一）服务决策是智库建设的根本，要在服务中心基础上融入中心

智库建设的提出，最根本的原因、最直接的目的就是服务决策。这是智库价值的根本体现，是智库建设的出发点和落脚点。实践表明，科学理论不服务发展、服务决策是没有出路的。当前，智库建设已上升到国家战略高度，推动科学决策、民主决策，推进国家治理体系和治理能力现代化，迫切需要智库提供强有力、高质量的智力服务，这是智库建设最大的使命和担当。现代智库的核心功能主要在于以服务党委政府与经济社会发展为宗旨，以重大战略问题、现实问题和政策问题为重点，以构建党委政府和社会的"思想库"、"智囊团"为目标，为党委政府科学决策提供强有力的智力支持和智慧服务。围绕中心、服务大局是现代智库工作的基本要求，而围绕中心、服务大局中的"贴近度"、"契合度"，反映出一个智库的实力与品质。

南京智库在建设与发展过程中，在凸显围绕中心、服务大局这一基本工作取向的同时，注重从围绕中心转向融入中心，从服务大局转向服务全局。这种"融入"与"转向"不是简单地做党委政府决策的阐释者、发布者,而是做党委政府的"最强大脑",从方案布局、政策议程到决策评估等多方面与党委政府工作实现无缝对接,全面打造现代社会智库治国的地方样本。对党委政府的重大决策部署,智库完全做到思考在前、研究在前。21世纪以来,南京在推进"三个文明"协调发展特色区域建设、和谐南京建设、全面小康社会建设、率先基本实现现代化、现代化国际性人文绿都建设、苏南现代化示范区建设等重大战略部署中,智库发挥了重要作用。为更好地推进智库融入中心,市委、市政府、市人大还分别出台了《关于加强"三重一大"事项决策和监管的意见》、《南京市重大行政决策程序规则》、《南京市人民代表大会常务委员会讨论决定重大事项的规定》等重要文件,进一步明确了智库在重大战略决策中的地位,更好地发挥了智库作用。此外,市委、市政府还出台《关于强化"智库"支持功能提高决策科学化民主化水平的意见》,从南京智库建设的基本原则、职能定位、组织架构以及运行机制四个方面,对南京现代智库建设进行全面部署。有机整合官方、准官方、官非结合、非官方等咨询机构,从而彻底打通现代智库运行系统,在最大程度上实现智库服务决策的资源整合与平台整合,实现智库与决策中心的有效链接。

(二)健全决策咨询制度是智库建设的关键,要在做强核心基础上做大外围

党的十八届三中全会通过的《中共中央关于全面深化改革若干重大问题的决定》提出要"加强中国特色新型智库建设,建立健全决策咨询制度"。智力资源的发挥,既需要高水平的智库、高质量的成果,同时也需要在智库与决策部门之间建起有效沟通的桥梁。南京多年来的智库建设之所以能较好地发挥咨政作用,就是因为逐步建立起了多种形式的咨政渠道,通过不同的方式将智力成果输送到决策部门。传统意义上智库的核心主要指党政部门研究机构、社科院、党校行政学院、高校、部队院校"五路大军"。早在2007年,中央对中国社会科学院的战略定位就非常明确地提出了"三个定位"的要求,即成为马克思主义的坚强阵地、党中央国务院重要的思想库和智囊团、中国哲学社会科学的最高殿堂。2013年,习近平同志在全国宣传思想工作会议上进一步提出"社科院要把马克思主义作为必修课,成为马克思主义学习、研究、宣传的重要阵地",

可见，在"五路大军"中，社会科学院是新型智库的核心构成。

从南京实践来看，近十年来南京市社会科学院作为核心智库的地位不断彰显。科研咨政、学术成果、服务平台、人才队伍、体制机制等方面建设跻身城市社科院第一方阵，《南京社会科学》成为全国一流社科学术期刊，影响力居城市社科院同类期刊之首。从"五路大军"总体情况来看，南京作为教育名城，高校云集，高校及科研机构的溢出效应非常明显。除了聚力打造南京智库联盟外，以南京市社科院为纽带，南京市委、市政府分别与南京大学、东南大学等高校联合成立中国（南京）城市发展战略研究院，与河海大学联合成立中国（南京）人才发展研究中心等重要外围智库。为更好地借力"外脑"推进城市共治，南京市政府还专门组建法律顾问团，成立城市治理委员会、南京城乡规划委员会，专门出台《关于聘请外国人担任南京市人民政府经济顾问的若干规定》，聘请在海外经济界、科技教育界有实力、有地位、有造诣、有声望的实业家、管理专家、著名学者和其他知名人士担任"南京市人民政府经济顾问"。以社科院为核心，以智库联盟为中轴，以"五路大军"为外围的现代南京新型智库体系架构逐步完善。

（三）创新体制机制是智库建设的动力，要注重在科研咨政基础上服务社会

制度建设管长远、管根本。任何一项事业、一项建设都需要随着形势的变化不断创新工作机制，这是一切事物发展的动力和源泉，智库建设同样如此。客观地讲，放眼国际视野，中国智库发展尚处于初期阶段，体制机制创新亟待加强。回顾南京智库建设的实践，许多工作机制一度固化僵化，阻滞发展。如果没有后来建立起的组织机制、运行机制、激励机制，不管是科研工作还是人才建设，都不会有今天的成绩。智库建设古已有之，但中央提出的建设中国特色新型智库，具有鲜明的时代特征。"特色"是基于发展环境的差异，"新型"则体现经济社会发展的新形势新要求。这表明新型智库建设具有新生事物的特质。因此，在大力推进新型智库建设的过程中，必须不断地进行机制创新，通过建立健全激励、竞争、合作、监督等机制，把各地区、各类别智库组织的比较优势充分释放出来，不断增强智库发展的生命力，提升智库建设的核心竞争力。

现代智库在做好服务决策的同时，还要做好服务社会工作，要"领导批示",更要群众满意。从客观上讲,智库只有把研究报告"写在大地上",真正扎根基层,这样的研究才能"接地气",才能有不绝的源头活水。马克思主义指导下的哲学社会科学和其他哲学社会科学的根本区别也在于,它必须把人民群众的伟大实践作为检验科学研究成果的最高标准,把为最广大人民群众谋利益作为科学研究的出发点和落脚点,把人民群众作为评价科学研究价值的最高裁决者。在这方面,南京市社科院率先做出了榜样,全院上下认真贯彻中央和省市有关深入基层、深入一线调研工作有关要求,开展检查对照,坚持"贴近实际、贴近生活、贴近群众",广泛开展调查研究活动。在组织开展重大研究课题时,要求科研人员首先组织调研组深入社区、高校、企业、社科类社会组织,开展调查研究。同时,还大力开展基层、基础、基地"三基"工程,形成有效机制和平台载体。与区县、部门、街道社区、学校共建一大批研究基地,院外建院、所外建所,建起合作研究院、合作研究所、合作研究基地、合作研究中心等,支撑起了与基层沟通的平台。

(四)在完善体制基础上聚合人才,注重提升智库服务的专业化水平

人才资源是第一资源,也是智库建设的基石。当今时代,智库研究跨部门、跨学科、跨文化融合已成为大趋势。任何经济社会和区域发展问题,仅靠单一部门、单一学科或单一个体已无力穷尽和根本解决。对一些重大的问题,需要打破机构、部门、学科边界,为此,必须力争通过体制机制创新,加强合作、聚合人才,借此提升层次、形成合力。从比较视角来看,智库同一般的 NGO 等社会团体不同,它本质上是产生并推销观念和意见的机构,而"推销"的对象是国家立法和决策机关,与一个国家及地方的政治及行政体制的联系更加紧密。同时,在现代社会,智库作为最重要的政策倡导者,对政策过程的影响已不再局限于仅仅依靠个别领导人或部门,而是受到更开放、稳定的公共决策模式的影响,有效的制度安排则起了关键作用。

南京智库通过多年的有效运作,初步形成了"集思广益型"的智库运行体制与人才聚合模式。2013 年,南京市委、市政府出台了《关于强化"智库"支持功能提高决策科学化民主化水平的意见》,对南京智库建设进行顶层设计,明确了智库建设的六大职能定位,把体制内的行政优势和体制外的学术优势,以及官方、准官方、非官方等咨询研究机构进行有机整合，形成以"一个协调委员会为统揽、三种组织形态为支撑、四种动态信息载体为依托"的智库建设组织架构；并提出组建南京"智库联盟"，打造立足南京、面向全国、放眼世界的智库联合体；形成完善的人才会集机制，综合反映各领域专家学者、业界精英的基本信息。由南京智库协调委员会、市人才办等部门共同参与，设立了南京智库专家总库；市经济社会发展咨询委员会、南京智库联盟等机构分别建立各领域专家智库。加强专业人才队伍建设，把决策咨询研究岗位作为干部成长的重要平台，积极鼓励支持研究人员到部门或基层挂职锻炼，形成研究型与实务型人才双向流动机制。

值得称道的是，南京市不断加大人才工作力度，为各类人才培养创造了良好的环境，更为智库人才培养注入了新的活力。从2011年开始，南京集中力量组织实施重点人才工程。以"紫金人才计划"为龙头，积极抓好党政人才、专业技术人才、高技能人才和社会工作人才等人才队伍建设，不断加大人才发展专项投入，设立了市、区人才发展专项资金，用于开展人才引进、培养、使用、奖励等工作；同时出台了《关于加强全市文化人才队伍建设的意见》，大力实施文化名家、文化名人和各类文化领军人才的引进和培养工程。五年来，南京引进和培养了一大批海内外的各类高端人才，极大地促进了各领域的人才培养工作，也为智库建设输送和培养了一大批优秀骨干。

市社科联目前拥有70多家业务指导学会、数万名会员，南京5个区成立了区级社科联，2015年将实现区社科联全覆盖。这是社科战线上一支庞大的力量，也是智库人才的重要组成部分。近年来，市科联通过组织国内外学习培训、合作开展课题研究、组织学会系统学术沙龙、在学会中开展评优评先等活动，不断培养队伍、锻炼人才，不少学会会员立项完成了多项国家级、省部级重大研究项目，取得了优异成绩。市社科院作为市政府专门的学术研究机构，在人才培养上坚持高起点引进、高层次培养，目前科研人员中高级职称占到近80%、博士占到90%，整体素质位于国内城市社科院前列。

习近平总书记强调，我们进行治国理政，必须善于集中各方面智慧、凝聚最广泛力量。改革发展任务越是艰巨繁重，越需要强大的智力支持。要从推动科学决策、民主决策，推进国家治理体系和治理能力现代化、增强国家软实力的战略高度，把中国特色新型智库建设作为一项重大而紧迫的任务切实抓好。根据这一要求，南京的新型智库建设体系的构建还要在智库建设的制度化、现代化、融合化和国际化等方面，进行更深更系统的探索。要加强南京的智库建设理论研究，探索现代智库发展的规律；要建立南京特色的、科学化的智库评价体系，明确智库发展的评价目标。要从服务功能的分类化、专业化、深度性、操作性等方面入手，加速南京智库建设的技术现代化。在智库建设的国际化方面，必须坚持"走出去"和"请进来"相结合的思路，拓展交流途径，在国际合作中相互学习合作，提升自身水平；同时讲好中国故事，传播中国声音，建设国际话语体系，让地方城市智库在全球事务中发挥越来越重要的作用和产生越来越积极的影响。

(作者李程骅，南京市社科联副主席，南京市社科院副院长、教授。南京市成贤街43号南京市社科院　210018)

对欠发达地区社会科学院建设新型智库的思考

陈 玮

结合中央《关于加强中国特色新型智库建设的意见》和本院实际，我对当前和今后一个时期青海省社会科学院如何立足全局，着力推进科研工作和科研队伍建设进行了调研和思考，形成了一些初步认识。

一 社会科学研究要始终坚持党的领导，坚定政治立场，把握正确的政治方向和学术导向

哲学社会科学是以追求真理为宗旨、与自然科学一样严谨求实的学问。就其总体而言，哲学社会科学具有鲜明的政治和意识形态属性，既是社会主义文化的重要领域，又是党在意识形态领域的重要战线。因此，社会科学院既是专门的学术研究机构，又是党的意识形态部门。即使一些学科不具有直接的意识形态属性，还是存在为谁服务的问题的。科研人员必须坚定政治立场，无论是从事何类学科和何种学术研究，都要固守社会主义核心价值观，明事理、辨方向，运用马克思主义立场、观点、方法指导科学研究。在涉及党的基本理论、基本纲领、基本路线和重大原则、重要方针政策问题上，要立场坚定、观点鲜明、态度坚决。

当前，意识形态领域的较量日趋活跃和复杂，新的全方位的综合国力竞争正在展开，西方敌对势力对我实施西化、分化的战略图谋没有改变，在民族复兴和国家富强的进程中，我们不仅将面临紧迫的经济安全、军事安全、周边安全问题，也将面临严峻的政治安全、文化安全和意识形态安

全问题。在错综复杂的形势下,坚定正确的政治方向和学术导向是社会科学院的首要任务,加强马克思主义坚强阵地建设则是社会科学院义不容辞的职责所在。要做到这两点,我认为最根本的是要抓住三条,一是坚持"老祖宗不能丢",要切实遵照刘云山同志在马克思主义理论研究和建设工程工作座谈会上的讲话精神,始终坚持认真学习马克思主义理论,加强马克思主义学习型党组织和学习型研究机构建设,提升科研人员,特别是领导干部用马克思主义指导科研工作的能力和水平,不断提高政治素质、理论素养和思想道德水准,认祖归宗,正本清源。二是坚持马克思主义基本原理与国情和省情实际相结合,积极推动哲学社会科学研究与中国特色社会主义实践相结合,有勇气、有作为、有担当,旗帜鲜明地对错误思想观点进行说理斗争。三是坚持守住底线,我在省委党校工作的时候,校委会班子经常讲"研究无禁区,课堂有纪律",在社科院,我认为青海省委常委、宣传部部长张西明同志强调的"研究无禁区,发表有纪律",具有很强的针对性,社科研究就要严格讲求政治纪律和学术规范,着眼全局,始终坚持把正确的政治方向和学术导向放在首位,坚持把马克思主义立场观点方法贯穿具体的研究工作,用发展着的马克思主义指导哲学社会科学,求事实之实,求理论之真,经得起推敲,经得起考验,不盲目崇洋,不哗众取宠,不见风使舵,不迷信教条,表达鲜明的政治立场,阐发正确的理论观点。

二 社会科学院要立足国情省情实际,围绕中心工作开展科研活动,谏实言,献实策,谋实效

中央《关于加强中国特色新型智库建设的意见》明确指出,加强中国特色新型智库建设,要"以服务党和政府决策为宗旨,以政策研究咨询为主攻方向"。同时要求"社科院和党校行政学院要深化科研体制改革,调整优化学科布局,加强资源统筹整合,重点围绕提高国家治理能力和经济社会发展中的重大现实问题开展国情调研和决策咨询研究"。可以说,这两个要求既是我们社科院今后科研工作的行动指南,也是我们社科院持续发展的关键所在。

现今时代,作为地方社会科学院,找准职能定位和主攻方向,对实现

其持续发展、凸显其价值地位，具有重要的决定性意义。比较而言，近年来，我院基础学科研究成效显著，但应用对策研究方面取得的成效相对弱化，进入省委、省政府领导视野的研究成果更是呈现递减态势，这也和我在来院后经过调研得出的结论大体契合。

思路决定出路，站位决定地位。中央《关于加强中国特色新型智库建设的意见》已经为青海社科院今后的科研工作确立了方向，标注了位置，我们应当顺势而为，抢抓机遇，以深入扎实的学术研究为基础，发挥社科院人才密集的优势，把科研工作的重心调整到为省委、省政府决策服务上来，调整到为"三区建设"实践和推进"四个全面"战略布局提供理论支撑上来，锐意进取，有所作为，以"有为"促"有位"，在打造中国特色青海特点新型智库方面做出积极探索，取得明显成效。

"有为"与"有位"是社科院智库建设中无法回避的一对关系，如何处理好这对关系，关乎社科院智库建设的成败。"有位"是"有为"的外在因素，"有为"是"有位"的本质要求。有为才能有位，强调有作为是为了争取有地位；反过来，争取有地位是为了更好地促进有作为，有地位才能有作为，否则，社科院就没有学术话语权，也谈不上发挥智库作用。因此"以为求位、以位促为"是社科院智库持续健康发展的重要指针。

社会科学院的"位"是历史形成的，是时代和人民赋予的。今天，社科理论工作者更要靠自身的作为和业绩来确立社会科学院的地位。否则，有"位"也是空位、虚位、闲位。虽然社科理论工作者不是决策者，社会科学院也不是政府职能部门，但是只要我们充分利用被赋予的职责，以科学咨询支撑科学决策，为党委政府决策服务，为经济社会发展服务，开展好全局性、战略性、前瞻性、系统性、综合性研究，推出一批现实性强、指导性强、影响力大的创新性理论观点和决策研究成果，自然就能赢得党委和政府的重视与认同，其地位也就会相应提升。

基于以上考虑，我认为，青海社科院的科研工作目前已经到了一个新的机遇期和转型期，从现在开始，我们要按照中央和省委的要求，把为省委、省政府决策服务和为青海经济社会建设服务作为推动自身发展的动力之源。要深入实际接地气，紧紧围绕省委、省政府中心工作，站在理论与实践结合的制高点上，积极探索研究全面性、前瞻性和战略性的重大理论现实问题，为青海经济社会发展提供理论依据；探索青海不同地区经济社会发展中的基本规律，为地方党委政府决策提供智力支持和决策咨询；探索研究党的建设理论和反腐倡廉建设思路，为省委、省政府出台政策举措提供思想保证；探索研究干部群众普遍关心的热点难点问题，为解决和解答这些问题提供科学论证。把科研工作融入生动鲜活的实践当中，生产一批高质量的现实应用成果，真正做到谏实言、献实策、谋实效，进而提高站位，提升地位。为此，要坚持从以下方面入手。

一是重视前瞻性研究。开展前瞻性研究，研究起点要高，视野要宽，要有超前意识。加强前瞻性研究和预判性研究，既要立足当前，又要面向未来，超前考量问题，预见潮流所在和大势所趋，对深层次、带有倾向性的问题进行科学分析研判。

二是做好时效性研究。对地方党委政府关注的突发问题，应当集中力量，深入调研，快速反应，适时提供对策和建议，真正适应和符合决策者的即时需求，在开展时效性研究时，要广泛搜集信息，掌握第一手资料，对苗头性、突发性的问题要及时判断出其下一步发展态势。提前入手，关口前移，提出应对思路。

三是突出创新性研究。要善于站在经济社会发展前沿和党委政府决策的角度，缜密研究、勇于探索，跳出传统的思维定式，充分利用现代信息技术和手段，不断探索新办法，不断寻求新路径，提出创见，亮明观点。

在这里，还要强调一点，建设新型智库，同样需要加强基础学科建设和基础理论研究。基础学科建设和基础理论研究，是作为高端智库不可或缺的支撑条件。离开基础学科建设和基础理论研究，应用学科和应用研究就失去了根基，提出的对策建议就会缺少理论支撑和科学依据，也就不可能具有真正的决策参考价值。在深入推进新型智库建设的进程中，我们还必须重视基础理论研究，以基础研究提升应用对策研究，以应用对策研究促进基础研究，努力瞄准学术发展前沿，立足当代学术实际，大力加强学科建设，形成具有支撑作用的基础学科，具有较强优势的重点学科，努力构建具有我院特点、符合学术发展规律、时代需要的学科体系，使我院的科研工作百尺竿头，更进一步。

三　社会科学院要开放办院，加强协作，拓展科研合作平台

建设中国特色青海特点新型智库，必须突破原有的封闭模式，实施开

放式办院，积极"走出去"、"请进来"，认真探索合作模式，建立合作平台，发挥整体合力。

一是坚持开放办院，实现"上中下纵横联合"。"上"要站位高远，和中国社会科学院、中国藏学研究中心、四川大学、兰州大学等国内权威学术机构和知名高校等高端智库建立广泛密切的交流协作关系。目前，我们已与中国藏学研究中心签订了战略合作协议，并开展了实质性合作。"中"要互鉴所长，和各省区社科院寻求合作，增进学术交流。"下"要固本强基，与省内各州市党委政府联合设立地方研究院，为我院科研工作的开展提供保障。

二是打通部门界限，联合搭建研究中心智库平台。我们按照"功能分设、深度交流、相互支撑"的原则，根据青海省委、省政府决策需求和青海经济社会发展需要，打破单位和学科界限，建立能够直接承载智库职能的协作团队，联合组建研究中心，合作开展重大现实问题研究和学术活动，实现优势互补，协同创新。2015年6月，我们与青海省委党校合作，联合成立了青海省社会科学院"青海藏学研究中心"。目前，我们还主动与青海省人才办、青海省发改委、青海省商务厅、青海省环保厅、海西州委、西宁市政府、海东市政府等单位联系协商，筹划成立青海人才研究中心、青海丝路研究中心、青海生态环境研究中心等四个非社团性质的研究中心。

拓展和搭建学术交流合作平台，就是要鼓励我院科研人员从封闭的书斋里走出来，改变"闭门坐关"的研究模式，树立合作意识、团队意识，逐步适应重大决策咨询研究联合攻关的需要，主动与经济社会发展实际衔接，与现实需要对接，形成深入实践、融入实际的研究思维，不断提高发现问题、研究问题、破解问题的能力，成为新型智库的骨干成员和中坚力量。

四 社会科学院新型智库建设要立足长远，锐意改革，创新科研工作体制机制

要建立符合智库发展规律的科研体制机制和科研组织形式，以强化智库功能为方向，以改革现行体制机制为抓手，建立适应现代智库发展规

律、有利于生产高质量研究成果和对策建议的科研体制、科研组织形式和运行机制。

（一）推动科研管理方式转变

要紧紧围绕省委、省政府的中心工作，建立新型智库运行机制，对全省重大现实问题进行专项调查研究，定期召开应用对策联席会或科研动态分析会，追踪理论最新动态和全省经济社会发展中的重大问题，交流重大调研课题的进展情况和信息，分析和梳理应用对策研究中的热点和难点问题。统筹科研布局，整合科研项目和科研力量，强化课题跟踪研究和横向比较研究，注重选题的连续性和关联性，力求把课题研究透彻，确保课题研究真正见实效、出精品。完善各类课题管理，加强与学术活动、基层调研、学科建设、科研考核等环节的衔接，以科研工作量考核为抓手，激发科研人员工作的主动性、积极性。加强信息化与服务平台建设，提高科研管理与服务的效率。

（二）强化科研成果转化平台建设

积极完善成果转化机制，提高成果转化效率是衡量智库建设成效的评判依据。我们要建立健全与党委政府的联络沟通机制，完善成果报送反馈制度，在继续通过《青海研究报告》、《青海社会科学》、《青海蓝皮书》以及新创立的《青海研究报告建言版》、《青海藏区要情》五个平台，在为党委政府决策提供理论咨询服务的同时，努力打造多渠道的成果转化机制，根据研究成果的不同性质，通过成果发布、理论研讨、专题论证、学术报告、科普活动、媒介宣传等不同形式对外传播，拓宽转化渠道，确保研究成果能够应用于经济社会发展实践，不断扩大智库品牌效应。

（三）完善科研成果评价机制

建立和完善科学、有效、合理的科研成果评价机制，为推进新型智库建设提供正能量导向。进一步探索统筹基础研究和应用对策研究的成果评价办法，积极营造人尽其才、物尽其用的评价机制。在认真总结经验的基础上，把在多年科研工作中积累起来的一些比较成熟的措施和办法，以文件、规定、管理办法等形式加以规范，进一步完善科研激励政策，为推动理论创新和实践创新提供坚实的制度保障。

(四) 优化学科布局和建设

要适应形势需要,在总结重点学科建设经验的基础上,进一步整合学科资源,优化学科布局,培育新的增长点,发展特色学科和优长学科,加大新兴、交叉学科扶持力度。进一步规范学科管理,增强规划性,使之形成重点突出、特色鲜明、结构合理的学科体系,形成智库建设的强劲合力;进一步建设学术梯队,加大对学术领军人物和学科带头人的扶持力度,加大对青年科研人员的培养力度,以学科建设带动研究方向,彰显学术特色和优势。

五 社会科学院新型智库建设要注重人才队伍建设,提升核心竞争力

人才是新型智库的核心。作为新型智库的人才,要能生产出符合经济社会发展趋势的新思想、新观点、新理念。随着改革开放的不断深入和经济社会发展的转型,哲学社会科学研究发展迈入立足创新、提升质量的新阶段,迫切需要不断拓展研究领域、丰富研究内容、改进研究方法,努力提高创新能力、科研质量和学术水平。新形势新任务一方面需要地方社科院的智库人才不断增强机遇意识和忧患意识,增强责任感和使命感,紧跟时代步伐,把握大局大势,为地方经济社会发展做出应有的贡献;另一方面,地方经济社会的持续发展也需要坚实的理论支撑和智力支持,这就要求地方社科院新型智库人才队伍发挥其整体功能,尽展才智,有所作为。

无论是从学术创新的一般规律而言,还是就地方哲学社会科学发展的现实状况而言,人才的培养、队伍的培育,都始终居于首要位置。围绕地方哲学社会科学创新而实施的一切考虑和规划建设,都应当有效服务于新型智库人才队伍学术创新素质的提升,有利于智库人才创造活力的充分发挥。

地方社科院向新型智库转型迫切要求加强人才队伍建设。随着经济社会的快速发展,经济全球化趋势的不断加强和世界格局的博弈重组,各个层面和不同决策领域对决策咨询产生了巨大需求,尤其是在推进各级党委、政府决策科学化、民主化的进程中,对新型智库人才建设提出了新的

要求。面对新的形势，传统体制下形成的地方社科院，学科设置小而全，研究内容与现实脱节，研究手段与方法落后等问题日渐凸显。人员队伍专业程度不够精深，多学科的协作研究比较少，致力于浅表性研究和政策性解释的比较多，从大局层面、发展层面、现实应用层面出发做研究的比较少。作为地方社科院，在新的形势下适应地方经济社会发展的需要，在地方党委政府决策中发挥好智库作用，迫切需要大力加强新型智库人才队伍建设，加快实现以现实性、宏观性、战略性、前瞻性研究为主的功能转型，切实提高为现实服务的能力与水平。

首先，要大力加强中青年人才能力的培养，不断创新培养方式，丰富培养载体，为中青年人才创造尽可能多的便利条件和发展空间，鼓励他们攻读学位、更新知识结构，在出境培训交流、开展合作研究、到高端研究机构和一流高校做访问学者、到地方党委政府挂职锻炼等方面予以适当倾斜，给他们交任务、压担子，为中青年人才脱颖而出营造良好的成长环境。

其次，依托重点学科、重点项目加强人才队伍建设，积极引进拔尖人才、紧缺人才和后备人才；以提高创新能力和研究水平为核心，加快培养和选拔学术领军人物和学科带头人，以人才强院为指导，提升地方社科院的科研实力和核心竞争力。

再次，要着力培育优秀的管理人才，社科院不仅要培养优秀的科研人才，还要培养优秀的管理人才；社科院不仅要出一流的专家学者，还要出优秀的管理干部。要结合新型智库建设，注重管理人才的培养，建立后备人才培养机制，加大优秀年轻干部选拔和后备干部队伍建设力度，把管理贯穿全院各项工作，以科学高效的管理推动各项工作。

六 社会科学工作者要切实加强道德修养和学风建设

道德修养和学风建设是新型智库建设的内核。作为科研工作者，首先要树立正确的人生观、价值观、荣辱观，具备良好的职业操守和职业道德，自觉维护单位和个人的良好形象，作为"社科院人"而自豪，做明事理、讲道理、重品行的明白人；要俯下身子，以"板凳甘坐十年冷"的精神，克服急功近利思想，刻苦钻研，潜心治学，老老实实做学问，踏踏实实搞科研，把心思集中到出成果、出精品上来；要恪守学术良知，把道德伦理和学术规则内化于心，外化于行，做学问、写文章要有扎实的调查研究、有缜密的推理论证、有可靠的理论依据、有清晰的逻辑辨析，不投机钻营，不抄袭剽窃，不夸夸其谈；要学会欣赏他人的才能，"尺有所短、寸有所长"，学习他人的长处，弥补自己的不足；要提倡做人、做事、做学问相一致，以良好的道德风尚、务实的工作态度、优秀的科研成果，为青海社科院的发展建设尽心竭力，贡献才智。

新的时期要有新的作为，中央《关于加强中国特色新型智库建设的意见》和省委领导的指示为青海社科院的发展建设指明了方向，注入了动力，面对百舸争流、千帆竞发的新形势、新局面，我们要凝心聚力、团结协作，以理论武装和思想创新为支点，乘风破浪，奋力前行，不断提升决策咨询能力和科研实力，服务三区建设，努力实现科研转型，走出一条兼具现实研究、理论创新和文化传承的特色之路，在新型智库建设进程中不断取得新进步，不断取得新成就。

（作者陈玮，青海省社会科学院党组书记、院长。青海省西宁市上滨河路1号青海省社会科学院　810000）

论民族地区新型智库建设与哲学社会科学研究

李 伟 丁延庆

摘 要：民族地区新型智库建设和哲学社会科学研究必须从我国基本国情出发，准确把握我国统一多民族国家的"家底"；以"八个坚持"为根本指导方针；高度重视和遵循中央对当前及今后一个时期民族工作形势的准确把握和科学判断；必须从哲学社会科学的重要功能和作用，从事关党和国家事业发展全局的高度定位，来认识哲学社会科学研究在民族地区发展全局和新型智库建设中的作用；从全面深化改革、加快推进国家治理体系和治理能力现代化，从全面推进依法治国、建设社会主义法治国家的高度，来认识民族地区新型智库建设对于加强民族地区哲学社会科学研究的平台和桥梁作用。民族地区新型智库建设必须走新、特、优、需的发展道路，聚集后发优势，才能实现跨越发展和可持续发展。

关键词：民族地区 新型智库建设 哲学社会科学研究

智库主要是指以公共政策为研究对象、以影响政府决策为研究目标、以公共利益相关课题或项目为研究导向、以社会责任为研究准则的专业研究机构，其通常被称为知识与政策间的桥梁。2014年10月27日，中央全面深化改革领导小组第六次会议审议通过的《关于加强中国特色新型智库建设的意见》提出："中国特色新型智库是以战略问题和公共政策为主要研究对象、以服务党和政府科学民主依法决策为宗旨的非营利性研究咨询机构。"①

哲学社会科学是人们认识世界和改造世界的重要工具。2004年1月5日《中共中央关于进一步繁荣发展哲学社会科学的意见》指出："在全面建设小康社会、开创中国特色社会主义事业新局面、实现中华民族伟大复兴的历史进程中，哲学社会科学具有不可替代的作用。必须进一步提高对哲学社会科学重要性的认识，大力繁荣发展哲学社会科学。""哲学社会科学与自然科学同样重要，培养高水平的哲学社会科学家与培养高水平的自然科学家同样重要，提高全民族的哲学社会科学素质与提高全民族的自然科学素质同样重要，任用好哲学社会科学人才并充分发挥他们的作用与任用好自然科学人才并充分发挥他们的作用同样重要。社会主义现代化，应该有发达的自然科学，也应该有繁荣的哲学社会科学。"②

基于上述考虑，我们认为民族地区新型智库建设和哲学社会科学研究应注重以下三个方面的问题。

一　民族地区新型智库建设与哲学社会科学研究必须从中国基本国情出发

近年来，民族问题引起了中国各类智库前所未有的关注、热议和研究，但是对中国多民族统一国家的国情还缺乏深刻的理解、对党的民族理论政策还不够熟悉的情况在各类智库咨询报告中仍然比较常见。此外，许多智库的决策咨询的理论和问题研究往往或是从西方人类学民族学的理论和概念出发，或是从苏联的经验和理论模式出发，或是从中国封建王朝的历史治理经验出发，这些对于智库的研究固然非常重要，但是，不能从中国多民族统一国家的基本国情出发，却是智库建设和哲学社会科学研究在公共政策的决策咨询中的大忌。这种情况往往使新型智库建设和哲学社会科学在决策咨询中失去基本的根据和事实，成为无本之木和无源之水。当今世界，虽然智库在不同的社会、经济和文化环境中具有不同的特点，但

---

① 中共中央办公厅、国务院办公厅：《关于加强中国特色新型智库建设的意见》，《人民日报》2015年1月20日。

② 《中共中央关于进一步繁荣发展哲学社会科学的意见》，《人民日报》2004年1月5日。

总体来说其目的是一致的，即帮助政府部门提高决策的科学性和合理性。智库的核心工作是研究公共政策问题并提出政策主张，面对复杂的现实问题，智库可以提供相对更专业、更公正的分析，成为知识与政策间的桥梁。如果这种桥梁的基础不牢，智库的桥梁作用就会发生问题。因此，民族地区新型智库建设和哲学社会科学研究必须从中国基本国情出发。

所谓民族地区的新型智库建设和哲学社会科学研究必须从中国基本国情出发，是讲民族地区的新型智库建设和哲学社会科学研究必须准确把握三个基本点。

一是应当知道我们的"家底"。这个家底就是中国是一个统一的多民族国家的基本国情。从大的线条来说，中国有56个民族，全国13亿人口中，少数民族有1亿多人，人口超过千万的少数民族有4个，千万以下百万以上人口的有14个，边疆9省区居住着全国近60%的少数民族人口；中国960万平方公里的陆地国土面积中，155个民族自治地方占64%，新疆若羌一个县的面积就相当于江苏、浙江两个省面积的总和；民族地区森林资源蓄积量占全国的47%，草原面积占全国的75%，水利资源蕴藏量占全国的66%，矿产资源也大多集中在民族地区。与此同时，大多数民族地区自然条件差、发展起点低、历史欠账多，城乡发展差距明显，与东部地区的发展差距不断拉大。

把这个"家底"概括起来，就是民族地区是中国的资源富集区、水系源头区、生态屏障区、文化特色区、边疆地区、贫困地区。集这么多"区"于一身，足以说明民族工作在党和国家工作全局中的重要地位，足以说明民族地区新型智库建设和哲学社会科学研究在民族地区工作全局中的重要地位。只有了解这个"家底"，才能真正了解中国的基本国情，懂得民族地区新型智库建设和哲学社会科学研究有多重要，做好这一工作有多不容易。

二是必须以"八个坚持"为民族地区新型智库建设和哲学社会科学研究的根本指导方针。中国共产党民族工作90多年的实践归结为一点，就是坚持实事求是，一切从实际出发，坚定不移地走中国特色解决民族问题的正确道路。道路关乎国家命运、关乎民族前途、关乎人民福祉，历史表明，一个国家在解决民族问题上选择什么样的模式，是由该国特定的经济条件、社会状况、文化传统和政治制度等各种因素共同作用的结果。中国是统一的多民族国家，正处于并将长期处于社会主义初级阶段，这是中国的基本国情和最大实际,也是我们正确处理民族问题的总依据。中国共产党正是从这个基本国情和最大实际出发,认真总结历史、深刻审察世界,凝聚各族人民的智慧、团结各族人民的力量,坚持独立自主地探索,才找到了一条适合自己的解决民族问题的正确道路。中国长期的革命和社会主义建设实践证明,这条道路是正确合理、行之有效的,是符合中国国情和中华民族、中国人民利益的。

中国特色解决民族问题正确道路的内涵可以概括为"八个坚持"。即坚持党的领导;坚持中国特色社会主义道路;坚持维护祖国统一;坚持各民族一律平等;坚持和完善民族区域自治制度;坚持各民族共同团结奋斗、共同繁荣发展;坚持打牢中华民族共同体的思想基础;坚持依法治国。这"八个坚持",是对中国民族工作理论和实践的科学总结,涵盖了中共关于民族问题的基本理论、政策、制度、法律等各个方面,涉及经济、政治、文化、社会等领域,凝结着几代中国共产党人的智慧、远见和卓识,是做好新形势下民族工作的基本遵循。这"八个坚持"集中回答了在我们这个统一的多民族的社会主义大国,"如何正确看待民族问题,怎样正确处理民族问题"这个民族工作最根本最重大的问题,深刻解答了当前关于中国共产党民族理论政策最集中、最突出的思想困惑,是对中共民族工作经验的丰富和发展。民族地区新型智库建设和哲学社会科学研究的宗旨与它的基本功能,决定了它必须以"八个坚持"作为根本指导方针和基本遵循,偏离了这一方针,建设和研究就会偏离方向,影响决策咨询的科学性。

三是必须高度重视和遵循中央对当前及今后一个时期民族工作形势的准确把握和科学判断。改革开放以来,民族地区经济社会快速发展,民族团结进步不断推进,各项事业取得辉煌成就。同时,随着工业化、信息化、城镇化和农业现代化的深入发展,民族工作的环境和条件发生了根本性变化。正如中央民族工作会议所指出的,在发展社会主义市场经济和实行对外开发的历史条件下,我们的民族工作面临着"五个并存"的阶段性特征,即改革开放和社会主义市场经济带来的机遇和挑战并存,民族地区经济加快发展势头和发展低水平并存,国家对民族地区支持力度持续加大和民族地区基本公共服务能力建设仍然薄弱并存,各民族交往交流交融趋势增强和涉及民族因素的矛盾纠纷上升并存,反对民族分裂、宗教极端、暴力恐怖斗争成效显著和局部地区暴力恐怖活动活跃多发并存。"五个并存"客观全面地揭示了民族工作呈现的时代特征,是对当前及今后一个时期民族工作形势的准确把握和科学判断。近年来对民族工作的若干方面之所以众说纷纭,重要根源就是对形势如何判断。有了这个总判断,就为民族地区的新型智库建设和哲学社会科学研究提供了一个科学根据和准确把握,使建设和研究既统一了思想、凝聚了共识、坚定了信心,又保持了清醒头脑、增强了忧患意识,能够抓住机遇、迎接挑战。

二 民族地区新型智库建设必须以哲学社会科学研究为基础,哲学社会科学研究必须以新型智库建设为依托和平台

智库,中国古时称"智囊"、"谋士"、"门客"和"言官",有着悠久的历史,专指足智多谋、为别人出谋划策的智者。中国古代智囊在历史的演化过程中由来已久,并形成了一套特有的咨询、谋划,甚至参与决策的制度体系。中国历史上,无论是入主中原的少数民族政权,还是中原之外地区的民族部落政权,都有自己的智囊、幕僚,都有这方面的制度安排。但是,现代智库作为服务于政策咨询、决策咨询的专门研究机构,与中国古代的智囊又有着根本上的区别。智库在智囊制度的基础上更加强调运用科学知识与研究逻辑的正确性与必要性,更加强调为复杂局势提出独立的解决方案与路径,更加强调保护社会大众的公共利益,注重"政智结合"、"引智咨政",从而有效地保证现代社会政治的开明化、规范化以及政治制度的有序化。但是,民族地区的新型智库建设,需要以哲学社会科学的研究创新为支撑,需要哲学社会科学的研究为新型智库建设提供新鲜的创新成果和实践素材。民族地区的新型智库建设只有在坚实的哲学社会科学理论支撑下,只有在丰硕的哲学社会科学研究的成果上,才能站得更高,走得更远,更具有可持续发展的能力;才能更加深刻地把握民族地区社会经济发展的特殊性和规律性,为中央和地方政府提供具有创新性的思路和科学性的政策咨询和决策咨询。因此,中央在进一步繁荣发展哲学社会科学意见中把哲学社会科学这种认识世界、传承文明、创新理论、咨政育人、服务社会的重要功能和作用定位在事关党和国家事业发展全局的高度,这是党中央对哲学社会科学地位的最高定位。我们必须从这一高度来认识哲学社会科学研究在民族地区发展全局和新型智库建设中的作用。

它突出地体现在以下几个方面。

一是它事关民族地区发展的理论基础和指导思想。中国特色解决民族地区问题的正确道路，需要科学的理论创新和发展，需要各民族对中华民族伟大复兴的理想和信念，需要中华民族共有精神家园的核心价值观和思想道德基础。没有民族地区的哲学社会科学研究的繁荣和发展，民族地区新型智库建设的创新发展就难以实现。

二是它事关民族地区全面建成小康社会宏伟目标的实现。首先，全面建成小康社会的标准不仅包括"经济持续健康发展"，还包括"人民民主不断扩大，文化软实力显著增强，人民生活水平全面提高，资源节约型、环境友好型社会主义建设取得重大进展"。仅靠经济一项指标是无法实现全面建成小康社会的宏伟目标的，而且经济、政治、社会、文化、生态任何一项文明的发展都需要哲学社会科学提供理论支持和智力服务。

三是它事关国家的软实力和综合国力，也事关民族地区的软实力和综合能力。文化、意识形态吸引力体现的软实力渗透着哲学社会科学的研究能力和水平。民族地区的文化传统、民族精神、民族价值观直接影响着民族地区的经济社会发展，影响着中华民族大家庭的凝聚力和创造力，影响着中华民族精神的弘扬和培育，影响着中华民族共同体的民族自尊心、自信心和自豪感，影响着民族地区物质文明、政治文明、社会文明、生态文明建设的思想保证和精神动力。

四是它事关民族地区的深化改革和依法治国。党的十八届三中、四中全会强调全面深化改革，促进国家治理体系和治理能力现代化；全面推进依法治国，建设社会主义法治国家。这些要求在民族地区，无论是从宪法和法律在本地区的遵守和执行方面，坚持依法治理地方事务，还是在贯彻国家统一政令前提下，依法行使自治权；无论是深化改革，加快民族地区经济社会发展，还是在国家治理体系和治理能力现代化的框架下，促进民族地区地方治理现代化，都离不开哲学社会科学的支撑、支持和保障。

此外，民族地区哲学社会科学的繁荣发展和咨政服务又有赖于新型智库建设的桥梁和纽带作用。美国智库研究专家麦甘博士认为，现代社会中智库是沟通大学、研究机构与政府之间的桥梁。在国家治理现代化的框架下，推进民族地区地方治理现代化的过程中，新型智库扮演着重要角色，具有以下几个方面的积极作用。

一是新型智库为民族地区治理现代化提供新思想、新方法和新路径。新型智库之所以被称为"思想库"、"思想工程",就是因为它能生产和提供新思想、新方法、新路径、新主张。它一般通过稳定的组织系统,长期的系统研究和分析,提出某种政策咨询和决策咨询,并获得公众的支持和决策者的青睐,为政府所接受和使用。

二是新型智库参与政府决策,为中央和地方政府提供政策设计方案和决策咨询方案,间接或直接地参与民族地区经济社会发展和改革。无论哪类智库,大都以承担中央和地方政府委托的研究课题作为自己的业务重心,并且经常围绕着中央和地方政府关心的民族地区经济社会、民族宗教等重大问题提出自己的政策主张和决策咨询意见,定期或不定期地推出有关具体政策问题的研究报告和决策咨询报告以及学术专著。新型智库参与政府决策的多少,提供的政策建议和决策咨询被政府采纳的情况,往往是判断新型智库是否成功参与民族地区地方治理体系的重要标准。

三是新型智库通过引导舆论、启迪公众,促进完善民族地区地方治理现代化。民族地区新型智库的专家学者大都是研究经济社会问题的精英人物,他们的思想观点和研究成果对于民族地区社会思潮的形成与发展趋势具有重要的影响。新型智库对民族地区社会思潮和社会舆论的推动和引导功能主要通过诸如发行出版物、召开研讨会或举办培训活动、与媒体建立联系等手段和方式,有效介入民族地区公共决策。

四是新型智库通过为民族地区党委政府储存和输送人才,提升民族地区治理能力的水平和素养,进而促进民族地区经济社会发展和地方治理现代化。新型智库的核心是组织、研究人员,可以说人才是决定智库生存与发展的关键因素。因此,从这个意义上说,民族地区的新型智库也可以称作民族地区的人才库。一般来说,民族地区智库的人才功能主要体现在两个方面。其一,人才教育培养功能。新型智库将"出人才"与"出成果"列为同等重要的地位,新型智库培养了多少组织者、管理者、研究者,甚至领导者也是衡量民族地区新型智库影响力的重要方面。同时,新型智库也为大批知识精英进入政治精英圈提供了平台和桥梁,新型智库通过政智通道接触大量的决策人物以及内部信息,用以培养年轻精英们分析问题和解决问题的能力。其二,人才输送交流功能。美国智库的"旋转门"机制为世人所普遍接受,即智库核心成员成名之后，往往会被吸纳到政府决策部门，直接作用于美国的政治决策；而原先政府决策部门的官员在退出政坛后，也会在智库找到发挥余热的机会。从而使学界和政界、思想和权力之间得到通畅的交流，有效地促进智库对国家政策的影响作用，提升国家治理能力。可以说，智库与政府的结合有效推动了公共政策的决策科学化和民主化进程，极大地完善和促进了国家治理体系和治理能力的现代化发展。当然，中国的国情与美国有所不同，特别是中国的民族地区，这种"旋转门"的机制往往受到体制和人为的极大阻碍。正因为如此，新型智库的建设将为民族地区政治体制改革起到积极的促进作用，为民族地区哲学社会科学的研究和成果实现提供有效的平台和桥梁。

三 民族地区新型智库建设必须走新、特、优、需的跨越发展道路，聚集后发优势

改革开放以来，中国各种类型的智库如雨后春笋般涌现，历经30多年发展，中国以党政军智库、社科院智库、高校智库和民间智库为主的多元发展格局渐渐显现。目前中国智库发展处于日趋活跃、逐步从封闭走向开放的阶段，但存在的问题也较为明显。中央《关于加强中国特色新型智库建设的意见》指出：智库的重要地位没有受到普遍重视，具有较大影响力和国际知名度的高质量智库缺乏，提供的高质量研究成果不够多，参与决策咨询缺乏制度性安排，智库建设缺乏整体规划，资源配置不够科学，组织形式和管理方式亟待创新，领军人物和杰出人才缺乏。[1] 这些问题在民族地区就显得更为突出。

从外部环境和政策、制度上讲，一是认识观念上的问题。民族地区与沿海发达地区相比，大多数民族地区自然条件差、发展起点低、历史欠账多，远离中心市场和城市集群，城乡发展差距大。这种情况使民族地区人们的思想观念和行为易于封闭保守，习惯简单粗放，接受新生事物较慢。这些因素使民族地区的许多党政领导干部往往对新型智库建设和哲学社

---

[1] 中共中央办公厅、国务院办公厅：《关于加强中国特色新型智库建设的意见》，《人民日报》2015年1月20日。

科学发展的重要性没有足够的重视，没有将其列入党委政府的主要议事日程。二是政策制度上的问题。改革开放以来，家长制作风、长官意识、官本位等现象在民族地区依然严重存在。这种情况使民族地区各级党委和政府在政策制定和重大决策过程中，对充分发挥智库作用、吸收和采纳专家意见和哲学社会科学研究成果往往缺乏制度和政策上的安排，许多政策的出台和决策的产生看似邀请了一些专家学者和智库组织参与，但在制度和政策安排上并没有把它设置为一个必要的不能缺少的程序，专家和智库组织的不同意见不能在制度设计和政策制定中被充分观照，往往被作为一种点缀。三是体制机制上的问题。由于上述两方面的原因，在民族地区的体制建构中，一方面在社会公共治理中由于缺乏社会组织的参与，高校、科研组织的智库和企业、社会的智库往往无法进入党委和政府的政策制定和决策咨询的全过程；另一方面党委政府智库和高校、科研组织智库、企业、社会智库之间在体制设计上也缺乏统一的规划安排和有效的协同创新，因而，无论是在研究的课题、问题、内容、组织、成果还是在资金安排上，都常常出现重复、零散、低效、各自为政、水平不高的情况，不能有效地形成协同创新、高效的研究团队，并提供高质量的研究成果。在运行机制上，由于不能有效地发挥新型智库的作用，知识精英、大众精英和政治精英在重大问题的政策制定和决策过程中无法形成公开透明、平等、有效的对话和咨询。

另外，民族地区新型智库建设和哲学社会科学研究的内部组织机制也存在着许多突出的问题。一是从智库的功能和作用上，党政部门的智库由于体制的制约，往往变成党政领导的秘书处和写作班子；高校、科研组织的智库往往与民族地区经济社会发展相脱离，有时出现自说自话的局面；企业、社会的智库社会发育度低，不能有效地参与地方经济社会发展的重大政策制定和决策咨询。二是从智库的内部组织结构上，民族地区的各类智库绝大多数都是非法人的研究机构，缺乏健全的治理结构及组织章程，其人员、资金缺乏有保障、可持续的来源。研究活动缺乏一定的独立性和多层次的学术交流平台以及成果转化渠道，缺乏功能完备的信息采集分析系统。由于研究人员缺少，不能形成有效的科研团队，加之研究经费和国内外合作交流条件的缺乏，往往不能产生特色鲜明、高质量的研究成果。三是从智库的人才队伍建设上，民族地区由于经济社会发展的落后，哲学社会科学研究和新型智库建设所需要的高层次人才，学术技术骨干，管理、组织、学术方面的带头人，科研团队的领军人物，新型智库的组织领袖人物非常缺乏，特别是高水平的科研团队不能有效形成。这些都严重地影响着新型智库的建设和民族地区哲学社会科学的研究。

因此，民族地区新型智库建设必须走出一条具有地区特色的发展之路，形成新、特、优、需的跨越发展道路。

所谓"新"，主要是针对"传统"而言，具体包含四层意思。一是指智库研究成果必须以理论创新为基础，表明决策咨询研究离不开学术研究的强有力支撑。决策咨询研究虽然是基于现实问题和实践需求，但不能脱离人文社会科学研究和自然科学提供的理论基础。决策咨询研究的重要责任，就是通过语言系统的转换，将理论研究成果转化为能够影响政策制定者做出有助于提升大部分社会成员福祉的公共政策，由此提升理论研究的应用价值。二是指智库研究应以科学决策为目的，体现知识与政策的结合，表明"科学制政"必先于"科学执政"。"科学制政"提供可选择的方向和目标，如果方向和目标不科学，那么"科学执政"就是空中楼阁、无源之水，即便执行再谨慎、再高效也会事倍功半、徒劳无功，导致政府公信力丧失和政府规制失败，甚至导致社会失调失序。三是指智库研究应体现决策咨询研究的问题导向与前瞻性，表明智库研究必须具有实践意义与可操作性。决策咨询的研究成果应当可以落地，转化为实实在在的可执行可操作的政策，而且要在制度设计上具有合理性。四是指智库研究应成为专家学者深度参与公共政策制定的过程，表明权力与知识互相结合的可能性、必要性与重要性。不同类型的智库在弥合知识与政策之间的鸿沟时所采用的方式方法很多，有的通过内参、专家咨询会等形式直接为政策制定者建言，有的选择出版具有影响力的专著、研究报告获取公众影响力，或选择在媒体上发表自己的观点获取媒体影响力，从而间接影响政策制定。不同类型的智库及其采用的不同方式，对政策制定的影响力往往存在较大的差异。选择适合智库发展特点和符合推动科学民主决策内在规律的智库运作机制，对提升智库内在品质和外在影响力，进而提升权力与知识的结合度，无疑具有重要意义。

所谓"特"，是指民族地区新型智库建设在组织建构、智库格局、内涵与功能上的地区特色。主要包含两层含义。一是指在中国多民族统一国家的历史国情条件下形成的具有民族地区特色的智库格局、内涵与功能。目前中国民族地区已形成了党政、科研院所、高校、企业、社会五大智库类型，未来发展的路径是需要在这五种类型的智库之间形成体制内智库与体制外智库、体制内智库之间互相补充、共同发展、协同创新的格局。二是指各类智库集聚民族地区各方的社会精英和国内外的各方社会精英，能从不同视角对民族地区的公共问题提出治理建议，特别是对民族地区经济社会发展中的重大问题和民族宗教问题提供研究成果和科学咨询，并引导民族地区各族人民共同参与这一过程。这是现阶段民族地区新型智库建设的一大重要使命。要实现这一使命，民族地区新型智库除了要具备理论创新、决策咨询、舆论引导、国际交流等功能外，还需要在民族地区深化改革中形成中国特色的"旋转门"功能，架起知识精英、大众精英与政治精英之间相互交流、理解、对话、咨询的功能机制。

所谓"优"，一是指民族地区新型智库的组织机构要优。它既要按照中央关于加强中国特色新型智库建设的意见、要求和基本标准进行建设，又要协同创新，形成自己特色；二是研究成果要优。要针对民族地区的特殊问题，提供高质量的特色鲜明的研究成果；三是研究人员、管理人员、组织领导人员要优。要有一批配套的吸引、培养、合理使用智库研究人员、组织管理人员的差异性优惠政策和制度安排，使民族地区的新型智库成为民族地区精英荟萃的平台；四是建设路径要优。这是民族地区新型智库建设跨越式发展的重中之重。其中一个重要的路径就是开放、合作、交流的"互联网+"。2012年12月7日，习近平在参观考察腾讯公司时指出："现在人类已经进入互联网时代这样一个历史阶段，这是一个世界潮流，而且这个互联网时代对人类的生活、生产、生产力的发展都具有很大的进步推动作用。"2015年李克强总理在《政府工作报告》中推出"互联网+"的概念，要求制订"互联网+"的行动计划，把它纳入国家战略。"互联网+"的建设路径之所以能实现民族地区新型智库建设跨越式发展，集聚后发优势，有几个方面的原因。第一，"互联网+新智库+哲学社会科学+经济社会发展"形成了一个新的地区社会生态，它重复地发挥了互联网在生产要素配置中的优化和集成作用，将民族地区哲学社会科学研究的创新成果深度地融化于民族地区新型智库建设的各个方面，深度地融合于民族地区经济社会发展的各个领域之中，从而提升了地区实体经济的创新力和生产力，提升了地区软实力和综合能力，形成更广泛的以互联网为基础设施和实现工具的经济社会发展新形态；第二，"互联网+"大数据可以为民族地区哲学社会科学研究和新型智库建设形成新的研究方法和数据资料,从而保证研究成果的信度和效度;第三,"互联网+"新组织包括地区内的各类智库组织、社会组织和国内外各类智库组织和社会组织,从而构成新的组织形态,形成"大兵团"协同创新、联合攻关民族地区重大问题、复杂问题的研究;第四,"互联网+"新资源,使在民族地区新型智库建设和哲学社会科学研究中的研究人才、研究资金、研究平台、研究资料得到有效的整合和利用,从而弥补民族地区新型智库建设和哲学社会科学研究中的短板,产生 1+1>2 的效果。更重要的是,"互联网+"主导的创新生态为民族地区深化改革、依法治国、实现国家治理现代化框架下的地方治理体系和能力现代化,提供了一个集聚后发优势的跨越式发展平台。

所谓"需",就是根据中央关于加强中国特色新型智库建设的意见,把民族地区新型智库建设成以战略问题和公共政策为主要研究对象,以服务党和政府科学民主、依法决策为宗旨的非营利性研究机构,以党和国家以及民族地区党和政府所关注和迫切需要解决的重大战略问题和公共政策为研究对象和研究内容,急党和国家之所急,急党和国家之所需,以新型智库优质服务的"作为",换取民族地区新型智库在民族地区深化改革和地方治理现代化中的重要地位,以党和国家最需要的特色鲜明、高质量、高水平的研究成果换取具有较大影响力和国际知名度的高质量智库建设,不断增强中国民族地区治理现代化的国际影响力和国际话语权。

需要指出的是,民族地区新型智库的建设和哲学社会科学的研究,需要在民族地区全面深化改革中得以实现,需要在民族地区地方治理体系和能力现代化的进程中得以完整体现与诠释,需要在中国特色解决民族问题的正确道路中不断辉煌。

参考文献:

[1]《中共中央关于进一步繁荣发展哲学社会科学的意见》,《人民日报》2004年1月5日。

[2] 中共中央办公厅、国务院办公厅:《关于加强中国特色新型智库建设的意见》,《人民日报》2015年1月20日。

[3] 国家民族事务委员会编:《中央民族工作会议精神学习辅导读本》,民族出版社 2015 年版。

［4］马化腾等：《互联网＋：国家战略行动路线图》，中信出版集团2015年版。

［5］王战：《加快建设中国特色新型智库　推进国家治理能力现代化》，《文汇报》2015年3月13日。

［6］《中国智库2014年大事记》，《光明日报》2015年1月14日。

（作者李伟，宁夏回族自治区政府参事、宁夏大学原副校长、教授，宁夏回族自治区银川市西夏区贺兰山西路489号　750021；丁延庆，北京大学教育学院教授，北京市海淀区颐和园路5号　100871）

中国向西开放战略与丝绸之路文明复兴

刘 基

丝绸之路是贯通欧亚大陆的文化走廊，是沟通东西方两大原生文明的桥梁，是中华文明走向世界的首条通道。丝绸之路文明是人类文明历程的重大创举，是人类共同的精神财富。向西开放和丝绸之路经济带建设作为中国全方位对外开放的重大战略构想，顺应了中国对外开放区域结构转型、中国要素流动转型和国际产业转移，中国与其他合作国家经济结构转变、国际经贸合作与经贸机制转型的需要；对维护中国地缘政治、地缘经济、地缘文化、地缘安全利益，对推进丝绸之路沿线各国共同发展与繁荣，实现丝绸之路文明复兴具有重要意义。

一 向西开放和丝绸之路经济带建设是中国全方位对外开放的重大战略举措

2012年9月，李克强总理提出"向西开放是中国全方位对外开放的重大举措"；2013年9月，国家主席习近平提出建设"新丝绸之路经济带"的战略构想；2015年3月，国家发展改革委、外交部、商务部联合发布了《推动共建丝绸之路经济带和21世纪海上丝绸之路的愿景与行动》。向西开放和丝绸之路经济带建设战略构想的提出，引起了国内和相关国家、地区乃至全世界的高度关注和强烈共鸣。

第一，以"和平合作、开放包容、互学互鉴、互利共赢"为核心的丝绸之路文明是东西方交流合作的象征，是世界各国共有的历史文化遗产。在"一带一路"建设正式成为国家战略、"向西开放"成为中国全方位对外开放的重大举措的背景下,在以和平、发展、合作、共赢为主题的新时代,面对复苏乏力的全球经济形势、纷繁复杂的国际和地区局面,如何传承和弘扬"和平合作、开放包容、互学互鉴、互利共赢"的丝绸之路精神,提升中华文明的国际影响力,如何促进沿线各国经济繁荣与区域经济合作、加强不同文明交流互鉴,如何促进世界和平发展,如何扩大开放、促进沿线各国的繁荣发展,成为摆在我们面前、迫在眉睫需要解决的问题。

第二,丝绸之路沿线各国资源禀赋各异,经济互补性强,合作潜力和空间巨大。实施以"政策沟通、设施联通、贸易畅通、资金融通、民心相通"为主要内容的向西开放战略,对中国改革开放的梯次推进、重大战略资源开发利用、国际政治经济新秩序构建、丝绸之路文明复兴具有重大意义。通过向西开放战略的实施,可以有效促进丝绸之路沿线各国相互尊重、和谐包容发展,打造政治互信、经济融合、文化包容的利益共同体、命运共同体和责任共同体,促进丝绸之路沿线国家的共同繁荣。

第三,西北边疆稳定是丝绸之路文明复兴和向西开放的重要基础。丝绸之路横贯中国西北地区,是国家战略伸缩的纵深腹地和向西开放的前沿阵地,是国家边疆安全、生态安全的天然屏障,是民族、宗教、社会问题敏感区,也是中国未来重要的能源接续区、地缘政治经济问题的多发区、经济社会发展的后发区和国防安全敏感区。推进丝绸之路经济带建设和向西开放战略的实施,对弘扬丝绸之路文明、加强民族认同和国家认同、增强中华民族凝聚力、巩固国家统一、促进西北地区经济社会可持续发展、促进西北边疆开发与稳定具有重大意义。

开展中国向西开放与丝绸之路文明复兴研究,其理论价值和现实意义均得到学术界的一致认可。重振丝绸之路沿线地带文化、经贸事业,复兴以"和平、发展、合作、共赢"为主题的丝绸之路文明精神,对维护西北边疆稳定和长治久安、保障西北生态安全,对扭转复苏乏力的全球经济形势、应对纷繁复杂的国际和地区局面、促进中华文化向西开放、推动中华文化走向世界、推进丝绸之路沿线国家共同繁荣发展有重要意义。

二 协同创新研究是推动向西开放和丝绸之路经济带建设的基本需求

丝绸之路沿线地区既包括中国，也包括中亚、西亚、南亚及欧洲各国。丝绸之路文明复兴与中国向西开放问题是一个历史问题，也是一个现实问题；既是国内问题，又是国际问题；既涉及丝绸之路文明内涵的发掘、提炼，也涉及民族、宗教、经济、社会问题的解决。丝绸之路文明复兴与中国向西开放重大问题研究需要建立文理协同、国内国外协同、校内校外协同、学术研究与实际部门协同的跨学科、跨单位、多平台式的协同机制，以便形成研究资源集聚优势。对丝绸之路文明复兴与中国向西开放问题的研究，亟须构建以历史学、文化学为基础，包括民族学、语言文学、宗教学、管理学、地理学、教育学、经济学、政治学、法学、考古学、艺术学等众多学科的创新研究体。以往单一学科各自为政的研究不仅无助于增强创新能力，也不适应国家的需求——"各说各话"往往会加重决策者的认知负担。这就要求我们打破学术壁垒，既关注理论研究，又强调实践研究，做到高校、科研院所、文化事业单位、文化产业部门研究力量的有机结合、协同创新。

丝绸之路中国段包括陕西、甘肃、青海等省和宁夏回族自治区、新疆维吾尔自治区及内蒙古自治区的西部。祁连山、六盘山、昆仑山、天山、帕米尔高原等既是天然生态屏障，也是相邻政区的天然分界线。行政区划上的条块分割，导致各高校和相关科研单位的研究各有侧重，没有形成研究合力，未能产出有重大影响力的研究成果。在"一路一带"建设的重大战略提出后，与"丝绸之路"相关的研究机构如雨后春笋般诞生，但大都关注自己已有的研究领域，优势互补、强强联手、协同创新式的研究机构并不多见。而中国向西开放政策和丝绸之路经济带建设的特殊性更需要合作研究、协同创新。只有通过协同创新，才有助于实现各协同创新单位在科学研究上的互补性、协调性、融合性，有助于系统解决丝绸之路文明复兴与中国向西开放中存在的重大理论问题和现实需求。

三　向西开放和丝绸之路经济带建设研究的重点领域和主要问题

　　服务于国家"一带一路"建设和向西开放战略，面向保障国家经济、生态、文化安全，维护西北边疆稳定，重振丝绸之路沿线地带文化、经贸事业，复兴丝绸之路文明，推进丝绸之路沿线国家共同繁荣发展等重大需求，应有效聚集创新要素和优质资源，构建丝绸之路文明复兴与中国向西开放协同创新的新模式。通过创新体制机制，围绕敦煌与丝绸之路文明、丝绸之路民族文献与宗教关系、丝绸之路考古与出土文献、丝绸之路与中外文化交流、丝绸之路环境变迁与生态安全、丝绸之路地缘政治与经济社会发展、西北边疆治理与中国向西开放战略等重点研究领域和主要研究问题，取得了一批高水平的创新研究成果，创建了国际一流的丝绸之路文明研究高地和高层次人才培养基地、西北边疆治理和中亚问题研究的高端智库、丝绸之路文明国际交流对话的平台和信息资源中心。

　　丝绸之路文明复兴与中国向西开放研究，既包括丝绸之路文明的历史与复兴、中外文化交流史、丝绸之路考古与出土文献、丝绸之路民族文献等基础理论研究，也包括文化遗产传承、文化文明交流、文化产业开发、"一带一路"建设、西北边疆稳定等应用研究。目前亟待攻克的重点研究领域和主要问题有以下几点。

　　第一，**敦煌与丝绸之路文明研究**。敦煌位于河西走廊的西端，是西域古道上无可替代的咽喉枢纽。敦煌文化是民族文化的精华和世界文化的"基因库"，是丝绸之路文化的杰出代表，是中国、印度、古希腊、伊斯兰四大古老文明汇流的见证。丝绸之路是中西方贸易之路和文化传播之路，是古代中国向世界输出文化的通道，也是向世界学习的窗口。敦煌文化走向世界，提升了中华文明的国际影响力。目前敦煌与丝绸之路文明的研究仍存在亟须解决的重要问题，如敦煌与丝绸之路文明复兴的理论与实践问题、敦煌与丝绸之路文献的搜集与整理问题、敦煌莫高窟及西北其他石窟的保护与修复问题、丝绸之路大遗址的保护问题等。

　　第二，**丝绸之路民族文献与宗教关系研究**。包括藏文、维吾尔文、蒙古文文献在内的丝绸之路民族宗教文献是丝绸之路文明的重要组成部分，是西北地区极具特色和价值的文献资料。对其翻译、整理、研究、利用，充分发掘其价值，是丝绸之路文明复兴研究的重要组成部分，既有利于传播文化，尤其是少数民族语言文字、历史、宗教、风俗、文化的研究、传承、传播，也可为今天边疆民族宗教政策的制定提供咨政依据，意义重大。然而与汉文文献相比，少数民族文献语言问题复杂，基础整理工作欠缺，信息化建设滞后，总体来说存在着搜集难、阅读难、研究少、利用率低的困境，这严重影响了丝绸之路民族文化传承、创新的质量。面对这种困境，学术界需要解决以下关键问题：少数民族文献搜集困难问题，少数民族文献翻译、整理水平总体较低问题，少数民族文献信息化、数据库建设严重滞后、文献利用率极低的问题，少数民族文化的传承创新问题等。

第三，丝绸之路考古与出土文献研究。丝绸之路沿线的西北地区既是中华文明的发源地之一，又是中国文明与欧、亚、非三大洲的古老文明接触、交流、互相学习的前沿阵地。数千年文明的孕育、发展、融合、交汇，留下了大量的遗迹、遗址、遗物以及数以万计的珍贵出土文献。丝绸之路文明复兴的前提是对丝绸之路文明基本面貌和精神特质的揭示。对包括遗迹、遗存、出土文献在内的丝绸之路文化资源的整理、研究是推动丝绸之路文明复兴研究的基石。科学发掘、整理、释读这些考古遗物和出土文献的历史信息，不仅对丝绸之路的产生、发展、文化内涵和中西交流等基础理论研究有重要意义，也有利于丝绸之路文明复兴与中国向西开放等应用型研究的深入展开。丝绸之路考古与出土文献研究是丝绸之路文明复兴与中国向西开放研究的重要组成部分，今天的研究也保持着良好的势头，但客观来看，也存在着一些问题，需要重视、解决，如考古学方法、理论、技术与出土文献整理的结合问题，西北本地考古力量、技术不能满足丝绸之路考古与中华文明研究需要的问题，丝绸之路考古的理论创新问题，西北边疆考古、丝绸之路考古与中华文明探源工程的进一步结合问题等。

第四，丝绸之路与中外文化交流研究。丝绸之路是古代沟通旧大陆三大洲最重要的国际通道，是人类文明历程的一项重大创举，数千年来曾为整个人类世界做出过巨大贡献，是中华民族推动世界文明进程的集中反映。2013年9月，习近平主席在哈萨克斯坦纳扎尔巴耶夫大学演讲，提出与中亚各国共建"丝绸之路经济带"的美好蓝图。2014年中国与哈萨克斯坦、吉尔吉斯斯坦跨国联合申遗项目"丝绸之路：长安—天山廊道的路网"顺利通过评审，证明了丝绸之路作为人类文明第一通道的历史地位。发掘和继承丝绸之路巨大的历史文化资源，对于推动当今中外文化交流、实现国家文化战略，具有重要意义。丝绸之路与中外文化交流研究中亟须解决的重要问题是，丝绸之路文化遗产潜在价值的开发问题、世界格局新形势下丝绸之路西段历史文明及交流问题、中华文化的表达与传播问题、中华文明软实力生成和文化资源产业化的问题等。

第五，丝绸之路环境变迁与生态安全研究。丝绸之路沿线的甘青宁新地区处于黄河上游高原地区，既是能源宝库，又是国家重要的生态屏障区，具有重要的战略地位，在历史上曾孕育璀璨的文化。然而由于该地区生态环境脆弱，近年来土地沙漠化、大气污染、矿产资源枯竭、冰川消融、生物物种多样性锐减、水资源枯竭及污染等生态问题越来越突出。区域可持续性发展和国家生态安全，乃至丝绸之路经济带的跨文化交流，都面临着来自环境的巨大挑战。生态安全关系到国家的经济安全与文化安全，采取有效措施保护生态环境、保障生态安全，已成为西北边疆地区发展中亟待解决的问题。总之，丝绸之路环境变迁与生态安全亟须关注的主要问题有环境变迁与人地关系研究问题；环境保护与生态安全问题；资源枯竭问题；在保护生态环境、促进生态修复的同时，促进丝绸之路沿线地区的社会发展问题等。

第六，丝绸之路地缘政治与经济社会发展研究。"丝绸之路经济带"沿线地区自古以来就是地缘政治中的战略要地，即麦金德所谓的"核心地带"。同时，该地区石油天然气等资源储量丰富，加之近年来区域内各国经济发展的外向型特征不断突出，民族宗教等社会问题的外溢性现象持续上升。上述因素的共同作用使"丝绸之路经济带"沿线地区的状况变化已深刻地影响着中国的政治、经济、社会等各个领域的发展。在此背景下，要实现中国西北地区的地缘政治安全和经济社会发展，两方面的问题至关重要：一方面，需要研究中国的"西进"战略，跟踪分析恐怖主义活动以及区域内各国国内政治状况；另一方面，则需要研究"丝绸之路经济带"沿线的区域经济合作及社会治理问题，并对"丝路基金"和亚投行进行预测式的个案分析。需重点关注的主要问题有：丝绸之路经济带建设与中国的地缘经济政治安全问题，中国"向西开放"战略与丝绸之路沿线国家间关系问题，中亚、西亚局势与恐怖主义治理问题，丝绸之路经济带沿线区域经济合作问题，丝绸之路经济带沿线社会治理合作研究，丝路基金和亚投行研究等。

第七，西北边疆治理与中国向西开放战略研究。西北边疆地处丝绸之路黄金段，是中华文明与印度文明、古希腊文明、伊斯兰文明交流的窗口，既是融合各民族及各宗教文化的中西经济文化交流的纽带，又是中华文明向外传播的重要通道。2012年9月，李克强总理提出"向西开放是中国全方位对外开放的重大举措"。将西北边疆治理放到中国向西开放的战略布局下进行思考，会使我们进一步明确西北边疆治理的意义、目标和重点任务。总结历史上西北边疆地区社会治理及对外开放的经验，解决好民族宗教、社会治理问题，在各民族中建立起文化认同，是维护西北边疆安定繁荣、提高中华文明核心竞争力和国际影响力、促进中国向西开放战略顺利实施的重要保证。研究西北边疆治理与中国向西开放战略问题，在目前形势下，已迫在眉睫，有以下问题需要关注：如西北边疆史地研究，民族、宗教与国家安全问题，西北少数民族尤其是部分跨境民族的国家认同感不强问题，边疆稳定与中国向西开放问题，向西开放战略中国家间合作发展法制协同问题等。

另外，中国向西开放战略的提出，是在国际政局新形势下的伟大创举。丝绸之路经济带战略的实施重点在于能源合作、经济贸易、互联互通以及区域合作等多领域、各方面，还涉及反恐合作、共同打击犯罪等问题。无论是哪个领域的往来和交流，都会涉及国与国之间的诸多法律关系和法律问题。向西开放战略需要从新的经济、文化发展方式出发，从当代世界新背景及新走向出发来实施，需要多方位、多层次、多向度的战略考虑，在实施中必须认识到所面临的一些复杂情况和不稳定因素。向西开放的政策体系与法律法规的建设，是稳定开放格局、提升开放水平的根本保障，在向西开放的具体实施中具有重大意义。要打通制约中国向西开放的法律政策瓶颈，加大与丝绸之路沿线各国在政策体系、法律法规等方面的交流与对接，就必须深入研究中国西部地区在向西开放中遇到的新情况与新问题，对不适应向西开放的法律法规进行调整与修正，并积极主动地推进制度创新，从而避免走弯路。这是中国目前亟须深入研究与解决的重大问题。

(作者刘基，西北师范大学原党委书记，丝绸之路文明复兴与中国向西开放协同创新中心主任、教授。甘肃省兰州市安宁东路967号西北师范大学　730070)

从"为行动而思想"到"为思想而行动"

——从智库管理者到农村实践家的经验

朱有志 肖 卫

摘 要：文章基于从智库管理者到农村实践家的经验，探讨智库建设如何做到思想和行动的有机统一和逻辑自洽。文章用"六化"总结了地方社科院工作经验和机制，即：把混沌的世界清晰化，把清晰的世界逻辑化，把逻辑的世界通俗化，把通俗的世界行政化，把行政的世界问题化，把问题的世界行动化。又用开慧村探索农村集体经济的实践历程，进一步探讨从思想理念到发展实践的现实路径，并从实践中得出新的认识。

关键词：行动 思想 智库 农村集体经济 开慧村

在历届地方社科院院长联席会议上，我们很多次探讨智库建设使命和责任，记得2006年的重庆会上，我谈了"六字"；2007年的酒泉会上，我谈了"六变"；2013年的北京会上，我谈了"六没"；为了保持思维的连续性，今年向同志们汇报的体会，可以叫"六化"。

一 为行动而思想：在地方社科院担任管理者经验

"六字"是侧重智库建设中理论家如何进入政治家的"法眼"，而"六变"是侧重就智库建设中理论家的行动空间或创新空间"定位"而说的。在此，特写出一点思维线索和初步想法，供在座的各位参考。

这"六化"是：

把混沌的世界清晰化

把清晰的世界逻辑化

把逻辑的世界通俗化

把通俗的世界行政化

把行政的世界问题化

把问题的世界行动化

在这"六化"中，首先要说明："世界"在这里是客观事物即研究对象的代名词，更明白地说，这里的"世界"用"事物"二字表达或许更准确，只是当初在已出版的《经济道德层次说》一书中已用了这说法，故照原样用。前三化，讲的是"基础"分研究的要求，在《经济道德层次说》中讲的研究程序与要求叙述方法，也就是这三句。

后三化，讲的是在"基础研究"的基础上，可以将"成果"写成"已出论文"的论文，也可不经过写"论文"阶段，而直接进入将"转化"为智库成果的阶段。在这一"转化"的过程中，要经过"三化"的"转化"程序与"转化"要求。

下面，分别读读这"六化"。

（一）将混沌的世界清晰化

这是任何能叫得上"研究"的必须阶段和要求，也就是主要经过对实现世界中研究对象的"抽象"过程。马克思说过，如果现象与本质直接同一，那么一切研究都是多余的。而这种需要"抽象"和"抽象力"的研究，又需要像列宁读过的，要将运动的事物相对"静止"，将相互联系的事物相对"片面"，使之"割裂"，从而"抽象"出单个的理论因素或者理论要素，从而使研究对象在理论世界中相对清晰化。这里需要"抽象力"，这里需要"研究力"。

毋庸讳言，目下不少的智库工作者缺乏这种"抽象力"。

（二）将清晰的世界逻辑化

这是说，要将从混沌的研究对象中抽象出的理论因素或要素——不管是以概念的形式还是以范畴的形式，或者以观念的形式，及至以"模型"

的形式等表现出的"理论世界",如善于逻辑地将其在思维中放在文字上乃至在图表中放在模型系统中表现出来——这里不管时间的先后、位置的主次、数量的多寡、层次的高低、分量的轻重、速度的快慢都需要有一种"逻辑"的分辨和排列。不管是在"思维"中还是在"符号"上都要能使之"表现"出来。

同样,毋庸讳言,时下的不少智库工作者还缺少这种"逻辑力"。我认为缺乏上述的"抽象力"和"逻辑力"就是缺乏"研究力"。

(三) 将逻辑的世界通俗化

我认为,逻辑的世界即理论的世界。而"理论"只有在其能为"实践"服务的条件具备时,才能显示出"理论"的本质力量。

在这里,需要将理论的世界通俗化,使之具有面向外行、深入群众,逼近生活、指导实践的客观条件。我将这种能力叫作"翻译力"。需要强调的是,通俗不是庸俗。如上所述不具备"抽象力"和"逻辑力"是没有研究能力的表现,正像当下,数量不少的博士、教授、研究员都缺乏这种能力,因而,只能在没有经过"抽象"和"逻辑"后的"直白"的世界去堆积文字,拼凑篇章一样,这样的通俗易于堕入庸俗。然而,只能一味地在概念体系和符号世界中兜圈子,并且在符号世界沾沾自喜、洋洋自得,这也不能不说是当下一批所谓"知识分子"的"爱好"。甚至把通俗看成没水平,也不能不说是这一批人的"成见"。这在某些高校的教授中表现得相对突出一点。在"智库"建设也同样成为高校的努力目标时,指出这一点,并非多余。

上述"三化",我认为,还只是"智库"研究工作者做"智库"工作的第一步,尽管是非常重要的一步,然而,毕竟只是"第一步",还必须着力跨出具有实质性效用和效能的以下"三化"的第二步。

(四) 将通俗的世界行政化

这是要求运用已有的理论研究的成果,在"行政"的视野中,去观察、分析、研究与"理论"所对应的客观世界。在这里,所谓"行政化"实际正是"化"行政。即使"理论"的东西进入"行政"的视野或状态与状况,且使之具有对"行政"世界的解读力和解析力,这是一种思维的轮换,我将其叫作"轮换力"。

没有这种轮换力，或者没表现出这种"轮换力"就没有也不能进入"智库"研究的阶段和状态。

这里，需要角色的转变、视线的转轨和能力的转型。

（五）把行政的世界问题化

"智库"工作的一个重要特点就是要为政治家出智慧、出谋略、出招数、出点子。为什么？因为有问题！为此，善于看出问题、精于析理问题、着眼解决问题，才是政治家的需求——也是政治家之所以要智库工作者的原因。

值得指出的是，表象地看到"问题"不算什么，因为"问题"随处可见。而政治家所需要的是要解决影响其存在下去和跃升上去的问题。

这，需要悟性，需要灵性，需要研判力，需要抉择力。

我把这善于看到政治家所最需要解决的问题的能力叫"抉择力"。

（六）把问题的世界行动化

所谓"行动化"，就是要善于将感悟到、研判出、抉择了的问题变为"攻关"的对象，通过"研究"提出具有可操作的具体谋划、规划、方案、方法等。我把这叫"操作力"。

这里，需要习近平总书记所提出的：要懂规律、知要领、晓关键、明节奏。因为懂规律而知始终，知要领而知先后，晓关键而知轻重，明节奏而知快慢。

智库文章未达到上述要求，就不是智库文章，或者不是对政治家认为有用的智库文章。

二 为思想而行动：在开慧村担任第一书记的农村实践

我自2009年开始担任长沙县开慧乡开慧村党支部第一书记，特别是自2013年从湖南省社会科学院院长、党组书记的领导岗位上退下来之后，更是把主要经历投入开慧村的建设中，积极探索农村集体经济有效实现形式。

（一）开慧村概况及主要特征

开慧村位于长沙县开慧镇政治、经济、文化、教育、卫生中心地带。全村共有 3065 人，917 户，35 个村民小组，107 名党员。总面积约 12 平方公里，耕地面积 2920 亩，山林面积 6800 亩，水面积 1250 亩。全村有私营企业 8 家，养猪大户 150 户，蔬菜基地 150 亩，花卉苗木 300 亩，茶叶基地 300 亩，油茶 200 亩。村级道路硬化 23 公里，直达全村各村民小组。村级环保意识较强，生产生活污水采取沼气净化，全村共有沼气池 580 个。开慧村的主要特征包括如下几点。

第一，开慧村是一块红色故土。开慧村是毛泽东同志早期从事过革命活动的地方，是他的亲密战友和夫人杨开慧烈士的生长地。杨开慧的父亲杨昌济先生培养了毛泽东、蔡和森、何叔衡、向警予、郭亮等一批革命先驱，是中国近代史上著名的教育家、伦理学家。同时，中国最早的共青团员、第一位女共产党员、湖南省第一任省妇联书记、中国妇女运动的先驱——缪伯英烈士就出生在开慧村的隔壁村。开慧烈士故居正争创国家级 4A 风景旅游区，也是湖南省首批爱国主义教育基地。

第二，开慧村是一片发展沃土。开慧村距湖南省会长沙 59 公里，东邻京珠高速，西接 107 国道，交通便利，具有独特的人文资源和旅游资源。2009 年，长沙县委、县政府在开慧镇开展板仓小镇建设，将板仓小镇作为长株潭两型社会先行先试的试验区，打造成深具田园养生文化的"中部名镇　红色板仓"和"新农村地标"。板仓小镇建设开展以来，开慧村通过大力开发农业、发展养殖业、私营企业等措施，发展势头强劲，2014 年农民人均可支配收入超过 1.5 万元。

第三，开慧村是农村新型集体经济的探索地。2009 年 12 月 16 日，我经开慧镇党委研究决定，被任命为开慧村党支部第一书记。此后，我开始带领和团结村党支部一班人，提出了"弘扬开慧精神，发展集体经济"的发展理念，争取将开慧村建设成为新时期中国农村新型集体经济的探索地和示范地。

（二）开慧村"五元回馈整体流转"实施方案

经过几年的艰苦探索，我对开慧村发展思路日渐明晰，建设目标愈加坚定。尤其是通过学习习近平同志在全国组织部部长会议上讲话中指出的

"要把发展壮大村级集体经济作为基层党组织一项重大而又紧迫的任务来抓,着力破解村级集体经济发展难题,增强基层党组织的凝聚力,提高村级组织服务群众的能力"重要思想,更加坚定了依托农村集体经济发展,创新村庄治理模式的定位,一定要在开慧村让走发展村级集体经济路子的观念深入人心。

开慧村集体经济实现形式主要体现为"六集":土地集约经营、经济集体发展、产业集群培育、村民集中居住、服务集成供给、文化集片建设。目前,要突破的就是土地集约经营,开慧村从2013年7月开始探讨实践"五元反馈、整体流转"的土地流转模式。开慧村通过召开村支部扩大会议决定在村成立"土地专业合作社",以一种新型的土地流转模式(反租),让村民入社并自愿将土地交给合作社经营,村委会通过"'五元'回馈、整体流转法"保障村民根本利益和长远利益。至2013年10月,开慧村全村863户农户中已经有695户签订了土地整体流转合同,占总数的81%。可以说,开慧村农村集体经济有效实现形式的探索已经迈出了最坚定、最坚实的一大步。

开慧村成立土地专业合作社,由拥有土地承包经营权的农户组成。合作社对全村入社农户土地、山林实行"五元回馈整体流转",将原承包的土地、山林折合成股份,作为合作社通过自主经营或与第三方合作获得的土地经营收益后的分红依据。"五元回馈"的具体内容包括如下几项。

(1)凡入社社员,在其原承包的土地、山林未开发前,仍由其自行耕种和管理,并享有每亩耕地每年100元、每亩山林每年30元的保底股金分红。

(2)入社社员原承包土地、山林由合作社或与第三方开发经营后,每亩耕地每年按600斤晚籼稻谷的市价给予耕地补助金,每亩山林除享有每年100元的山林补助金外,还给予每亩600元一次性补助金,山林植被原则上归原承包者所有。

(3)土地、山林开发后,原承包人在同等条件下享有优先安排到所引进企业就业的权利。

(4)入社5年后,年满60周岁的社员,每月发放100元养老保障金;入社10年后,年满60周岁的社员每月发放300元的养老保障金。

(5)所有入社社员依法平等按持有股份比例获得集体收益的股份分红。

（三）对整体流转后相关问题的处理方案

第一，对入社后农户土地的征收。入社后合同即产生法律效力，村民原承包经营权内的田、山、土均已流转给合作社，意味着原承包经营权已结束，其经营开发权归村集体（合作社）所有。同时，入社后村民已按照所获得的股份额享受了"五元"回馈。因此，如遇征收，征收款依法归村集体（合作社）所有。

第二，对田、山都有承包经营权年限的确定。该合同签订的有效期限与法律法规所规定的田、山承包经营权年限一致，合同到期后按国家政策再定。

第三，对非农业人口的田、山的处理。本社按"没有所有权就没有入社权"的原则处理。只有属于本集体（开慧村）的户口才能享有本集体的土地承包经营权，只有拥有本集体土地承包经营权的村民才享有入社入股本社的权利。

第四，对经济林和一般林的区分。入社时，如村民要求将所承包经营权内的山林确定为经济林，则需向合作社在本合同基础上再次签订租用山林合同（反流转），在合作社没有对该山林进行经营开发收益前可继续自行经营该山林；如遇经营开发，合作社将对经济作物进行合理补助，社员依法遵照本合同所列条款。

第五，对村集体水面入社的处理。水面本属于村集体所有，不存在以个人形式入社。对于自主将原承包经营权内的田改为水面的情况，该水面可视为田地入股入社。

第六，对已流转的田、山、土如何入社的处理。对承包方，本社在充分尊重前流转合同有效性的前提下，将通过协调处理，收回已流转的田、山、土。对村民，合作社允许其将原承包经营权入社入股。

第七，对入社时农户田、山的面积的确立。山林面积通过专业部门实际丈量为准，丈量前先以村民组为单位，组织村民对各自山林界线进行划清，再进行实地丈量，丈量后确权发证。田地面积按直补金所登记的面积为准。

第八，对村庄地域差问题是否在入社计算股份时区别对待。因地域差别，有少部分村民组的田、山、土曾经被征收或征用，对此，本社只接受该承包户未被征收的田、山、土入社入股，已被正式征收的田、山、土不能再入股本社。

(四) 开慧村村庄发展的治理模式创新

第一,对村民基本福利的保障方案。按照"五元回馈"方案,开慧村要保障全村居民的基本福利需要 280 万元左右,这部分资金的来源主要是把村集体土地资源整体打包招标给企业经营,每年基本租金能够保障这一部分基本福利资金支出。同时,通过兴办村集体企业创收,逐渐实行"9+3"义务教育模式,对本村籍考上本科大学全额补贴学费,对 60 岁以上的老年人增加补贴,等等。

第二,建立社员代表大会制度。以村民小组为单位推荐社员代表,本届代表共 36 名。社员代表大会是本社的最高权力机构。社员代表任期 5 年,可连选连任。社员代表大会每年至少召开一次,遇有特殊情况或有 1/2 以上社员代表提议,可以临时召开社员代表会议。社员代表大会必须经有 2/3 以上的代表出席方可举行,社员代表大会通过的决议须经 2/3 以上与会代表同意方可生效,在选举和表决时实行一人一票制。社员代表大会行使下列职权:审议、修改本社章程和各项规章制度;选举和罢免理事会、监事会成员;审议批准董事会、监事会的工作报告;决定本社经营方针和投资计划;审议批准年度收益分配方案;决定本社其他重大事项。

第三,建立董事会制度。董事会是本社社员代表大会闭会期间的常设管理机构。董事会由 5—7 人组成。董事由村党支部推荐提名,经社员代表大会选举产生,每届任期 5 年,可连选连任。董事会设董事长 1 名,常务董事长 1 名,由董事选举产生。常务董事长为本社的法定代表人,并兼任总经理。董事会在社员代表大会闭会期间行使下列职权:负责召开社员代表大会,并向社员代表大会报告工作;执行社员代表大会决议;对本社章程的完善和修改提出建议;制订本社经营计划、投资方案,重大经营方针和投资计划须报社员代表大会批准;制订本社的收益分配方案;负责日常社务工作,决定本社内部机构的设置,聘任、考核和解聘本社副总经理、财务会计和其他工作人员;制定本社的各项管理制度;履行社员代表大会授予的其他职权。董事会议每半年召开一次,由董事长召集。董事会必须有 2/3 以上董事出席方可进行。董事会决议,决定须经半数以上董事通过方为有效。董事会实行一人一票。

第四,建立监事会制度。监事会是本社的监督机构。监事会由 3 人组成，监事由社员代表大会选举产生。监事会设监事长1名，由监事会选举产生。监事任期5年，可连选连任。监事会人员不得在合作社内兼任其他职务。监事会行使下列职权：监督、检查本社的各项活动，并在社员代表大会上公布检查结果；对董事会成员执行社员代表大会决议、决定情况进行监督，对董事会成员违反本社章程和损害本社利益的行为提出处理意见；向董事会提出工作质询和改进工作的建议；可以提议召开董事会、临时社员代表大会；向社员代表大会提出年度监察报告；监事长列席董事会会议。

第五，把党小组建立在合作社。开慧村根据党中央要建设"学习型、服务型、创新型"党组织的指示精神，提出要"认真抓学习、注重搞服务、力求有创新"的工作要求，并做出了"生产什么，就要有什么合作社"和"把党小组建设在合作社"的决定。"支部建在连上"曾经是作为党对军队的绝对领导的重要环节，是中国革命胜利的重要法宝之一。开慧村探讨把党支部建在合作社，是从革命的方法中引出村庄建设和治理方法的创新。

三 行动中的再思考：实践中对集体经济理论的新认识

长期以来，由于实施以分散经营为主的家庭承包责任制，村支两委逐渐丧失了经济组织管理功能。因此，要在市场体制下，发展农村新型集体经济，必须在村支两委下基于民主原则灵活建立各种形式农村新型集体经济组织，并建立健全保障农村新型集体经济组织有效运行的相关规章制度。一方面，新型集体经济组织能够有效组织和管理农村集体资产和农户承包地，以便于有效实现承包地流转，实现土地规模效应和相关资源的市场价值。另一方面，新型集体经济组织是代表村集体与市场对接，与其他市场经济主体合作的法人。

市场机制是优化资源配置的有力杠杆，所以在探索农村集体经济有效实现形式的过程中要大胆地利用市场机制，实现农村集体经济中资源和要素的市场价值。首先，要发挥农村新型集体经济组织的组织管理功能，提升新型农村集体经济的市场竞争力。农民可以委托农村新型集体经济组织让承包地进入市场流转，在保障农民基本权益的基础上以寻求土地和劳动要素最优市场报酬。其次，农村新型集体经济组织通过独立经营、合作经营和委托经营等方式,与企业或其他市场主体合作,引入资本、技术和组织制度,以最大化实现农村集体资产的市场价值。再次,探索城乡土地资源的异地补偿交易模式,提升农村土地市场价值,拓展工业化和城镇化空间。在农村集体经济组织内部,要鼓励农民探索适合农村发展的经济组织形式和合作方式,适应不同层次的生产力水平需要。同时,农村新型集体经济经营模式创新应遵循农民理性选择和集体行动的一致性,重视组织内部代理人激励和组织规模问题。

新型农村集体经济是社会主义市场经济和现代农业经济的组成部分。发展农村集体经济,必须要发挥市场在资源配置中的决定性作用,调动一切可以利用资本参与农村集体经济发展,也只有市场化经营,农村集体资产才能有效地实现农村集体资产的市场价值。但是,在利用资本、发挥资本工具性作用的同时,要防范代表少数人的利益集团利用"资本"工具对广大农民根本利益和长远利益的侵蚀,避免农村集体经济偏离了社会主义的基本方向。所以,在市场化经营农村集体资产有效地实现集体资产的市场价值的同时,要实行农村集体经济收益民主化监管,让农村新型集体经济惠泽全体村民。要在民主决策的基础上,成立专门的农村集体经济收益监管机构,定期向全体村民公布集体经济财务状况,对集体收益实行民主监管。在发展农村集体经济过程中要对农村集体收益实行民主化监管,才能在市场体制下实现社会主义"公正分配",真正做到兼顾效率与公平。只有这样,农村新型集体经济才能惠泽全体村民,这才是农村新型集体经济可持续发展的内生动力。此外,还要加强村支两委班子建设,增强农村新型集体经济发展的核心力和凝聚力。发展农村新型集体经济是在现有的农村经营体制下的改革,必须有一个能够引领、组织和团结全体村民的领导核心和工作班子。首先,村支两委班子必须通过民主选举产生,真正代表集体利益。其次,鼓励现任和离退的党政干部、企业家任村党组第一书记,增强班子开拓能力、创造力。再次,有目的地组织班子成员在全国范围内进行交流、学习,使其能够担当农村经济发展的领导、组织责任,增强发展农村新型集体经济的核心力和凝聚力。[1]

只有这样,才能实现农民既是农村集体经济的发展主体,又是农村集

---

[1] 朱有志、肖卫:《发展农村集体经济要深化"五个认识"》,《毛泽东邓小平理论研究》2013年第2期。

体的利益主体的双重耦合。只有让广大农民自主参与和共享利益的农村集体经济才能发展壮大,才能巩固和完善社会主义基本经济制度,实现人民共同富裕。

四 结论

"为行动而思想,为思想而行动"这个命题体现了辩证唯物主义的本体论、认识论和辩证法。这个命题的提出旨在倡导社科工作者要积极思想,主动行动,实现思想与行动之间的有效结合和有机统一。[1]

所谓"为行动而思想",就是地方社科院的"思想"和"研究"都要围绕省委、省政府的重大行动或重大决策,针对人民群众关心和期盼的重大问题来展开"行动"。比如,通过广泛调研、深入研究,提出开创性的对策和建议,为决策提供科学依据;通过充分论证、科学解读、广泛宣传,以理论的科学性消除误解和疑虑,以统一思想和行动。所谓"为思想而行动",是指社科院这个专门的研究机构,应当为了让思想者(科研工作者)产生有利于行动的思想而行动。也就是说,科研管理工作和科研辅助工作要围绕科研这个中心、服务科研这个大局,营造良好氛围、创造优越条件、创新体制机制、形成管理文件。所以,地方社科院的智库建设,就是要搭建好连接思想理论与实践行动的桥梁,使新的理论成果和研究发现更好地服务于决策。

(作者朱有志,湖南省政协常委,湖南省社会科学院原院长、湖南省社会科学院中国农村集体经济研究中心主任、教授。肖卫,湖南省社会科学院办公室副主任、博士、副研究员,湖南省临空经济研究中心副主任。湖南省长沙市开福区德雅路7号湖南省社科院 410003)

---

[1] 朱有志:《为思想而行动,为行动而思想》(下卷),湖南人民出版社2011年版,第37页。

当前中国伦理道德的"问题轨迹"

樊 浩

摘 要： 当今中国社会伦理道德问题的解释和解决，期待"问题意识的革命"，其要义是由精神世界中"道德的独舞"，进入对伦理道德的"问题轨迹"的哲学诊断及其精神形态的追究。三次持续调查的海量数据显示，当今中国社会呈现"道德问题——社会信任——伦理上的两极分化"的"问题轨迹"，个体道德问题向群体道德问题的积聚，群体道德问题演化为伦理存在和伦理认同危机，伦理存在和伦理认同危机演化为伦理上的两极分化，是"问题轨迹"的精神节点。人的精神世界中逻辑与历史地内在分裂为伦理上两极分化的可能性："单一物"与"普遍物"的"伦"的两极；"高贵意识"与"卑贱意识"的"理"的两极；"贪民"与"贱民"的人格的两极。一旦现实条件具备，可能便转化为现实。现代中国社会伦理道德的精神哲学形态，不是西方式的伦理形态或道德形态，而是伦理与道德一体、伦理优先的"伦理—道德形态"，它是与传统一脉相承的"中国形态"。在伦理上两极分化已经发生并且还在发生的背景下，必须将"道德问题意识"推进为"伦理问题意识"，建立"伦理—道德问题意识"，达到伦理—道德的精神哲学形态的理论自觉和理论建构。

关键词： 伦理道德　问题轨迹　伦理上两极分化　精神形态

引言:"问题意识"的革命

经过一个多世纪的社会转型和欧风美雨的洗礼,现代中国伦理道德到底呈现为何种精神哲学形态?是古希腊的"伦理"形态、近代西方的道德形态、现代西方的伦理与道德的"临界"形态,还是中国传统的伦理—道德一体的形态?伦理与道德还能否作为精神世界环绕生活世界公转的椭圆形轨迹的坐标系的两大文化焦点,一如既往地支撑中国人的精神宇宙,进而在世界文明体系中继续使伦理型的中国文化与西方宗教型文化比肩而立?

问题太大也太重要,难以论证又必须论证。

也许,简捷的路径是对当今中国社会进行一次精神世界的体检和巡阅,在病理诊断中发现和复原生命体质。于是,问题域便从"是什么"的理论思辨转向"缺什么"的现实诊断。"缺什么"的诊断基于对伦理道德的"问题轨迹"的实证分析,在"问题轨迹"中发现道德问题与伦理问题辩证互动的精神节点,由此复原现代中国社会精神世界的本原图像,描绘和演绎伦理道德的精神形态。

仔细反思发现,近现代中国社会忧患意识的"问题式"发生了微妙而深刻的变化。在大众话语中,轴心时代孟子所提出的"人之有道也,逸居而无教,则近于禽兽"的具有形上意义的哲学表达,在近代转型中被表述为"世风日下,人心不古"的日常话语。在这一问题式中,"日下"和"不古"表征同一性与合法性的解构与丧失,而"世风"与"人心"则分别指向伦理与道德,因而文化忧患同时指向伦理与道德,是伦理与道德的双重忧患。然而,30多年来,无论是大众话语还是国家意识形态,文化忧患一以贯之并愈益强烈地指向同一对象:道德。从"滑坡—爬坡"的学术论争,到"公民道德"的国家话语,"道德"毫无例外地都是问题所指和重心所在,"伦理"只是在偶然的学术话语中出场。在现代文化忧患与问题意识中,道德,已经不是精神世界的总体性话语,而是独白性话语;道德,已经成为我们这个时代精神世界中的"孤独舞者"。然而,有待追问的是:"道德"忧患到底为何成为我们这个时代具有根本意义的文化忧患?道德问题到底如何成为我们这个时代不只是精神世界而且是生活世界的重大问题？道德问题到底因何长期难以得到有效解决，以致成为这个时代的社会痼疾？"为何"体现伦理型文化背景下精神世界的"中国国情"；"如何"有待对伦理道德"问题轨迹"的实证分析；"因何"需要在"问题轨迹"的现象学复原中寻找答案。

走出现代中国社会的文化忧患，期待一种"问题意识"的革命，"问题意识革命"的要义，是面向"正在发生的事情"，从对"道德问题"的原子式探讨，进入对伦理道德问题链或"问题轨迹"的诊断和伦理道德的精神形态的追究。

稍许有点学术想象力便可发现，现代中国社会似乎表现出生活世界和精神世界的某种同步性，或"人"的两种再生产的同步性。在人的肉体生命或人种的再生产进入"独生子女"时代的同时，人的精神生命或精神世界的再生产也进入"独一代"。最大特征是伦理与道德分离，道德成为精神世界的"独生子女"，在文化情结和对诸多社会问题的解决诉求中，集万千希冀于一身，也集万千责任、万千风险于一身，在万千宠爱中陷入万千孤独与万般无奈，形成道德在精神世界中的文化孤独与文化"超载"。然而，历史反思和经验事实都表明，无论是道德问题的根源还是其文明后果，都不在道德本身，经常的情况是，道德问题更像人体感冒时的高烧，既是疾病的表征，也是生命与病毒短兵相接的硝烟，伦理，才是其根源和后果。就像今天独生子女时代的诸多社会问题一样，表面上是"独一代"的道德价值问题、行为取向问题，而最后的根源和后果都聚焦独生子女生长的伦理环境及其未来的伦理风险。

长期以来，无论是在理论还是在实践中，伦理与道德的关系都被当作一种学术和思想的奢侈品而被边缘化。在生活世界中认为伦理与道德的区分只是理论上的象牙塔，在学术研究中认为二者的区分只是将简单问题复杂化的多此一举。理论与实践"共谋"的现象学图景是，将所有与善恶相关的意识、行为、关系问题，都当作道德问题。于是，道德不仅因其文化功能的严重超载而力不从心，不仅被迫越俎代庖，而且要承受太多的批评、失望甚至诅咒。更重要的是，这种缺乏哲学教养的不幸粗疏，严重遮蔽了道德问题的深刻社会后果，进而使对伦理道德发展的精神世界规律的探讨、使对伦理道德与生活世界互动规律的探讨，丧失了学术冲动和现实驱动，最后，使对现实生活中伦理道德问题的真正解决成为不可能。在这个生活世界追逐奢侈而精神世界又拒绝精致的时代，关于伦理与道德关系的哲学思辨也许过于不合时宜，但放弃对这一前沿问题的探讨无疑不仅抛弃了学术，而且放逐了现实。两极"商谈"的中庸智慧是：在现实世界中进行伦理与道德关系的现象学复原，在伦理道德的"问题轨迹"中寻找二者关系的真理与真谛。

一 "道德问题—社会信任—伦理上两极分化"的"问题轨迹"

当今中国社会的精神世界的根本问题到底是什么？是道德问题、伦理问题，还是伦理—道德问题？这一诘问不仅关乎"中国问题"的诊断与解决，而且关乎对现代中国社会伦理道德的发展规律、对人的精神世界发展规律的把握，是理论与实践的双重前沿。

2006 年以来三次调查的海量数据表明，[①] 当今中国社会的精神世界问题，表现为由道德到伦理的明晰而深刻的"问题轨迹"：道德问题演化为社会信任的危机；社会信任危机演化为伦理上两极分化。道德问题—社会信任危机—伦理上的两极分化，就是当今中国社会伦理道德的"问题轨迹"。

（一）何种"道德问题"？

当今中国社会最深刻的道德问题到底是什么？三次调查在做出问题诊断的同时，也揭示了问题的强度，以及社会大众的道德心理底线。

1. 诊断

2006 年的"调查一"以价值忧患的方式切入对"道德问题"的调查："你对改革开放的最大担忧是什么？""导致两极分化"与"腐败不能根治"分别以 38.1% 和 33.8% 高居前两位，居第三位的是生态环境破坏（26.2%）（见图 1）。

[①] 本文采用数据来自作者为首席专家或主要参与者的三次调查，分别以"调查一"、"调查二"、"调查三"标注。调查一是 2006 年前后的全国性调查，由六大群体的分别调查和综合调查构成，投放调查问卷近 2 万份；调查二于 2013 年在全国 28 个省区市进行，问卷样本近 6000 份；调查三于 2013 年在江苏省进行，问卷样本近 1300 份。

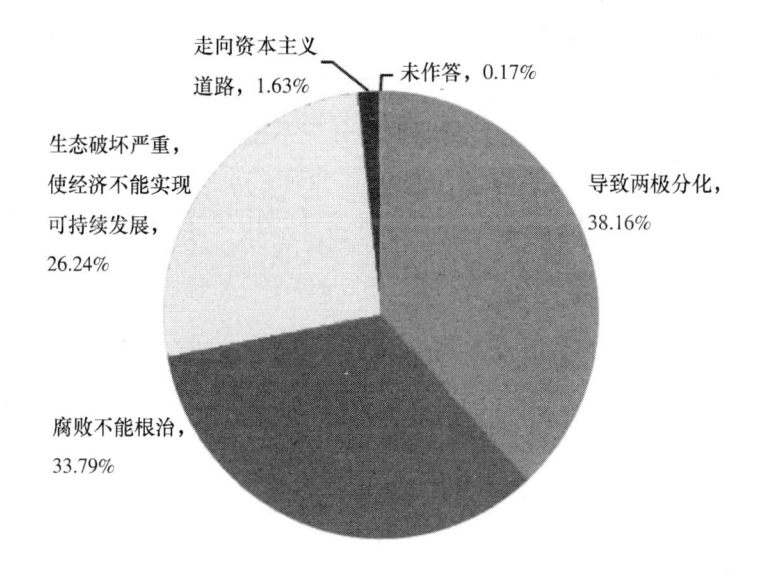

图1 调查一：对改革开放最大的担忧

三大担忧，既是事实判断，也是社会预警，在两极分化和腐败已经成为社会事实的背景下，大众的担忧是"不能根治"。问题在于，"两极分化"、"腐败"因何、如何成为改革开放的两个"最大之忧"？"因何"的深刻根源在于道德的崩坏，而"如何"则表明它们已经由个体道德问题演化为群体道德问题和群体之间关系的伦理问题。群体不能简单等同于普遍，在一般意义上，"最大担忧"预示着它们已经是具有普遍性的社会问题，但普遍之为普遍，并不只在于它们在社会生活中已经大量存在，而且在于它们潜在的群体性。在大众话语中，"腐败"特指官员群体的道德问题，表征经过量的积累腐败已经成为官员群体具有一定普遍性的道德问题；"两极分化"最严重的并不是个体而是诸群体之间的分化，分化的结果也是形成具有群体意义的伦理两极。在这一信息中，个体与群体虽然是两个"最大担忧"的对象，但群体是更深刻的指向，个体向群体的积聚、道德问题向伦理问题的过渡、群体性伦理问题，是对于"两极分化"与"腐败"、"担忧"背后的最大"担忧"。

2. 问题强度

7年后的调查对这两个"最大担忧"和社会预警进行了跟踪，只是变换了问题方式，转换为对两大问题严重程度的判断，并在话语方式上将

"两极分化"表述为"分配不公",因为"分配不公"和"两极分化"具有深刻的因果关联,"分配不公"更易于为经验感知也更具有直接的表达力。"你认为当前中国社会官员腐败和分配不公的严重程度如何?"调查显示,全国 28 个省市的调查中认为"非常严重和比较严重"的超过 70%,江苏省的调查超过 80%(见表 1),问题的严重程度或说"问题强度"为 70%—80%。

表 1　　你认为当前中国社会官员腐败与分配不公严重程度如何?

	分配不公	官员腐败
调查二	非常严重 71.5%	非常严重 72.7%
调查三	非常严重和比较严重 82.2%	非常严重和比较严重 80.5%

三次调查表明,分配不公与官员腐败已经成为当今中国最突出的社会问题。有待论证的是:它们因何、如何是一个道德问题?"官员腐败"是道德问题,准确地说是政治道德问题不证自明,"分配不公"为何不只是经济问题而是道德问题?理由很简单,因为它关乎社会公正,关乎对人的权利与利益的侵占和剥夺。虽然"分配"是经济运行中的一个环节,但分配的"公"与"不公",通过对财富的占有,表征个体与实体的关系,表征经济制度以及处于一定经济制度中的个体之间关系的道德性质,因为"占有"的实质,是对自己和他人劳动的占有,"公"是对自己劳动的占有,"不公"或是对他人劳动的占有,或是自己劳动的被占有,由此所形成的两极分化,本质上是群体的两极分化,是一个群体占有另一个群体劳动而形成的两极。所以,收入、占有、财富三者之间从一开始就存在精微而深刻的殊异:"收入"是经济学概念,"占有"是法哲学概念,"财富"是经济学、政治学和伦理学共有的概念,三者之间的共通在于其道德性。也许正因为如此,经济学家、法学家和哲学家们一开始就形成并且应当不断强化一种共识:分配是一个道德问题。

以下信息对"分配不公"的道德属性做了佐证。"你认为影响当前中国社会人际关系紧张的因素是什么?""分配不公"在调查二、调查三中都由第三因素上升为首要因素(见表 2)。

表2　　　　　　　　　　影响人际关系紧张的因素

	第一因素	第二因素	第三因素
调查一 (多项选择)	过度个人主义 65.7%	竞争激烈，利益 冲突加剧 61.7%	社会财富分配不公， 贫富差距过大 59.9%
调查二	社会财富分配不公， 贫富差距过大 42.5%	缺乏相互理解和沟通 的能力与意识 10.3%	个人主义 8.5% 恶性竞争 8.5%
调查三	社会财富分配不公， 贫富差距过大 18.0%	缺乏相互理解和沟通 的能力与意识 13.5%	缺乏宽容 13.3%

"分配不公"的加剧，成为人际关系日趋紧张的首要因素，其道德性质和伦理后果在这一数据中得到量化的诠释。

3. 道德心理底线

以下两个信息可以表征"官员腐败"与"分配不公"作为"道德问题"的文化性质，以及社会对它承受的道德心理底线。第一，"哪种因素应对当今社会的不良道德风尚负主要责任？"调查三表明，"官员腐败"以41.9%的选择率高居榜首，居第二位的是"社会不良影响"，为37.4%。第二，"你对目前收入差距的态度是什么？"调查二、调查三虽在"不能接受"的心理底线上出现近10个百分点的差异，但"不合理"的价值判断是绝对主流，其"不公"的道德性质获得高度一致的认可，因而这种心理底线实际上是道德心理底线，或道德与心理的双重底线。由于调查三是在江苏地区的调查，而江苏的发展水平远高于全国平均水平，由此可以推测，经济越发达，收入差异越大，人们对它的"不能接受度"越大。调研三已经表明，在发达地区，收入差异已经高于"可以接受"的心理接受度，突破了"不能接受"的道德心理底线（见表3）。

表3　　　　　　　　　　对目前收入差距的态度

	不合理，但可以接受	不合理，不能接受	合理，可以接受
调查二	45.0%	29.5%	13.9%
调查三	37.9%	39.3%	9.6%

(二) 社会信任危机：道德问题向伦理问题的转化

关于"分配不公"与"官员腐败"作为当前中国最突出道德问题诊

断中所隐含的最重要的信息有三：一是高度一致的"不道德"的定性判断；二是"非常严重或比较严重"的定量判断；三是"可以接受"或"不可以接受"的道德心理底线。三大信息的意义在于，"分配不公"与"官员腐败"已经不是个别现象，也不是个别人的道德问题，而是一种普遍的道德现象和群体性的道德问题。于是，便产生了一种可能：道德问题转化为伦理问题；道德问题向伦理问题转化的中介，是社会信任危机。

在现代中国，"社会信任危机"的深刻性，不只在于社会生活中的信任危机，更紧迫的是社会关系中诸社会群体之间的信任危机。社会生活中的信任危机本质上是道德危机，是由道德危机引发的信任危机，社会关系中的信任危机是伦理危机，是群体之间的信任危机。三次调查表明，道德信任危机已经向伦理信任危机转化，伦理信任危机以群体性不被信任的方式表达和呈现。

"你对哪类群体的伦理道德状况最不满意？"三次调查，多项选择的共同结果高度一致：政府官员、演艺界、企业家是当前中国社会最不被满意的三大群体，其中政府官员高居榜首（见表4）。

表4　　　　　　　　　　伦理道德方面最不被满意的群体排序

	第一位	第二位	第三位
调查一	政府官员 74.8%	演艺界 48.6%	企业家 33.7%
调查二	政府官员 48.8%	企业家 23.2%；商人 30.7%	演艺界 25.6%
调查三	政府官员 54.6%	演艺界 44.8%	企业家 43.5%；商人 46.4%

三次调查，结果相同，不能不说明问题。这一信息的重要内涵在于：第一，这是一种群体性的不满意或不信任，表示整个社会对某一或某些群体的不满意或不信任，是群体性或群体之间的信任危机。第二，这种信任危机，是由道德危机而引发的伦理危机，即由道德问题所引发的伦理危机，调查所呈现的三大群体不被满意的主要理由或问题指向分别是：官员腐败，以权谋私；演艺界炒作绯闻丑闻，污染社会风气；企业家不讲诚信，损害社会利益。第三，更应当引起警惕的是：在政治、文化、经济上掌握话语权力的三大群体，恰恰是伦理道德上最不被满意或信任的群体。

尤其值得注意的是，关于伦理道德方面最不被信任群体的判断，不仅是一种事实判断，而且代表一种社会态度，因而也是一种价值判断。由此，这种判断的内核和本质，是一种伦理信任，是诸社会群体之间的伦理信任。支持这一假设的事实根据是：两个不同时段的三次调查中，对政府官员不满意或不信任率下降，但对演艺界和企业界的不信任率提高，这说明，国家惩治腐败的举措收到了实质性效果，不仅是政治效果，而且是伦理效果。

（三）伦理上的两极分化

如果说伦理道德方面三大最不被满意群体表征一种社会信任危机，以及由道德问题向伦理问题的转化，那么，关于诸社会群体在伦理道德方面的满意度与不满意度的判断，则在相当程度上表征中国社会已经出现伦理上的两极分化。

1. 不满意度排序

调查二、调查三对当今中国社会对诸社会群体在伦理道德方面的不满意度进行了定量调查和排序，发现对政府官员、商人、演艺界和企业家的不满意度依次最高，对工人、农民、教师、专家学者的不满意度依次最低（见图2、图3）。

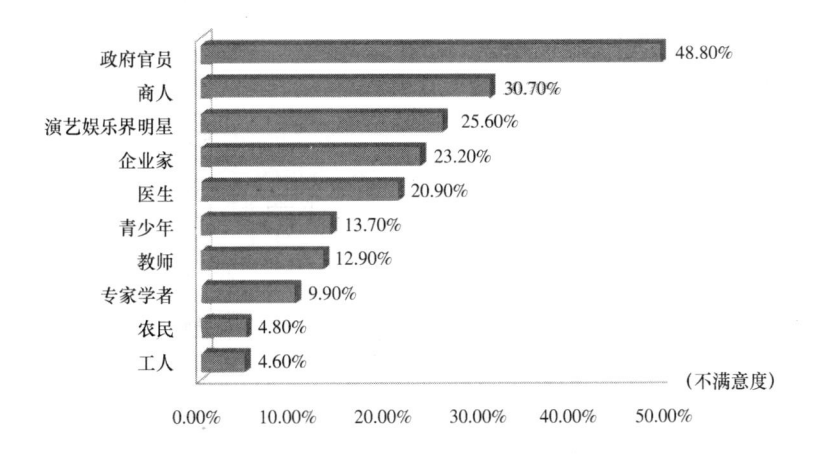

群体	不满意度
政府官员	48.80%
商人	30.70%
演艺娱乐界明星	25.60%
企业家	23.20%
医生	20.90%
青少年	13.70%
教师	12.90%
专家学者	9.90%
农民	4.80%
工人	4.60%

图2　调查二对社会群体伦理道德状况不满意度

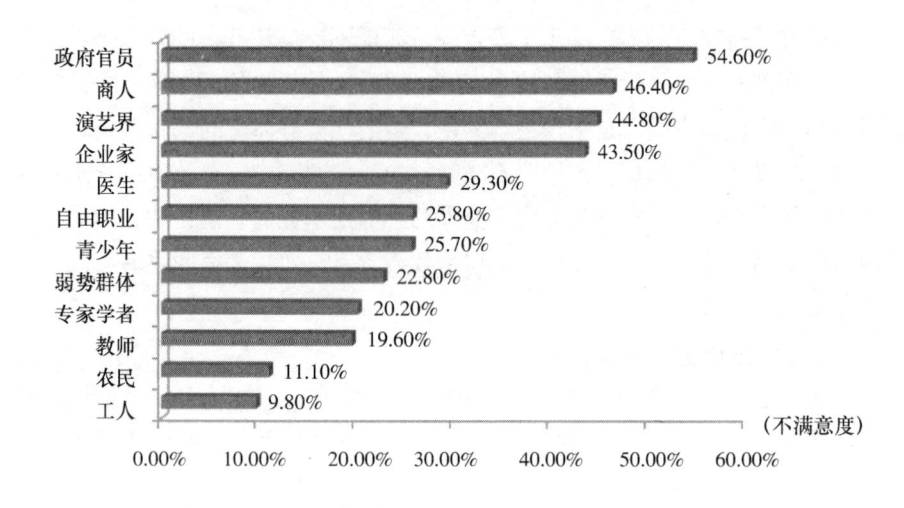

```
政府官员                                           54.60%
商 人                                        46.40%
演艺界                                       44.80%
企业家                                      43.50%
医 生                      29.30%
自由职业                 25.80%
青少年                   25.70%
弱势群体              22.80%
专家学者            20.20%
教 师             19.60%
农 民       11.10%
工 人      9.80%
                                              (不满意度)
0.00%  10.00%  20.00%  30.00%  40.00%  50.00%  60.00%
```

图3　调查三对社会群体伦理道德状况不满意度

2. 满意度排序

"你对哪些群体的伦理道德状况最满意？"满意度排序是：工人、农民、教师、专家学者依次最高（见表5）。①

表5　　　　　调查二、调查三对社会群体伦理道德状况满意度　　　　（%）

	农民	工人	教师	专家学者	青少年	医生	企业家	商人	政府官员	演艺界	弱势群体	自由职业
调查二	56.1	46.4	55.2	43.8	39.3	41.5	19.1	16.4	15.2	12.4		
调查三	87.7	89.9	79.6	76.6	73.3	70.5	51.6	52.9	44.5	41.5	74.8	70.9

以上信息的深刻意义，不在于对满意—不满意群体的判断，更重要的是政府官员、演艺界、商人、企业家及工人、农民、专家学者、教师之间在伦理上的两极分化与两极对峙。如前所述，前者是政治、文化、经济上掌握话语权力的群体，而后者则在相当程度上是草根群体。人们一般都指认并深深地忧患经济上的两极分化，然而，伦理上的两极分化至今未被发

---

① 此信息以第二、第三次调查为依据并进行排序。全国调查分满意、不满意、一般三种，前两种之外为"一般"，"一般"未列在表中；江苏调查分非常不满意、比较不满意，非常满意、比较满意四种，表中进行两两合并。

现,更未被承认。伦理上的两极分化是比经济上的两极分化更深刻、更严峻的社会现象和社会问题,因为它不仅是生活世界的两极分化,而且是精神世界、价值世界的两极分化,极易演化为文化的两极分化,并且极易过渡为政治上的两极对峙,是伦理道德问题、社会问题积累到相当程度的极为重要的信号。同时,工人、农民、教师等草根群体成为道德上最受信任和满意的群体,也传递了另一个重要的文化走向:"礼失而求诸野",当今中国社会的伦理道德在精英群体集体失落之后,是否正在进入一个"草根时代"?

另一个信息似乎可以支持这一假设。"你的思想行为受什么人影响最大?"调查发现,随着伦理道德问题的演进,社会影响力群体发生重心下移,从知识精英转移为父母和教师,而政府官员和工商界精英则位于最后(见表6)。

表6　　　　　　　　　对思想行为影响最大的群体　　　　　　　　　(%)

	父母	教师	知识精英	政府官员	工商精英
调查一 (问卷不同)	未列入	未列入	48.0	25.2	17.4
调查二	67.7	40.9	15.8 (先哲3.1)	12.1	2.2
调查三	59.1	11.2	2.7 (先哲6.3)	11.9	1.9

这一结果传递了一系列重要信息。其一,在当今中国,家庭依然是社会、文化和伦理道德的本位。父母成为高居思想行为的影响力群体之首,不能被一般性地诠释为"父母是子女的第一位导师",而是标示家庭的自然伦理实体在道德、在人的精神养育中的策源地地位,这是中国伦理型文化的特征,也是伦理型文化的最重要基础,佐证了当今的中国文化依然是伦理型文化,同时也佐证了伦理是道德的基础。其二,它与图2、图3和表5所显示的精英群体与草根群体在伦理上的两极分化相一致,虽然父母和教师不能笼统地归结为"草根",但政府官员和工商精英无疑是政治和经济精英。其三,政府官员和工商精英以极小的影响力偏居影响力群体之末,这不能不说是精英层的文化地位、伦理道德地位在现代中国社会的集体失落。

（四）结论：伦理道德的"问题轨迹"

综上，当前中国社会已经开始从经济上的两极分化发展为伦理上的两极分化，中国社会的精神世界，呈现为一道从道德问题向伦理问题演进、从伦理问题向伦理上两极分化演进的"问题轨迹"。"问题轨迹"的过程与中介是：从个体道德问题到群体道德问题，从群体道德问题到社会信任危机，从社会信任危机到伦理上的两极分化。由分配不公导致的经济上的两极分化在调查中已经被指认为当前中国社会的忧患之首，或最大的"改革开放之忧"，它被70%以上的人认为已经达到"非常严重和比较严重"的程度，并且在"不合理"的绝对主流判断下接近或达到"不能接受"的道德心理底线。特别重要的是，经济上的两极分化一开始就具有深刻的道德内涵，或者说在相当程度上是道德问题积累的结果——不仅是分配不公的结果，而且是不道德行为的结果，因为，不仅分配本身是一个道德问题，分配不公是制度性不道德，而且经济上的两极分化与官员腐败、演艺界污染社会风气、企业家唯利是图等强势群体的不道德行为存在因果关联，或者说，它在相当程度上不仅是分配的结果，而且是不道德行为的结果。于是，两极分化从一开始就具有经济和道德的双重性质，既是经济问题、分配制度问题，更是严重的道德问题。这是中国社会的经济上两极分化与西方社会迥然不同之处，是两极分化的"中国问题"，于是，它不仅具有分配制度上的不合理性，更具有道德上的不合法性。也正因为如此，经济上的两极分化问题的真正解决，不仅有待于分配制度的改革，更有待于一场道德觉悟乃至道德革命。

经济上两极分化向伦理上两极分化的转化，是通过社会信任危机的中介。三次调查中对政府官员、演艺界、企业界一以贯之的伦理道德上的不信任，已经说明当前中国社会信任危机的真实性、严重性及其文化性质。如前所述，这种信任危机，不是一般性的社会信任危机，即社会生活中个体与个体之间的信任危机，而是对一个群体、几个群体，更严重的是，是对政治、经济、文化上掌握话语权力的强势群体的信任危机，是群体间的信任危机。所以，当前中国社会中普遍存在的仇官、仇富现象，不能一般地表述为社会心态的不正常，而是对经济上两极分化的不道德性的文化反映，当某种心理状态成为普遍现象时，应当追问的不是社会心态，而是社会存在，毋宁说不正常的不是社会心态，而是社会现实。群体性社会信任危机，使道德问题向伦理问题转化、经济上的两极分化向伦理上的两极分化转化。当今中国社会的社会信任危机，既是道德危机，也是伦理危机，是由道德危机演绎的伦理危机，其要义是部分群体由于群体性道德问题而生成的伦理上的合法性危机，其不可避免的后果，便是由经济上的两极分化演绎为伦理上的两极分化。

至关重要并且必须高度警惕的是，伦理上的两极分化是比经济上的两极分化更深刻、更严峻的两极分化。经济上的两极分化是生活世界的两极分化，伦理上的两极分化是精神世界、价值世界的两极分化。伦理上的两极分化，不仅会造就生活状态的两极，而且会造就价值的两极、文化的两极，它是诸社会群体之间相互承认，并且以此为基础对社会合理与合法性认同的危机。伦理上的两极分化的产生与长期存在，标示着社会凝聚力、文化同一性、伦理合法性的瓦解甚至丧失，是社会在文化和价值上的一次分裂。伦理分化不是一般性的社会分化，社会分化是指在社会生活中形成各种由经济社会地位决定的阶层，是事实判断所产生的自我认同与社会认同，依然属于生活世界的层次；而伦理分化则是由事实判断和价值判断所形成的，并且以价值判断为主导、以合法性为标准的自我认同与社会认同，是群体之间的伦理合法性的相互承认与相互认同，因而是更深刻、更彻底的分化，也是物质生活与精神生活长期积累的结果。伦理分化也不是一般的社会心态，社会心态具有很强的主观性与不稳定性，而伦理分化因为以合法性判断与伦理认同为基础，具有很强的客观性和文化上的稳定性。伦理分化也不同于经济分化，经济上的两极分化可以通过经济制度改革消除，而伦理上的两极分化则必须通过诸群体的道德努力，通过长期的文化积累实现。经济分化—社会分化—伦理分化，由经济上的两极分化发展到伦理上的两极分化，其中的变量不仅是经济，更重要的是道德。伦理上的两极分化是由道德问题积累而生成的社会问题，其后果比经济上的两极分化更深远、更严重。

二 伦理上两极分化的精神现象学图景

"问题轨迹"表明，必须发出关于当今中国社会精神生活的三大预警——经济上两极分化，经过道德问题的积累，已经演化为伦理上两极分化！

当今中国社会正遭遇深刻的伦理上的两极分化，它潜伏于经济上的两极分化，由于分配不公和官员腐败等道德问题的恶化，通过社会信任所体现的伦理存在和伦理认同的危机，最后演绎为伦理上的两极分化。经济上的两极分化演化为伦理上的两极分化，是社会问题由生活世界进入精神世界的恶变过程，在这种演化轨迹中，道德问题不仅是催化剂，而且是深刻原因。经济上的两极分化可能引起伦理上的两极分化，但这只是可能性，作为人的精神世界的自我分裂，伦理上的两极分化是道德问题积累和恶化到一定程度、已经侵蚀到社会的伦理存在和伦理认同的严重文化后果。在这个意义上，伦理上的两极分化是道德问题恶变，尤其是由个体道德问题向群体道德问题恶变的结果，因为伦理上的两极分化本质上是群体之间的伦理关系和伦理认同的危机，最终将演化为诸群体对社会这个伦理共同体的认同危机。伦理上的两极分化正在发生，已经发生，然而由于这是一个新问题和新动向，在理论研究中还没有被关注，甚至没有被提及，迫切需要深入的理论研究和前沿性的学术准备。

在人的精神世界中，伦理上的两极分化如何发生？有何精神哲学根据？现象学还原表明，在伦理道德，在人的精神世界中，逻辑和历史地内在分裂为难以调和的"伦理两极"的可能，一旦条件具备，逻辑便异化为现实。在精神哲学意义上，伦理上的两极分化展现为由三个精神阶段或三个精神环节构成的不断演进的进程："单一物"与"普遍物"的"伦"的两极；"卑贱意识"与"高贵意识"的"理"的两极；"贪民"与"贱民"的人格的两极或"伦理精神"的两极。"伦"的两极是存在的两极分化，"理"的两极是意识的两极分化，"贪民"与"贱民"的两极是人格的两极分化。"伦"的两极——"理"的两极——"贪民"与"贱民"的两极，构成由存在到意识、由意识到人格的伦理上两极分化的精神现象学图景。至关重要的是，在这三个阶段或三个环节中，伦理上的任何两极分化、任何伦理两极的生成，都是道德堕落、道德坠落的结果，因而都是伦理与道德的互动进程。

（一）"伦"的两极："单一物"与"普遍物"

伦理逻辑地存在两极，甚至以两极的存在为前提。无论是概念还是现实，伦理都指向个别性的"人"与作为其公共本质和普遍存在方式的"伦"或所谓"共体"的同一性关系，于是便以两极的存在为前提：作为个别性存在的"单一物"即人的个体性、单一性,或所谓"个体";作为普遍性存在的"普遍物",即人的"共体"、普遍性,或所谓"实体"。简言之,即"人"的"单一物","伦"的"普遍物"。但伦理的真谛既不是"单一物",也不是"普遍物",而是"单一物与普遍物的统一",即所谓"人伦"。"伦理本性上是普遍的东西",它以普遍性为现实性与内容,其目的不仅生成普遍性,而且要使"普遍物"作为"整个的个体而行动",在这个意义上,伦理所生成的"整体"就是"整个的个体":对于个体来说,它是整体,是个体的"普遍物";对于其他整体来说,它又是"个体",使"整体"作为个体而行动,民族、国家、社会,包括家庭在内的伦理实体的文化真理和精神秘密都在于此。在生活世界中,如果两极统一的客观与主观条件不具备或严重缺场,便会导致"人"与"伦"的分裂,固化、分裂为相互对立的"单一物"与"普遍物"的两极。道德与道德主体是"单一物与普遍物统一"的最深刻的精神哲学条件。"单一物"与"普遍物"、个体与实体统一的伦理过程,是个体通过道德努力,由个体性存在提升为普遍性存在的道德过程,这一道德过程的实质,就是道德主体生成。"单一物与普遍物的统一"、个体与实体的统一的本质,是伦理两极之间的相互承认,相互承认的实现及其现实性,有待道德主体的造就,由此,"人"与"伦"、"单一物"与"普遍物"统一的过程,就是道德主体生成的过程。"个体—实体—主体",是伦理两极之间和解与相互承认的精神过程,是伦理与道德统一,或由道德达到伦理的精神哲学过程。因之,"人"与"伦"的两极分化,本质上是道德的坠落或道德主体的失落。黑格尔就以法国大革命的历史背景为隐喻,指证在教化世界或生活世界中,精神最后"把自己分裂为同样抽象的极端:分裂成简单的、不可屈挠的、冷酷的普遍性,和现实自我意识所具有的那种分立的、绝对的、僵硬的严格性和顽固的单点性"[1]。"冷酷的普遍性"与"顽固的单点性",便是内在于伦理中的"单一物"与"普遍物"的两极,其政治历史图像便是法国大革命所呈现的那种"绝对自由"和"恐怖"的两极对峙。一极是个人或"单一物"的"绝对自由",另一极是"普遍物"的"恐怖"。由此,社会便可能陷入个人主义与集权主义、自由主义与整体主义的沼泽,伦理问题便演化为政治问题,伦理便走向政

---

[1] 黑格尔:《法哲学原理》,范扬、张企泰译,商务印书馆1979年版,第119页。

治。"伦"的两极，本质上是个体与实体、个别性与普遍性、个人与共同体的两极分裂与两极对峙，现代西方社会中普遍存在的伦理认同与道德自由的矛盾，就是"伦"的两极的精神表现与文化表达。

（二）"理"的两极："高贵意识"与"卑贱意识"

概念地存在于伦理中的"人"与"伦"，或"单一物"与"普遍物"的两极，使伦理学在理论上存在两个可能的重心，即个人主义与普遍主义。涂尔干发现："有两个极端观念充当了伦理学的重心，伦理学就是围绕它组建起来的：一方面是个人主义，另一方面是普遍主义。"① 在涂尔干看来，前者以卢梭为代表，后者以黑格尔和叔本华为代表。前者认为，个人是世界上唯一的实在，一切事物都与个人有关；后者认为，"伦理本性上是普遍的东西"。但是，无论如何，伦理既不是"单一物"，也不是"普遍物"，而是二者的统一，是"人"与"伦"的同一。"整体大于部分之和，伦理学就是有关整体的事情。"② 个人主义与普遍主义毋宁说是达到这个统一的两种方式，即两种"伦理方式"，这两种方式被黑格尔概括为"从实体出发"与"原子式地思考"的"集合并列"。虽然政治、经济、法律等领域的根本目标也是建构这种统一，但伦理所达到的"人"与"伦"的统一，首先也必须是一种精神的统一，或透过精神达到的统一。"精神是单一物与普遍物的统一"，但是，精神的统一绝不是没有现实内容的统一，在生活世界中，它表现为与最重要的两种伦理存在即国家权力与社会财富的两种意识关系，这就是黑格尔所说的"高贵意识"与"卑贱意识"。国家权力与财富是生活世界中伦理本质的两种存在形态，即政治存在与经济存在，它们是个体单一物与伦理普遍物统一的两个基本的世俗性的实现方式，高贵意识与卑贱意识是个体对这两种伦理本质的不同自我意识的判断。"认定国家权力和财富都与自己同一的意识，乃是高贵意识。""认定国家权力和财富这两种本质性都与自己不同一的那种意识，是卑贱意识。"③ "高贵意识"与"卑贱意识"是个体"单一物"与伦理"普遍物"的关系的两种截然相反的判断，它们构成伦理在生活世

---

① 爱弥尔·涂尔干：《职业伦理与公民道德》，渠东等译，上海人民出版社2006年版，第279页。
② 同上书，第283页。
③ 黑格尔：《精神现象学》下卷，贺麟、王玖兴译，商务印书馆1996年版，第51页。

界中所呈现的"精神"的两极。它们都是"意识",亦即所谓"伦"之"理",它们的"高贵"与"卑贱"完全在于对国家权力和财富的伦理存在关系的肯定与否定的判断,即黑格尔所谓"认定",或现代话语中的所谓"认同"。"高贵意识"与"卑贱意识",既是意识的两种形态,也是精神的两种形态,是"伦"之"理"的两极或两种形态。意识的"高贵"与"卑贱",不在于世俗生活中对权力和财富的拥有,而在于对权力公共性与财富普遍性的自觉,在于权力与财富所体现的伦理关系与道德属性。在精神发展过程中,两种意识关系会发生"倒置",权力与财富的拥有者一旦丧失这种关系的伦理本质,"高贵意识"便沦为"卑贱意识";相反,守望和捍卫这种关系的伦理性,"草根"便从"卑贱意识"上升为"高贵意识"。"卑贱者最聪明,高贵者最愚蠢",针对那个权力腐败、财富不公的时代,毛泽东所揭示的就是这个精神哲学的辩证法。

(三) 人格的两极:"贪民"与"贱民"

揭示"高贵意识"与"卑贱意识"的两极,无疑是精神哲学的贡献,但是,如果停滞于此,乃是头足倒置。存在决定意识,生活世界中所以存在这两种意识形态或自我意识的认定,根本上是因为存在这两种现实,具体地说,在生活世界中存在个体与国家权力、财富的肯定与否定的两种政治经济关系,其客观性并不以人们的"认定"为转移。由此,自我意识关系中的"高贵"与"卑贱",就现实化为生活世界中的"同一"与"不同一"的政治经济关系,即所谓占有关系。"高贵者"总是与国家权力与财富"同一";"卑贱者"总是与国家权力与财富"不同一"。问题在于,国家权力与财富是生活世界中的伦理存在,或人的两种本质性,一旦丧失公共性与普遍性,也就丧失合法性,进而发生善与恶的倒置。"同一"与"不同一"不仅表现为对于国家权力与财富的两种不同占有关系,而且最终表现为不同个体之间的关系。于是,便可能产生两种状况:对国家权力和财富的过度占有或不当占有;对国家权力和财富的过度不占有。二者都表现为与国家权力和财富同一性关系的丧失,进而表现为伦理本质的丧失,但其伦理后果不同,前者造就"贪民",后者造就"贱民"。由此,便形成生活世界政治经济关系中的道德主体的两极:"贪民"与"贱民"。他们既是伦理的两极,也是精神的两极,是伦理精神的两极。无论是"贪民"还是"贱民",都兼具生活世界与道德世界的双重属性,他们不仅指向权力与财富，更重要的是与权力和财富的不正当伦理关系及其所体现的道德性质。"贪民"是对权力和财富的不当占有与攫取，官员腐败与企业家的唯利是图都是"贪民"的体现。政府官员是公共权力的执行者，也是实际占有者，他们是社会大众在权力上的"被委托人"或所谓"代表"，其伦理本质与道德气质应当是黑格尔所说的"服务的英雄主义"，或毛泽东所告诫的"全心全意为人民服务"。然而，一旦将公共权力当作"个人的战利品"，以权谋私，"服务的英雄主义"便蜕变为"阿谀的英雄主义"，即对权力和财富顶礼膜拜、阿谀奉承。企业家作为财富的创造者，应当是"财富英雄"，一旦唯利是图地追逐财富，便由"财富的英雄主义"沦为"阿谀的英雄主义"。至此，无论是政府官员还是企业家，"高贵意识"便沦为"卑贱意识"，"英雄"便沦为"贪民"。由于政府官员与企业在权力和财富关系中所处的特殊地位，如果其丧失坚定的"高贵意识"，便很可能是沦为"贪民"的高危人群，这就是三次调查中所发现的他们之成为伦理道德上最不被满意的人群的深刻的精神哲学原因。

"贱民"是什么？所谓"贱民"，按照黑格尔的诠释，特指物质生活与精神生活双重贫困的人群。"贱民"诞生于贫困，但贫困并不就产生"贱民"，贱民标志着财富与道德的双重沦丧。"当广大群众的生活降到一定水平——作为社会成员所必需的自然而然得到调整的水平——之下，从而丧失了自食其力的这种正义、正直和自尊的感情时，就会产生贱民，而贱民之产生同时使不平均的财富更容易集中在少数人手中。"① 当遭遇贫困，并且丧失"正义、正直和自尊"的道德感时，便很容易滋生"贱民"，在这个意义上，"贱民"是一个人格的概念。重要的是，"贱民"的产生加速了财富的两极分化，产生马克思所说的贫困与财富的两极。黑格尔不彻底的方面在于，"贱民"本身是两极分化的产物。因此，当"分配不公导致两极分化"成为中国社会的最大忧患时，就应当特别警惕"贱民"的诞生。黑格尔特别提醒："贫困自身并不使人就成为贱民，贱民只是决定于跟贫困相结合的情绪，即决定于对富人、对社会、对政府等的内心反抗。"② "贱民"伴随"对富人、对社会、对政府等的内心反抗"，这种"内心反抗"在积累到一定程度时，就会走出"内心"的情绪，付诸

---

① 黑格尔：《法哲学原理》，范扬、张企泰译，商务印书馆1979年版，第244页。
② 同上。

行动。由于他们是社会的弱者，因而这种反抗往往采取极端暴力的形式，甚至是对更为弱者的暴力，从而沦为"暴民"，形成由"贱民"到"暴民"的恶变。[①] 在当今中国社会，不仅"贱民"已经存在——大量存在的职业乞讨群体就属于此，"这样一来，在贱民中就产生了恶习，它不以自食其力为荣，而以恳扰求乞为生并作为它的权利"[②]——更严重的是，不少贱民已经沦落为"暴民"，从马加爵在大学中对同学的残忍杀戮，到小学、幼儿园的大量伤害事件，都是"贱民"沦落为"暴民"的表现，它们在本质上是"伦理病灶的癌变"，标志着中国社会伦理上的两极分化已经达到相当严重的程度。

由此，便可以对生活世界中伦理上的两极分化做一个现象学描绘。"单一物"与"普遍物"是"伦"或"人伦"的两极，是伦理存在也是伦理概念中的两极；"高贵意识"与"卑贱意识"是"伦"之"理"或"精神"的两极，是伦理意识中的两极；"贪民"与"贱民"是"伦理"或伦理人格、伦理精神的两极。其中，"贪民"与"贱民"是最具有现实性，也是当今中国社会中最深刻、最严峻的伦理上的两极分化，而"贱民"向"暴民"的癌变，是必须高度警惕的精神底线与社会底线。

三 "问题轨迹"的精神节点

当今中国社会伦理道德的"问题轨迹"，是内在于精神世界中"伦理的两极"的"中国式"或历史表达。要走出"伦理上的两极分化"或"伦理的两极"，就必须找到问题演进的节点或质量互变点。根据以上分析，在"道德问题—社会信任危机—伦理上两极分化"的"问题轨迹"，或由经济上两极分化向伦理上两极分化的问题轨迹中，个体道德问题向群体道德问题的积聚、群体道德问题向伦理问题的转化、伦理问题向伦理分化的演化，是三个重要的精神节点。

---

① 关于"贱民"以及由"贱民"向"暴民"的演进，参见樊浩《伦理病灶的癌变》，《道德与文明》2010 年第 6 期。
② 黑格尔：《法哲学原理》，范扬、张企泰译，商务印书馆 1979 年版，第 245 页。

(一) 节点一：个体道德问题向群体道德问题的积聚及其质量互变点

由个体道德问题向群体道德问题的积聚，是道德问题向伦理问题转化的第一步。任何时候社会生活中都会存在大量个体道德问题，但当某些道德问题成为一定社会群体的痼疾时，就标志着道德向伦理的转化。群体道德问题不同于职业道德，职业道德是从事一定职业活动的主体应当遵循的共同道德规范，而群体道德问题不只是在一般意义上对职业道德的毁坏，而且已经成为一定时期特定群体在文化和价值上的共同缺陷，是在社会认知和社会评价中具有负面意义的具有某种共同性的行为方式和文化符号。这是一个由量变到质变的过程。一方面，当某一群体中的相当一部分个体共同具有某种道德缺陷时，就标志着这一群体在道德上的陷落；另一方面，量的积累产生一种可能，社会将这一道德缺陷作为该群体的文化符号，进而作为它既定的伦理标识，放弃道德评价而对群体中的个体进行抽象的伦理预期，由此，群体道德问题就演变为群体之间的伦理态度和伦理关系问题，进而成为伦理问题。腐败便是如此。最初，以权谋私无疑只是个别人的道德问题，当这种人积聚到相当数量时，"腐败"便成为官员群体的道德问题，也在文化心态上积累为其他社会群体对官员群体的道德标签和伦理态度，由此，道德问题便成为伦理问题。个体道德问题向群体道德问题积聚，有一个质变点或质量互变点，并不是简单的量的增加，譬如某种道德问题的携带者在该群体中达到半数，只是意味着这一问题的积累已经达到侵蚀该群体的精神机体，足以影响社会对该群体进行道德评价、确定伦理态度的程度。它更像人体中的病毒或癌细胞，只要活跃到一定程度，就会导致病变，使人体出现病态，而由于癌细胞往往是人体中最具有活力甚至被医学家通过显微镜呈现的人体中最美丽的细胞之一，因而人体生命力越是旺盛，病毒的繁衍就越是迅速，因而任何放疗和化疗，都是同时对健康细胞和癌细胞的双重扼杀。这便是个体道德问题向群体道德问题演化的镜像，也是经济社会发展中解决道德问题的困难所在。事实上，无论是官员腐败还是企业家唯利是图，至今在这两大群体中仍是少数，但"少数"病毒已经蔓延到足以侵蚀群体整个机体的程度，于是"腐败"与"唯利是图"在成为道德问题的同时，也在为其他群体的伦理态度，出现道德问题向伦理问题的转化。道德与伦理的最大区别，在于"道"的本体性与"伦"的实体性。"道"是行为主体对某种具有形上意义的价值规范的认同,"伦"是对个体对实体也是实体对个体的认同。前者是个体性和主观性的,后者是社会性和客观性。个体道德向群体道德、道德问题向伦理问题的转化,最后通过群体之间社会信任的方式表现,调查中所发现的政府官员、演艺界、企业家成为三大在伦理道德上最不被信任的群体,便标志着这三大群体的道德问题,已经演绎为诸社会群体之间的伦理态度与伦理关系问题,而不只是对三大群体中的个别主体乃至不只是对三大群体的道德评价,它在本质上表现社会对这些群体的伦理信任和伦理信心,其长期存在也可能演绎为一种伦理偏见和伦理歧视。个体—群体的量的积累,道德问题—伦理关系和伦理态度的质的演变,是道德问题转化为伦理问题进程中的两个重要节点。

(二) 节点二:道德问题向伦理问题的转化及其质量互变点

腐败、分配不公等道德问题为何、如何向伦理问题演化?道德问题—伦理问题的质量互变点在于伦理存在与伦理认同。个体道德问题向群体道德问题的积聚,归根到底破坏甚至颠覆的是社会的伦理存在,具体地说,是社会伦理实体的存在。家庭、社会、国家,是生活世界中的三大伦理实体或伦理存在,其中,家庭是自然的伦理实体,国家是制度化的伦理实体,作为二者相互过渡中介的社会的伦理实体性,必须通过财富和国家权力两个现实中介才能达到。财富的普遍性与权力公共性是社会作为伦理实体存在的必要条件。财富普遍性的要义,就是黑格尔在《精神现象学》中所说的那种精神本质:为自己劳动即为一切人劳动,一个人的享受也促使一切人享受,"自私自利只不过是一种想象的东西"。[①] 权力公共性的最大敌人,是成为少数人的战利品,进而与财富私通。因此,财富与权力的伦理合法性、社会的伦理存在的要义,都在于"公",即所谓"本性上普遍的东西"。分配不公,以及由此演发的经济上的两极分化直接瓦解了社会财富的"公",官员腐败以权力与财富的私通消解了社会权力的"公",财富与权力"公"的伦理合法性丧失的必然结果,是社会伦理存在的颠覆,即社会失去伦理合法性与伦理凝聚力,也失去伦理的基础。这是分配不公和官员腐败最严峻和最深刻的社会后果。现代西方社会精神世界的深刻危机,是伦理认同与道德自由之

---

① 黑格尔:《精神现象学》下卷,贺麟、王玖兴译,商务印书馆1996年版,第47页。

间难以调和的矛盾，这一矛盾在当今中国社会有特殊的内容和"问题式"。在现代中国，伦理认同并不只是一般哲学意义上个体对于伦理实体或所谓共同体的认同，而是对于伦理存在的反思和追究。因为，伦理认同的客观基础是伦理存在，如果社会生活中伦理存在的真实性被侵蚀和颠覆，伦理认同就失去了客观基础。在这个意义上，伦理认同必须首先保卫伦理存在。在分配不公和官员腐败成为"最大担忧"的背景下，保卫伦理存在便成为伦理认同的前提条件。于是，在当今中国，伦理认同的危机便展现和演绎为诸社会群体之间在伦理上相互承认、相互认同的危机。政府官员、演艺界、企业家成为三大最不被信任的群体，就是道德问题转化为伦理问题，具体地说，就是由伦理存在危机转化为伦理认同危机的表现。这种以社会信任方式或社会群体之间以伦理信任方式表现的伦理认同危机，毋宁可以被当作社会捍卫自身的伦理存在的否定性表达。由此，诸群体之间社会信任的危机，便成为道德问题向伦理问题转化的强烈信号，或者说，由群体道德问题演进为群体伦理对峙的文化信号，因为它标示着其他社会群体开始以伦理上认同或不认同的精神武器保卫社会的伦理存在。社会信任，不是个体间，而是诸社会群体间的伦理信任，是道德问题向伦理问题转化的重要质变点。社会信任的内核是伦理信任，伦理信任的基础是伦理存在，即伦理这个"本性上普遍的东西"或"普遍物"的客观存在，其自在自为的表现，是社会的伦理认同，或诸群体在伦理上的相互承认，伦理存在与伦理认同，在客观和主观两个维度成为道德问题向伦理问题演进的质量互变点。

（三）节点三：伦理分化向伦理上两极分化的演进

伦理上的两极分化，既是道德问题向伦理问题转化的最为严峻的后果，也是社会以伦理认同方式保卫伦理存在的最后和最高伦理手段。与经济上的两极分化不同，伦理上的两极分化具有强烈的主观性，是以客观性为基础，以道德评价为中介的主观性。伦理分化具有两个维度。一是不同群体、不同阶层恪守不同的道德准则与伦理本务；二是诸社会群体和社会阶层之间的伦理认同与伦理态度。一般情况下，只有当群体道德问题积累和积聚到相当严重程度时，才会出现伦理分化，因而伦理分化应当是群体道德问题严重到相当程度的社会信号。而伦理上的两极分化，则是社会伦理矛盾的深刻体现，它标示着在精神世界乃至生活世界中，伦理分化可能已经演绎为伦理对峙，甚至在精神上分道扬镳。由"伦理分化"向"伦理上的两极分化"的演进，也是一个量变走向质变的过程。伦理分化既是精神世界的分化，也是群体之间的在伦理上的分化；而"伦理上的两极分化"，则意味着在精神世界中诸社会群体已经形成伦理的两极，意味着诸社会群体的伦理分化已经明晰和积累到这种程度，以至形成两种"精神集团"或"文化阵营"。伦理分化是道德问题演进为伦理问题的严峻信号；伦理上的两极分化是伦理分化达到严峻程度的文化信号。当今中国社会的伦理分化之所以被认为是"两极"分化，是因为它已经形成或出现伦理的"两极"。重要根据是，伦理道德上最不被信任的群体，政府官员、演艺界、企业家，是政治、文化和经济上的强势群体，而信任度最高的群体，工人、农民、教师，则属于社会生活中的"草根"群体，乃至在很多情况下是弱势群体，两种群体既是生活世界的两极，也是伦理上的"两极"。有趣而且令人深思的是：经济上两极分化与伦理上的两极分化，正好形成一种"倒置"，在经济社会地位方面处于强势地位的群体，恰恰是伦理上的不折不扣的弱势群体；而工人、农民等"草根"群体或弱势群体，则在伦理道德上成为强势群体。尤其是政府官员群体，相当程度上已经成为伦理道德方面最敏感和最容易被误读的群体：他们极易遭受道德批评和伦理怀疑，因而是最敏感的群体；由于腐败仅是一部分人的道德问题，但很容易甚至已经被渲染为整个群体的道德问题，因而他们是极易被误读的群体。强势群体与草根群体或弱势群体在伦理上的分化与对峙，是必须特别关注和警惕的现象，它将对当今中国的社会生活和精神生活产生深刻而久远的影响。之所以将它们归于"伦理上"的两极分化，一方面信任与不信任主要基于伦理道德的判断；另一方面，群体之间的两极对峙，在相当程度上是伦理地位和伦理态度上的对峙。这种伦理上的对峙，不能一般地理解和诠释为所谓的"道德高地"，具体地说，不是在政治、经济和社会地位上处于相对弱势地位的群体，自我构筑道德的高地，或站在道德的高地上，对强势群体进行道德批评和伦理歧视，这种误读将大大歪曲当今中国社会道德问题的真实性和严重性；而应当视为道德问题演绎为伦理问题，道德问题与伦理问题达到相当程度所释放的最为严峻的文化信号，是对伦理存在最为敏感、伦理良知最为敏锐的底层社会群体自觉保卫社会的伦理存在的集中表现和群体表达。伦理上的两极分化昭示：一场伦理保卫战已经开始。毋宁说，它是社会的自我捍卫和自我康复，是社会的伦理觉醒和伦理信心、伦理决心的自觉显现。

由此，个体道德问题向群体道德问题的积累、群体道德问题透过伦理存在和伦理认同向伦理问题的转化、伦理分化向伦理上两极分化的演化，便成为道德问题向伦理问题演进、经济上的两极分化演绎为伦理上的两极分化的"问题轨迹"的三大精神节点或文化节点。了解和掌握这些节点，才能能动地发现和解决当代中国社会的伦理道德课题，尤其是伦理上两极分化的难题。

四　伦理道德的精神哲学形态

"问题轨迹"显示，在现代中国社会，道德问题"已经"演化为伦理问题；对伦理上两极分化的哲学思辨表明，道德问题在理论上"必定"演化为伦理问题；"问题轨迹"的精神节点以哲学叙事呈现，道德到底"如何"在精神世界和生活世界中走向伦理。于是，"问题轨迹"以个案的方式呈现了道德问题演化为伦理问题的现实图像，由此在理论上隐喻并反证一个具有普遍意义的信息：当今中国社会的"问题轨迹"，是伦理—道德问题；当今中国伦理道德的精神形态，是伦理—道德形态。这种伦理—道德形态的特征是：伦理与道德既相互区分，又共生互动，浑然一体，构成精神世界的辩证构造。"问题轨迹"不仅表明道德问题必定演化为伦理问题，而且反证，道德问题的解决，也必定有待伦理的努力。现代中国社会的精神问题及其所显现的精神形态，既不是道德的独舞，也不是伦理的孤鸿，而是伦理与道德的协奏。

如果认为由伦理—道德的"问题轨迹"向伦理—道德的"精神形态"的演绎，在逻辑上的缝隙和哲学上的跳跃过大，那么，下列两个信息及其分析可以为这一演绎提供支持和过渡的中介。

在《精神现象学》中，黑格尔将伦理世界作为人的现实精神世界的第一个阶段。伦理世界是个体与实体直接同一的世界，在这个阶段中，精神客观化为家庭与民族两大伦理实体，由此在精神中也内在为家庭成员与国家公民两种自我意识，或"神的规律"与"人的规律"两大"伦理势力"的矛盾，这一内在矛盾导致精神的自我否定，导致自我意识还原为原子式的个人。然而，黑格尔的这一精神哲学思辨似乎对中国社会缺乏彻底的解释力。因为,中国文明最重要的特征是家国一体、由家及国,形成所谓"国家"文明。在中国现代社会尤其是计划经济时代,"国家文明"的重要创造,是在家庭与国家之间有一个过渡环节,这就是所谓"单位",这是"社会"的现实和主导形态。"单位"既是"家",又是"国";既有家庭自然伦理实体的功能,又有国家政治伦理实体的本质,因而既在现实性上也在精神上连接着家与国。然而,30多年来市场经济推动下的社会转型解构了家与国之间的这种纽带,使中国社会进入所谓"后单位制时代"。"后单位制时代"的精神既不是黑格尔所说的原子式的个人,也不是传统的"单位"的伦理实体,而是由原子式个人构成的"集团"。"集团"既不是家也不是国,而是个人的"集合并列",因而既不能使个体与实体相互过渡,也不能使家庭与国家相互过渡。于是在社会生活中便大量出现"伦理的实体—不道德的个体"的集团行动的伦理—道德悖论。调查一显示,50.3%的受查对象认为,当今中国社会,集团行为不道德比个体不道德危害更大;31.1%的人认为二者相同,13.1%的人认为个人不道德危害更大,这表明中国社会早已产生一种集体觉悟:集团行为的不道德危害更大。而对诸如党政机关为本单位子女入学提供方便、大学和中学对本校子女降分录取等司空见惯的现象,三次调查中,在做出"不道德"或"严重不道德"的判断的同时,也产生了"符合内部伦理,但侵蚀社会道德"的洞察(见表7)。

表7　　　对政府机关为本单位员工子女入学提供方便、
学校对员工子女降分录取现象的判断　　　　(%)

	不道德	严重不道德	符合内部伦理,但侵蚀社会道德	道德	无所谓
调查一(分别调查取均值)	36.3	33.1	19.3	3.9	5.5
调查二	60.3	19.5	7.0	3.7	8.2
调查三	52.8	19.6	14.4	4.9	7.3

这里,最重要的不是关于道德与不道德的判断,而是揭示当今中国社会可能造成最大道德危害的那些集团行为,是具有伦理与道德的双重属性或伦理—道德悖论的行为,这些大量存在的社会现象,是伦理与道德的矛

盾体,并且,社会对这种矛盾已经产生了觉悟和警惕。"问题轨迹"显示,道德问题演化为伦理问题的关键环节,是群体道德问题和群体之间的社会信任与伦理认同危机,"群体"是伦理与道德的混合体。"问题轨迹"中群体的伦理—道德混合体的文化性质与精神中介的发现,与"集团行为"的伦理—道德悖论的发现,相互契合,相互验证,它表明,当今中国社会已经出现"个体"之外的第二个道德主体与伦理形态,这就是"集团"或"群体"。"集团"或"群体"作为"第二伦理形态",直接地就是伦理—道德形态,它不像作为"第一伦理形态"或"第一道德主体"的个体那样,需要通过群体的中介,才能实现由道德向伦理的过渡。"第二伦理形态"是当今中国社会必须理论自觉和现实建构的伦理形态。在此之前的伦理学或道德哲学,一般都是以个体为主体的形态,它可以称为"第一伦理形态"。特别重要因而必须重申的是,以集团或群体为主体的"第二伦理形态",直接地就是"伦理—道德形态",它的大量存在及其内在的精神问题,对当今中国社会的精神世界和精神生活的"伦理—道德形态"具有直接表达力和解释力。

正由于"问题轨迹"中道德问题向伦理问题的演化,尤其是由经济上的两极分化向伦理上的两极分化的演变,现代中国人的伦理精神取向或伦理精神形态在不太长的时间中,已经悄悄发生深刻位移,最典型的体现是"德性优先"与"公正优先"两种取向的变化。在2006年的调查一中,"德性优先"与"公正优先"两种取向势均力敌,伦理精神似乎处于某种有趣的"50%状态",即精神转型的十字路口。然而,2013年的调查三却发现,两极对峙已成既往,"公正优先"的主张已经处于绝对领先地位,伦理精神形态已发生了根本性转变(见表8)。

表8　　　　　　　　　公正优先还是德性优先　　　　　　　　　(%)

	公正重要	德性重要	二者统一公正优先	二者统一德性优先	小计公正优先	小计德性优先
调查一	30.5	31.0	19.6	17.9	50.1	48.9
调查三	35.9	10.8	38.2	15.1	74.1	25.9

也许人们会认为,德性优先与公正优先只是德性论与公正论争讼的中国移植或中国问题式。然而,如果联系上文所提示的"问题轨迹"

就可以发现，由德性优先和公正优先的"50%状态"[①]向"公正优先"的绝对地位的转变，是生活世界和精神世界中由道德问题向伦理问题，尤其是向伦理上两极分化演进的自觉反映，是精神世界的重心由道德向伦理的重大位移。它表明，由于道德问题向伦理问题的恶变，当今中国社会最严峻的课题已经不是道德，而是伦理，在伦理上两极分化已经发生的背景下，必须保卫伦理，保卫伦理存在，在群体伦理认同中重建伦理和谐。公正优先，就是捍卫伦理存在的精神表达，也是解决"问题轨迹"的"中国问题"的理论与现实前提。同时，它以精神自觉和理论主张的巨大跨越的方式表明：当今中国社会的精神形态，是伦理—道德形态。

诚然，"问题轨迹"只是以"问题式"或否定性的形式反证当今中国社会的精神形态，其论证方式是：道德问题已经而且必定演化为伦理问题，道德问题的解决有赖于伦理的努力。至此，这种论证只是完成了一半。伦理—道德的精神形态的确证，还有另一半论证必须完成，这就是肯定性的论证。肯定性论证的要义是：伦理是道德的家园或根源。也许正是由于这两种论证方式或伦理—道德的精神形态的辩证结构的存在，导致在黑格尔精神哲学体系的起点和终点产生那种表面看来似乎相互矛盾的结构和理论。在亲自完成的第一部著作《精神现象学》中，黑格尔建构了"伦理世界—教化世界—道德世界"的客观精神体系；在亲自完成的最后一部著作《法哲学原理》中，黑格尔建构了"抽象法—道德—伦理"的法哲学体系。两部作品都是精神哲学巨著，但伦理与道德的地位在他的理论体系中，也在人的精神体系中发生了戏剧般的倒置：前者，伦理是第一结构；后者，伦理是最后结构。为什么？直接的原因当然与二者的研究对象有关。《精神现象学》的研究对象是人的意识，是"意识的经验科学"；《法哲学原理》的研究对象是人的意志，是人的意志自由如何由抽象向现实发展的辩证过程。按照黑格尔的理论，意识与意志是精神的一体两面，它们不是精神的两种结构，而只是精神的两种呈现方式或表现形态，意志只是冲动形态的思维。对于自我意识的发展来说，伦理、伦理实体是道德的根源和策源地，道德的神圣性只有在自然的伦理实体中才能建构；对于

[①] 关于中国伦理精神的"50%状态"或"二元体质"，参见樊浩《当前我国伦理道德的精神状况及其精神哲学分析》，《中国社会科学》2009年第3期。

意志自由的发展来说，伦理、伦理实体是道德的客观性和意志自由的现象性，道德的主观性和抽象性只有在现实的伦理关系和伦理生活中才能扬弃。"问题轨迹"在相当意义上所呈现的只是伦理—道德的法哲学轨迹，而三次调查所显示并揭示的家庭在现代中国社会的伦理道德的根源地位，则在相当意义上是伦理—道德形态的精神现象学表达。① 它表明，现代中国社会虽然已经发生根本变化，但家庭作为伦理道德根源的文化地位没有变，中国文化依然是伦理型文化。

因此，在伦理道德的"问题轨迹"与伦理道德的"转型轨迹"下，伦理—道德的精神形态呈现两种不同的方向："问题轨迹"体现某种现代性，而"转型轨迹"表征某种传统性。但是，它们都表明：现代中国伦理道德的精神形态，是伦理—道德形态，并且依然是一以贯之的"中国形态"。伦理道德的精神形态在中西方经历了不同的历史发展。在西方经历了由古希腊的"伦理"形态，到古罗马的"道德"形态，再到近代的"道德哲学"形态的抽象发展，也许这就是黑格尔在进行精神哲学思辨时将它表述为"伦理世界—教化世界—道德世界"的历史哲学根据。在中国，伦理与道德几乎在同一时代诞生，而且在时间上老子的《道德经》要早于孔子的《论语》，这种历史巧合似乎隐喻中国精神哲学源头伦理与道德一体的文化基因。然而为何后来是孔子及其《论语》而不是老子及其《道德经》成为中国精神哲学最重要的缔造者？根本原因在于二者的理论构造。《道德经》的核心概念是"道德"，主题是"道德经"，而《论语》则建构了一个融伦理与道德于一体的精神哲学体系。在《论语》中有两个基本概念：礼与仁。礼是伦理实体的概念，仁是道德主体的概念，礼与仁、伦理与道德一体最著名的命题是："克己复礼为仁。""克己复礼为仁"是孔子所提出的伦理与道德一体的精神哲学范式。在这个范式中，表面上追求仁的道德主体，实际上以礼说仁，以仁的道德主体重建礼的伦理实体。在礼的伦理与仁的道德之间存在某种紧张，扬弃紧张达到二者和谐的精神哲学之路是"克己"。"克己"的真谛是"胜己"即自我超越，超越什么？超越个别性，达到普遍性，即所谓"单一物与普遍物

---

① 关于家庭在现代中国社会的伦理关系和道德生活中的意义，参见樊浩《伦理道德现代转型的文化轨迹与精神图像》，它表明，家庭是人的伦理道德的第一受益场域，是伦理道德的策源地。

的统一"。由此,"克己复礼为仁"就显现为伦理与道德统一的精神进程。重要的是,这一范式的终极目标是"复礼",即伦理重建,精神条件是"仁"的道德主体的建构,通过"克己"达到礼的实体与仁的主体的统一。于是,这一精神哲学范式,扩而言之,《论语》乃至孔子的整个努力的要义,是在"礼崩乐坏"背景下礼的伦理秩序的重建,也许正因为如此,孔子才以"正名"释仁释礼。礼仁一体,伦理与道德同一,伦理优先,是"克己复礼为仁"的范式,也是孔子及其《论语》的精神哲学秘密所在。① 这一哲学范式奠定了日后中国精神哲学传统的基调和基色,也正因为如此,孔子及其《论语》才对日后的中国社会发展的历史具有很强的解释力与解决力。在孟子那里,这种精神传统以终极文化忧患方式表达,这便是《孟子·滕文公上》中那段著名的论断:"人之有道也,饱食、暖衣、逸居而无教,则近于禽兽。圣人有忧之,使契为司徒,教以人伦……"这里的关键性逻辑是"人之有道……教以人伦"。人之有道,如何走出"类于禽兽"的失道之忧?便是"教以人伦"。演绎开来,道德是人之为人的精神本质,如何建构和拯救人的精神本质呢?人伦即伦理是必由之路。无论如何,道德问题与伦理问题一体,伦理是走出道德困境的根本路径,"人之有道……教以人伦"的"孟子范式",与"克己复礼为仁"的"孔子范式"一脉相承,都是伦理与道德一体、伦理优先的精神哲学传统。而且,二者还有一个共同特点,都是逻辑和历史地指向生活世界和精神世界的根本问题,都以伦理与道德的精神统一为目标,都试图通过伦理的努力建构精神世界的和谐。这种精神哲学传统在日后的中国文明的发展中得到辩证展开,"三纲五常"、"天理人欲"在相当程度上都是这种传统的哲学演绎和历史形态。

当今中国社会的"问题轨迹"作为精神世界"中国问题"的时代表达,表现出与历史传统的深度契合。个体道德问题透过群体道德问题向伦理问题的演化,演变到伦理上的两极分化,标志着伦理问题成为精神世界也是生活世界最严峻的课题,表明道德失范所导致的伦理失序成为最大忧患,于是,无论是道德还是道德建设都必须以伦理即伦理秩序的建构为目标。当今之世,伦理问题是生活世界与精神世界中由道德所衍生的最严峻

---

① 关于"克己复礼为仁"的精神哲学范式,参见樊浩《〈论语〉伦理道德思想的精神哲学诠释》,《中国社会科学》2013年第3期。

的问题，道德问题的解决最终有赖伦理的建构，伦理，在伦理与道德一体的精神体系中具有优先地位。就像孔子根据对"天下大乱"的那个时代的精神哲学诊断，以"复礼"的伦理为根本目标，以"仁"的道德为根本途径一样，"问题轨迹"所显现的生活世界和精神世界的现实，以此为根据所建构的精神形态，也应当是伦理道德一体、伦理优先的形态。这种精神形态所体现的问题意识，一方面以伦理诠释道德，或以伦理建构为道德努力的根本目标，遵循孔子"克己复礼为仁"的范式；另一方面以伦理建构拯救失道之忧，遵循孟子"人之有道……教以人伦"的精神哲学范式。在这个意义上，"问题轨迹"所体现和要求的是"孔孟之道"所指向的"中国问题"及其所建构的"中国传统"。一句话，"问题轨迹"是"中国问题"，它的解释和解决应当回归孔孟所缔造的伦理道德一体、伦理优先的"中国传统"或中国精神哲学传统。必须澄清，孔子的"复礼"和孟子的"教以人伦"所体现的伦理优先的传统，都具有伦理认同与伦理批判的二重构造。伦理认同是个体德性的造就，伦理批判是对社会公正、伦理正义的追求，这就是"孔孟之道"的伦理道德一体的精神哲学合理性与生命力所在。在孔孟体系中，处处可见的不只是对个体道德的训诫，更有对社会伦理的批判乃至激烈批判，孔子周游列国，孟子游说诸侯，实际完成的与其说是道德拯救，不如说是伦理批判，准确地说，是伦理批判中的道德拯救。在这个意义上，德性论与公正论的分离与对立、伦理与道德的分离与对立，是典型的"西方问题"，而并不是真正的"中国问题"，至少不是"中国传统问题"。如果说，调查揭示的"问题轨迹"所呈现的是"中国问题"，那么，调查所发现的由德性优先向公正优先的悄悄转变，就是向"中国传统"的回归。"中国问题"、"中国传统"期待"中国理论"的建构，"问题轨迹"及其哲学分析表明，当今中国社会的精神世界中最深刻、尖锐的问题已经不是道德问题，而是伦理问题，因而必须进行"问题意识的革命"和理念推进，将"道德问题意识"推进为"伦理问题意识"，由"道德建设"的理念推进为"伦理建设"的理念，进而推进为"伦理道德一体"的理念。也许，这才是解决"问题轨迹"所显现的"中国问题"的根本之路，这一根本之路的开拓，迫切需要伦理道德一体精神哲学形态的理论自觉和理论建构，这种理论自觉和理论建构，既是一次再启蒙，也是一次再回归，是一次在精神世界中"重回伊甸园"的再启蒙与再回归。

当代法国学者阿兰·图海纳直面"一切都在融合。时间和空间都被压缩了"的全球化时代，发出一个追问："我们能否共同生存？"[①] 这个怀疑不仅发生于不同国家民族之间，而且发生于同一个社会、同一种文化内部。路在何方？当代世界正发生一种深刻变化，这就是"从政治到伦理"。阿兰发现，"政治激情高昂的时代已经结束，由伦理精神指导的行动的时期已经来临"，在其背后，"奔腾着一股集体行动的洪流"。[②] 人类正迎来一个"伦理精神"的时代，"伦理精神"将引导人们走向"集体行动"或"共同生存"。21世纪初的关于"伦理精神"的这种"阿兰发现"，与60年前即20世纪50年代"为伦理思考所支配"的"罗素发现"相互印证。[③] 然而，生活世界的事实是："伦理精神"姗姗来迟，人们远没有像罗素期待的那样"学会为伦理思考所支配"，于是，不仅"集体行动"，而且"共同生存"变得越来越困难。全球化时代，人类面临的根本问题，已经不是"人应当如何生活"的道德问题，而是"我们如何在一起"的伦理问题，这个伦理问题日益尖锐，以致已经发出"我们能否共同生存"的追问和"人类是否还有前途"的质疑。"问题轨迹"所给予的启迪，伦理道德一体、伦理优先的精神哲学形态的时代指向，就是在理论上开启一个由道德走向伦理，由政治走向伦理的"伦理精神时代"。

（本文原载于《东南大学学报》（哲学社会科学版）2015年第1期。作者樊浩，江苏省社会科学院副院长，东南大学人文社会科学学部主任、教育部长江学者特聘教授。南京市四牌楼2号东南大学人文学院　210096）

---

① 阿兰·图海纳：《我们能否共同生存？》，狄玉明、李平沤译，商务印书馆2003年版，第3页。
② 同上书，第409页。
③ 罗素认为，现代世界正遭遇"激情的冲突"，有组织的激情及其相互冲突正毁灭世界，使人类幸福不再。走出末路，必须疏浚伦理学运用到政治学的通道，"从伦理学到政治学"。罗素预言："在人类历史上，我们第一次达到了这样的一个时刻：人类种族的绵亘已经开始取决于人类能够学到的为伦理思考所支配的程度。"伯特兰·罗素：《伦理学和政治学中的人类社会》，肖巍译，中国社会科学出版社1992年版，第157页。

中国特色新型智库呼唤思想创新

——第九届中国社会科学前沿论坛在成都召开

毛莉 曾江

中华民族走向伟大复兴的壮阔历程，离不开强大智库力量的无形支撑。当前，全面建成小康社会进入决定性阶段，破解改革发展稳定难题和应对全球性问题的复杂性、艰巨性前所未有，智库建设的重要性被提升至空前的高度。

进入崭新发展阶段的智库建设赋予了全国哲学社会科学界新的历史使命。在加快推进中国特色新型智库建设的热潮中，哲学社会科学界如何实实在在向前迈出新的步伐？2015年9月12日，由中国社会科学杂志社和四川大学共同主办的第九届中国社会科学前沿论坛在四川成都召开。本届论坛秉承关注重大理论和实践问题的宗旨，聚焦"新型智库建设与哲学社会科学研究"。

中国社会科学院院长、党组书记王伟光出席论坛并做主旨讲话。四川大学党委书记杨泉明致欢迎词。中国社会科学院秘书长、党组成员、中国社会科学杂志社总编辑高翔主持开幕式并致闭幕词。

丰富的议题、紧凑的议程，思想激荡、智慧碰撞，中国智库往何处去的时代之问在此间得到了深入探讨。

一 智库建设赋予新的时代任务

王伟光指出,加强中国特色新型智库建设,凝聚着党和人民的殷切期望,赋予了全国哲学社会科学界新的时代任务,哲学社会科学工作者必须以高度的使命感、责任感、紧迫感积极投身新型智库建设。

王伟光强调,建设中国特色新型智库,必须始终坚持中央关于智库建设的指导思想、总体目标、基本原则和总体要求,把握正确导向,加快建设步伐,深化哲学社会科学研究,更好地服务党和国家工作大局。一要坚持党的领导,把握正确的政治方向和学术导向;二要坚持服务大局,以重大理论和现实问题为着力点;三要坚持以人为本,坚定不移地站在人民立场上做学问;四要坚持创新精神,建构当代中国学术话语体系;五要坚持人才为重,壮大中国特色新型智库型人才队伍;六要坚持弘扬正能量,围绕智库功能加快传播平台建设;七要坚持正确学风,凸显求真务实严谨厚德的治学品格;八要坚持改革创新、统筹协调,逐步完善新型智库体系。

王伟光同时强调,加强中国特色新型智库建设,要始终坚持马克思主义的辩证思维方式,正确认识处理好智库建设和哲学社会科学研究中的一系列辩证关系。一是处理好基础理论研究与应用对策研究的关系;二是处理好战略性问题研究与战术性问题研究的关系;三是处理好深化理论研究与深入实际调研的关系;四是处理好坚持中国特色与扩大国际视野的关系。

杨泉明表示,哲学社会科学担负着认识世界、传承文明、创新理论、咨政育人、服务社会的重要职责,还肩负着引领发展的重要使命,是我们正确认识世界、改造世界,推动理论创新和先进文化建设,促进决策的科学化、民主化,推进经济社会发展的重要力量。杨泉明认为,通过此次论坛,一定会促进提升哲学社会科学研究对国家经济社会发展的参与度和咨政服务水平,进一步推动我国哲学社会科学的繁荣发展和新型智库建设的水平提升。

二 智库建设需要协同合作

2015年1月，中央颁布的《关于加强中国特色新型智库建设的意见》明确提出，到2020年，统筹推进党政部门、社科院、党校行政学院、高校、军队、科研院所和企业、社会智库协调发展，形成定位明晰、特色鲜明、规模适度、布局合理的中国特色新型智库体系。

时不我待，距离实现这一目标仅有5年时间。在本次论坛上，来自全国著名高校、科研机构的领军学者们群策群力，共同为加快中国特色新型智库建设出谋划策。怎样建立科学合理的智库成果评价体系，如何更好开展前瞻性、针对性、储备性政策研究，不同类型智库的发展路径有何差异等，智库建设中的诸多重大议题得到了深入讨论。其中，如何改变单兵作战，形成协同研究、协力攻关的智库合力，是与会学者最为关心的话题之一。

正如江苏省社科联党组书记刘德海所言，面对我国当前所处发展阶段的新形势和新任务，"仅有热情和干劲是不够的，而且单靠哪一家智库都无法完成，必须有一个强大的智库群体或联盟支撑"。

有学者将我国不同类型的智库形象地比喻为"中央军"、"地方军"、"游击队"，这几路"大军"缺乏沟通交流的状况不利于我国智库建设水平的整体提高。"新型智库建设需要系统协作、集思广益。不同层次的研究机构需要协作，接地气的研究和高层次的研究也要打通。"在华南师范大学副校长郭杰看来，中国社会科学前沿论坛就为社科界提供了一个有效的协同机制。

事实上，当前需大力加强的不仅是智库之间的协同合作，智库与各相关方之间的互动也亟待加强。"理论与实践结合不够，学术单位与实际部门联系不紧，是长期制约社会科学服务功能发挥的根本问题。"南开大学副校长朱光磊呼吁，要进一步克服原有体制机制的弊端，通过智库这个平台，推动高校、企业和政府的深度合作。

湖南省社会科学院院长刘建武进一步谈到了如何完善智库成果进决策进实践的推送机制。他建议，智库要主动、精准把握决策需求，提供即时性、多元化、多样式服务，满足党政部门多层次、多方面的智力需求。可通过实施部门对接研究、参与重要决策论证、加强社情深度调研、开拓智库第三方评估等途径推送智库成果进决策。

三 智库建设要服务现实世界

打铁还需自身硬。与会学者普遍认为，要更好地发挥智库作用，首先要提高智库产品水平，增强智库发展的内生动力。

在北京外国语大学副校长孙有中看来，推进智库建设的本质在于改善当下中国学术生态，"要抓住真问题、展开真研究、发现真知识、做出真贡献"。西北政法大学校长贾宇也认为，新型智库建设必须以"中国问题"为导向，建立与需求对接的新模式，突出研究的应用价值和服务意识，做实对策，"接地气才能有底气"。

朱光磊谈到了以高度的理论自觉来面对现实问题的重要性。他说，智库要急国家和人民之所急，大力开展应用对策研究，并在这个过程中概括、提炼出自己的理论和方法。"现代化国家走向文化强国的道路，无一不历经了对自身现实问题的理论阐释过程。"

高翔在闭幕致辞时表示，此次论坛非常圆满，充分展现了当代学术界对智库建设的认知水平。论坛的前沿性名副其实。论坛力图为中国学界提供交流经验、联络感情的机会，促使哲学社会科学界形成一个整体，相互有所启迪。本次论坛达到了这个目标。

高翔号召学界要抓住智库建设的契机，力争有所作为。高翔指出，智库建设的好坏、成败，不仅关系到我们党和国家事业发展的全局，也关系到当代中国学术发展的前途和命运。学术发展的生命力归根结底要从服务现实世界中来，人民群众的实践永远是学术不断进步的源泉和动力。中国学术如果不为现实服务，不善于从人民群众的实践中汲取理论创新的智慧，无论其建构得多么精致、多么宏大，实质上都是"纸老虎"。

高翔强调，中国学术界要做有思想的学问。没有思想，就没有灵魂。中国的学术研究，包括智库建设，必须呼唤思想的创新。高翔指出，我们所处的时代是一个需要思想巨人，也是能够产生思想巨人的时代。我们要打破对西方理论的盲目崇拜和迷信，立足当代中国国情、立足当代中国实践、立足时代的需要，独立思考、有所作为，努力打造哲学社会科学研究的中国学派。唯其如此，中国学术才能真正为党和国家的事业服务，真正走向世界。

来自中国社会科学院、四川大学、吉林大学、中山大学、中国人民大学、南开大学、南京大学、同济大学、湖南省社会科学院、湖北省社会科学院、广东省社科联、江苏省社科联等50余所高校和科研机构的120余位代表出席了本届会议。

中国社会科学前沿论坛由中国社会科学杂志社发起创办，经过九届的发展，目前已成为推进和引领哲学社会科学发展创新的重要学术品牌和传播平台。据悉，第十届中国社会科学前沿论坛将由中国社会科学杂志社和苏州大学联合举办。

（原文刊发于《中国社会科学报》2015年9月14日，第1版。作者毛莉、曾江，《中国社会科学报》记者）

编 后 记

"第九届中国社会科学前沿论坛"于2015年9月12—13日在四川成都召开。会议由中国社会科学杂志社和四川大学联合举办。来自全国近60所高校和科研机构的主要负责人和学科带头人120余人参加会议。本届论坛主题为"新型智库建设与哲学社会科学研究"。会议共收到论文52篇，我们从中精选了40篇，编成这本文集。书前收入本届论坛开幕式致辞，书末收入本届论坛的会议报道。

为了保证文集的学术水准，我们在编选文集时遵照了以下原则：第一，入选论文应达到较高的学术水平，未成篇的内容摘要或论文提纲以及篇幅过短、内容单薄的文章不在入选之列；第二，部分论文入选时，作者做了不同程度的修改和完善；第三，入选论文按专题及问题之间的相关性为序排列。

中国社会科学出版社对文集的出版给予了大力支持；文集在选编过程中得到了各位作者的积极配合；中国社会科学杂志社总编室安蕾同志负责论文初编工作，王美同志负责与作者的联系及论文的汇集和整理工作，姜子策同志负责论文编辑过程中相关技术问题的处理，为文集的顺利出版付出了大量的心血，在此一并表示衷心的感谢。

编　者
2016年7月